suhrkamp taschenbuch
wissenschaft 75

R. de la Vega, geb. 1930, ist am Romanistischen Fachbereich der Universität Gießen tätig. Publikationen: Neben einer Vielzahl spanischer Veröffentlichungen und Übersetzungen in Philosophie, Politik, Romanistik Diss. 1973 »Ideologie als Utopie. Der hegelianische Radikalismus der marxistischen ›Linken‹«.

H. J. Sandkühler, geb. 1940, ist Professor an der Universität Bremen. Veröffentlichungen: Freiheit und Wirklichkeit, 1968. F. W. J. Schelling, 1970. Praxis und Geschichtsbewußtsein, 1973. Editionen: Psychoanalyse und Marxismus, 1970. Austromarxismus (mit R. de la Vega), 1970. Marxistische Erkenntnistheorie, 1973. Marxistische Wissenschaftstheorie, 1974.

*Marxismus und Ethik* präsentiert die Debatte zwischen sozialistischen Neukantianern bürgerlich-ideologischer Prägung und Marxisten in der II. Internationale, um Grundzüge eines theoretischen und politischen Revisionismus zu kennzeichnen, von dem her der heutige ›demokratische Sozialismus‹ datiert. These der Einleitung (1970) ist: Der ›demokratische Sozialismus‹ entsteht als bürgerlicher Konservatismus im Gegenzug gegen das Proletariat und dessen politische Organisation und Kampf. Die Einleitung 1974 revidiert Fehlanalysen der ersten und begründet ideologisch und politisch die Notwendigkeit einer aktuellen Auseinandersetzung mit traditionellen und zeitgenössischen ›ethischen‹ Revisionismen.

# Marxismus und Ethik

*Texte zum neukantianischen Sozialismus*

Herausgegeben von Hans Jörg Sandkühler
und Rafael de la Vega

Mit einer neuen Einleitung von
Hans Jörg Sandkühler

Suhrkamp

Die Seitenzählung der Ausgabe in der Theorie-Reihe wurde trotz der neuen Einleitung beibehalten, damit beide Ausgaben in gleicher Weise zitiert werden können.

suhrkamp taschenbuch wissenschaft 75
Erste Auflage 1974
© dieser Ausgabe Suhrkamp Verlag Frankfurt
am Main 1970, 1974
Suhrkamp Taschenbuch Verlag
Alle Rechte vorbehalten, insbesondere das des
öffentlichen Vortrags, der Übertragung durch
Rundfunk oder Fernsehen und der Überset-
zung, auch einzelner Teile.
Druck: Nomos, Baden-Baden
Printed in Germany
Umschlag nach Entwürfen
von Willy Fleckhaus und Rolf Staudt

# Inhalt

Hans Jörg Sandkühler
Marxismus und Ethik ... I

Hans Jörg Sandkühler
Kant, neukantianischer Sozialismus, Revisionismus ... 7

Hermann Cohen
[Kant. 1896] ... 45

Conrad Schmidt
Sozialismus und Ethik [1900] ... 87

Ludwig Woltmann
Die Begründung der Moral [1900] ... 107

Conrad Schmidt
Nochmals die Moral [1900] ... 119

Sadi Gunter (= F. Staudinger)
Sozialismus und Ethik [1900] ... 125

Franz Staudinger
Kant und der Sozialismus
Ein Gedenkwort zu Kants Todestag [1904] ... 134

Max Adler
Kant und der Sozialismus [1904] ... 157

Karl Kautsky
Ethik und materialistische Geschichtsauffassung [1906] ... 193

Karl Vorländer
Kant und Marx [1911] ... 262

Franz Mehring
Kant und der Sozialismus [1900] ... 351

Franz Mehring
Die Neukantianer [1900] ... 359

# Hans Jörg Sandkühler
# Marxismus und Ethik

### Einige notwendige Korrekturen
### und Ergänzungen zur Einleitung zur 1. Auflage

Diese Edition neukantianischer Quellen des ethischen Sozialismus und seiner marxistischen Kritiker in der II. Internationale erscheint nach vier Jahren in zweiter Auflage. Korrekturen und Ergänzungen zur Einleitung zur 1. Auflage ›Kant, neukantianischer Sozialismus, Revisionismus‹ /7–44/ sind notwendig. Zu korrigieren sind nicht die Schlußfolgerungen von 1970: die Thesen, der ethische Sozialismus der Neukantianer enthistorisiere eine nur geschichtlich und gesellschaftsformations-spezifisch zu erklärende Form der Ideologie und reduziere die Ethik auf eine abstrakte Transzendentaltheorie des Sittlichen / 42 f./, er stelle eine für die Praxis der Arbeiterbewegung unangemessene antirevolutionäre und nicht-proletarische Ideologie dar / 42 /, und er sei ein wesentliches Element des bürgerlichen Konservatismus vis à vis der Arbeiterklasse / 31 ff./, – diese Thesen sind nach wie vor stimmig. Selbstkritik ist nicht notwendig, weil seit 1970 der Forschungsstand zur marxistischen Ethik sich prinzipiell verändert habe. Eine Überprüfung ist fällig, weil heute deutlich erscheint, was schon 1970 hätte erkennbar sein können: Fehleinschätzungen.

Diese Fehleinschätzungen betreffen drei Punkte, die sich auf den Nenner bringen lassen: die Edition gab Anlaß zur Wiederholung des Vorurteils, Marxismus und Ethik seien unvereinbar; eine Rezension zeigt, daß die Ermunterung zu solcher Mißkritik nicht ausgeschlossen wurde.

*Erstens* sollte die Edition der »Hermeneutik sowohl der politischen Philosophie wie auch der gesellschaftlichen Praxis des demokratischen Sozialismus« dienen /11/; diese Perspektive einer gewiß mit der traditionellen geistesgeschichtlichen nicht verwechselten ›Hermeneutik‹ war zu eng. Ein materialistisches – hermeneutisches – Verfahren der dialektischen Rekonstruktion der Genesis geltender Ideologien muß sein *gegenwärtiges Interesse* und die Aktualität seiner historischen Fragestellung erklären. Konsequenz der ›hermeneutischen‹ Perspektive war nicht zuletzt eine Fehleinschätzung des *Revisionismus:* trotz der erwähnten Leninschen Problemlösungen / 27 f./ wurde der Revisionismus als einer »innerhalb des Marxismus-Leninismus« /10/ behandelt, obwohl die Konservatismus-These Anlaß genug gewesen wäre, mit Nachdruck festzustellen: Revisionen – auch die neukantianische – werden dem wissenschaftlichen Sozialismus von außen angetragen und verkappen bürgerliche Klassenstandpunkte in marxistische Gewänder.

*Zweitens* hat sich die damalige Problemdarstellung vom kritisierten Neukantianismus einreden lassen, das »Desiderat einer genuin marxistischen Ethik« bestehe ohne Einschränkung aufgrund »einer im historischen und dialektischen Materialismus in seinen Anfängen erkennbaren Leerstelle« /12/. Dies war und ist falsch. Grundlagen der marxistischen Ethik und viele moralische Normen sind im Werk von Marx, Engels und Lenin und anderer Theoretiker ausdrücklich formuliert. Desiderat war eine marxistische Ethik als relativ selbständige wissenschaftliche Disziplin.

*Drittens* war die Rede von einer »Aporetik jeglicher marxistischen Ethik« /43 f./. Die Auffassung, das Verhältnis von individuellem sittlichem Subjekt und Gesellschaft und das von Freiheit und Notwendigkeit seien a priori antinomisch oder auch nur aporetisch, war mechanisch und falsch. Die Einleitung vertrat hier Annahmen, die sie andererseits als Theoreme der revisionistischen ›Praxis-Philosophie‹ zu recht kritisierte /13 f./. Ein Nebenprodukt war eine Kritik an der KPdSU und sowjetischen Ethik-Konzeptionen. Die Kritik, die UdSSR behandelte die Weltrevolution als Frage ihrer Innenpolitik /13/, war nicht als Kritik falsch; das Recht der Kritik des Marxisten an sozialistischer Politik hat auch Lenin als Recht der Selbstkritik nie verleugnet. Die Kritik war falsch, weil sie erstens nicht die Frage des ›Sozialismus in einem Land‹ zur Debatte stellte, sondern Schlüsse formalistisch zog, und weil sie zweitens ohne Berücksichtigung der Sozial- und Klassenspezifik ethischer Normen vergleichbare sozialistische bzw. kapitalistische wertethische Kategorien nahezu identifizierte. Diese Kritik war ›ethisch‹ und in der Tendenz selbst neukantianisch.

Darüber hinaus bleibt kritisch anzumerken: daß die Edition in ein nahezu historistisches Licht rücken mußte, weil sie weder die ideologische Aktualität des ethischen Sozialismus im heutigen demokratischen Sozialismus konkret nachwies noch über die Debatte der II. Internationale hinausging und die heutige qualitativ neue marxistische Ethik berücksichtigte.

Die zweite Auflage von ›Marxismus und Ethik‹ ist deshalb ergänzt:

- um eine Auswahlbibliographie zur zeitgenössischen marxistischen Ethik seit 1965 und um Nachträge
- zur Aktualität des ethischen Revisionismus,
- zur Begründung der marxistischen Ethik durch die Klassiker,
- zur ›Praxis-Philosophie‹ als Traditionsträger des neukantianischen Revisionismus.

## 1. Zur Aktualität des ethischen Revisionismus

Im theoretischen Zentralorgan der SPD ›Die neue Gesellschaft‹ erschien 1970 ein Artikel, in dem von den sittlichen Grundwerten dieser Partei die Rede ist. Es sei belanglos, heißt es dort lapidar, »ob der einzelne von der Bergpredigt oder von Kant oder von den Theorien von Marx ausgehe, ob er aus der Religion, der Philosophie oder der Gesellschaftswissenschaft schöpfe«.[1] Verfasser des Artikels war Willy

---

[1] Idee und Wirklichkeit. Interview mit W. Brandt. In: Die Neue Gesellschaft (im folgenden NG) 17 (1970), 26/27.

Brandt. Von den »praktischen Verhältnissen«, aus denen nach Engels die Menschen »bewußt oder unbewußt ihre sittlichen Anschauungen« schöpfen, Verhältnissen, »in denen ihre Klassenlage begründet ist, ... in denen sie produzieren und austauschen«, war keine Rede.² 1969 rief der damalige sozialdemokratische Bundesratspräsident Weichmann »Staatsmänner und Politiker« auf »zur Definition neuer gesellschaftlicher Wertinhalte ... Wir brauchen wieder Gewissenspostulate«.³ Das ›Godesberger Programm‹ der SPD formuliert, »daß der Mensch ... zum erstenmal in seiner Geschichte jedem die Entfaltung seiner Persönlichkeit in einer gesicherten Demokratie ermöglichen kann, ... jenseits von Not und Furcht«. Und weiter heißt es: »Freiheit, Gerechtigkeit und Solidarität ... sind die Grundwerte des sozialistischen Wollens ... Sozialismus wird nur durch die Demokratie verwirklicht, die Demokratie durch den Sozialismus erfüllt.«⁴ Der alte Streit um die Priorität von Sozialismus oder Demokratie ist für die Sozialdemokratie – in die bürgerliche Demokratie integriert – scheinbar entschieden. Aber eben in dieser bürgerlichen Klassenstaatsform gelten Freiheit, Gerechtigkeit und Demokratie nicht für alle. Kommunistische Demokraten werden verfolgt, Solidarität wird ihnen verweigert. Die politische Alltagspraxis des ›demokratischen Sozialismus‹ verwirklicht in Berufsverboten, verfassungsfeindlichen Demonstrations- und Streikbehinderungen, Diskriminierung der kommunistischen Partei u. a., was das Programm verkündet: »Zu Unrecht berufen sich die Kommunisten auf sozialistische Traditionen. In Wirklichkeit haben sie das sozialistische Gedankengut verfälscht. Die Sozialisten wollen Freiheit und Gerechtigkeit verwirklichen, während die Kommunisten die Zerrissenheit der

---

2 Marx/Engels, Werke. Hg. v. Institut f. Marxismus-Leninismus b. ZK der SED. Berlin 1956–1971 (= MEW). MEW 20, 87.
3 Bulletin des Presse- und Informationsamtes der Bundesregierung, Nr. 87, 2. 7. 1969, 752.
4 Zit. nach: Programme der deutschen Sozialdemokratie. Hannover 1963, 186/187.

Gesellschaft ausnutzen, um die Diktatur ihrer Partei zu errichten.«[5]

Das politische und ideologische Programm des ›demokratischen Sozialismus‹ ist ein Dokument des Reformismus innerhalb der Grenzen des Kapitalismus, ein Dokument gegen Revolution und antimonopolistische Demokratie. Es ist ein und derselbe Text, in dem nebeneinander sich ausschließende Thesen und Postulate stehen:

Satz 1: »Die Vorrechte der herrschenden Klassen zu beseitigen und allen Menschen Freiheit, Gerechtigkeit und Wohlstand zu bringen – das war und ist der Sinn des Sozialismus.«

Satz 2: »Das private Eigentum an Produktionsmitteln hat Anspruch auf Schutz und Förderung.«[6]

Durch die Berufung der deutschen Sozialdemokratie auf Kant und Marx ist der neukantianische ethische Sozialismus mehr als eine akademische Reminiszenz. In der kantianisch-ethischen Begründung sozialdemokratischer Politik wird nicht allein eine ethische Normierung des Klassenkampfs der Arbeiterklasse hintertrieben, sondern – und dies wiegt als Konsequenz schwerer – die historisch-materialistische Analyse der klassenantagonistischen Formation ›Kapitalismus‹. Die Sozialdemokratie verkürzt bewußt die Tradition der Arbeiterbewegung um Marx, Engels und Lenin und läßt sie theoretisch bei Bernstein beginnen. Denn Bernsteins und anderer – z. B. Max Adlers – Auffassung des Klassenkampfes als Kulturkampf um höhere ethische Werte ist geeignet, der Arbeiterklasse in der BRD die Perspektive der Einheit von Reform und Revolution durch ›konzertierte Aktion‹ und ›soziale Symmetrie‹ (bei Otto Bauer hieß dies: Gleichgewicht der Klassenkräfte) zu verstellen. Die Reformstrategie der Sozialdemokratie ist eine Parallele zu den Strategien zur ›Lösung der sozialen Frage‹ im 19. Jahrhundert: einige dringende Probleme der absoluten Verelendung der Arbeiterklasse werden gelöst; die relative Verelendung nimmt ständig

5 a.a.O., 188.
6 a.a.O., 208; 195.

V

zu. Fortschritte werden anvisiert und erzielt um den Preis der Stabilisierung der monopolkapitalistischen Herrschaft der Bourgeoisie. Übergangsphasen zum Sozialismus – wie die antimonopolistische Demokratie – werden in Mißkredit gebracht durch einen ethischen Maximalismus, der abstrakt jegliche Freiheitseinbuße, auch die des Kapitalisten, verurteilen muß. Der status quo an bürgerlicher Freiheit wird erweitert, solange größere politische Freiheiten und größerer sozialer Wohlstand die ökonomische Basis der ›Freiheit‹ zu bürgerlicher Klassenherrschaft nicht antasten. Uneingeschränkt gültig ist der Bernsteinsche Grundsatz des ›demokratischen Sozialismus‹ noch heute: »Die ganze praktische Tätigkeit der Sozialdemokratie geht darauf hinaus, Zustände und Vorbedingungen zu schaffen, die eine von konvulsivischen Ausbrüchen freie Überführung der modernen Gesellschaftsordnung in eine höhere ermöglichen und verbürgen sollen. Aus dem Bewußtsein, die Pioniere einer höheren Kultur zu sein, schöpfen ihre Anhänger immer wieder Begeisterung..., in ihm ruht auch zuletzt der sittliche Rechtstitel der angestrebten gesellschaftlichen Expropriation. Die Klassendiktatur aber gehört einer tieferen Kultur an... Es hat keinen Sinn, die Phrase von der Diktatur des Proletariats zu einer Zeit festzuhalten, wo an allen möglichen Orten Vertreter der Sozialdemokratie sich praktisch auf den Boden der parlamentarischen Arbeit... stellen.«[7]

Die heutige Sozialdemokratie beruft sich wahlweise auf Kant und auf Marx und auf das kirchliche Christentum. In theoretischem Eklektizismus, in der Verbindung widersprüchlicher Traditionen, begründet sie eine – im schlechten Sinne – pluralistische Ethik. Diese soll, wie die ›Volkspartei‹, die heterogenen Interessen von Bourgeoisie und Arbeiterklasse harmonisieren. Die materiellen Bedingungen einer humanistischen Sittlichkeit werden nirgends berücksichtigt. Folge ist eine

---

[7] E. Bernstein, Die Voraussetzungen des Sozialismus und die Aufgaben der Sozialdemokratie. Hg. v. G. Hillmann. Hamburg/Reinbek 1969, 156/157.

eigentümliche Ambivalenz: auf der einen Seite wird die pluralistische Ethik zum Surrogat einer an den objektiven Bedürfnissen der Massen orientierten Politik und ersetzt die politische Ökonomie als Grundlage der Politik; auf der anderen Seite wird die Politik als Form des Kampfs um die Aneignung der materiell-gesellschaftlichen Wirklichkeit von der Ethik getrennt, indem deren ›allgemeinmenschliche‹ Verbindlichkeit ausgespielt wird gegen die klassenspezifische ethische Politiknormierung. Die »Ethik des Kompromisses«, zum »vornehmsten Gehalt der politischen Moral unseres Gemeinwesens« stilisiert[8], drängt die Arbeiterklasse zum Klassenkompromiß und verschleiert so, daß humanistische Sittlichkeit erst nach der Aufhebung des Klassenwiderspruchs möglich wird. Die naturrechtliche Fiktion allgemeinmenschlicher Vernunft und Sozialität, die ihren Niederschlag im Grundgesetz der BRD als Erblasser der liberalen Bourgeoisie findet, verstellt den Blick auf revolutionäre ethische Normen, die Lenin so auf einen Nenner gebracht hat: »Unsere Sittlichkeit ist von den Interessen des proletarischen Klassenkampfes abgeleitet.«[9]

Die Sozialdemokratie beruft sich zu Unrecht auf Kant, illegitim ist ihr Rekurs auf Marx. Das ›Zurück auf Kant‹ usurpiert einen Namen, ohne den Gehalt anzuerkennen, den er benennt. Gewiß blieb Kants Ethik abstrakt, weil sie ein humanistisches Ziel vor der Zeit des geschichtlichen Subjekts seiner Verwirklichung steckte. Aber sie war ein Element der bürgerlichen antifeudalen Revolution und behauptete egalitäre Freiheitsrechte gegen Privilegien. Die Ethik des demokratischen Sozialismus sagt statt ›Egalité‹ Pluralität und statt ›ewige Gerechtigkeit‹ Relativismus und meint nicht Bürger- als Menschenrechte, sondern Bürger- als Bourgeoisgesetz. Der ethische Revisionismus ist nicht zu kritisieren, weil er zuviel an Ethik

---

8 W. Besson, Ohne mich! Geschichtsmüdigkeit und politische Lethargie. In: Unsere Freiheit morgen. Hg. v. G. Böse. Düsseldorf/Köln 1963, 111.
9 W. I. Lenin, Werke. Hg. v. Institut f. Marxismus-Leninismus b. ZK der KPdSU. Nach d. 4. russ. Ausg. hg. v. Institut f. Marxismus-Leninismus b. ZK der SED. Berlin 1961–1969 (= LW). LW 31, 281.

fordert, sondern weil seine Mittel sein Ziel ad calendas graecas aufschieben; er verletzt das Grundgesetz der Ethik, daß sittliche Normen realisierbar sein müssen als Normen des Glücks aller; er verweigert sich der Formulierung von Normen für den Weg, der über eine zeitliche Herrschaft der letzten Klasse zu Klassenlosigkeit führt.

W. Brandts historisch beliebige Anknüpfung an Kant, Marx und das Christentum ist nicht neu. Kurt Schumacher hatte bereits 1945 die Sozialdemokratie gescholten, sie habe die Ideen der Persönlichkeit als den »wesentlichen Bestandteil der Menschheitsrechte, die wir vom Liberalismus übernommen haben«, »Jahrzehnte hindurch ... als unverständliche Werte empfunden«. Im Kapitalismus sei die Persönlichkeit zur bloßen Fiktion geworden; kein Wort über das Verhältnis von Liberalismus und Kapitalismus. Schumacher fuhr fort: »Darüber hinaus kann für uns der Wert des Sozialdemokraten nicht durch das Motiv bestimmt werden, aus dem heraus er zu uns gekomen ist. Mag der Geist des Kommunistischen Manifests oder der Geist der Bergpredigt, mögen die Erkenntnisse rationalistischen oder sonst irgendwelchen philosophischen Denkens ihn bestimmt haben, oder mögen es Motive der Moral sein, für jeden, die Motive seiner Überzeugung und deren Verkündigung ist Platz in unserer Partei.«[10] Geändert hat sich seit 1945 in der SPD der Spielraum für den Geist des Kommunistischen Manifests. Die Einheit der Sozialdemokratie wurde nach dem 2. Weltkrieg nicht in der politischen Strategie einer Partei der Arbeiterklasse gesehen, sondern in der Moral. R. Zorn auf dem SPD-Parteitag in Düsseldorf 1948: »Ein solches Einheitsempfinden in der Moral könnte der Sozialismus wecken, aber nur ein Sozialismus, dessen tiefste Grundlage eine im Metaphysischen wurzelnde Ethik ist.«[11] Aus dem Protokoll des Hamburger Parteitags (1950), Redner: Carlo Schmidt: »Die Sozialdemokratie braucht kein Dogma und sie *will* kein Dogma. (Sehr gut!

10 K. Schumacher, Programmatische Erklärung v. 5. 10. 1945.
11 Protokoll des SPD-Parteitags Düsseldorf 1948. Hamburg 1948, 159.

Beifall.)«. C. Schmidt sprach über ›Die SPD vor der geistigen Situation dieser Zeit‹. Nach 12 Jahren Faschismus hatte er das Bedürfnis, festzustellen: »Alle Erkenntnis im menschlichen Bereich beruht auf der Hinnahme des Satzes, daß die Natur des Menschen wesenhaft unveränderlich ist. Ohne dies gäbe es keine Einheit menschlicher Kultur und Geschichte, gäbe es keine Möglichkeit des Verstehens, insbesondere keine Möglichkeit, Vergangenheit und Gegenwart aufeinander zu beziehen.«[12] Was bereits Marx als Kennzeichen bürgerlicher Ideologie im Kapitalismus erklärt hatte, findet hier einen erneuten Beleg: für den Kapitalisten hat es eine Geschichte gegeben, die seines Klassensieges; für ihn gibt es keine Geschichte mehr, die die Geschichte seiner eigenen Negation und der Zukunft des Proletariats wäre.

Sozialdemokratie ›ohne Dogma‹ – aber mit einer Fülle ideologischer Anleihen: C. Schmidt zitierte Marx, Darwin, Dilthey, Nietzsche, Sorel, Freud, C. G. Jung, M. Weber, L. Nelson, Hegel ... Hegel und Marx? Seit Bernstein Gegenstand der Revision, der Antidialektik, des Antimaterialismus; Alibis zerstörter Kontinuität der Ideologie der Arbeiterklasse. Über ihre Politik hinaus enthüllt die Sozialdemokratie in ihrem weltanschaulichen Geister-Handel ihre Klassenposition in der Bourgeoisie. Am »Mischmasch bürgerlicher Ideen«[13] hat sich seit 1945 nichts geändert; eher ist das Spektrum noch breiter geworden; 1972 heißt es in der ›Neuen Gesellschaft‹: »Die christliche Lehre von der Ebenbildlichkeit des Menschen und ihre ethischen Maßstäbe, die proklamierten Menschenrechte der Französischen Revolution, Kants Aufklärung und Ethik, Hegels dialektische Geschichtstheorie, Marx' Kritik des Kapitalismus, Bernsteins kritischer Marxismus, Rosa Luxemburgs Spontaneitäts-Theorie und Bolschewismus-Kritik, Schumachers freiheitlicher Sozialismus, die neueren

---

12 Protokoll des SPD-Parteitags Hamburg 1950. Frankfurt/M. 1950, 236; 227.

13 Vgl. W. Gerns, Der Mischmasch bürgerlicher Ideen. Zu den weltanschaulichen Positionen des »demokratischen Sozialismus«. In: Unsere Zeit (UZ) 2 (1974), 15. 3. 1974, 11.

Beiträge von Ernst Bloch, Horkheimer und Adorno, Habermas, Leszek Kolakowski, Milovan Djilas und anderen sind sozusagen aufeinanderfolgende und nebeneinanderwirkende Bewußtseinsakte eines demokratischen Sozialismus, die auf ein ethisches Motiv zurückzuführen sind.«[14] Je mehr Quellen, desto größere weltanschauliche Neutralität; Entideologisierung durch Enthistorisierung. Die pluralistische Ideologie unter dem Mantel der Anti-Ideologie hat die Sozialdemokratie nicht weltanschauungsfrei gemacht; »sie hat die Sozialdemokratie lediglich vom Marxismus, vom dialektischen und historischen Materialismus ›befreit‹.«[15]

In der erwähnten Parteitagsrede C. Schmidts gipfelte dies alles in der Schlußfolgerung: »Wofür einer sich nach Erkenntnis der Ursachen und Konsequenzen des Kapitalismus entscheidet, ist nicht notwendig die Folge eines neuen Verständnisses der kausalen Abläufe in der Wirtschaft und ihrer Rückwirkungen auf die Lage bestimmter Menschengruppen, sondern es ist das Ergebnis einer Bewertung der Folgen dieses Systems für die Menschen. (Sehr richtig!) Solche Bewertungen... sind aber letztlich immer das Produkt ethischer Entscheidungen... So werden die wissenschaftlichen Erkenntnisse, die man für die Mutter der Impulse hielt, die die Entscheidung für den Sozialismus erzwingen, in eine Hilfsstellung verwiesen... Damit tritt in der Geschichte an die Stelle der Kategorie der Kausalität – oder vielmehr neben sie – die Schicksalskategorie«.

*Der ethische Revisionismus verzichtet* – dies ist ein weiteres wesentliches Element seiner ideologischen Struktur und Funktion – *auf die Wissenschaftlichkeit des Sozialismus;* er verzichtet auf die *Erkenntnis der Objektivität* der Geschichte, er schwört der *Objektivität der Erkenntnis* ab – und damit der Objektivität gesellschaftlicher Praxis. (Ein Antrag des Stadtkreises Offenbach an den 1950er Parteitag der SPD,

[14] H. W. Sabais, Demokratischer Sozialismus ist gesellschaftlich angewandter Humanismus. In: NG 19 (1972), 859.
[15] V. Granow, Die gegenwärtige Sozialdemokratie. Neue sowjetische Analysen. Köln 1973, 85/86.

er möge bei der dringend erforderlichen politischen Nachwuchsschulung u. a. ein »Lehrbuch der materialistischen Geschichtsauffassung« berücksichtigen, wurde an den Parteivorstand ›überwiesen‹.[16] Eine solche Berücksichtigung ist nicht überliefert.)

Die gesamte Topik der Argumente des ethischen Sozialismus läßt sich orten in einem seiner Zentralorgane nach 1945, in dem von O. Suhr und L. Schröder in Berlin herausgegebenen ›Sozialistischen Jahrhundert‹. Eine kurze Collage kann dies verdeutlichen. E. Sünderhaupt schreibt im 1. Jg. (1946/1947), mit den Debatten darum, »was von der *marxistischen Programmatik* noch brauchbar ist«, verliere man nur Zeit und gewinne keinen einzigen jungen Menschen; »es gilt also, für die programmatischen Grundsätze des *demokratischen Sozialismus* Formulierungen zu finden, die neu und aufbauend sind. Stärker als bisher muß der hohe ethische Inhalt der ihm zugrunde liegenden Idee in den Vordergrund gestellt werden.«[17]

In welchem Maße im Nachkriegssozialdemokratismus Antikommunismus, konvergenztheoretische Technikfeindlichkeit und Irrationalismus zusammenspielen, beweist E. Tillich in seinen Überlegungen ›Zur geistigen Lage des Sozialismus‹. Sie sind so typisch, daß sie ausführlich zu Wort kommen sollen: »In immer größeren wirtschaftlichen Zusammenballungen manifestieren sich die modernen Herrschaftsgebilde, erbaut auf Rationalität, Technisierung und Masse. Das ganze Leben aber wird *total organisiert im totalen Staat* ... So sehr der moderne Mensch in rationalen Kategorien lebte und dachte, so stark war auch die Versuchung, sich durch Ideologien über die eigene Situation zu täuschen ... Von der Arbeiterschaft aus hat der *Kommunismus* versucht, die bürgerliche Gesellschaft zu überwinden ... Dieses Ziel aber wird gesucht durch *restlose Anerkennung der Rationalität*. Der Kommunis-

---

[16] Protokoll des SPD-Parteitags Hamburg 1950. Frankfurt/M. 1950, 234/235; 281.
[17] Das Sozialistische Jahrhundert. 1. Jg. Berlin 1946/1947, 94.

mus bejahte nicht nur den unendlichen Fortschritt der Technik einschließlich der Tendenz der dauernden Ausweitung und Machtanhäufung, er stellte sich auch weltanschaulich auf den Boden der aufklärerischen Ratio. Mit allen Mitteln vollzog er die Totalität des Staates und erkannte damit die Vermassung und Entpersönlichung an... (Aufgabe des Sozialismus) ist es, dem erschütterten Lebensgefühl des abendländischen Menschen – nur von diesem können wir Abendländer im Ernst reden – eine neue soziale Basis und ein neues Ziel des gesellschaftlichen Handelns zu geben. Das ist vom *Marxismus* bisher nicht geschehen... Der Satz, daß ›das Sein das Bewußtsein bestimmt‹, der im Vordergrund der marxistischen Diskussion gestanden hat, muß ergänzt sein durch den gleichwertigen, daß ›*das Bewußtsein das Sein bestimmt*‹ – denn wie hätten sonst Produktionsverhältnisse zu Instrumenten einer Ausbeutung des Menschen durch den Menschen werden können?... Dieser Sozialismus als sittliche Idee nimmt auch die vormarxistischen Utopien wieder ernst, die lange genug verpönt gewesen sind; er führt aber damit die *humanistische Tradition* des Abendlandes fort, die über die Ideale der Französischen Revolution hinaus ihre Wurzeln im Christentum und in der antiken Philosophie hat. *Der Sozialismus als die Freiheitsbewegung innerhalb und gegen die rationale Gesellschaft enthält deshalb einen unaufhörlichen Appell an den Geist*... Heute ist das Erlebnis der proletarischen Situation das ganz Europas... Das heißt aber, daß auch die sozialen Grenzen der sozialistischen Bewegung grundlegend erweitert sind. Es geht nicht mehr nur um den Arbeiter, sondern um den in der rationalen Gesellschaft *entrechteten Menschen* überhaupt. Das bedeutet für den Sozialismus den Schritt von der Klassenbewegung zur *staatsbürgerlichen Gemeinschaftsbewegung*... Der Übergang vom Proletariat zur Arbeiterschaft ... war ein Schritt des Bewußtseins; so ist auch der Übergang von der Vermassung zum sozialen Menschen ein *Akt des Geistes.*‹18

18 a.a.O., 195-198.

Was in K. Kautskys ›Ethik und materialistische Geschichtsauffassung‹ (1906) angelegt ist, kommt voll zum Durchbruch: die idealistische Trennung von ethischer proletarischer Norm und wissenschaftlichem Sozialismus; Kautsky: »Auch die Sozialdemokratie als Organisation des Proletariats in seinem *Klassenkampf* kann das sittliche Ideal, kann die sittliche Empörung gegen Ausbeutung und Klassenherrschaft nicht entbehren. Aber dies Ideal hat nichts zu suchen im *wissenschaftlichen* Sozialismus, der wissenschaftlichen Erforschung der Entwicklungs- und Bewegungsgesetze des gesellschaftlichen Organismus zum Zwecke des Erkennens der *notwendigen* Tendenzen und Ziele des proletarischen Klassenkampfes« /258/. Sein und Sollen werden getrennt um den Preis der Parteilichkeit der Wissenschaft. Wissenschaftlicher Sozialismus verkümmert *als* wissenschaftlicher zur Soziologie und schwingt sich *als* Sozialismus auf zum ›*Kulturkampf*‹.

*Zu betonen ist, daß der ethische Sozialismus seine wesentliche Revisionskraft aus seinem Antimaterialismus gewinnt.* Der theoretische und praktische revolutionäre Materialismus des Marxismus-Leninismus hat nicht allein die *Ursprungsfrage* im Verhältnis von Sein und Bewußtsein gelöst, sondern *zugleich* das Problem der *Objektivität der Erkenntnis* inmitten historischer gesellschaftlicher und historisch-logischer Beziehungen. Der Materialismus-Widerruf der Sozialdemokratie-Ideologen wurde nicht erst seit Bernstein laut, seit dessen Rehabilitierung des Idealismus mit dem Satz, »daß der Sozialdemokratie ein Kant nottut, der einmal mit der überkommenen Lehrmeinung mit voller Schärfe kritisch sichtend ins Gericht geht, der aufzeigt, wo ihr scheinbarer Materialismus die höchste und darum am leichtesten irreführende Ideologie ist, daß die Verachtung des Ideals, die Erhebung der materiellen Faktoren zu den omnipotenten Mächten der Entwicklung Selbsttäuschung ist.«[19] Was Lenin als den »Grundzug der Kantschen Philosophie« bezeichnete – »die Aussöhnung des Ma-

---

[19] E. Bernstein, Die Voraussetzungen des Sozialismus . . ., a.a.aO., 199.

terialismus mit dem Idealismus, ein Kompromiß«[20] –, wurde nicht zuletzt durch den Austromarxisten Max Adler radikalisiert. Schon 1907 reduzierte er die Funktion der materiellen Basis auf den Fortschritt des Ideellen: »Die ökonomischen Verhältnisse stellen nur die Bewegungsfreiheit des Ideellen her«; folglich ist »dieses Materielle... als solches notwendig bereits etwas *Geistiges*... Das Ökonomische ist das in der Geschichte wirkende Geistige.«[21] Als sich Adler 1922 über ›Die Beziehungen des Marxismus zur klassischen deutschen Philosophie‹ äußerte, war sein eigentliches Anliegen, den *Materialismus* aus dem Marxismus auszutreiben; im Schlußsatz seines Artikels sinkt der Phönix in die Asche, es bleibt »der wissenschaftliche Sozialismus von Marx die *Theorie von der Tatwirklichkeit des Idealismus*«. Der Marxismus werde »gewöhnlich als ein System des Materialismus angesehen, wozu hauptsächlich die unglückselige Bezeichnung seiner grundlegenden Theorie als materialistische Geschichtsauffassung beigetragen« habe. Adler revidiert: »Allein schon eine kurze Besinnung auf das Wesen des Marxismus muß uns klarmachen, daß er überhaupt nichts mit Materialismus zu tun haben kann«. Materialismus sei – »Metaphysik«, weil Frage »nach dem Wesen der Dinge« mit der Antwort, daß »alles Materie sei«. Der Marxismus sei aber nicht Philosophie, sondern Soziologie, »Wissenschaft vom sozialen Leben«; »er fragt nicht nach dem Wesen der Dinge... und ist im übrigen bezüglich der Frage nach dem Wesen des Geistes und seines Verhältnisses zur Materie – dieser Hauptfrage des Materialismus – ganz neutral«. Ersatzweise handelt für Adler »die materialistische Geschichtsauffassung überhaupt von gar nichts anderem als vom Wirken des Geistes in jener Form, in welcher er durch gesellschaftliche Arbeit die Bedingungen des Lebens setzt und erweitert«. Revidiert wird die erst auf der Grundlage eines konsequenten *einheitlichen Materialismus der Dia*-

---

20 LW 14, 195.
21 M. Adler, Das Formalpsychische im historischen Materialismus. In: Die Neue Zeit 26 (1907/1908), 59; 54; 60.

*lektik in Natur, Gesellschaft und Denken* mögliche Unterscheidung von ›Basis‹ und ›Überbau‹; diese notwendige Differenzierung sei – so Adler – »sehr irreführend und gefährlich, weil sie zu dem ›materialistischen‹ Mißverständnis verleitet, als ob der Unterbau, die ökonomische Struktur, nicht auch geistigen Wesens wäre«. Kurz: »Ökonomie und Ideologie« sind »nur zwei verschiedene Stufen eines und desselben *geistigen* Zusammenhanges«. Es wäre verhängnisvoll, diese Revision des Materialismus bis hin in einen unverbrämten Sozialidealismus als Frage der Theorie abzutun. Max Adler war der führende Kopf der ›Linken‹ innerhalb der österreichischen Sozialdemokratie und hat sich den Titel ›Austromarxist‹ nie verbeten. Sein Werk ist deshalb als symptomatisch zu werten, weil Adler nicht etwa ein Nur-Theoretiker war. Der ›linke‹ Sozialist wollte niemals den Klassenkampf verabschieden – und tat es doch ständig theoretisch wie praktisch; noch einmal: mit dem erfolgreichen Angriff des ethischen Revisionismus gegen den *Materialismus* nicht allein der Philosophie, sondern *auch* der Politischen Ökonomie des Kapitalismus und der Revolutions-, Staats- und Parteitheorie war ein nicht zu unterschätzendes Element der Niederlage der Arbeiterklasse gegenüber dem Faschismus gegeben. Die Moralisierung der Praxis war schon seit Otto Bauers ›Marxismus und Ethik‹ (1906) eine Subjektivierung und Voluntarisierung der politischen Strategie, die oft in einem bloßen moralisierenden Dezisionismus endete. Man muß sehen, daß der ethische Sozialismus nicht den Bedingungen des Klassenkampfs folgte oder eine Antwort auf dessen objektive Schwierigkeiten war; der ethische Revisionismus bemäntelt die Unfähigkeit der Sozialdemokratie zu einem einheitlichen Konzept von Reform *und* Revolution mit der aporetischen Frage nach der moralischen Legitimation der Revolution und einer Diktatur des Proletariats. »Der Klassenkampf« – schrieb Adler 1922 – »ist eben nicht... ein Kampf bloßer ökonomischer Interessen, sondern ... immer zugleich ein Kampf um höhere Vernunft, um höhere Moral und vollkommenere

Kultur. Aller Klassenkampf ist Kulturkampf, ist Geistesbewegung. Und er ist im Grunde gar nichts anderes als der empirische Prozeß, in welchem das Bewußtsein überhaupt seinen Inhalt auf einen widerspruchslosen Ausdruck zu bringen sucht«. Es wäre falsch, Adler ohne Einschränkung mit dem Neukantianismus zu identifizieren; wichtig ist vielmehr, das Zusammenspiel von Neukantianismus und Neuhegelianismus im Rahmen der bürgerlichen sozialdemokratischen Ideologie zu erkennen.[22] Nicht zufällig vereinnahmte Adler den Marxismus in puncto Klassenkampf als »das soziologische Widerspiel der dialektischen Auffassung des Geisteslebens von Kant bis Hegel«[23].

Es ist nicht zu übersehen, daß dem ganzen ethischen Revisionismus seit der Jahrhundertwende und bis in unsere Tage in seinem Antimaterialismus ein ambivalentes Materie-Verständnis mit zugrunde liegt: die Moralisten lehnen den Materialismus nicht allein ab, weil sie ihn – statt ihn als Determinismus zu begreifen – als Objektivismus mißverstehen; es geht nicht allein um die Willensfreiheit des Individuums; ›Materialismus‹ gehört geradezu in den Bereich des ›Sich-schämen-Müssens‹: Materialismus ist ungeistig, Materialismus ist niedrig, Materialismus ist Völlerei und Weibertausch. Der ethische moralisierende Revisionismus hat sich im Kampf gegen die Sowjetunion von Anfang an der gleichen Unterstellungen bedient wie die Reaktion; Indiz mehr dafür, daß diese Weltanschauung auf dem Niveau des bürgerlichen Alltagsbewußtseins gerade eine Form des bürgerlichen Klassenbewußtseins – zunächst innerhalb, dann immer stärker außerhalb der Arbeiterbewegung – darstellt. Die Ambivalenz des ethischen

22 R. de la Vega hat mit Nachdruck auf die bürgerlich-ideologische Kontinuität von Neukantianismus und Neuhegelianismus in der II. und III. Internationale verwiesen, in: Ideologie als Utopie. Der hegelianische Radikalismus der marxistischen ›Linken‹. Diss. Gießen 1973.
23 M. Adler, Die Beziehungen des Marxismus zur klassischen deutschen Philosophie. In: Austromarxismus. Texte zu ›Ideologie und Klassenkampf‹ von O. Bauer, M. Adler, K. Renner, S. Kunfi, B. Fogarasi, J. Lengyel. Hg. v. H. J. Sandkühler / R. de la Vega. Frankfurt/M. 1970, 188; 174; 179/180; 181; 185.

Antimaterialismus zeigt sich mit aller Deutlichkeit in zwei Beiträgen im ›Sozialistischen Jahrhundert‹. Unter dem Titel ›Überwindung des Materialismus‹ polemisiert K.-P. Schulz, inzwischen von der SPD zur CDU übergetretener Volksvertreter, gegen den vermeintlichen Anspruch des Materialismus, »*alle Rätsel der Welt* aus der Mechanik überschaubarer und beweisbarer Abläufe heraus zu lösen«; »indem er aber den Menschen von allen Bindungen an ein überwirkliches und unstoffliches Prinzip zu lösen suchte und ihn mit allem Wesensinhalt der Kausalität der Naturgesetze unterwarf«, habe er die Eigengesetzlichkeit der Menschennatur verraten.[24] Zwei Jahre später (1949) entwickelte in derselben Zeitschrift G. Weisser ›Fundamente und Utopien eines sozialistischen Parteiprogramms‹: »Gesinnungsgemeinschaft« gegen die bolschewistische »Entwürdigung des Menschen«; gegen jeden Wissenschaftsanspruch des Sozialismus ein »logisches Schema für die Ableitung jeden politischen Werturteils ... Erste Voraussetzung: *Ideal* (Zielvorstellung); zweite Voraussetzung: *Analyse* der vorgefundenen Tatsachen; Schluß aus den beiden Voraussetzungen: politisches *Programm*«; daß die Analyse die Ziele ›bestimme‹, wird als typisches »Scheinproblem« der »Überbautheorie« zurückgewiesen; im »Kampf der deutschen Sozialdemokratie um die Freiheit des Geistes und der Gesinnung« sei hervorzuheben, daß die Annahme der »Existenz allgemeiner *Gebote der Menschlichkeit ...*, die zeitlos und für jedermann gelten, mögen sie nun an den Grunderkenntnissen unserer menschlichen Vernunft oder an den göttlichen Geboten gemessen sein«, der materialistischen Geschichtsauffassung nicht widerspreche; denn die sei keine »*philosophische* Theorie; sie hat es nicht mit der objektiven Gültigkeit, dem wahren Inhalt sowie den richtigen Konsequenzen jener Grunderkenntnisse zu tun. Sie ist vielmehr eine *soziologische* Theorie«; zum Materialismus »sind wir nicht durch die soziologische Analyse des Geschichtsverlaufs genötigt«; Folge ist: erstens die Definition des Sozialismus als ›ständige Aufgabe‹, nicht

24 Das Sozialistische Jahrhundert. 1. Jg. Berlin 1946/1947, 227.

aber als historisch mit Notwendigkeit erreichbares und zeitlich terminierbares Ziel; und zweitens, daß eine rationale wissenschaftliche Begründung sozialdemokratischer Programmatik nicht mehr denkbar ist: »Vor allem aber wissen wir, daß die obersten Ziele der individuellen und sozialen Gestaltung nicht alle mit der Klarheit des Verstandes, nicht alle ›rational‹ erkennbar sind. Nicht einmal der Wert der von den Sozialisten so hoch geschätzten ›*Gemeinschaft*‹ kann rational erschöpfend bezeichnet werden«; Gefühl und – Utopie treten an die Stelle der Marxschen Anatomie der bürgerlichen Gesellschaft und des wissenschaftlichen Sozialismus; Marx und Engels haben die utopischen Sozialisten kritisiert, »ihre Kritik aber war ungerecht, und der Einfluß von St. Simon, Fourier usw. auf das sozialwissenschaftliche Denken unserer Zeit wird immer stärker«[25].

Wie die Beschränkung des historischen Materialismus auf eine positivistische Gesellschaftslehre ein Indiz des Interesses ist, sein kritisches Instrumentarium gerade nicht dort einzusetzen, wo der Revisionismus seinen Schwerpunkt sieht – beim Individuum, beim persönlichen Willen und Ideal, beim ›Geistigen‹ –, so sprechen auch die Vielfalt der ideologischen Quellen des demokratischen Sozialismus und die emphatische Abkehr von ›Rationalität‹ und Wissenschaftlichkeit eine beredte Sprache: niemand anders als die Bourgeoisie ist im Interesse der Kapitalverwertung daran interessiert, im Vollzug der wissenschaftlich-technischen Revolution die Entwicklung der Wissenschaft zur unmittelbaren Produktivkraft zwar zu stärken, aber zugleich so unter ihrer Kontrolle zu halten, daß die Wissenschaft – auch die wissenschaftliche Weltanschauung – nicht zur Kritik, zur Negation, zur Kraft des Sturzes der Bourgeoisie wird. In dieser Perspektive erweist sich die Quellen-Fülle bürgerlicher Ideen im demokratischen Sozialismus als Element der Diversion in der Arbeiterbewegung bzw. gegen die Arbeiterbewegung, und der latente bis unverhüllte Irrationalismus des ethischen Sozialismus gibt die Wissen-

25 a.a.O., 3. Jg. Berlin 1949, 70; 71; 73; 72; 74.

schaft wie die wissenschaftliche Weltanschauung dem Kapital preis. Diese und keine andere Funktion hat die neuerdings in den Reihen der SPD immer wieder erhobene Forderung, politische Entscheidungen ›undogmatisch‹ und weltanschauungsneutral entsprechend jederzeit umformulierbaren Reformzielen auf der Grundlage einer »Operationalisierung der Ziele des Sozialismus« (Chancengleichheit, Sicherheit, Wohlstand, Demokratie) zu treffen; Orientierungstheorem ist dabei – wie z. B. im ersten Entwurf des ›Langzeitprogramms der SPD‹ – die »von Karl Popper so bezeichnete Stückwerkstechnik in der Gesellschaftspolitik«[26].

Diese ›Operationalisierung‹ der Ziele des demokratischen Sozialismus steht und fällt mit einer Vorbedingung: der pluralistischen Ideologie. Schon 1948 hatte W. Brandt – drei Jahre nach der Befreiung vom Faschismus – den zumindest dritten Weg propagiert: »Nicht nach links oder rechts: nach vorn!«. Der *echte Radikalismus* sei nur durch den Bruch mit der Kontinuität der Arbeiterbewegung und der Tradition der SPD, nur durch eine »Neubegründung der deutschen Sozialdemokratie« erreichbar.‹[27] 1970 hat Brandt die Rolle der ›Neubegründung‹ seiner Partei unterstrichen und erneut verknüpft mit dem Hinweis, die SPD sei kein »Weltanschauungsforum«, sondern eine »Willensgemeinschaft, eine Ideengemeinschaft, eine Partei, die sich orientiert an ethischen Grundwerten«; diese »halte ich in ihrem Kern nicht für wandelbar«; und Brandt bestätigt – gegen Friedrich Engels (»ein bemerkenswerter Mann und liebenswerter Vereinfacher«) –, daß Freiheit »nur bedingt mit dem Problem der ökonomischen Besitzverhältnisse verbunden ist ... In Gesellschaften mit Privatbesitz an Produktionsmitteln (konnte) ein hohes Maß an politischer Freiheit erreicht werden.«[28] Das ›politische Testament‹ von Willi Eichler lautet u. a.: »Diese beiden Kardinalmängel der theore-

---

26 G. Lührs, Grundwerte des demokratischen Sozialismus. In: NG 19 (1972), 959.
27 Das Sozialistische Jahrhundert. 2. Jg. Berlin 1947/1948, 324.
28 Gespräch mit Bundeskanzler Willy Brandt. In: NG 17 (1970), 26; 27; 29.

tischen Grundlage des Sozialismus: Geschichtsfatalismus und dogmatisch fixiertes ›revolutionäres Endziel‹ galt es ... intellektuell redlich und, zusätzlich, werbewirksam zu beheben!« Was im ›Godesberger Programm‹ geschehen sei an »Hervorkehrung der Grundwerte und deren undogmatischer pluralistischer Begründung, die keiner Weltanschauung und keinem Gewissen im Verhältnis zu ethischen Werten Entscheidungen vorwegnahm oder aufzunötigen suchte«, sei nur als »ethische Revolution« zu würdigen; stattgefunden habe »bei der SPD programmatisch wirklich« die »Entideologisierung«, denn: »der demokratische Sozialismus ist keine Weltanschauung, Weltanschauungen trennen die Menschen«[29]. Statt dessen bietet er »dem Menschen unter mehreren Alternativen Entscheidungsfreiheit«; dadurch wird er zur ethisch legitimierten Alternative zu der im »Osten durch die Diktatur einer Minderheit von Leninisten, der keine proletarische Mehrheit entsprach«, begründeten »totalitären Herrschaft eines Kommunismus ..., der bis heute die sozialistischen Werte der Freiheit und der Gleichberechtigung nicht verwirklicht hat«. Der »demokratische Sozialismus verzichtet auf revolutionäre Vollendung«; statt dessen fordert er das »Überschreiten der erfahrenen Wirklichkeit durch das Setzen idealer Begriffsinhalte. Die Erfahrung hat zu der Einsicht geführt, daß ohne transzendentalen« (hier spielt Kant dem Autor einen Streich, er meint ›transzendenten‹) »Bezug dem handelnden Menschen im politisch-geschichtlichen Prozeß die übergreifenden Bindungen fehlen«; für den demokratischen Sozialisten besteht der »Realismus« seiner Politik wie seiner Theorie nicht etwa darin, entsprechend den objektiven Bedürfnissen der Massen und der Arbeiterklasse den Kapitalismus antimonopolistisch zu überwinden, sondern darin, »eine Beziehung zwischen Materialität und Idealität zu finden«[30]. Dererlei verschwommene Terminologie könnte als pure Dummheit gelten, wäre

[29] W. Eichler, Sozialdemokratische Programmatik und praktische Politik. In: NG 18 (1971), 775/776.
[30] F. Brand, Demokratischer Sozialismus ist keine Weltanschauung. In: NG 19 (1972), 867.

sie nicht Methode: der Verdummung und des Ablenkens davon, daß die Sozialdemokratie die ›Beziehung zwischen Materialität und Idealität‹ in der Tat gefunden hat, – in den Kirchen, an die sich anzubiedern auch der Preis der Geschichtsklitterung nicht zu hoch ist. Seit O. Schmidt beim Hannoveraner Parteitag der SPD 1946 unter ›Sehr-richtig!‹-Zurufen sagen konnte: »Wir als Sozialisten nehmen für uns in Anspruch, in der Tat der Bergpredigt viel näher zu stehen als mancher sogenannte christliche Demokrat«[31], hat sich die SPD den beiden Kirchen immer bedenkenloser angenähert. Am derzeitigen Ende der Umarmung steht der Satz: »Die Sozialdemokratische Partei hat ihre früher eingenommene Haltung der uninteressierten negativen Neutralität den Kirchen gegenüber aufgegeben. Religion und Religiosität steht sie mit positivem Respekt gegenüber«; im Bemühen um ein günstiges, stimmenwirksames Arrangement mit der benachbarten bürgerlich-staatlichen Institution ›Kirche‹ leistet sich die SPD auch diese auf den ersten Blick offenkundige Perversion ihrer Geschichte; Atheismus und antiklerikaler Kampf sowie wissenschaftliche Religionskritik des historischen Materialismus, – man macht sie ungeschehen oder prescht gar vor zur »Feststellung, daß der historisch-dialektische Materialismus nicht antireligiös zu sein brauchte.«[32]

W. Ahrend hat als Sozialminister der BRD in einer Festrede für den katholischen Sozialtheoretiker O. von Nell-Breuning 1970 keinen Zweifel daran gelassen, wer sich wem angenähert hat; v. Nell-Breuning sei »um keinen Grad« von seiner katholischen Glaubensorientierung abgewichen; vielmehr sei der SPD von ihrem ›Godesberger Programm‹ her »die Annäherung gewiß leichter geworden«. W. Brandt sekundierte in seiner Grußadresse an den »konkreten Utopisten«, in der er das Proletariat verschämt als »vierten Stand« firmieren ließ, mit einer Episode zwischen Lassalle und dem Mainzer Bischof v. Ketteler und der bedauernden Geste, ›selbst‹ A. Bebel habe

---

31 Protokoll des SPD-Parteitags Hannover 1946. Hamburg 1947, 103.
32 F. Brand, Demokratischer Sozialismus . . ., a.a.O., 865.

die »Verhärtung der Fronten« nicht verhindern können: »viel Energie wurde unnütz aufgewendet«. Es entbehrt nicht der Situationskomik, daß Brandt als »eine besondere Geburtstagsfreude« annoncierte, »daß heute der sozialdemokratische Bundesminister Georg Leber ... etwa um die gleiche Stunde vor der ›Pontificia Commissio Justitia et Pax‹ in Rom über ›Freiheit und Eigentum‹ spricht«.[33]

›Demokratischer Sozialismus ist gesellschaftlich angewandter Humanismus‹ – Titel einer Arbeit von H. W. Sabais, die nichts als das Dementi des ›angewandten Humanismus‹ ist. Vier Thesen sind besonders aufschlußreich und können als Resümee des gegenwärtigen Selbstverständnisses im demokratischen Sozialismus gelten:

*Erste These:* »Der demokratische Sozialismus kann keine Wissenschaft sein, sonst widerspräche er seinem demokratischen Prinzip ... Eine angebliche Wissenschaftlichkeit des Sozialismus hat sich noch stets als Aberglaube oder Religionsersatz ... entpuppt«.

*Zweite These:* »Vorgegebenes Sein wird allein bewußtes Sein, wenn es durchdacht wird. Ein einziges oder das ›richtige‹ Bewußtsein hat im demokratischen Sozialismus keine Berechtigung; es ist Rechtfertigungsdenken und damit Ideologie ... Bei der kritisch-moralischen Hier-und-Heute-Verpflichtung des demokratischen Sozialismus ... stehen offene Theorie und politische Praxis in Wechselbeziehung.«

*Dritte These:* »Marx-kritische Theorie muß von demokratischen Sozialisten selber marxisch, nicht marxistisch genommen werden, das heißt, als kritische Theorie zu einer bestimmten geschichtlichen Situation ... Das relativiert ihre Gültigkeit ... Das bedingt ständige Revision der Positionen von gestern.« »Der russische Revisionismus (Leninismus-Stalinismus) hat auf die Demokratie als alles durchdringendes Prinzip des Sozialismus verzichtet.«

*Vierte These:* »Der Übergang von einer weitgehend mecha-

---

[33] In Fragen der Wahrheit entscheidet niemals die Macht. In: NG 17 (1970), 141–143.

nischen zu einer weitgehend kybernetischen Produktion hat die Arbeiterschaft als Klasse differenziert und aus der materiellen Proletarität gelöst. Zudem nimmt sie als gesellschaftliche Gruppe zahlenmäßig ab; Technokratie und Bürokratie nehmen zu. Die organisierte Arbeiterbewegung, sowohl die Parteien des demokratischen Sozialismus als auch die Gewerkschaften, haben den parlamentarischen Staat über das Wahlrecht und die Gesetzgebung weitgehend in soziale Pflicht genommen. Von einem kapitalistisch beherrschten Staat kann keine Rede mehr sein... Das ›Proletariat‹ ist, im Gegensatz zu zeitbedingten Erwartungen von Marx und Engels, keine ›wirklich revolutionäre Klasse‹ mehr, da sie ihre ökonomische Proletarität zum großen Teil überwunden hat – es sei denn, in staatskapitalistischen Ländern. Revolutionäre Ideologien sind in Randgruppen der Gesellschaft abgewandert, die politisch reaktionäre Ziele... verfolgen.«[34]

Der ethische Revisionismus des demokratischen Sozialismus ist 1. unwissenschaftlich und damit reaktionär, 2. ›offen‹ für alle bürgerlichen Ideologien und antirevolutionär als prinzipieller Reformismus, 3. antikommunistisch, prinzipiell revisionistisch und nicht-sozialistisch und 4. eine Position des Klassenverrats, angetreten, das Proletariat von seinen objektiven Bedürfnissen abzulenken und ihm seine Nicht-Existenz zugunsten ungestörter kapitalistischer Akkumulation einzureden.

## 2. Zur Aktualität der Begründung einer marxistischen Ethik durch Marx, Engels und Lenin

Die Geschichte zum Thema ›Marxismus und Ethik‹ ist zu verstehen als ein Element der Geschichte der Arbeiterbewegung, als Dokument der Widerspiegelung des Prozesses, in welchem sich historischer und dialektischer Materialismus aus dem Widerspruch des Kapitalverhältnisses herausarbeiten. Die

---

34 H. W. Sabais, Demokratischer Sozialismus ist gesellschaftlich angewandter Humanismus. In: NG 19 (1972), 858; 859; 861; 862.

marxistische Ethik existiert, seit sich der Antagonismus zwischen bürgerlicher und Arbeiterklasse theoretisch in der wissenschaftlichen Ideologie des Sozialismus und praktisch im proletarischen Klassenkampf niederschlägt. Die marxistische Ethik gibt es seit Marx in Kernform in zwei Funktionen: als wissenschaftlich-sozialistische sittliche Handlungsnorm und – wenn auch rudimentär – als Theorie der Moral. Um einsichtig zu machen, welchen ideologischen Status die Morallehre des Marxismus Normen der Sittlichkeit beimißt, muß man sich vor Augen führen, daß die theoretischen Reflexionen über Moral selbst in der ideologischen Auseinandersetzung mit der bürgerlichen Gesellschaft notwendig wurden. Daß erstens moralisierende Kritik an bürgerlicher Herrschaft ein Symptom eines noch bürgerlichen ideologischen Klassenstandpunkts war, erfuhren Marx und Engels durch die liberalen deutschen Ideologen des Vormärz. Daß zweitens moralische Postulate ohne Bezug auf eine ›radikale‹ massenhafte praktische ›Kritik‹ am Kapitalismus folgenlos bleiben mußten, war eine der frühen Erkenntnisse des historischen Materialismus.

Von besonderer Bedeutung ist, daß Karl Marx die *bürgerlich-konservative* Funktion von ethischem Utopismus, Philanthropismus *und* auch scheinbar antikapitalistischem Reformismus keiner nur moralischen, sondern einer materialistischen Kritik unterworfen hat. In ›Das Elend der Philosophie‹, der Proudhon-Auseinandersetzung, hat er 1846/47 notiert:

»Kommt alsdann die *humanitäre Schule*, welche sich die schlechte Seite der heutigen Produktionsverhältnisse zu Herzen nimmt. Diese sucht, um ihr Gewissen zu beruhigen, die wirklichen Kontraste, so gut es eben geht, zu bemänteln; sie beklagt aufrichtig die Not des Proletariats, die zügellose Konkurrenz der Bourgeois unter sich; sie rät den Arbeitern, mäßig zu sein, fleißig zu arbeiten und weniger Kinder zu zeugen; sie empfiehlt den Bourgeois Überlegung in ihrem Produktionseifer.«[35]

[35] MEW 4, 142.

In diesem Kontext nennt Marx Bedingungen und Merkmale der sozialistischen und kommunistischen Theorie »der Klasse des Proletariats«: »Solange die Produktivkräfte noch im Schoße der Bourgeoisie selbst nicht genügend entwickelt sind, um die materiellen Bedingungen durchscheinen zu lassen, die notwendig sind zur Befreiung des Proletariats und zur Bildung einer neuen Gesellschaft – solange sind diese Theoretiker nur Utopisten... Aber in dem Maße, wie... der Kampf des Proletariats sich deutlicher abzeichnet, haben sie es nicht mehr nötig, die Wissenschaft in ihrem Kopfe zu suchen; sie haben nur sich Rechenschaft abzulegen von dem, was sich vor ihren Augen abspielt, und sich zum Organ desselben zu machen... Von diesem Augenblick an wird die Wissenschaft bewußtes Erzeugnis der historischen Bewegung, und sie hat aufgehört, doktrinär zu sein, sie ist revolutionär geworden.«[36]

Eben dieser revolutionäre Realitätsbezug unterscheidet auch die marxistische Ethik von dem, was bereits das ›Kommunistische Manifest‹ 1848 den »konservativen oder Bourgeoissozialismus« nennt: »Ein Bestandteil der Bourgeoisie wünscht den *sozialen Mißständen* abzuhelfen, um den Bestand der bürgerlichen Gesellschaft zu sichern... Die sozialistischen Bourgeois wollen die Lebensbedingungen der modernen Gesellschaft ohne die notwendig daraus hervorgehenden Kämpfe und Gefahren. Sie wollen die bestehende Gesellschaft mit Abzug der sie revolutionierenden und sie auflösenden Elemente. Sie wollen die Bourgeoisie ohne das Proletariat... Eine zweite... Form dieses Sozialismus suchte der Arbeiterklasse jede revolutionäre Bewegung zu verleiden durch den Nachweis, wie nicht diese oder jene politische Veränderung, sondern nur eine Veränderung der materiellen Lebensverhältnisse, der ökonomischen Verhältnisse ihr von Nutzen sein könne. Unter Veränderung der materiellen Lebensverhältnisse versteht dieser Sozialismus aber keineswegs Abschaffung der bürgerlichen Produktionsverhältnisse, die nur auf revolutionärem Wege möglich ist, sondern administrative Verbesserungen, die auf

[36] MEW 4, 143.

dem Boden dieser Produktionsverhältnisse vor sich gehen, also an dem Verhältnis von Kapital und Lohnarbeit nichts ändern.«[37]

Dies ist die – aktuelle – Perspektive der Ethik bei Marx; ihr Materialismus ist keiner der theoretischen Systemkonstruktion, sondern der Anatomie der bürgerlichen Gesellschaft, das heißt vorrangig: der Kritik der Politischen Ökonomie des Kapitalismus. Weil die Bedingungen menschlicher individueller und gesellschaftlicher Praxis und der sie regulierenden normativen Ordnungen (auch Moral) Bedingungen der in gesellschaftlicher Arbeit erzeugten gesellschaftlichen Verhältnisse sind, müssen die Handlungsanweisungen, die auf eine qualitativ neue materielle Basis der Freiheit und des Glücks zielen, dem Widerspruch der Wirklichkeit genügen: die Ethik der zur Befreiung antretenden Klasse kann keine Individualethik sein, sondern Klassenethik, deren Normen individuell gelten. Weil von moralischen Anschauungen zu sagen ist, was allen ideologischen Formen gemein ist: daß sie nicht nur Klassenbeziehungen widerspiegeln, sondern auch ausfechten, deshalb faßt sich die neue Ethik der Arbeiterklasse zuerst zusammen in dem Satz, der ihre eigenen Beziehungen reguliert und gegenüber der Bourgeoisie stärkt: »*Proletarier aller Länder, vereinigt euch!*«

Marx und Engels haben 1847 gegen ›Die moralisierende Kritik und die kritisierende Moral‹ geltend gemacht, daß »*ewige Wahrheiten*« – auch der Moral und des Rechts – »keineswegs die Grundlage, sondern umgekehrt das Produkt der Gesellschaft (sind), in der sie figurieren«[38]. Hierbei taucht bereits eine wichtige Erkenntnis auf, die bis hin zur ›Kritik des Gothaer Programms‹ zu einer realistischen Einschätzung der Möglichkeiten einer neuen Sittlichkeit im Sozialismus auffordert: »Die Menschen bauen sich eine neue Welt ... aus den geschichtlichen Errungenschaften ihrer untergehenden Welt. Sie müssen im Lauf ihrer Entwicklung die *materiellen Bedin-*

---

37 MEW 4, 488/489.
38 MEW 4, 319.

*gungen* einer neuen Gesellschaft selber erst *produzieren,* und keine Kraftanstrengung der Gesinnung oder des Willens kann sie von diesem Schicksal befreien.«[39] Konkret bedeutet dies: so unabdingbar der moralische Antrieb und sittliches Verhalten für die Arbeiterklasse sind, – die neue Sittlichkeit wird sich nicht ›kulturrevolutionär‹ vor der revolutionären Aktion zur Umwälzung der materiellen Produktionsverhältnisse ›von selbst‹ einstellen. Eine Folgeerscheinung des Primats von Ökonomie und Politik ist, daß das Recht als Herrschaftsinstitution unter der Herrschaft der Arbeiterklasse nicht ›fristlos‹ aufzukündigen ist und sein wird. 1875 hat Marx die Lassalleaner vor der Illusion gewarnt, die kommunistische Gesellschaft 1) ohne Übergangsphase einer staatlichen »Diktatur des Proletariats«[40] heraufzubeschwören, und 2. vor der Blindheit demgegenüber, daß die neue Gesellschaft, aus dem Kapitalismus entstehend, »in jeder Beziehung, ökonomisch, sittlich, geistig, noch behaftet ist mit den Muttermalen der alten Gesellschaft«[41].

Lenin hat nicht nur auf das Ungenügen einer allein »sittlich-vernünftigen« Begründung des Sozialismus und die Notwendigkeit einer »*objektiven* Analyse« der kapitalistischen Genesis des Sozialismus verwiesen, nicht allein den Determinismus als Basis der Objektivität dieser Analyse gerechtfertigt und die »Idee des Konflikts zwischen Determinismus und Moral, zwischen der historischen Notwendigkeit und der Bedeutung der Persönlichkeit« als »beliebtes Steckenpferd des subjektiven Philosophen« kritisiert[42]; Lenin hat nicht allein historisch-materialistisch »die bürgerliche Moral« als »das unmittelbare Produkt der aus der Warenwirtschaft ... hervorgehenden bürgerlichen Verhältnisse« erklärt[43]; wichtig ist, daß Lenin den dialektischen Zusammenhang von Herrschaft der Klassen,

---

39 MEW 4, 339.
40 MEW 19, 28.
41 MEW 19, 20.
42 LW 1, 150/151.
43 LW 1, 395.

Staat, Recht und Moral in ›Staat und Revolution‹[44] herausgestellt und begründet hat. 1920 ging es um ›Die Aufgaben der Jugendverbände‹ in der Sowjetunion. Lenin ging »auf die Frage der kommunistischen Moral« nicht abstrakt in einem Essay zur Ethik ein, sondern gerade in dieser Broschüre, einem Text zur proletarischen Kultur, zur Arbeit und Organisation eines kommunistischen Verbandes. Moral ist nicht angeboren, nichts Ewig-Menschliches, sondern Ergebnis einer – im Glücksfall – bewußten Erziehung: »Ihr sollt aus euch Kommunisten erziehen. Die Aufgabe des Jugendverbandes ist es, seine praktische Tätigkeit so zu gestalten, daß diese Jugend, indem sie lernt, sich organisiert, sich zusammenschließt und kämpft, sich selbst und alle diejenigen erzieht, die in ihr den Führer sehen, daß sie Kommunisten erzieht. Die ganze Erziehung, Bildung und Schulung der heutigen Jugend muß eine Erziehung zur kommunistischen Moral sein.«

Lenin fährt fort: »Aber gibt es denn eine kommunistische Moral? Gibt es eine kommunistische Sittlichkeit? Natürlich gibt es sie ... In welchem Sinne verneinen wir die Moral, verneinen wir die Sittlichkeit? In dem Sinne, in dem die Bourgeoisie sie predigt, die diese Sittlichkeit aus Gottes Geboten ableitete ... Jede solche Sittlichkeit, die von einem übernatürlichen, klassenlosen Begriff abgeleitet wird, lehnen wir ab ... Für uns gibt es keine Sittlichkeit außerhalb der menschlichen Gesellschaft, das ist Betrug. Für uns ist die Sittlichkeit den Interessen des proletarischen Klassenkampfes untergeordnet«; »sittlich ist, was der Zerstörung der alten Ausbeutergesellschaft und dem Zusammenschluß aller Werktätigen um das Proletariat dient, das eine neue, die kommunistische Gesellschaft aufbaut«[45].

Dieser Leninschen Auffassung kommunistischer Sittlichkeit liegt eine Grundthese voraus: der Mensch ist das Maß des Menschen, aber: das ›Wesen des Menschen‹ findet sich nicht im ›Individuum‹; es ist vielmehr ›Ensemble‹ der gesellschaft-

---

[44] LW 25, 478 ff.
[45] LW 31, 280/281; 283.

lichen, historisch sich verändernden Verhältnisse. Eine dem menschlichen Wesen angemessene Ethik formuliert deshalb ihre Normen, ohne Wertrelativismus, in historischer aktueller Perspektive. Die Menschen machen ihre Geschichte selbst, aber: unter Bedingungen, die nicht jeder einzelne Mensch, jedes Individuum frei gestaltet und frei ändert. Gesellschaftliche Arbeit der Individuen produziert neben materiellen Produkten wie Waren *zugleich* Verhältnisse der Produktion und Reproduktion, die vom individuellen ›Willen‹ unabhängig sind. Eine realistische, der Praxis nicht fremde Ethik muß also moralische Normen bieten, die für das Individuum gelten und Geltung dadurch beanspruchen können, daß sie vom Individuum realisierbar sind; verwirklicht werden können Normen, die das Individuum nicht von den Beziehungen lösen, in denen es tatsächlich sein Leben gestaltet; d. h.: Normen der Sittlichkeit müssen 1. Normen der Aktion, der Praxis, 2. Normen für die Lösung sozialer Widersprüche und 3. Normen für die Klasse sein, welche den Widerspruch einer Gesellschaft tatsächlich lösen kann, weil sie nicht nur den Willen, sondern auch die geschichtliche Macht zum Neuen hat.

Die Zweck-Mittel-Relation, welche – nimmt man A. Koestlers ›Yogi‹ und ›Kommissar‹ als Beispiel – sich für die sozialistische Moral scheinbar immer wieder als Widerspruch von ›Erfolg‹ und ›Opfer‹ darstellt, ist tatsächlich eine des Verhältnisses von Individuum und Klasse bzw. Individuum und Gesellschaft; damit ist sie lösbar. Gorkis Dramatik, Makarenkos und Kalinins Pädagogik, Gladkows und anderer Schriftsteller der Revolution Epik sind Dokumente einer Ethik, welche Individuen nicht zynisch opfert, sondern die Bedingungen nennt, unter denen Leid und Moral, Opfer und Sieg Widersprüche bilden, die nicht ›das Individuum‹ zerstören, sondern – nicht oder subjektivistisch und egoistisch ausgetragen – den gesellschaftlichen Fortschritt zur Freiheit der Massen. Die revolutionäre Ethik ist realistisch und überfordert nicht maximalistisch Individuum und Klasse, wenn sie ständig unter der Kontrolle der Wirklichkeit und der objektiven Möglichkeiten bleibt, die vom wissenschaftlichen Sozialismus analytisch namhaft gemacht werden.

Die zeitgenössische marxistische Ethik (vgl. Bibliographie II im Anhang) ist als wissenschaftliche Theorie der Moralentstehung und als System der Sittlichkeit im Sozialismus von dieser Perspektive des Realismus geprägt. Eine ernsthafte vorurteilslose Lektüre zeigt, wie absurd der sozialdemokratische Vorwurf ist, »die sich revolutionär nennenden Marxisten aller Richtungen stimm(t)en ohne Ausnahme darin überein, daß sie mit dem Terror als Mittel und dem Totalitarismus als Ziel ihrer Politik bewußt gegen die ethische Grundentscheidung von Marx verstoßen«[46]. Daß heute die Forderung nach einer antimonopolistischen Demokratie dem Marxschen Prinzip, seinem ›kategorischen Imperativ‹ entspricht, alle Verhältnisse umzuwerfen, in denen der Mensch ein erniedrigtes Wesen ist, muß der Sozialdemokratie ein Dorn im Auge sein wie jenen, die als ultralinke bürgerliche Opposition den ›Kampf‹ fordern und Terror in Kauf nehmen, der nur konterrevolutionäre Wirkungen herbeiführen kann. Für die Arbeiterklasse in kapitalistischen Ländern kann die erste ethische Norm nur heißen, die materiellen Bedingungen einer freien schöpferischen Persönlichkeit zu entwickeln, die mit den Bedürfnissen und Zielen der ganzen Gesellschaft identisch sein kann. Humanismus, Internationalismus und Solidarität, Aktivität und kritische Disziplin, Ehre und Würde, Gewissen und Pflicht, Gemeinwohl und Glück sind Vorstellungen, deren normative und regulative Bedeutung auch in der noch nicht sozialistischen Situation des Übergangs gar nicht überschätzt werden kann, wenn sie auch gesicherte Realität erst werden müssen. Grundlegende Voraussetzung für das tatsächliche ideologische und soziale Wirken dieser Normen ist, daß die Erkenntnis und das Bewußtsein des historischen *Fortschritts* zum Gemeingut des Alltagsbewußtseins der Individuen und

---

[46] A. Rathmann, Marxismus und demokratischer Sozialismus. In: NG 19 (1972), 612.

des Klassenbewußtseins geworden ist. Erst die marxistische Ethik ist als integrierender Bestandteil der materialistischen Dialektik in der Lage, das Fortschrittsbewußtsein als Idee zu begründen und den Fortschritt im sittlichen menschlichen Verhalten einzuordnen in den Fortschritt der materiellen Lebensbedingungen. So konnte Engels im ›Anti-Dühring‹ im Abschnitt ›Philosophie‹ nachweisen, daß und warum »im ganzen und großen für die Moral sowohl, wie für alle andern Zweige der menschlichen Erkenntnis ein Fortschritt zustande gekommen ist«[47]. Ihre eigene Fortschrittsrolle spielt die Moral nicht, weil ihre Normen für eine ganze Gesellschaftsordnung verbindlich sind, sondern weil sich der soziale Antagonismus in widersprüchlichen ethischen Weltanschauungen niederschlägt und auch in ihnen praktisch wirkt. Engels zieht nicht nur aus Gründen der geschichtlichen Prozessualität gegen die »ewigen Wahrheiten« zu Felde; er weiß vielmehr, daß gerade auf dem Gebiet des historischen Wandels »die endgültigen Wahrheiten letzter Instanz« gehäuft propagiert werden[48] und daß es sich hierbei um den ideologischen Ausdruck des Versuchs handelt, reale Widersprüche der Subjekte ideell zu harmonisieren, um ihre materielle Aufhebung zu verzögern. Die formalen Übereinstimmungen zwischen den Moralsystemen unterschiedlicher Klassen sind kein Beweis für Überzeitlichkeit, sondern zwingen dazu, Moral und Ethos als in *ökonomischen Gesellschaftsformationen* verankert und durch sie begründet zu sehen. Die Forderung »Du sollst nicht stehlen!« kann – so Engels – keine Matrix mehr haben »in einer Gesellschaft, wo die Motive zum Stehlen beseitigt sind«[49]; sinnvoll ist sie nur unter Eigentumsbedingungen.

Es ist kein Zufall, daß in der marxistischen Ethik gegenüber ihren Anfängen Fragen der Persönlichkeit und der individuellen Sittlichkeit immer mehr in den Vordergrund treten. Die Sicherung der revolutionär erreichten materiellen Basis,

---

47 MEW 20, 88.
48 MEW 20, 82/83.
49 MEW 20, 87.

die lange Zeit notwendigerweise Kollektivnormen auszubilden hieß, steht heute außer Frage; persönliches Schöpfertum wird in der wissenschaftlich-technischen Revolution immer wichtiger, und mit ihm Normen schöpferischer Tätigkeit. In der wissenschaftlich-technischen Revolution nähern sich durch den bewußten Einsatz der in ihrer Gesetzmäßigkeit erkannten Natur- und Gesellschaftsprozesse Freiheit und Notwendigkeit immer stärker an; das Ethos des Wissenschaftlers und Technikers wird zum Paradigma einer humanistischen Ethik, denn es ist ausgezeichnet durch eine neue Qualität des gesellschaftlichen Bewußtseins: es ist – zumindest tendenziell – Totalitätsbewußtsein. Voraussetzung freilich ist: die Wissenschaft ist als Produktivkraft *gesellschaftliches Eigentum*. Die Verallgemeinerung der Wissenschaft zur Weltanschauung ist mehr als ein Gebot bloß der Produktivitätssteigerung zugunsten der Erhöhung des materiellen Lebensstandards; sie ist eine ethische Verpflichtung: in der Wissenschaft wissen die Menschen, wie sie geworden sind, was sie sind und was zu hoffen gerechtfertigt ist. Die Ethik als philosophische Wissenschaft läßt sich deshalb nicht auf ihren normativen Teil beschränken, weil sie in ihrem theoretischen Teil als Wissenschaft die Geschichte der menschlichen Sittlichkeit in – mit Marx – ihrer ›abstrakten Quintessenz‹ verfügbar hält. Sittliches Handeln ohne Geschichtsbewußtsein aber ist nicht möglich, bestenfalls eine emotive anpassungsorientierte Moral. Gerade weil die Moral »als Regulator menschlichen Verhaltens... keiner besonderen Institutionen bedarf, die die Einhaltung der Moralnormen unmittelbar erzwingen könnten (zum Unterschied etwa vom Recht, hinter dem die Macht des Staatsapparates steht)«[50], muß sie qualifiziert sein durch ein gesellschaftliches Bewußtsein, welches gegenüber der bloßen Tatsächlichkeit der Erscheinungen des Alltagslebens im Höchstmaß immunisiert ist. Dies bedeutet: die Moral muß – auch individuell – als ein Element des Gesamtsystems der wissenschaftlichen Weltanschau-

---

50 Grundlagen der marxistisch-leninistischen Philosophie. Frankfurt/M. 1972, 453.

ung des Sozialismus erkannt und anerkannt werden. Die marxistische Ethik und die sozialistische Moral tragen notwendigerweise in den Phasen des Übergangs zum Sozialismus wie vom Sozialismus zum Kommunismus die Perspektive – nicht des utopischen Ziels, sondern – der Zukunft ihrer eigenen Aufhebung unter den Bedingungen der Klassenlosigkeit in sich. In dieser Perspektive besitzen sie das Instrument ihrer ständigen Selbstkritik und Korrektur.

## 3. ›Praxis-Philosophie‹ und ethischer Revisionismus

Der tschechische Theoretiker Ivan Svitak hat 1968 das Credo des ›neuen Sozialismus‹ in den amerikanischen ›Studies in Comparative Communism‹ formuliert: »Ja zum Internationalismus, zu Europa, zu einer souveränen Tschechoslowakei, zum Sozialismus, zu direkter Demokratie, zum Parlamentarismus, zur Kultur, zum Humanismus, zu einer kritischen Haltung, zum Volk, zum Individuum, zur Freiheit. Nein zum Nationalismus, zum Neokolonialismus, zum Staat, zum Kapitalismus, zur Diktatur, zum Machtmonopol, zu Apparaten, zur Manipulation, zu Behörden, zu den Massen, zur Elite, zur Anarchie.«[51] Dieses *Nein* ließe sich folgendermaßen kommentieren: Nein ›zum Neokolonialismus‹ (der Sowjetunion), ›zum Staat‹ (als Instrument der Herrschaft der Arbeiterklasse und der Abschaffung des Klassenwiderspruchs in sozialistischen Ländern), ›zur Diktatur‹ (des Proletariats als letzter Klassenherrschaft), ›zu Behörden‹ (des Staats zur Kontrolle gegenüber Diversion und zur Sicherung der sozialistischen Ordnung), ›zu den Massen‹ (der Werktätigen).

Die ideologische Basis der ethischen Kritik an der ›Bürokratie‹, am ›Staat‹, an den ›Massen‹ etc. haben revisionistische Philosophen wie K. Kosík im Rekurs auf den Neukantianismus, auf die Lebens- und Existenzphilosophie und auf den

---

[51] P. Ch. Ludz, Der ›neue Sozialismus‹. Philosophischer Revisionismus und politische Krise in der CSSR. In: NG 17 (1970), 53.

Existentialismus vorbereitet; Kosík schreibt in ›Die Dialektik des Konkreten‹: »Jedes Individuum muß *selbst und ohne Stellvertretung* sich die Kultur aneignen und sein Leben leben.«[52] Auch sozialdemokratische Ost-Forscher wie P. Ch. Ludz kommen nicht umhin, die Grundlage des Revisionismus der ›Praxis-Philosophie‹ neben einer idealistischen Anthropologie in einem »rigoristischen Moralismus« zu sehen, der deutlich beeinflußt sei »von den Diskussionen, die jetzt im katholisch-christlichen Bereich betrieben werden«.[53] Ludz rechnet zu denen, die das Problem der Moral als »*das Problem der Beziehungen des Individuums zum System*« stellen und so »nach neuen Wegen zur Formulierung grundlegender ethischer Probleme« suchen, u. a. Kolakowski, Schaff, Kangrga, Markovic, Supek, Grlic, Vranicki, Heller, Luporini, Garaudy ...[54]. Was ist diesen ethischen Sozialisten gemein? Es ist keine historische Verzerrung, angesichts vieler gleichlautender Argumente einige Prinzipien des neuen ethischen Revisionismus bei G. Lukács vorgezeichnet zu finden. Lukács' – gleich Kautskys, Adlers, O. Bauers, Renners und anderer – Kritik am Bolschewismus seit seinem 1918 veröffentlichten Artikel ›Bolschewismus als moralisches Problem‹, Lukács' Individualisierung der Ethik, Lukács' Stilisierung der leninistischen Partei der Arbeiterklasse zur Moralinstitution sind Prototypen des heutigen ›Praxis‹-Revisionismus. Wie immer wieder steht auch an der Wiege dieses – hegeliano-neukantianischen – Revisionismus die Beschränkung des ontologischen Materialismus auf die Geschichte (der menschlichen ›Tat‹) und der materialistischen Dialektik auf die vom Menschen praktisch und geistig ›erzeugten‹ Widersprüche. Für Lukács wird eine vorgeschobene Hegel-Kritik, die eigentlich eine Lenin-Kritik ist, zum Alibi der Ethisierung der Probleme des Klassenkampfs: »Hegels System hat keine Ethik; bei ihm wird die

---

52 K. Kosík, Die Dialektik des Konkreten. Eine Studie zur Problematik des Menschen und der Welt. Frankfurt/M. 1967, 19.
53 P. Ch. Ludz, a.a.O., 55.
54 P. Ch. Ludz, a.a.O., 56.

Ethik durch jenes System der materiellen, geistigen und gesellschaftlichen Güter ersetzt, in denen seine Gesellschaftsphilosophie kulminiert. Die Form der Ethik hat der Marxismus im wesentlichen übernommen ..., ohne die Frage aufzuwerfen, ob das Begehren der gesellschaftlich richtigen Ziele – ungeachtet der *inneren* Triebkräfte des Handelns – schon an sich ethisch sei«. Dabei reduziert Lukács »die Frage nach dem Weshalb« menschlicher Praxis auf das Individuum: »sie hat nur im Bezug auf das Individuum einen Sinn, im scharfen Gegensatz zur taktischen Frage der objektiven Richtigkeit... Die vor uns stehende Frage lautet also: Wie verhalten sich Gewissen und Verantwortungsbewußtsein des einzelnen zum Problem des taktisch richtigen kollektiven Handelns?«.[54a] Taktik des Kollektivs und Individualethik treten auseinander. »Die Ethik wendet sich an den einzelnen.«[55]

So unbestreitbar richtig die Auffassung ist, »das Endziel des Kommunismus« sei »der Aufbau einer Gesellschaft, in der die Freiheit der Moral den Platz des Zwangscharakters des Rechts in der Regelung allen Handelns einnehmen« werde[56], so fatal wirkt sich diese konkrete Utopie aus, sobald sie zum alleinigen ethischen Regulativ der Wirklichkeit des Übergangs zum Sozialismus bzw. zum Kommunismus wird. »Die freiwillige Entscheidung des Proletariats« – ist sie wirklich von Anbeginn der Motor der revolutionären Entwicklung? Lukács kommt zum Schluß: »Es hängt vom Selbstbewußtsein, von der geistigen und moralischen Substanz, von der Urteilskraft und Opferbereitschaft des Proletariats ab, welche Richtung die Entwicklung der Gesellschaft einschlägt«. Und noch rigoristischer: »Die Frage der Produktion wird somit zu einer moralischen Frage.«[57] Das Ende der ›Vorgeschichte‹ kann so nur noch durch die Wirkung »der Gewalt der Moral über Institutionen und Wirtschaft«[58] definiert werden, nicht aber

[54a] G. Lukács, Werke. Frühschriften II. Band 2, Neuwied/Berlin 1968, 49.
[55] G. Lukács, a.a.O., 50.
[56] G. Lukács, a.a.O., 90.
[57] G. Lukács, a.a.O., 94.
[58] G. Lukács, a.a.O., 94.

durch die objektive neue Qualität der Produktionsverhältnisse. Die maximalistische Kritik an der NEP, der neuen, von Lenin in der ökonomischen Zwangslage der eingekreisten Sowjetunion eingeführten und tatsächlich formal gesehen ›kapitalistischen‹ ökonomischen Politik der frühen zwanziger Jahre, war konsequenterweise eine weitgehend moralisierende Kritik.

In ›Geschichte und Klassenbewußtsein‹ hat Lukács die Position der Zeit von ›Taktik und Ethik‹ nicht revidiert, sondern radikalisiert. Seine Überlegungen zur Konstitution und Rolle des proletarischen Klassenbewußtseins schießen utopistisch links-maximalistisch über die Realität der Klasse im Kapitalismus und im jungen Sozialismus hinaus. Klassenbewußtsein wird nicht als Ausdruck von widersprüchlichen Klassenbeziehungen und von internationalistischer proletarischer Solidarität verstanden, sondern – als »die ›Ethik‹ des Proletariats«. Für die Partei soll gelten: »Indem die Partei als geschichtliche Gestalt und als handelnde Trägerin des Klassenbewußtseins erkannt wird, wird sie zugleich zur Trägerin der Ethik des kämpfenden Proletariats ... Denn die Kraft der Partei« liegt nicht in ihrer Macht, demokratisch-zentralistisch den Klassenkampf zu organisieren und Klassenbewußtsein zu verbreiten; »die Kraft der Partei ist eine moralische: sie wird vom Vertrauen der spontan-revolutionären, durch die ökonomische Entwicklung zur Auflehnung gezwungenen Massen gespeist«.[59]

Individualismus, Spontaneismus und Moralismus werden fortan die Leitlinien der ›antibürokratischen‹ Kritik am Sozialismus. Dies gilt insbesondere für die französische Philosophie, die Marxismus und Existentialismus (Sartre) bzw. Marxismus und klassischen Idealismus (Garaudy) miteinander aussöhnen will, für die italienische, oft nur scheinbar durch den Bezug auf A. Gramsci legitimierte Theorie des dritten Wegs (z. B. Luporini) und die ›Praxis-Philosophie‹ als Theo-

---

[59] G. Lukács, a.a.O., 215.

rie des jugoslawischen ›Selbstverwaltungs-Sozialismus‹ und deren Ableger in der CSSR und des VR Polen.
Für die existentialistische Spielart des Revisionismus ist symptomatisch, daß sie – der Lukácsschen Perspektive der ›objektiven Möglichkeit‹ benachbart – den »gemeinsamen Nenner für die verschiedenen objektiven Formen der Ethik« nicht mehr in der Produktionsweise ökonomischer Gesellschaftsformationen und im Widerspruch des reproduzierten Kapitalverhältnisses erblickt, sondern – so *Sartre* – in einem »bestimmten Verhältnis zur Möglichkeit«[60]. Die ethische Norm existiert und wirkt nur unter der Bedingung der ›offenen‹ Zukunft, des Fehlens objektiver handlungsleitender Prognosen für die konkrete gesellschaftliche Aktivität; dem Menschen ist sein Ziel, sind seine Determinanten unbekannt; »genauer: er will sie nicht kennen«[61]. Sartre präzisiert, was ›Möglichkeit‹ bedeute: »1. Jedes moralische Bedürfnis kann unabhängig von äußeren Determinanten unter der Bedingung befriedigt werden, daß im Grenzfall das eigene Leben aufs Spiel gesetzt wird; 2. die höchste Möglichkeit für jedes Individuum besteht demnach darin, sein Leben für einen Imperativ aufs Spiel zu setzen. Das Leben *ist* der Grenzfall.«[62] Der für jede humanistische Ethik notwendige Anti-*Objektivismus* dementiert sich hier selbst; denn er übersteigert sich zum Anti*determinismus* auf der Basis der Ablehnung des Materialismus, ohne den ein objektiver, verantwortlicher Entwurf einer neuen, Individuen zu verpflichten legitimierten gerechten Gesellschaftsordnung nicht denkbar ist. Darüber hinaus: diese Ethik der reinen Möglichkeit und der reinen Hände wird zur Ethik des Spiels; generalisierbar ist sie nicht, denn die Gesellschaft, in der jedes Individuum für beliebige Imperative sterben *dürfen* kann, ist Utopia. *R. Garaudy* pro-

---

60 J. P. Sartre, Determination und Freiheit. In: Moral und Gesellschaft. Beiträge von K. Kosík, J. P. Sartre, C. Luporini, R. Garaudy, G. della Volpe, M. Marković und Adam Schaff. Frankfurt/M. 1968 (im folgenden zit.: MG), 23.
61 J. P. Sartre, a.a.O., 25.
62 J. P. Sartre, a.a.O., 25.

voziert in seinen Thesen zur Moral eine vom Neukantianismus hinlänglich bekannte Aporie: die schier ausweglose Situation, die Geltung der Moral zu begründen unter Verzicht auf das wissenschaftliche Problem der Wahrheit; »das Problem der Moral kann nicht durch das wissenschaftliche Problem der Wahrheit, der Erforschung und Entdeckung einer *wahren Ordnung* der Dinge ersetzt werden, die dem moralischen Verhalten eine dem Menschen äußerliche Grundlage geben würde«. Der Marxist müsse sich vom »Dogmatismus«, d. h. vom historisch-materialistischen Determinismus, lösen, er könne nicht »so tun, als ob es Kant und Fichte nie gegeben hätte...; es gilt, die Gedanken Kants und Fichtes aufzuwerten«. Darüber hinaus fordert Garaudy eine marxistische Theorie der »Subjektivität« sowie der »Transzendenz«[63]. Ersatz für die verlorene materialistische Begründungsmöglichkeit der Ethik und Moral stiftet die Kategorie der ›Praxis‹, die zur *alternativen* marxistischen Grundlagen- und Universalkategorie wird; es wird »die *Praxis* zum Ursprung und Maßstab jeder Wahrheit und aller Werte«. Voraussetzung dieser Inthronisation der – aber welcher und wie qualifizierten? – Praxis ist eine *historistische Anti-Ontologie:* »Der Marxismus ist *keine Philosophie des Seins*«. Natur und Kultur müssen – wie im Neukantianismus der Marburger und der Südwestdeutschen – scharf geschieden werden. Unterschlagen wird die Rolle der Arbeit *an und in* der Natur: »Für uns Marxisten folgt daraus«, daß der Marxismus eine »*Philosophie der Aktion*« ist, »daß die Moral nicht von der *Natur* gegeben, sondern von der *Kultur* geschaffen ist«[64]. Fazit ist: der Revisionismus – und mag er auch Kant durch Fichtes Prinzip der ›Tathandlung‹ ersetzen – idealistischer Prägung kann moralische Normen ausschließlich aus dem individuellen *Willen* begründen und muß das *Sollen* als Kate-

---

63 R. Garaudy, Thesen zu einer Diskussion der Grundlagen der Moral. In: MG, 58/59.
64 R. Garaudy, a.a.O., 64/65.

gorie der objektiven determinierten Handlungsmöglichkeit ausschließen.

*Cesare Luporini* anerkennt als »Position des Marxismus und der revolutionären Theorie« nur noch die kritische der ›Entfremdungskritik‹ und als affirmative die der Respektierung der »Person«: »Die Person ist nicht die Wurzel der Moral, sondern lediglich ihre *formale Struktur*. Es hat keinen Sinn zu fragen, ob sie *gut* oder *böse* sei, wie es keinen Sinn hat – außer einem metaphysischen oder poetischen – nach dem Sinn des Lebens zu fragen. Die Person ist ein Faktum«. Selbst die um ihre historisch-materialistische, ökonomische Bedeutung der ›Vergegenständlichung‹ verkürzte ›Entfremdung‹ hat für Luporini nur deskriptive, nicht aber »axiologische« (werttheoretische) Relevanz. Daß Moral »ein Teil der Ideologie« sei, wird nicht bestritten, muß aber folgenlos bleiben, denn seiner »Ansicht nach liegt die tiefste Wurzel (der Moralität) im Individuum selbst als einem zugleich geschichtlich-gesellschaftlichen und biologisch geprägten Wesen«. Daß der Mensch nicht gesellschaftlich ist, sondern es in gesellschaftlicher *Arbeit* in gesellschaftlichen, individuelles Verhalten subsumierenden Verhältnissen erst wird, halbiert Luporini in der These: »aber *sozial* wird er allein durch die Erziehung«. Soziale Normen und deren moralische Formen entstehen deshalb nicht aus sozialen Beziehungen und gesellschaftlicher Aneignung: »Die axiologische Wurzel reicht viel tiefer als jede *gegenständliche* Eroberung.«[65] Was anderes heißt dies als die Rehabilitierung erstens des Personalismus und zweitens der ewig-menschlichen ›angeborenen‹ moralischen Ideen im Marxismus? Luporini stellt sich damit in Gegensatz zu *Galvano della Volpes* Versuch, eine marxistische Theorie der Person und der Moral des Individuums aus der Marxschen Politischen Ökonomie, speziell der Theorie des Fetischcharakters der Ware und der Vergegenständlichung personaler Beziehungen im Warentausch, zu gewinnen.[66]

65 C. Luporini, Die ›Wurzeln‹ des moralischen Lebens. In: MG 54, 55.
66 G. della Volpe, Der Schlüssel zur historischen Dialektik. In: MG, 105.

In vielen Grundansichten vergleichbar und doch in seinen politischen wie theoretisch-konzeptionellen Folgen erheblich gravierender ist der ethische Revisionismus der ›Praxis-Philosophie‹. Ein völliges Mißverständnis läge vor, wollte man ihn als Ausdruck der konkreten Erfahrungen mit ›dem Sozialismus‹ sozialistischer Staaten werten. Zu eindeutig ist seine Nähe zu Ethik und Politik des demokratischen (sozialdemokratischen) Sozialismus, als daß man nicht auf die Rückständigkeit der besonderen Sozialismus-Struktur in der CSSR um 1968 und in Jugoslawien seit dem Ende der 40er Jahre schließen müßte. Es ist keineswegs Phantasielosigkeit und entspringt nicht dem Bemühen, den Gegner zum Popanz zu degradieren, wenn die Kritik am ethischen Revisionismus der ›Praxis-Philosophie‹ wiederum zwei Grundvoraussetzungen und zwei daraus sich ergebende Folgen betont: denn Resultat 1. des determinismusfeindlichen Materialismusverlusts und 2. der idealistischen Praktifizierung des gesellschaftlichen Seins sind 1.1. eine als ›Bürokratie-Kritik‹ schlecht kaschierte Feindseligkeit gegenüber der staatlichen, rechtlichen und parteimäßigen Organisation des gesellschaftlichen Lebens und 2.2. der Versuch, ethische und moralische Normen einmal theoretisch contra legem des historischen Materialismus personalistisch zu begründen und zum andern individualistisch in der Praxis zu etablieren. Eine Übersicht der Prämissen und Konsequenzen bei K. Kosík, S. Stojanović, G. Petrović und M. Marković:

## Zu 1: Materialismus und Determinismus

Hier kann nicht darauf eingegangen werden, daß der heutige Revisionismus die gleiche Doppelstrategie verfolgt wie jener des neukantianischen Sozialismus der II. Internationale: die des Angriffs auf die materialistische Erkenntnistheorie als *Widerspiegelungstheorie* und auf die materialistische Begründung der *Ethik und Moral* in der Theorie der Ideologiegenese. Herauszustellen ist aber, daß ohne die *vorhergehende* Leugnung des die Objektivität und historische Relativität der Erkenntnis begründenden Widerspiegelungscharakters der Bewußtseinstätigkeit die revisionistische Ethikbegründung *nicht* möglich wäre. Ein Beispiel: bei G. Petrović bilden folgende Argumentationselemente einen gegenseitigen Wirkungszusammenhang: a) die *Abbildtheorie* ist »mit der Marxschen Auffassung des Menschen als eines praktischen schöpferischen Wesens buchstäblich unvereinbar«[67]; b) Schöpfertum widerspricht jeder deterministischen *Gesetzesauffassung*: »Wenn alles Bestehende dialektischen ›Gesetzen‹ unterworfen ist, wie kann dann der Mensch davon ausgenommen werden? ... wie können wir dann von seiner Freiheit und Schöpfungsfähigkeit sprechen?«[68]; c) Grundthese: »Die grundlegende *ontologische* These des dialektischen Materialismus, die These vom Primat der Materie im Verhältnis zum Geist, ... widerspricht der Grundauffassung von Karl Marx, dem Gedanken der Praxis«[69]; Schlußfolgerung für die *Ethik*: ein ethisches System ist selbst bei Marx weder »zu finden, noch aus seinen wirklichen Auffassungen abzuleiten«[70]; die bei Marx oft fälschlich als ethisch verstandenen Thesen sind – laut Petrović – in Wirklichkeit »weder deskriptive Urteile ..., die Tatsachen feststellen, noch normative Forderungen, die dem Menschen gewisse Ideale aufdrängen. Es sind Wesenseinsichten, die die wesentliche Möglichkeit des Menschen aussprechen«[71]; Marxismus = Anthropologie; daraus folgt, »daß es keine Ethik als selbständige philosophische Disziplin im Rahmen des Marxismus geben kann«[72]; daraus folgt: wer als Marxist auf Ethik nicht verzichten will, und niemand kann dies,

---

[67] G. Petrović, Istini i odraz (Ref.). Zit. nach: A. Kosing, Karl Marx und die dialektisch-materialistische Abbildtheorie. In: Marxismus-Digest 9, H. 1/1972, 7.
[68] G. Petrović, Wider den autoritären Marxismus. Frankfurt/M. 1969, 60.
[69] G. Petrović, Philosophie und Revolution. Modelle für eine Marx-Interpretation. Mit Quellentexten. Hamburg/Reinbek 1971, 275. (Hervorh., Sa.)
[70] G. Petrović, a.a.O., 272/273.
[71] G. Petrović, a.a.O., 274.
[72] G. Petrović, a.a.O., 277.

muß Revisionist sein, d. h. die Marxsche Theorie von *außen* ›anreichern‹.

Dieser und vergleichbaren Reduktionsstrategien in Richtung ›bloße Anthropologie‹, ›bloße Soziologie‹ etc. liegt in der Tat ein primärer Verstoß gegen den einheitlichen Materialismus zugrunde. Nicht mehr gedacht und praktisch angewandt werden kann, was Marx gedacht und angewandt hatte: »Die Materie selbst hat der Mensch nicht geschaffen. Er schafft sogar jede produktive Fähigkeit der Materie nur unter der Voraussetzung der Materie.«[73]

*K. Kosík:* »In dem Augenblick, in dem die Geschichte als Geltungsbereich strenger Kausalität und Determinierung verstanden wird, also die Produkte der menschlichen *Praxis* diese Praxis selbst überwältigen«, bricht der »Widerspruch zwischen dem ›Gesetz‹ und der menschlichen Tätigkeit auf.«[74]

*S. Stojanović*: Die Feststellung, es gebe »bis heute keine zufriedenstellende marxistische Ethik«, wird mit der Ambivalenz ethischer und aesthetischer Theorieelemente bei Marx begründet. »Daneben besteht noch ein weiteres, größeres Hindernis: die Marxsche Auffassung vom historischen Determinismus.«[75] So »frustriert die Marxsche Philosophie mit ihrer vorübergehend absolut deterministischen Seite auf ihre Art das, wofür sie sich selbst einsetzt. Um die Ethik der revolutionären Aktion ausbauen zu können, muß der Marxist den rigorosen Determinismus bei Marx ablehnen. Ein solcher Determinismus schließt die Freiheit des Menschen aus, welche die *ratio essendi* von Moral und Ethik darstellt«.[76] Politische Konsequenz ist: »Der Sozialismus ist *eine* der realen Möglichkeiten und Tendenzen, auf keinen Fall aber eine Unvermeidlichkeit ... Erst jener Marxismus, der den Sozialismus als *eine Möglichkeit*

---

73 MEW 2, 49, cf. MEW 3, 44; MEW 23, 57 f.
74 K. Kosík, Die Dialektik der Moral und die Moral der Dialektik. In: MG, 8.
75 S. Stojanović, Kritik und Zukunft des Sozialismus. Aus dem Serbo-Kroatischen v. F. Wagner. München 1970, 138.
76 S. Stojanović, a.a.O., 149.

begreift, kann die Menschen *ethisch* dazu verpflichten, sich für seine Verwirklichung einzusetzen.«[77]

## Zu 2: Praxisphilosophischer Idealismus

Aufschlußreich ist, daß M. Marković – der dem Materialismus des Marxismus auf seine (positivistische) Weise gewiß noch am nächsten steht – wieder am »Begriff des Determinismus« ansetzt, um zunächst zu behaupten, er habe »im Marxismus einen anderen, viel elastischeren Sinn als sonst«; elastisch heißt: Marx und Engels hätten die »gesellschaftlichen Gesetze nur als Tendenzen« verstanden.[78] Auch Marković löst den »scheinbaren Konflikt der Ethik mit dem historischen Materialismus« durch einen Schwundstufenbegriff des Determinismus. Zentral wird erneut die Kategorie der ›Möglichkeit‹, der ›Tendenz‹, letztlich der ›Praxis‹.

›Praxis‹ wird zur Universalkategorie des Revisionismus und ersetzt den marxistisch-leninistischen Terminus, der wesentlich die *Arbeit* als zweckmäßige, zielgerichtete Verausgabung menschlicher Energie in der Dialektik der Natur und Gesellschaft beinhaltet. ›Praxis‹ konkurriert ›Gesetzmäßigkeit‹ und ›Objektivität‹. Zum »Hauptcharakteristikum des Menschen« muß deshalb seine »relativ freie praktische Aktivität, seine Fähigkeit zu schöpferischer Tätigkeit, zu zielbewußter Veränderung seiner Umwelt« erhoben werden.[79] Der *Idealismus* dieser Konzeption liegt weniger darin begründet, daß die ›freie‹ Aktivität des Menschen als des Geschichtssubjekts betont wird; er wurzelt vielmehr und drückt sich aus in der *historischen Abstraktheit* des Begriffs ›*der* Mensch‹; nicht mehr berücksichtigt wird, daß *die* Menschen ihr Wesen erarbeiten in gesellschaftlichen Organisationsformen, die *den* Menschen Freiheit zu Schöpfertum geben *oder* nicht geben. ›Der Mensch‹ existiert für den Revisionismus unabhängig z. B. von Sozialismus oder Kapitalismus. Deshalb bleibt auch die

---

77 S. Stojanović, a.a.O., 149/150 (Hervorh. d. beiden ersten Stellen, Sa.).
78 M. Marković, Dialektik der Praxis. Frankfurt/M. 1968, 65.
79 M. Marković, a.a.O., 54.

Analyse *der* Situation *des* Menschen politisch abstrakt und für die Formulierung ethischer Normen folgenlos. Marković fingiert eine anthropologische Allgemeinheit *der* menschlichen »Entfremdung«[80], ohne noch zwischen Gesellschaften zu unterscheiden, die die sozialen Resultate der Warenproduktion oder der Trennung von Kopf- und Handarbeit überwunden haben *oder* aber nicht. Die sozialökonomischen und politischen Mißerfolge des jugoslawischen Sozialismus verführen zu einer Identifizierung von Sozialismus und Kapitalismus. Für die Ethik ergibt sich ein völlig klassen- und sozialunspezifisches Modell der Moral, deren Klassencharakter Marx nur wegen der Notwendigkeit der Kritik »der bestehenden moralischen Ideale seiner Zeit« analysiert habe.[81]

Der gleiche leere, weil unhistorische Schematismus veranlaßt *K. Kosíks* Frage: »Warum sind die Menschen in der modernen Welt nicht glücklich?« Daß die marxistische Philosophie und Ethik gerade diese Frage nicht nur nicht beantworten kann, sondern ihre Falschheit beweist im Nachweis, daß *die* Menschen und ›*die moderne*‹ Welt keine verständigen Abstraktionen sind, sondern ideologische aus konvergenztheoretisch-falschem Bewußtsein, begreift Kosík nicht. Statt dessen gewinnt er aus dem Ausbleiben der Antwort seine Kritik am »Vulgärmaterialismus«, der »die Bedeutung und den Stellenwert der *Praxis* nicht erkannt« habe und deshalb »vergeblich nach einer authentischen Vermittlung zwischen Ökonomie und Moral« suche.[82] Statt dessen unterschiebt Kosík eine Vorstellung von »materialistischer Dialektik«, die – zum *Postulat* der Einheit dessen verkommen, »was zu den sozialen Klassen gehört, und dessen, was zur Menschheit gehört« – »die Moral rechtfertigen« kann, »wenn sie selbst Moral ist«[83]. Dies ist der Gipfel an Idealismus im ethischer Revisionismus, der sich mit der Dialektik des letzten Mittels

---

80 M. Marković, a.a.O., 57.
81 M. Marković, a.a.O., 66.
82 K. Kosík, Die Dialektik der Moral und die Moral der Dialektik. In MG, 14.
83 K. Kosík, a.a.O., 20.

einer nicht-idealistischen Begründung der Ethik und der Moral begeben hat.

*Zu 1.1.: Ethischer Anarchismus*

Anarcho-syndikalistische Organisationsfaktoren des Selbstverwaltungssozialismus in Jugoslawien und ihr zeitweiliger Modellcharakter z. B. für die CSSR finden ihren Niederschlag auch in den Theorien der ›Praxis-Philosophen‹. Daß Stalinismus-Kritik wie auch die Kritik an nicht zu leugnenden Fehlpraktiken durch zu einseitige Zentralisierung und an in den sozialistischen Ländern niemals verschwiegenen Verselbständigungstrends einzelner Apparate ein Gebot marxistischer Selbstkritik sind, steht außer Frage. Wenn freilich unter dem Deckmantel der Stalinismus-Kritik eine Personalisierung gesellschaftlicher Entwicklungen einhergeht, wenn die materiell-ökonomischen und politischen Ursachen des ›Personenkults‹ nicht mehr überprüft werden und wenn unter der Decke der Bürokratie-Kritik der Sozialismus wegen seiner gesellschaftlichen, gegen den bürgerlich-liberalistischen oder anarchistischen Individualismus durchgesetzten Organisations- und Leitungsstruktur denunziert wird, steht eine nicht-marxistische Kritik zur Debatte.

*Kosíks* pauschale Behauptung einer Trennung zwischen den Perspektiven der ›Menschheit‹ und der ›Klassen‹, die durch die »Isolierung der Klassenmerkmale und Klassenstrukturen« zu »Sektierertum und zur bürokratischen Deformation des Sozialismus« führen müsse, mag noch so theoretisch verklausuliert sein.[84] Sie trifft nicht den Sozialismus, der heute existiert unter Bedingungen, die charakterisierbar sind a) durch den Systemantagonismus mit durch die Bourgeoisie beherrschten Gesellschaften im Kapitalismus und b) durch (wenn auch inzwischen weitgehend nichtantagonistische) Klassenwidersprüche im eigenen Bereich. Die Forderung, das Prinzip der Klassenstrukturpolitik zu vernachlässigen, ist die Aufforderung zur Selbstliquidation sozialistischer Staaten.

*Stojanović* feiert »die heroische Heldentat« von 1948, den

---

[84] K. Kosík, a.a.O., 20.

Bruch von Jugoslawiens KP mit der KPdSU, als »ersten Vorboten späterer Demokratisierung«. Daß unabhängig von gewiß nicht bestreitbaren Anlässen zu diesem Schritt die »nationale und autonome Revolution« keinen wirklichen Fortschritt auf »welthistorischem Niveau« brachte, sondern mit dem Internationalismus auch die ökonomische Integration und Stärkung des Landes vergab, wird nicht erwähnt.[85] Indem die »sozialistische Revolution« voll zur »Vorgeschichte« geschlagen wird, muß das Dilemma sich einstellen, wie sie dann »zum Beginn der wahren Geschichte« führen könne. Entsprechend undialektisch sind auch die weiteren Fragen: »Kann die Diktatur zur Demokratie führen? Zwang und Gewaltsamkeit zur Freiheit? Der Klassenkampf zur klassenlosen Gesellschaft? ... Soll man erwarten, daß die absolute Staatsgewalt eine Gesellschaft ohne Staat, eine selbstverwaltete Gemeinschaft initiiert?«. Durch die einseitige Blickrichtung auf die Frage nach dem »Verhältnis revolutionärer Ziele und Mittel zueinander« wird eine Antwort verbaut. Zu fragen wäre: *wessen* Diktatur kann zur Demokratie führen, *wessen* Gewalt zur Freiheit, *welcher* Klasse Kampf zur Einheit der Menschen? Zu fragen wäre: *wer* ist Subjekt der geschichtlichen Epoche, *wer* ist unterdrückt, für *wen* ist die Revolution selbst moralisch und ethisch ein Gebot? Stojanović bleibt abstrakt; für ihn bringt die »Revolution ... schon durch sich selbst ethische Versuchungen«, nicht aber die revolutionär handelnden, Gewalt ausübenden Menschen. Die ›ethische‹ Kurzsichtigkeit unterstellt, »von allen Sündenfällen der kommunistischen Bewegung im Stalinismus« sei »der moralische Sündenfall der schrecklichste«[86]. Durch die Trennung von Ethik und Politik, von Freiheit und Determination, von Moral und Gesetz, wird der Revisionismus blind gegenüber dem wirklichen ›Sündenfall‹ und – unethisch. Wiegt der ›moralische Sündenfall‹ des Stalinismus tatsächlich das unendliche Leiden der sowjetischen Bevölkerung im Jahr des faschistischen Über-

[85] S. Stojanović, a.a.O., 175.
[86] S. Stojanović, a.a.O., 175/176.

falls auf die UdSSR auf, auf den die Stalinsche Administration fahrlässig schlecht militärisch und politisch vorbereitet war und bei dem die Rote Armee bis Moskau weichen mußte und erst verbranntes Land wiederbesetzen konnte? Im ethischen Revisionismus verhindert das durch den status quo an Ideologie und Moral immer schon vorgeschriebene *Mittel* das revolutionäre *Ziel*, von dem und von dessen Verwirklichung aus viele moralisierend in Mißkredit zu bringende Mittel – wie der Klassenkampf – auch ethisch erlaubt und glaubwürdig, weil notwendig sind. Der Humanismus der Recht, Staat und Herrschaft einsetzenden sozialistischen Revolution muß in den Augen dessen blamiert sein, der ihn nicht am Ziel, sondern am »ererbten Wertfond« mißt.[87] Ein Indiz für die eigentliche Stoßrichtung des ethischen Revisionismus ist, daß er »die Achse des ganzen Prozesses der Finalisierung der revolutionären Mittel« strikt in der »Finalisierung der revolutionären Organisation selbst« gebildet sieht: »Zusammen mit dieser Finalisierung vollzieht sich die Finalisierung des revolutionären Staats, der revolutionären Gewalt, der wirtschaftlich-technischen Entwicklung, der Planung und so weiter.«[88] Der Angriff gilt der kommunistischen Partei leninistischen Typs: »Die kommunistische Partei ist da eine Art *causa sui* der eigenen politischen und moralischen Haltung«. Gleich G. Lukács schränkt auch Stojanović den Legitimitätsraum der Partei auf ihre Moralität ein, – um flugs einzuklagen, dies könne nicht auf Dauer als befriedigende Rechtfertigung akzeptiert werden. Das Dilemma des Sozialismus, der – wie (vermeintlich) 1917 – ohne Massenbasis gewesen sei und deshalb zur Parteidiktatur flüchten müsse, laute: »Etatismus oder Sozialismus«. Was der Revisionismus will, heißt schlicht: Sozialismus ohne Staat; ein Teufelskreisargument, denn: es gibt keinen Sozialismus ohne Staat, solange nicht der Staat sozialistisch beherrscht wurde. Der ethische Maximalismus bringt sich durch die Definition der Mittel vom

[87] S. Stojanović, a.a.O., 179.
[88] S. Stojanović, a.a.O., 183.

utopischen Ziel her um die Definition des konkret mit praktischen Mitteln definierbaren geschichtlichen Ziels, dessen Relativität anzuerkennen a priori illegitim erscheint. Der Kardinalfehler liegt in einem voluntaristischen Verständnis von Klasse und Partei. Als ob eine Partei ohne objektiv vorausgehende Klasse politisch wirksam werden könnte, geht der Revisionismus davon aus, daß die »*revolutionäre Avantgarde die Interessen der Klasse interpretiert, für deren Entwicklung sie erst die Bedingungen schafft*«.[89] Ursache und Wirkung werden idealistisch vertauscht; idealistisch ist die Verwechslung von Klasse und Klassenbewußtsein; allein das Bewußtsein wird als zureichendes Indiz für die Existenz der Klasse gelten gelassen. Quintessenz dieser historischen Fehleinschätzung ist die seit K. Korsch immer wieder auftauchende Forderung, Partei und Klasse müßten sich vorrangig dem Ziel ihrer Selbstaufhebung verpflichten. Die Frage, ob nicht gerade ein Zuwenig an befristeter Herrschaft und Organisation durch Staat, Recht und Partei den Sozialismus *vor* seiner Verwirklichung zum Scheitern verurteilen muß, wird nicht mehr gestellt.

Es ist kein Zufall, daß der Jugoslawe *Stojanović* sich auf Marx' Vergewisserung des Kommunismus als Zustands der freien Entfaltung aller beruft und – dies ist die Pointe – den theoretisch latenten, praktisch aber in Produktion und Organisation existierenden *Anarchismus* eigentümlich in die Debatte einbringt: »Einen solchen Marx hätte Stalin zu den Anarchisten gezählt.«[90] Daß Kommunismus und Anarchismus wirklich unvereinbar sind wie Feuer und Wasser, wird mit dem Hinweis auf Stalin als unberufenen Kritiker abgetan. Selbst die Abgrenzung von den ›Anarcholiberalen‹, die eine Rettung vom Kollektivismus im Marktwirtschaftsmechanismus suchen, bringt den Revisionismus nicht auf die Idee, der Sozialismus staatlich gelenkter Produktion und Distribution sei die heute in einem industriell nicht einmal hochentwickelten

---

89 S. Stojanović, a.a.O., 185; 184.
90 S. Stojanović, a.a.O., 202.

Land und in einer noch klassenantagonistischen Gesellschaft
wie in Jugoslawien zeitgemäße Alternative. Die Fixierung
von ›Freiheit‹ und ›Gerechtigkeit‹, ›Moralität‹ und ›Sittlichkeit‹ an das Individuum und die Personalisierung der politisch-ethischen Normen des Sozialismus lassen nur noch die
Alternative von Anarchismus oder Kapitalismus liberalistischer Prägung offen.

## Zu 2.2.: *Personalismus und Ethik*

*K. Kosík* hat gewiß recht, wenn er feststellt, »die Theorie
vom Menschen« sei »die Grundlage für die Entfaltung der
Kategorien der Moral«. Nicht richtig ist aber die Identifizierung von deterministischer ›Dialektik‹ und »einer utilitaristischen Morallehre«[91]. Nicht gerechtfertigt ist diese These:
»Das Problem der menschlichen Freiheit, also der Moralität,
ist das Problem des Verhältnisses des Individuums *zum* System.«[92] Erstens ist Freiheit nicht gleich Moralität, sondern
wird als realisierte Befreiung von ökonomischer und außerökonomischer Klassengewalt zur Bedingung humanistischer
Sittlichkeit; zweitens *ist* das Individuum durch seine Arbeit
integrierendes Element der Gesellschaft und steht ihr – im
Sozialismus – nicht fremd gegenüber; und drittens besteht
Freiheit nicht im ›Verhältnis *des* Individuums *zum* System‹,
sondern kann nur bestimmt werden als Freiheit des konkreten
Individuums *in* einem konkreten System der Organisation
gesellschaftlicher Arbeit und gesellschaftlicher Beziehungen.
Theoretisch kann der ethische Revisionismus Freiheit nur noch
gegen jede Gesellschaft gleich welcher politisch-ökonomischen
Struktur begründen; praktisch kann der ethische Revisionismus Freiheit nur gegen die Institutionen der Herrschaft der
Arbeiterklasse durchsetzen begreifen. Der ethische Revisionismus verhält sich, theoretisch und praktisch, kritisch
zum realen Sozialismus, – aber nicht solidarisch-kritisch. Er
denkt und versucht zu verwirklichen: ein Gegenmodell. Dieses
Gegenmodell findet er bereits vor: theoretisch in der Auto-

---

[91] K. Kosík, a.a.O., 9.
[92] K. Kosík, a.a.O., 12.

nomie-Konzeption des klassischen bürgerlichen Idealismus und im Existentialismus, praktisch im demokratischen Sozialismus der sozialdemokratischen bürgerlichen Herrschaft. In beiden Fällen ist der ethische Revisionismus konterrevolutionär und regressiv; er muß die Geschichte theoretisch wie praktisch gegen den Strich des Fortschritts bürsten; theoretisch übernimmt er bürgerliche Ideologien ohne deren einstige revolutionären Inhalte, praktisch setzt er auf eine Endstufe der Geschichte der bürgerlichen Gesellschaft, zu deren Aufhebung sich die Arbeiterklasse organisiert, und sei es um den Preis der von Moralisten in geschichtsblindem Bewußtsein verteufelten Herrschaft über eine Minderheit; einer Herrschaft auf Zeit, die der Revisionismus nach Kräften verlängert, indem er den Systemantagonismus zwischen Sozialismus und Kapitalismus verlängert. Von hierher ist das Urteil über den ethischen Anspruch des ›ethischen‹, ›demokratischen‹ ›Sozialismus‹ zu fällen.

(1974)

# Hans Jörg Sandkühler
# Kant, neukantianischer Sozialismus, Revisionismus
## Zur Entstehung der Ideologie des demokratischen Sozialismus

»Einer der Irrtümer, die zu einer dogmatischen, vorkritischen Interpretation der marxistischen Philosophie führen, besteht darin, das Erbe der deutschen Philosophie auf Hegel und Feuerbach zu beschränken und dabei die Bedeutung dessen zu unterschätzen, was Marx von Kant und Fichte gelernt hat, was er von ihren Lehren in seine eigene Weltauffassung mitaufgenommen hat.«[1] Was hier an Kritik und implizitem Programm vorliegt, wurde 1964 laut. Notabene – nicht um 1900, ist kein Satz Hermann Cohens, Karl Vorländers oder eines anderen Protagonisten jener Bewegung innerhalb der deutschen Philosophie der zweiten Hälfte des 19. Jahrhunderts und der ersten Dekaden nach der Jahrhundertwende, die das ›Zurück auf Kant!‹ im Schilde führte. Sein Autor ist Roger Garaudy, Anlaß der jüngsten Revisionismus-Debatte im westeuropäischen Kommunismus. Stimmen – so stellt sich die Frage – Garaudys philosophische Position und des ehemaligen Mitglieds des ZK der KPF politischer Kampf für einen ›menschlichen Sozialismus‹ nur zufällig überein? Der Rekurs auf Kant hatte im allgemeinen – so Lucien Goldmann in seinen ›Dialektischen Untersuchungen‹ – Fichte im Visier; und man kann ergänzen: mit Fichte – Lassalle. Ist der Fall Garaudy eine Analogie zum vormaligen, im ›Zurück auf Kant‹ des sozialistischen Neukantianismus wurzelnden Revisionismus, von dem hier die Rede ist?

Daß Dogmatiker die Klassiker des Marxismus-Leninismus hundertprozentig exzerpiert und kaum zur Hälfte begriffen hätten, mag im Hintergrund des zitierten Satzes stehen. Hat

---

[1] R. Garaudy, Die Aktualität des Marxschen Denkens. Frankfurt/M. 1969, 33.

doch Friedrich Engels in ›Ludwig Feuerbach und der Ausgang der klassischen deutschen Philosophie‹ 1886 bemerkenswert festgestellt: »Die deutsche Arbeiterbewegung ist die Erbin der deutschen klassischen Philosophie.«[2] Eindeutig aber ist: schon 1882 heißt es im Vorwort zu ›Die Entwicklung des Sozialismus von der Utopie zur Wissenschaft‹: »Wir deutschen Sozialisten sind stolz darauf, daß wir abstammen nicht nur von Saint-Simon, Fourier und Owen, sondern auch von Kant, Fichte und Hegel.«[3] Anlaß zu einer Parenthese: Bei aller Legitimität der Rede von der ›Klassischen Deutschen Philosophie‹ als Ideologie des ›revolutionären‹ Bürgertums wurde und wird, so auch bei Garaudy, beim Versuch einer philosophischen Genealogie des Marxismus mit leichter Hand unterschlagen, worin die Bedeutung der Engelsschen Differenzierung ›Nicht nur – sondern auch‹ besteht: Die Klassische Deutsche Philosophie hat als bürgerliche Ideologie teil am wissenschaftlichen Produkt der bürgerlichen Gesellschaft. Der Prozeß des Herrschaftsantritts der Bourgeosie ist im 18. und 19. Jahrhundert ein *europäisches* Phänomen; deshalb der Hinweis auf Saint-Simon *und* Owen, auf Fourier *und* Kant-Fichte-Hegel, der Anlaß genug wäre, endlich im Blick auf die Klassenbezogenheit der Ideologie von der *klassischen bürgerlich-revolutionären europäischen Philosophie zu sprechen*. Die fällige Revision der auch im heutigen Marxismus gehüteten Formel »Klassische Deutsche Philosophie« bringt den europäischen ideologischen Prozeß auf den gemeinsamen Nenner: *bürgerlich*. Freilich bleibt so vorläufig noch offen, was an Differenzierungen erneut zu leisten ist: die bürgerliche Ideologie bildet ein breites Spektrum von Jakobinismus der Bürger *und* Renegaten der Aristokratie bis hin zum Liberalismus. Wesentlich ist: die neue Formel macht bürgerliche Ideologie unverwechselbar gegenüber altständisch-feudalen Gegentendenzen, die vom Anti-

---

[2] Karl Marx/Friedrich Engels, Werke. Hg. v. Institut f. Marxismus-Leninismus beim ZK d. SED. Berlin (DDR) 1956 ff. (= MEW), Bd. 21, 307.
[3] MEW 19, 188.

revolutionismus leben. Sie schließen ein sowohl die politische Romantik F. v. Baaders, A. Müllers u.a. wie auch den idealistischen, politisch relevanten Mystizismus de Maistres und den Traditionalismus de Bonalds – auch sie sind ein europäisches Phänomen.[4] Daß »Kants Philosophie mit Recht als die deutsche Theorie der französischen Revolution zu betrachten« sei, – dieses Diktum von Marx[5] rückt erst solchermaßen in die richtige Dimension, die der Dialektik von bürgerlicher Revolution und europäischer Ideologie der bürgerlichen Gesellschaft. Der von Marx charakterisierte Zusammenhang von »deutscher Theorie« und »französischer Revolution« impliziert zugleich eine spezifische Differenz in der Entwicklung der bürgerlichen Gesellschaft und ihrer Ideologie. Die europäische Bourgeoisie der Zeit der Revolution in der Philosophie ist revolutionär im Sinne initiierender politischer Aktion nur in Frankreich; in anderen Ländern vollzieht sie unter verschiedenen sozio-ökonomischen Bedingungen erst im Laufe der Ereignisse von 1830 und 1848 ihre Revolution nach. Insgesamt ist die europäische bürgerliche Klasse revolutionär nur zu nennen vom *Ergebnis des Strukturwandels der Herrschaftsverhältnisse* her: wo sie die Revolution nicht selbst auslöst, bildet sie deren *Medium*. Gegenüber der französischen Bourgeoisie findet die deutsche ihre revolutionäre Rolle in dieser Funktion.

[4] Diese Korrektur hat Engels bereits 1874 vorgenommen: es werde der »deutsche theoretische Sozialismus nie vergessen . . ., daß er auf den Schultern Saint-Simons, Fouriers und Owens steht« (MEW 18, 516). Heißt es 1882 zwar, es sei »der wissenschaftliche Sozialismus . . . nun einmal ein wesentlich deutsches Produkt«, so revidiert eine Fußnote in der 3. Aufl. 1883: »So unumgänglich einerseits die deutsche Dialektik war bei der Genesis des wissenschaftlichen Sozialismus, ebenso unumgänglich dabei waren die entwickelten ökonomischen und politischen Verhältnisse Englands und Frankreichs. Die . . . zurückgebliebene ökonomische und politische Entwicklungsstufe Deutschlands konnte höchstens sozialistische Karikaturen erzeugen . . . Erst indem die in England und Frankreich erzeugten ökonomischen und politischen Zustände der deutschdialektischen Kritik unterworfen wurden, erst da konnte ein wirkliches Resultat gewonnen werden. Nach dieser Seite hin ist also der wissenschaftliche Sozialismus kein *ausschließlich* deutsches, sondern ebensosehr ein internationales Produkt.« (MEW 19, 187).
[5] MEW 1, 80.

In der Perspektive, die den Blick auf Kant im Zusammenhang mit der so definierten revolutionären Rolle des Bürgertums seiner Zeit freigibt, können die Kriterien gewonnen werden, die allererst eine Beurteilung der Versuche ermöglichen, Kant und Marx, Marxismus und Kantianismus – und sei es mit jeweiligem ›Neo‹-Epitheton – konvergieren zu lassen. So erst kann zu Buche schlagen, daß die ›Kant und Marx‹-Debatte und die speziellere zwischen ethischem Sozialismus und marxistischer Ethik als philosophische Erscheinung zugleich ein Problem der Praxis der gesellschaftlichen Veränderung ist.

Marxismus und Ethik – diese Edition scheint notwendig einmal angesichts der prekären Quellenlage; die Texte des neukantianischen Sozialismus sind verschüttet. Die Forschung zur Geschichte des Sozialismus, hier: der ideologischen Grundlagen des neukantianisch geprägten Revisionismus in der deutschen Sozialdemokratie, des sogenannten demokratischen Sozialismus, bleibt ohne ihre Berücksichtigung um einen wichtigen Bestandteil verkürzt. Folge ist, daß sowohl die Philosophiegeschichte wie auch die politische und Sozialgeschichte zwischen 1860 und 1925 in ihrer wechselseitigen Verwiesenheit terra incognita werden. Folge ist, daß die ideologische Herkunft eines die europäische Geschichte, zumal die europäische Arbeiterbewegung, noch und gerade heute prägenden Prozesses im Dunkeln bleibt. Folge ist, daß neuere Revisionismen innerhalb des Marxismus-Leninismus ab ovo als Neuheit diskutiert und ohne geschichtliche Erfahrung bestritten werden. Kommunismus und demokratischer Sozialismus – nicht erst heute werden sie antagonistisch begriffen; Kant *oder* Hegel als Ahnen zu zitieren, ist Mode nicht erst jetzt. Die Herausgabe der Beiträge zur Diskussion über ›Kant und Marx‹, die kein akademischer Streit war, sondern unmittelbar über die wissenschaftlichen Gesprächspartner wie Vorländer, Staudinger, Schmidt, Woltmann hinaus zum Kampf um die Strategie der Arbeiterbewegung wurde (so zwischen Bernstein, Kautsky und Mehring), dient der Reinterpretation: wofern der sozialistisch orientierte Neukantianismus eine Epoche der Parteigeschichte der

Sozialdemokratie im Umbruch von einer marxistischen Klassenpartei zur ideologisch durch Kants Ethik neutralisierten Volkspartei maßgeblich beeinflußt hat, dient sie der Hermeneutik sowohl der politischen Philosophie wie auch der gesellschaftlichen Praxis des demokratischen Sozialismus.

Marxismus und Ethik – der Titel verdeutlicht eine thematische Begrenzung. Der neukantianische Sozialismus ist durch zwei unterscheidbare Forschungsobjekte charakterisiert, die in gleicher Weise strittig waren zwischen der Fraktion der an einer Synthese von Marx und Kant Interessierten und der ihrer marxistischen Kritiker: der Rekurs auf Kant vollzog sich sowohl auf dem Gebiet der Ethik wie der Erkenntnistheorie; man fragte nach der Effizienz des ethischen kategorischen Imperativs für den Klassenkampf des Proletariats und nach der Bedeutung der transzendentalen Methode für die Marxsche Theorie der gesellschaftlichen Abhängigkeit des Bewußtseins. Von unmittelbarer Auswirkung auf die politisch-praktische Revision des Marxismus war die neukantianisch-marxistische Kontroverse über die Kantische Ethik. Weil die Hermeneutik einer dialektischen Situation zwischen Philosophie und Politik kaum je so eindeutig zu leisten ist wie am Beispiel ›Marxismus und Ethik‹, sei dieser Kontroverse hier das Wort gegeben. Ausgegrenzt wird, was Franz Staudinger als den ›Streit um das Ding an sich und seine Erneuerung im sozialistischen Lager‹ in den Kant-Studien 1899 beschreiben konnte, die erkenntnistheoretische Polemik, die mit besonderer Schärfe zwischen Conrad Schmidt und G. W. Plechanow geführt wurde.[6] Nicht nur wegen der in ihr zutage tretenden Parallelität von politischem Revisionismus und philosophischer Tendenz zur Rückkoppelung des Marxismus an Kant verdient die im Problem der Ethik zentrierte Dokumentation vorrangig Interesse; der neukantianische Sozialismus hat unbestreitbar

---

6 G. W. Plechanow, Materialismus oder Kantianismus; und: Conrad Schmidt gegen Karl Marx und Friedrich Engels, in: Die Neue Zeit 17 (1898/99). C. Schmidt, Einige Bemerkungen über Plechanows letzten Artikel in der Neuen Zeit, in: Die Neue Zeit 17 (1898/99).

dazu beigetragen, auf eine im historischen und dialektischen Materialismus in seinen Anfängen erkennbare Leerstelle hinzuweisen, auf das Desiderat einer genuin marxistischen Ethik.
Noch 1900 konnte Ch. Rappoport in ›Le Matérialisme de Marx et l'Idéalisme de Kant‹ zur Frage einer marxistischen Theorie der Moral feststellen:
»Genaugenommen kennt der Marxismus keine. Marx suchte den Ursprung moralischer Ideen zu erklären, aber er sagte nichts über den eigentlichen inneren Wert dieser Ideen. Auf die Moral angewandt hat seine Theorie nur den Charakter einer genealogischen oder ganz einfach historischen Analyse und ist keineswegs dogmatisch. Marx spricht gewissermaßen ausschließlich von unserem politischen Verhalten. Nirgends bestimmt er unser individuelles Verhalten als moralische Wesen. Aber selbst seine historische Analyse der Moral läßt zu wünschen übrig. Nach Marx gibt es keine allgemeinmenschliche Moral. Jede Klasse – immer ökonomisch definiert – hat ihre eigene. Jede Epoche – auch sie ökonomisch bestimmt – hat die ihre.«[7]
Die »Unlust der Schöpfer des wissenschaftlichen Sozialismus, die ethischen Fragen gründlich abzuhandeln«, ist wohl nicht zu Unrecht als Reaktion auf den utopischen Sozialismus gedeutet worden, der »im Zeichen religiöser Weltbeglückung ... die zukünftige Gesellschaftsordnung mehr als ethisches Postulat denn als Ergebnis wissenschaftlicher Überwindung der kapitalistischen Produktionsweise« antizipiert hat.[8] Die Formulierung einer wissenschaftlichen, dem kommunistischen Persönlichkeitsbild adäquaten Ethik innerhalb des Marxismus hat nach der neukantianischen Initiative noch ein halbes Jahrhundert auf sich warten lassen. A. F. Schischkins ›Grundlagen der kommunistischen Moral‹ erschienen 1955, seine ›Grundlagen der marxistischen Ethik‹ 1961, L. M. Archangelskis ›Kategorien der marxistischen Ethik‹ (dt. 1965) lösten 1964 eine vehemente sowjetische Diskussion aus. Diese wissenschaftliche Aufarbeitung einer marxistischen Ethik steht unter völlig anderen Bedingungen als der ethische Sozialismus der Neukan-

---

[7] op. cit., Suresnes 1900, 11. Übers. v. Hg.
[8] O. Blum, Max Adlers Neugestaltung des Marxismus, in: Archiv f. d. Gesch. d. Sozialismus und d. Arbeiterbewegung 8 (1919), 237.

tianer; die sozialistische Revolution ist vollzogen, es haben sich die Normen einer kommunistischen Moral nachrevolutionär gesellschaftlich entwickelt. Daß die Formulierung dieser Ethik in eine Phase der UdSSR fällt, die durch die zunehmend stabilisatorische und die Revolution als Problem der Innenpolitik der sozialistischen Länder behandelnde KPdSU ausgezeichnet ist, gibt zu denken; um so mehr, als die Partei das Forum ist, in dessen Schranken auch die wissenschaftliche Ethik sich gefordert sieht. »In unserer Epoche, die durch die Durchsetzung der gerechtesten und fortschrittlichsten Lebensformen und eine bisher beispiellose Herrschaft des Menschen über die Kräfte der Natur gekennzeichnet ist, gewinnt der moralische Faktor, gewinnen die sittlichen Ideale, Forderungen und Beweggründe, die die Werktätigen in ihrem Kampf für soziale Gerechtigkeit, für Sozialismus und Kommunismus beflügeln, größere Bedeutung denn je.«[9] Archangelski fährt fort: »Der im Programm der KPdSU [XXII. Parteitag, 17. - 31. 10. 1961] formulierte Moralkodex der Erbauer des Kommunismus enthält die kommunistischen Kriterien der sittlichen Begriffe einschließlich der Kategorien des Guten, der Pflicht, des Gewissens, der Ehre und des Glücks.«[10] Der wesentliche

---

[9] L. M. Archangelski, Die Kategorien der marxistischen Ethik. Berlin (DDR) 1965, 6.
[10] a. a. O. 7. Die Verbindlichkeit, Normativität der spezifisch sowjetischen Kodifizierung ist vor allem von den antibolschewistischen Vertretern eines ›demokratischen Sozialismus‹ – so von der jugoslawischen ›Praxis-Gruppe‹ – bestritten. Svetozar Stojanović fragt in seiner ›Kritik und Zukunft des Sozialismus‹ (München 1970): »Wie konnte es geschehen, daß eine revolutionäre Bewegung, deren Ziel die Verwirklichung der radikalen humanistischen Idee darstellt, noch immer keine ausgearbeitete Ethik besitzt?« (137). Die Antwort rückt auch diesen ethischen Ansatz in augenfällige Nähe zum Bernsteinschen Revisionismus, der in der *Alternativstellung* von historisch-materialistischer Notwendigkeit und ethischer Spontaneität des Sozialismus gründete: Es »frustriert die Marxsche Philosophie mit ihrer vorübergehend absolut deterministischen Seite auf ihre Art das, wofür sie sich einsetzt. Um die Ethik der revolutionären Aktion ausbauen zu können, muß der Marxist den rigiden Determinismus bei Marx ablehnen. Ein solcher Determinismus schließt die Freiheit der Menschen aus, welche die *ratio essendi* von Moral und Ethik darstellt« (149). Denn »erst jener Marxismus, der den Sozialismus als eine Möglich-

Unterschied der postrevolutionären marxistischen Theorie der Ethik zu der des vorrevolutionären Neukantianismus ist, daß die sozialistische Intention der Neukantianer sich mit dem Ziel der Antizipation von Normen für das Proletariat zu einer Regression auf Kant veranlaßt glaubt, auf die Moral gerade der seinerzeit oppositionellen Klasse – der Bourgeoisie –, die nunmehr den Hauptgegner im Klassenkampf ausmachte. Konzediert Archangelski Kant und Hegel auch »wertvolle Gedanken zu dieser Frage«, so hat ihn die vollendete Revolution doch in die Lage versetzt, mit Bestimmtheit die schon um 1900 notwendige Kritik zu üben: Es fehlt »bei Kant die konkret geschichtliche, klassenmäßige Charakteristik« der Prinzipien der Ethik.

»Er beschränkt sich darauf, die Frage abstrakt zu stellen und nicht den Inhalt der sittlichen Prinzipien des menschlichen Handelns, sondern nur deren Form sichtbar zu machen; denn nach seiner Auffassung behält die allgemeine Form stets ihre kategorische, unbedingte Bedeutung, während der konkret angegebene Inhalt empirisch, veränderlich, unbeständig wird und demgemäß die Gesetzeskraft einbüßt. Daher charakterisiert Kant die Kategorien der Ethik auch nicht im Hinblick auf ihren Inhalt, sondern nur im Hinblick auf ihre Form. Damit wich er im Grunde den realen Widersprüchen des Lebens aus und begab sich auf das Gebiet theoretischer Abstraktionen, was der Lage der deutschen Bourgeoisie am Ende des 18. und im Anfang des 19. Jahrhunderts entsprach.«[11]

Die neukantianisch-sozialistische Suche nach materialen ethischen Prinzipien, die den Notwendigkeiten der Partei der Arbeiterbewegung im Klassenkampf angemessen gewesen wären, wandte sich demnach im ›Zurück auf Kant‹ an den falschen Adressaten. Der Rekurs wurde freilich begünstigt: die von Marx und Engels geleistete Reduktion der Moral auf ihre klassenspezifische Geschichtlichkeit war notwendig, jedoch nicht zureichend; die Analyse des objektiven, vom Willen des Menschen unabhängigen sozio-ökonomischen Ursprungs der Sittengesetze, der Moral als einer Form des gesellschaftliches

---

keit begreift, kann den Menschen *ethisch* dazu verpflichten, sich für seine Verwirklichung einzusetzen« (150).
11 Archangelski, 26/27.

Sein widerspiegelnden individuellen und gesellschaftlichen Bewußtseins, bedurfte und bedarf weiterer Ergänzungen: 1. der Analyse des Prozesses selbst, in dem gesellschaftliches Sein sich im moralischen Bewußtsein niederschlägt, der zwischen Basis und Ideologie vermittelnden psychischen Faktoren also, auf die erst Plechanow nachdrücklich aufmerksam machte; 2. der nach der Marxschen Bestimmung der Dialektik (eben nicht eindimensionalen Mechanik) von Basis und Überbau nur konsequenten Untersuchung der Möglichkeit antizipierender Formen der Ideologie, auch der Ethik; 3. materialer ethischer Normen für das Proletariat. Die Erfüllung dieses dritten Desiderats war das Ziel der Kontroverse um ›Marxismus und Ethik‹.

Sie wird hier vorgestellt mit Texten des neukantianischen ethischen Sozialismus und Antworten seiner marxistischen Kritiker. Der neue kantianische Sozialismus hat sich nicht monologisch innerhalb der Marburger Schule entwickelt, sondern im polemischen Dialog mit der marxistischen Orthodoxie, mit den Theoretikern der sozialistischen Partei, die zugleich in der Praxis der Arbeiterbewegung eine führende Rolle spielten. So kommen nicht nur Conrad Schmidt, Ludwig Woltmann, Franz Staudinger, Max Adler und Karl Vorländer zu Wort, sondern auch Karl Kautsky und Franz Mehring. Hermann Cohens Einleitung zu F.A. Langes ›Geschichte des Materialismus‹ dokumentiert das Umschlagen des zunächst naturwissenschaftlich orientierten Marburger Neukantianismus zur politischen Philosophie, die im Interesse der Lösung der ›sozialen Frage‹ sich einem ethischen Sozialismus annähert, und – darin liegt der besondere Stellenwert Cohens – die antimaterialistische, idealistische Herkunft dieses Sozialismus. Die neukantianische Fraktion selbst ist nicht homogen. Der im Sinne der marxistischen Partei revisionistische Conrad Schmidt besteht gleichwohl theoretisch auf der materialistischen Geschichtsauffassung und weist jede Tendenz der Verbindung des Sozialismus mit der Ethik Kants zurück; der in Sachen Ethik »unverfälschte Altkantianer« Woltmann sieht sich der Kritik Staudingers ausgesetzt, und Vorländer belegt eine im Vergleich zu Bernsteins Weg vom Marxisten zur Kant-Rezeption gegenläufige Entwicklung; am 4. 8. 1899 schreibt er an Bernstein: »Die Entwicklung vom Sozialisten zu Kant habe ich im Gegenteil zu Ihnen gerade in umgekehrter Entwicklung zurückgelegt; von Kant zum Sozialismus. Wenn doch die maßgebenden Träger der praktischen Bewegung, sagen wir meinetwegen auch geradezu: der Partei, allmählich immer mehr einsehen wollten, wie viel sicherer und unerschütterlicher der Sozialismus auf dem ewigen Grund idealer Fakten ruht.«[12] In der Tendenz der Revision der Marxschen Lehre herrscht freilich Übereinstimmung; offenkundig schon im gemeinsamen Publikationsorgan, den ›Socialistischen Monatsheften‹, Zentralorgan des Revisionismus und Konkurrenz zur marxistischen ›Neuen Zeit‹; in ihr erscheinen Franz Mehrings Kritiken.

Die Untersuchung zu ›Kant, neukantianischer Sozialismus, Revisionismus‹, zur Entstehung der Ideologie des demokratischen Sozialismus, zur bürgerlichen Depotenzierung des Marxismus in der Sozialdemokratie, soll zum Verständnis dieses Prozesses einige Informationen beitragen. Sie hat 1. zu klären, warum es zur sozialistischen Rezeption gerade Kants kommt; warum der Neukantianismus partiell für den Sozialismus votiert. Sie stellt sich 2. die Frage nach den Ursachen der theoretischen Krise der Arbeiterbewegung im Augenblick ihrer praktischen Einigung und ihres Machtzuwachses in der Organisation der Partei, nach Funktion und Bedeutung des Revisionismus.

---

12 Bernstein-Nachlaß D 804. Zit. nach: H. J. Steinberg, Sozialismus und deutsche Sozialdemokratie. Zur Ideologie der Partei vor dem 1. Weltkrieg. Hannover 1967, 98.

## 1. Der Sozialismus der Kantianer und der Kantianismus der Sozialisten

Das Stichwort fiel 1896. »Der Sozialismus ist im Recht, sofern er im Idealismus der Ethik begründet ist. Und der Idealismus der Ethik hat ihn begründet ... Kant hat sich als Ideal-Politiker ausdrücklich auf Platon berufen, und er ist für die Republik, die doch das Ideal aller Utopien geblieben ist, für ihre Wahrhaftigkeit und Realisierbarkeit mit wuchtigen Worten eingetreten. Er ist der wahre und wirkliche Urheber des deutschen Sozialismus.«[13] Hermann Cohens Programmatik eröffnet die jahrelangen Auseinandersetzungen um einen ethisch fundierten Sozialismus; Sozialismus, der »den erkenntniskritischen Unterbau und den ethischen Ausbau«[14], an denen es dem Marxismus mangle, nicht mehr vermissen ließe. Noch 1921 wird Vorländer feststellen, er kämpfe »schon seit zwei Jahrzehnten für eine Synthese von ›Marx‹ und ›Kant‹«[15], wobei er mit diesen Namen nicht »die geschichtlichen Personen«, sondern »die von ihnen vertretene Methode im Auge habe: die entwicklungsgeschichtliche einer-, die erkenntniskritische beziehungsweise ethische andererseits«.[16] Denn »daß die ethische Idee, die dem Sozialismus unweigerlich zugrunde liegt, der Gemeinschaftsgedanke, einfacher und klarer ausgesprochen werden könne als in dem obersten Gebote Kantischer Ethik, das uns die Menschheit in der Person eines jeden jederzeit zugleich als Zweck, niemals bloß als Mittel ansehen lehrt,

---

13 Vgl. hier S. 70.
14 K. Vorländer, Kant, Marx und Engels, in: Die Neue Zeit 39 (1921), 431.
15 a. a. O. Schon im Zwischenbericht über ›Die neukantische Bewegung im Sozialismus‹, Kantstudien 7 (1902), wollte V. festgehalten wissen, man könne den Sozialismus nicht historisch mit Kant verknüpfen. »Ich hob vielmehr ausdrücklich hervor, daß der Königsberger Philosoph die Rolle des ›Urhebers des Sozialismus‹ geschichtlich nicht gespielt habe, daß die Entwicklung des letzteren im Gegenteil ›unter ganz anderen philosophischen Auspizien‹ verlaufen sei. Nur um die Möglichkeit methodischer, systematischer, logischer Verknüpfung kann es sich handeln« (23/24).

hat ... noch niemand gezeigt«.[16] Bernsteins »Bis zu einem gewissen Grade gilt das ›Zurück auf Kant‹ meines Erachtens auch für die Theorie des Sozialismus« aus dem Jahre 1897/98[17] indiziert, wie unmittelbar Cohens Initiative von der Theorie der Parteipraktiker aufgegriffen wurde. Die Rezeption blieb nicht auf die Theorie beschränkt. Bereits ein Jahr später – 1899 – wird Kant in der ›Bibel des Revisionismus‹, in Bernsteins ›Die Voraussetzungen des Sozialismus und die Aufgaben der Sozialdemokratie‹, symptomatisch zum politischen Argument: »Kant wider Cant«, will meinen, Kant gegen die in der Partei anerkannten Grundsätze der Marxschen praktischen Theorie und Strategie des Klassenkampfes, deren Allgemeingültigkeit von Bernstein als »reine Sache der Konvention«, »politisches Schlagwort«, als »mit dem Bewußtsein ihrer Unwahrheit für irgendwelchen Zweck ausgenutzte Redensart«, eben als ›Cant‹, in Mißkredit gebracht wird.[18] Welche Funktion hat das ›Kant gegen Cant‹? Zentraler Angriffspunkt des Bernsteinschen Revisionismus ist Marx' Prognose eines sich aus der Dialektik von Akkumulation des Kapitals und Verelendung der lohnabhängigen Massen ergebenden Prozesses, der jeder proletarischen Revolution und der Diktatur des Proletariats vorgängig sei: Prozeß der sich mit der Konzentration des Kapitals potenzierenden Entfremdung der Arbeiter. Cant, das ist also jene das Bewußtsein der Proletarier im Klassenkampf belastende Aussicht einer sich verschlechternden Zukunft; Cant ist, »was auf Korruption ihres moralischen Urteils abzielt«; Cant widerspricht dem für die revisionistische These vom ›friedlichen Hineinwachsen in den Sozialismus‹ unabdingbaren Optimismus der Partei: »Eine aufstrebende Klasse braucht eine gesunde Moral und keine Verfallsblasiertheit ... Und in diesem Sinne habe ich ... gegen den Cant, der sich in der Arbeiterbewegung einzunisten sucht

---

16 a. a. O. 24.
17 Das realistische und das ideologische Moment im Sozialismus, in: Die Neue Zeit 16 (1897/98), 226.
18 op. cit., hg. v. G. Hillmann. Hamburg/Reinbek 1969, 199.

und dem die Hegelsche Dialektik bequeme Unterkunft bietet, den Geist des großen Königsberger Philosophen, des Kritikers der reinen Vernunft, angerufen. Die Wutanfälle, in die ich damit verschiedene Leute versetzt habe, haben mich nur in der Überzeugung bestärkt, daß der Sozialdemokratie ein Kant not tut, der einmal mit der überkommenen Lehrmeinung mit voller Schärfe kritisch-sichtend ins Gericht geht, der aufzeigt, wo ihr scheinbarer Materialismus die höchste und darum am leichtesten irreführende Ideologie ist, daß die Verachtung des Ideals, die Erhebung der materiellen Faktoren zu den omnipotenten Mächten der Entwicklung Selbsttäuschung ist, die von denen, die sie verkünden, durch die Tat bei jeder Gelegenheit selbst als solche aufgedeckt ward und wird.«[19] Die Differenz zwischen dem Sozialismus der Kantianer und dem Kantianismus der Sozialisten wird transparent, die scheinbare Trennung von Theorie und Praxis zum Problem der Praxis selbst. Ein Brief Kautskys an Plechanow, datiert am 23. 9. 1898, belegt hinlänglich die politische Brisanz der philosophischen Offerte ›Kant und der Sozialismus‹; auch Kautsky – zu dieser Zeit Wahrer der Orthodoxie – verkennt noch wenige Tage vor der mit dem Stuttgarter Parteitag der Sozialdemokratie (3.–8. Oktober 1898) ausbrechenden Bernstein-Debatte die manifesten Wurzeln des Revisionismus: »Ich muß allerdings offen gestehen, daß der Neokantianismus mich am wenigsten geniert. Philosophie war nie meine starke Seite, und wenn ich auch ganz auf dem Standpunkt des dialektischen Materialismus stehe, so glaube ich doch, daß der ökonomische und historische Standpunkt von Marx und Engels zur Not auch mit dem Neokantianismus vereinbar ist«.[20]

Die Formel ›Kant als Ahnherr des Sozialismus‹ rief Cohen ins Leben; in ihr ist freilich nur auf den Begriff gebracht, was an philosophischer Tendenz schon bald nach der Jahrhundertmitte virulent wurde. 1865 erschien Friedrich Albert

---

19 a. a. O. 217.
20 In: Der Kampf. Sozialdemokratische Monatsschrift (Wien) 18 (1925), 1 f.

Langes ›Geschichte des Materialismus‹: »Wie eine geschlagene Armee sich nach einem festen Punkt umsieht, bei welchem sie hofft, sich wieder sammeln und ordnen zu können, so hört man schon allenthalben in philosophischen Kreisen die Parole ›auf Kant zurückgehen!‹.« – »Daß der Standpunkt des großen Königsberger Philosophen im Grunde noch niemals mit vollem Recht als ein überwundener bezeichnet werden durfte«, gehört zum Selbstverständnis der neuen Bewegung.[21] 1866 zog Lange in seiner Schrift zur ›Arbeiterfrage‹ Nutzen aus der Wiederentdeckung Kants[22], dessen Ethik der sittlichen Berechtigung des Sozialismus zur Evidenz verhalf. Der Weg zu Kant blieb nicht allein der deutschen Philosophie vorbehalten. Von ihr unabhängig, aber unter vergleichbaren Bedingungen der Aktualität der ›sozialen Frage‹ wurde Kant von einem französischen Sozialisten zum Zeugen gerufen, – Jean Jaurès. ›De primis socialismi Germanici lineamentis apud Lutherum, Kant, Fichte et Hegel‹ handelte seine 1891 in Toulouse veröffentlichte Doktorarbeit, auch sie mit dem Tenor, den ›wahren‹ Ursprung des Sozialismus nicht auf den Materialismus der Hegelschen Linken, sondern auf den Idealismus vor allem Kants zu begründen. Kantianischer Sozialismus und sozialistischer Kantianismus bewegten sich, aus zunächst unterscheidbaren Erkenntnisinteressen erwachsen, gegen Ende des 19. Jahrhunderts immer stärker aufeinander zu und formierten sich zur einheitlichen Ideologie. Die Bedingungen der Möglichkeit, Kants Ethik zugunsten einer Revision des Marxismus in der Sozialdemokratie in Dienst zu nehmen, sind als gesellschaftliche Bedingungen mit jenen identisch, die den Zugang neukantischer Philosophen zur Partei nach dem Sieg des Revisionismus erleichterten. »Sobald der Marxismus« – Staudingers ›Ethik und Politik‹ von 1899 hier als Beleg – »nicht mehr bloß das soziale Werden nach dem kausalen Gesichtspunkte wissenschaftlich verfolgt, sondern sich bewußte

21 F. A. Lange, Geschichte des Materialismus und Kritik seiner Bedeutung in der Gegenwart. Leipzig ⁵1896, 1.
22 Das ›Zurück auf Kant!‹ wurde als Programm der Philosophie erstmals 1865 von Otto Liebmann in ›Kant und die Epigonen‹ postuliert.

und planmäßige Umgestaltung des Gegebenen zum Ziele macht, kommt er in konsequenter Verfolgung seines eigenen Prinzips zu Kant.« Vice versa »bleiben die Gesetze der Zweckbildung leeres Schema, sobald die Naturgesetze des tatsächlichen Lebens nicht die Grundlage darbieten. Sobald der Kantianer dies klar erkennt, kommt er infolge rechter Entwicklung seiner eigenen Grundgedanken zu Marx.«[23]
Wie und unter welchen ideologischen und gesellschaftlichen Bedingungen ist das Janusprofil des neukantianischen Sozialismus entstanden? Kant, der nach dem Ende des Hegelianismus in der zweiten Hälfte des 19. Jahrhunderts restaurierte Kant, war Ziel primär einer geistesgeschichtlichen Rezeption. Wie kam es dazu, daß die philosophische Rückwendung in eine neue, politische Qualität umschlug, in den Revisionismus der deutschen Sozialdemokratie? »Was war es« – so die Frage eines frühen Kritikers der neukantischen Rechtsphilosophie, Erich Kaufmanns[24] –, »was Kant zur Rezeption durch diese Zeit geeignet machte?« Diese Frage wurde – durch Vorländer bzw. Kautsky und Mehring – und wird – durch H. Lübbe, H. J. Steinberg bzw. W. Abendroth – kontrovers beantwortet. (Falls man sich ihr überhaupt stellt: Die heutige Literatur zu diesem für die Genese der Ideologie des demokratischen Sozialismus ungemein wichtigen Thema ist spärlich im bürgerlichen wie im marxistischen Lager. So widmet das repräsentative Philosophie-Lexikon der DDR[25] dem Neukantianismus einen aus-

---

23 Zit. nach K. Vorländer, Von Machiavelli bis Lenin. Neuzeitliche Staats- und Gesellschaftstheorien. Leipzig 1926, 254. Vgl. H. Lübbe, Neukantianischer Sozialismus, in: Politische Philosophie in Deutschland. Studien zu ihrer Geschichte. Basel/Stuttgart 1963, 119: »Sozialismus als Ideal, Sozialismus als politische Praxis der Verwirklichung dieses Ideals auf der theoretischen Grundlage objektiver Wissenschaft von der Gesellschaft – diese seine Züge machten den sozialdemokratischen Revisionismus dem Sozialismus der Neukantianer verwandt und führten zu einer wechselseitigen Annäherung beider«.
24 Kritik der neukantischen Rechtsphilosophie. Eine Betrachtung über die Beziehungen zwischen Philosophie und Rechtswissenschaft. Tübingen 1921, 5.
25 Philosophisches Wörterbuch. Hg. v. G. Klaus/M. Buhr, 2. Bde. Leipzig 1969, 781–783.

führlichen kritischen Beitrag, – und verschweigt auf vier Zeilen dessen politische Relevanz.) Hier einige Lösungsvorschläge: Kaufmann »schien sein apriorischer Rationalismus ... einen festen Halt bieten zu können gegenüber der überwuchernden, alles verschlingenden Empirie des immer komplizierter und unübersehbar werdenden modernen Lebens, seiner ungebändigten Stofflichkeit und den daraus folgenden Gefahren des Materialismus oder des Relativismus ... Dazu kam aber ein Zweites. Die rationale apriorische Gesetzlichkeit wurde als eine formale gefaßt; und dieser formale Rationalismus war der Zeit gerade wegen seiner Inhaltsleere willkommen. Denn dadurch brauchte er die Spezialwissenschaften in ihrer Bearbeitung der empirischen Stoffe und Inhalte nicht zu stören.«[26] Dieses wissenschaftsimmanente Argument verdient Beachtung angesichts der Tendenz, die den Neukantianismus vor allem der Marburger Schule (im Gegensatz zur vorrangig geistes- und kulturwissenschaftlichen Methodik und Zielsetzung der südwestdeutschen, badischen Schule) zunächst prägte: zur wissenschaftstranszendentalen, am Exaktheitsanspruch der Naturwissenschaft orientierten Theorie nicht der objektiven sozioökonomischen Voraussetzungen von Wissenschaft, sondern der von ihnen abhängigen ideologischen Phänomene selbst. In (bei aller Konkurrenz) mit Positivismus, naturwissenschaftlichem Vulgärmaterialismus und Empiriokritizismus vergleichbarer Perspektive wurde die Philosophie, zumal die praktische, in die Alternative von Ideologie und ›reiner Wissenschaft‹ als ›Praxis der reinen Vernunft‹ gedrängt. Die Berufung auf die »kritische Methodik Kants« sollte nach Cohen[27] »frei von dogmatischer Abkängigkeit« bleiben; dem fiel zunächst die praktische Philosophie Kants zum Opfer. Der »keineswegs orthodoxe Kantianismus« Langes verzichtete auf »die ganze praktische Philosophie« als den »wandelbaren und vergänglichen Teil der Kantschen Philosophie«.[28] Im Resümee Cohens: »Kri-

---

26 Kaufmann, 5/6.
27 Hier S. 45.
28 F. A. Lange, Geschichte des Materialismus ..., 2.

tische Philosophie ist diejenige, welche nicht nur schlechthin mit der Wissenschaft Zusammenhang hat, und auch nicht schlechthin mit der Naturwissenschaft, sondern in erster Linie mit der Mathematik, und erst durch sie, und an ihrer Hand mit der Naturwissenschaft.«[29] Die Ausweitung des ›Zurück auf Kant‹ zu einer durch diesen Wissenschaftsbegriff leistbaren fundamentalen Ethik vollzog freilich bereits Cohen. So ist es dem Marburger Neukantianismus anzurechnen, daß er die philosophische Vernunft nach dem Niedergang des als preußische Staatsdoktrin verrufenen Hegelianismus erneut als kritische Instanz gegenüber Staat und Gesellschaft inthronisierte.

Hegel, Stichwort der Kontroverse um ›Marxismus und Ethik‹: Rudolph Hayms Attacke gegen den vermeintlichen preußischen Hofideologen hatte seine Philosophie und mit ihr die politische Kapazität seiner dialektischen Theorie der bürgerlichen Gesellschaft zu Grabe tragen helfen. Es blieb Fr. Engels vorbehalten, Hegel als Philosophen der bürgerlichen Revolution und des mit ihr politisch und sozial erreichten Fortschritts dem 19. Jahrhundert zumindest theoretisch – und mit dem Marxismus auch praktisch – im Bewußtsein zu halten. Den Zorn »beschränkter Liberalen« habe der Satz von der Vernunft in der Wirklichkeit hervorgerufen; Engels korrigierte: »Der Satz von der Vernünftigkeit alles Wirklichen löst sich nach allen Regeln der Hegelschen Denkmethode auf in den andern: Alles was besteht, ist wert, daß es zugrunde geht« (MEW 21, 249). Mit Hegel, durch die Verketzerung seiner Dialektik vor allem (vgl. Bernstein, Die Voraussetzungen des Sozialismus . . ., 47 ff.; Cohen, hier S. 69), – dies ist für den neukantisch-sozialistischen Revisionismus zu betonen – und mit der Rückkehr zur Ethik Kants schrieb die politische Philosophie als Verlust ab, was nicht zuletzt den Fortschritt gerade im ethischen Bereich von Kant zu Hegel ausgemacht hatte: die Aufhebung der Trennung von Moralität und Legalität, privater und institutioneller Sittlichkeit. In ihr lag »das Moment, das Hegel nötigt[e], im Ausgang von der Moralität und Legalität zu Zusammenhängen weiterzugehen, die außerhalb der Kantischen Position liegen. Ihr Problem liegt für ihn darin, daß Kant mit der Trennung der Legalität und der Moralität nicht nur das Recht – legitimerweise – auf äußere Willkürhandlungen beschränkt, sondern daß diese in der Trennung von der ins Innere zurückgenommenen und durch keine Beispiele aus der äußeren Erfahrung belegbaren Moralität als einzige Form und Wirklichkeit menschlichen Handelns

---

29 Hier S. 45.

gelten. Damit wird von Kant das von ihm zuerst begriffene Sein der Subjektivität in allen sie bestimmenden religiösen, moralischen, persönlichen Beziehungen auf Innerlichkeit beschränkt.« Es gilt, diese von Joachim Ritter herausgearbeitete Kant-Kritik[30] Hegels als Kriterium zur Beurteilung des an Kant orientierten ethischen Sozialismus anzuwenden. Die unzeitgemäße Wiederholung der Trennung von Moralität (des Klassenbewußtseins) und Legalität (der Klassenaktion) hat zu einer Schwächung der Arbeiterbewegung und zur Stabilisierung bürgerlicher Herrschaft wesentlich beigetragen.

Mit der Grenzüberschreitung der Wissenschaftslehre des Neukantianismus zur normativen Ethik konzentriert sich die gestellte Frage auf die sozialen Möglichkeits- und Notwendigkeitsbedingungen des Neukantianismus im Übergang zum ethischen Sozialismus. Oskar Blum, Kritiker der vom ›Austromarxisten‹[31] Max Adler unternommenen Revision des Marxismus, sah im Rekurs gerade auf Kant einen »neuen Beweis der tiefgehenden *sozialen* Wurzelhaftigkeit der revisionistischen Umbiegung des Marxismus«. Seine These, der Kantianismus habe »früher oder später sozusagen von selbst zu sozialistisch gefärbten Schlußfolgerungen kommen« müssen, weil sich niemand dem Druck »des sozialen Imperativs der Epoche« habe entziehen können, weil die »Geistesrichtung der *Sozialismus auf Umwegen«* ein Kind aus der Verbindung von ›sozialer Frage‹ und Arbeiterbewegung sei, ist gewiß dubios, und die sozialromantische Behauptung von des Bürgertums »verhaltener Sehnsucht nach dem Sozialismus als dem einzigen Ausweg aus jenen Mißständen der kapitalistischen Produktionsweise, die jede, auch die machtvollste Bourgeoisie von Zeit zu Zeit am eignen Leibe zu spüren bekommt«, verdiente kaum ein anderes Attribut, käme sie nicht dem Kern der

---

30 J. Ritter, Moralität und Sittlichkeit. Zu Hegels Auseinandersetzung mit der Kantischen Ethik, in: Kritik und Metaphysik. Studien. Heinz Heimsoeth z. 80. Geb. Berlin 1966, 336.
31 Zum Problem ›Neukantianismus und Austromarxismus‹ vgl. H. J. Sandkühler/R. de la Vega: Kant und die Krise der Revolution, in: Autromarxismus. Texte zu ›Ideologie und Klassenkampf‹ von Otto Bauer, Max Adler, Karl Renner, Sigmund Kunfi, Béla Fogarasi und Julius Lengyel. Frankfurt/M. 1970, 6–47.

Frage sehr nahe. »Das nackte Bedürfnis des Bürgertums, die proletarische Emanzipationsbewegung niederzuhalten«, fand »in Kant schließlich jenes Stimulans, das angesichts der steigenden Flut der Arbeiterbewegung« Rettung verhieß. Der Neukritizismus in der Sozialwissenschaft baute mit Kant eine Front auf »gegen den Siegeszug des historischen Materialismus«, die wissenschaftliche Grundlage des Klassenkampfes.[32] Einleuchtend ist, daß die bürgerliche Klasse Hegel wegen (der in Marx' dialektischem Materialismus manifesten Folgen) seiner Theorie der bürgerlichen, vom Antagonismus partikulärer Bedürfnisse zerrissenen Gesellschaft aus ihrer Ideologie verbannte, verständlich auch ihr Regreß zu Kant als dem Theoretiker der bürgerlichen Revolution. Daß die Kantsche Ethik in der Arbeiterbewegung und ihrer Partei, der Sozialdemokratie, Terrain gewinnen konnte, ist hiermit nicht erklärbar.

## 2. Revisionismus und Sozialdemokratie

Eine der ideologischen Wurzeln des demokratischen Sozialismus ist die sozialistische Ethik neukantianischer Herkunft.

»Die neukantianische Ethik ist in ihren Konsequenzen die politische Ethik eines nicht-marxistischen, idealistischen Sozialismus ... Es gab einen Punkt unüberbrückbarer Gegnerschaft zwischen marxistischem und neukantianischem Sozialismus. Dieser Punkt ist der ökonomische Materialismus, wie ihn die Neukantianer verstanden, d. h. die Theorie von der immanenten Gesetzlichkeit kapitalistischer Produktions- und Wirtschaftsordnung, derzufolge sich diese als ein Prozeß fortschreitender Akkumulation des Kapitals einerseits und ebenso fortschreitender Verelendung des Proletariats andererseits darstellt, der zu immer schärferen Widersprüchen führt und so einer revolutionären Aufhebung dieser Widersprüche zutreibt.«[33]

Zu diesem Verständnis der Verelendungstheorie war Anlaß; das von Bernstein und Kautsky in scheinbarer Marx-Orthodoxie verfaßte und von Fr. Engels unterstützte ›Erfurter Pro-

32 Blum, 183/184, 203.
33 Lübbe, 113/114.

gramm‹ der Sozialdemokratie von 1891 hatte aus Marx' ›Kapital‹ (24. Kap.) die Prognose eines »mit Naturnotwendigkeit« mit der Vergesellschaftung der Produktionsmittel eintretenden Sieges der Arbeiterklasse übernommen. Die mechanistisch mißverstandene dialektische Verelendungsthese und die bei Marx im Rahmen der Dialektik von Arbeit und *menschlicher* Naturbeherrschung gedachte und nur im Zusammenhang der Machbarkeit der Geschichte durch den *Menschen* begreifbare Kategorie der ›Naturnotwendigkeit‹ wurden zum Angelpunkt des antimarxistischen Revisionismus. Die philosophische Kritik übersah die *strategische* Dimension des Konstrukts vollends: Die sozialdemokratische Partei hatte nach dem Ende der Diskriminierung durch die ›Sozialistengesetze‹ (Verbot der öffentlichen Parteiarbeit) im Februar 1890 ihren Stimmenanteil auf anderthalb Millionen erhöhen können. Der Parteitag formulierte so - Marx vereinseitigend - die politische Zuversicht der Arbeiterbewegung. Gegenüber dem parteitaktisch mit vollem Recht behaupteten Determinismus der proletarischen Revolution ist das vom sozialistischen Neukantianismus und seinen sozialdemokratischen Parteigängern geforderte Bestehen auf der Forderung ethischer Spontaneität nicht anders denn als Voluntarismus zu bezeichnen. Dieser theoretische Voluntarismus war der erste Schritt zum Sieg des bereits latenten praktischen Opportunismus. Das gepriesene ›friedliche Hineinwachsen‹ des Proletariats in den Staat, wohlgemerkt den (ökonomisch) bürgerlichen bzw. (nach der Herrschaftsstruktur) noch halb junkerlich-feudalen Staat, entpuppte sich als Überspielen der objektiven Klassengegensätze durch die Partei. Die in das Herrschaftssystem parlamentarisch immer stärker integrierte politische Spitze der Partei, die Reichstagsfraktion, widerspiegelte in keiner Weise die Lage der Arbeiterklasse im Ausgang des 19. Jahrhunderts; sie hatte sich verselbständigt. »Unsere Arbeiter stehen auf dem Boden des Kommunistischen Manifests, unsere Intelligenzen nicht«, lautete Kautskys Lagebericht an Bebel 1885.[34] Der Marxismus

[34] Zit. nach H. J. Steinberg, 29. Vgl. O. Blums entsprechendes Urteil zur

hatte sich in der Zeit der ›Sozialistengesetze‹ als verbindliche Grundlage der Partei durchgesetzt; zögernd, nicht ohne Rückschläge, hier wie in der Arbeiterbewegung anderer europäischer Länder. Die marxistische Ideologie des Proletariats war das Ergebnis vielfacher Kämpfe: gegen die ›kritische Kritik‹ des radikalen Junghegelianismus, gegen die ökonomischen Lehren des Proudhonismus, gegen den Einfluß Bakunins in der Internationale, nicht zuletzt gegen den Positivismus Eugen Dührings. Im Maße des folgenden schnellen Wachstums der Sozialdemokratie zur Massenpartei, zu der auch Bürgerliche stießen – »Wir haben aufgehört, die Partei allein des Industrieproletariats zu sein«, stellte Schönlanck auf dem Breslauer Parteitag 1895 fest[35] –, und mit der ökonomischen Veränderung der soziologischen Struktur der Arbeiterklasse zerbröckelte das marxistische Fundament. Der Streit um den Marxismus ging weiter, jetzt – und das ist das Neue – im eigenen Lager. Lenin 1908: »Der vormarxistische Sozialismus ist zerschlagen. Er kämpft weiter, doch nicht mehr auf eigenständigem Boden, sondern auf dem allgemeinen Boden des Marxismus, als Revisionismus . . . Auf dem Gebiet der Philosophie segelt der Revisionismus im Kielwasser der bürgerlichen professoralen ›Wissenschaft‹. Die Professoren gingen ›zurück zu Kant‹ – und der Revisionismus trottete hinter den Neukantianern her«. Neben der ideologischen nennt Lenin eine zweite Wurzel des Kantianismus der Sozialisten: »Die Unvermeidlichkeit des Revisionismus ist durch seine Klassenwurzeln in der modernen Gesellschaft bedingt. Der Revisionismus ist eine internationale Erscheinung . . . Warum ist er tiefer als die Unterschiede in den nationalen Besonderheiten und in den verschiedenen Entwicklungsstufen des Kapitalismus? Weil es in jedem kapitalistischen Land neben dem Proletariat immer auch große Schichten des Kleinbürgertums, der Kleineigentümer gibt.« An anderer Stelle löst Lenin diese Formel

---

ideologischen Situation: »Der ethische Sozialismus ist . . . vor allem ein Sozialismus für Intellektuelle« a. a. O. 246.
35 Zit. nach H. J. Steinberg, 89.

so auf: »Es ist eine ganze soziale Schicht von Parlamentariern, Journalisten, Beamten der Arbeiterbewegung, privilegierten Angestellten und gewissen Kategorien des Proletariats herangewachsen, die mit ihrer nationalen Bourgeoisie verwachsen ist.«[36]

Wie der Sozialismus der Kantianer hatte auch der Revisionismus klassenspezifische sozio-ökonomische Ursachen. Die u.a. von H. Lübbe vertretene These, angesichts des längst praktisch gewordenen Opportunismus bzw. Pragmatismus in der Arbeiterbewegung sei die Revision des Marxismus durch den neukantianischen ethischen Sozialismus nur eine notwendige Korrektur der Differenz zwischen phraseologisch-revolutionärer Ideologie und Alltagspraxis, ist dennoch nicht haltbar. Sie läßt sich auf die Apologetik des Revisionismus ein, ist blind gegenüber der historischen Krise des kapitalistischen, bürgerlichen Gesellschafts- und Herrschaftssystems, die im imperialistischen Bürgerkrieg 1914/18 und den ihm folgenden Revolutionen gipfelte. Statt der von H. Lübbe angesprochenen »Diskrepanz zwischen den Erwartungen, welche die orthodoxmarxistische Doktrin nährte, und der tatsächlichen Entwicklung der ökonomischen und politisch-gesellschaftlichen Verhältnisse«[37] ist vielmehr konkret die zwischen *Partei* und proletarischer Masse ins Blickfeld der Interpretation zu rücken. Die spätere, austromarxistische, von Otto Bauer entwickelte Propaganda vom ›Gleichgewicht der Klassenkräfte‹ zwischen Bourgeoisie und Proletariat nahm ideologisch eben die Funktion wahr, die dem praktischen Revisionismus der deutschen Sozialdemokratie zwanzig Jahre früher zukam: die der Entlastung von der ursprünglichen Verpflichtung zur Revolution. Während der Revisionismus in etatistischem Vertrauen

---

36 In der Reihenfolge der Zitate: Lenin, Werke. Hg. v. Institut für Marxismus-Leninismus beim ZK d. KPdSU. Dt. Ausgabe Berlin (DDR) 1961 ff. Bd. 15, 26/27; Bd. 21, 246. Vgl. W. Hofmann, Ideengeschichte der sozialen Bewegung des 19. und 20. Jahrhunderts. Berlin ²1968, 168–182: über den Zusammenhang zwischen ökonomischem Strukturwandel des Kapitalismus und Revisionismus.
37 Lübbe, 117.

auf die allmähliche Demokratisierung der Gesellschaft - Verwirklichung der Demokratie im bürgerlichen Staat auch für das Proletariat, woraus der Sozialismus erst erwachsen könne[38] - den Klassenkampf stornierte, führte die Bourgeoisie ihren Klassenkampf ökonomisch und ideologisch fort. Plechanows Warnung, »daß die Bourgeoisie ein Interesse daran besitzt, die Kantsche Philosophie zu fördern, weil sie in ihr ein Opiat zur Einschläferung des Proletariats zu finden hofft[39], war fundiert. Cohen und Bernstein, den gleitenden Übergang vom Sozialismus der Kantianer zum Kantianismus der Sozialisten personifizierend, haben in Kant mehr als ein philosophisches Rezidiv gemein, – ein politisches Ziel. »Durch Bekämpfung der Reste utopischer Denkweise in der sozialistischen Theorie das realistische wie das idealistische Element in der sozialistischen Bewegung gleichmäßig zu stärken«, nennt Bernstein den »Hauptzweck« seiner ›Voraussetzungen des Sozialismus‹ von 1899.[40] Er sekundiert solchermaßen – Paul Natorps 1920 geschriebenen Satz »Der Idealismus muß sozial, der Sozialismus ideal werden«[41] vorwegnehmend - Cohens politischem Programm, dessen Präambel lautet: »Der Sozialismus ist im Recht, sofern er im Idealismus der Ethik begründet ist«[42]; Programm zur Lösung der ›sozialen Frage‹, das mit Kant argumentiert, es könne der Arbeiter »niemals bloß als Ware zu verrechnen sein, auch für den höheren Zweck des angeblichen Nationalreichtums nicht; er muß ›jederzeit zugleich als Zweck‹ betrachtet und behandelt werden«.[43] Ist dies Kapitalismuskritik? Cohen vergewissert sich: »In der An-

---

[38] E. Bernstein, Die Voraussetzungen des Sozialismus . . ., 154: »Die Demokratie ist Mittel und Zweck zugleich. Sie ist das Mittel der Erkämpfung des Sozialismus, und sie ist die Form der Verwirklichung des Sozialismus.«
[39] Materialismus oder Kantianismus, in: Die Neue Zeit 17 (1898/99), 631.
[40] op. cit., 14.
[41] Sozial-Idealismus. Neue Richtlinien sozialistischer Erziehung. Berlin 1920, IV.
[42] Hier S. 70.
[43] Hier S. 72.

erkennung des ökonomisch-juristischen Rechts des Sozialismus hat sich ... im Bewußtsein der allgemeinen Bildung ein Riesenfortschritt vollzogen ... Heute wehrt sich kein Unverstand mehr gegen den ›guten Kern‹ der sozialen Frage: ... der Rechtsidealismus des Sozialismus darf heute als eine allgemeine Wahrheit des öffentlichen Bewußtseins bezeichnet werden.«[44] Dieser Rechts-Idealismus ist so gewiß nicht der Sozialismus der Linken, wie er »Materialismus« und »Atheismus« »radikal aufgegeben und verworfen« sehen will.[45] Brennpunkt der ›rechtsidealistischen‹ Kritik ist die von der »sogenannten Gesellschaftswissenschaft« Marxismus drohende Gefahr der Schwächung des Staats, ist ihm doch »die Gesellschaft die eigentliche Realität, der gegenüber der Staat und seine logische Voraussetzung, das Recht, zu bloßen Abstractis sich abschatten«.[46] Es folgt der zur politischen Beurteilung des Wechselspiels von Kantianismus und Revisionismus zentrale Passus:

»Aus dieser Ansicht von der eigentlichen Konkretheit der Gesellschaft, der gegenüber Recht und Staat zu Schemen- und Schattenbildern werden, entsteht die Gefahr: *daß die Reformbestrebungen für Recht und Staat auf die schiefe Ebene der Revolution hinüberleiten.* Der Materialismus glaubt eine wissenschaftliche Unterstützung in diesem realistischen Begriffe der Gesellschaft zu finden, und deshalb Recht und Staat überhaupt für bloße fiktive Realitäten halten zu dürfen. Um dieser Gefahr zu steuern, *um der Revolution als Eruption vorzubeugen,* und die geschichtliche Entwicklungsbahn der *stetigen Evolution* für diese Notfragen einzuhalten, muß diese Deutlichkeit in dem Terminus der Gesellschaft streng erhoben und klar erkannt werden. Gegenüber dem Realbegriff der Gesellschaft ... werden die Begriffe von Recht und Staat zu Idealbegriffen, und zwar im positiv-ethischen Sinne ... Sie erlangen die Realität, die Kraft und die Würde ethischer Ideen, die ohne Vereitelung der sittlichen Zwecke nicht angetastet werden dürfen. Es ist richtig, daß Recht und Staat nur ein gedachtes System des Gleichgewichts bilden, während die wirtschaftliche Gesellschaft die realen Bedingungen vollführt, in denen diejenige Wirklichkeit besteht, welche Recht und Staat abbilden. Es ist leider unbestreitbar richtig, daß dieses gedachte Gleichgewicht kein Gleichgewicht ist, daß die Bewegungen der Ge-

44 Hier S. 74/75.
45 Hier S. 76.
46 Hier S. 76/77.

sellschaft vielmehr den Schwerpunkt des Rechts nicht treffen. Aber es bleibt dennoch wahr, sittlich wahr, daß dieses Gleichgewicht ein labiles sein muß, und als ein stabiles gar nicht gedacht werden darf. Und ebenso wahr ist es, daß diese Fiktion des Gleichgewichts eine notwendige ist, die durch keinen anderen Begriff ersetzt werden darf ... Der materiellen Wirtschafts-Gesellschaft gegenüber müssen Recht und Staat als Ideen Ehrfurcht fordern und finden ... Wo diese Notwendigkeit der Fiktion nicht erkannt wird, da erhebt der Individualismus sein hirnloses Haupt, und die Autonomie geht zugrunde ... Ohne die Fiktion des Gleichgewichts in Recht und Staat gibt es sonach keine jeweilige wirkliche Gemeinschaft moralischer Wesen.«[47]

Das Gespenst der Anarchie vor Augen »übernimmt der Sozialismus unwillkürlich die Rolle des Verteidigers von Recht und Staat ... Aber wie diese Mahnung an die Sozialistische Partei sich nachdrücklich richtet, so muß sie von den konservativen Parteien erst recht beherzigt werden: Daß sie das Recht nicht zur Magd der Wirtschaft machen.«[48] Revolution oder systemimmanente Reform von oben, eine Alternative, die sich auf die viel konzisere reduzieren läßt: Diktatur des Proletariats oder Stabilität des bürgerlichen Staats. Tertium non datur. Mit Bernstein hat die Sozialdemokratie seiner Zeit nicht begriffen, daß mit den Prämissen des ethischen Sozialismus eine Wahl zwischen beiden Möglichkeiten nicht mehr gegeben war. Die politische Identität zwischen dem Philosophen der Marburger Schule und dem sozialistischen Parteiführer ist verblüffend. Bernstein im Wortlaut: »Die ganze praktische Tätigkeit der Sozialdemokratie geht darauf hinaus, Zustände und Vorbedingungen zu schaffen, die eine von konvulsivischen Ausbrüchen freie Überführung der modernen Gesellschaftsordnung in eine höhere ermöglichen und verbürgen sollen. Aus dem Bewußtsein, die Pioniere einer höheren Kultur zu sein, schöpfen ihre Anhänger immer wieder Begeisterung und Anfeuerung, in ihm ruht auch zuletzt der sittliche Rechtstitel der angestrebten gesellschaftlichen Expropriation. Die Klassendiktatur aber gehört einer tieferen Kultur an ...« Kurz,

---

[47] Hier S. 77; 78; 79. Hervorhebungen v. Hg.
[48] Hier S. 79.

es hat keinen »Sinn, die Phrase von der Diktatur des Proletariats zu einer Zeit festzuhalten, wo an allen möglichen Orten Vertreter der Sozialdemokratie sich praktisch auf den Boden der parlamentarischen Arbeit, der zahlengerechten Volksvertretung und der Volksgesetzgebung stellen, die alle der Diktatur widersprechen«.[49]

Eine kritische Analyse dieser bürgerlichen Konversion des Sozialismus hat zu berücksichtigen, daß die Strategie der Vermeidung der Revolution gekoppelt ist mit einem unbestreitbar ernsthaften Reformwillen; sie ist laut Cohen »eng verbündet [mit] dem scharfen Blick für die Mängel und Gebrechen« der Lage des Proletariats.[50] Als These zur Entstehung der Ideologie des demokratischen Sozialismus: Die Proportionalität von Revolutionsfurcht und Reformeifer ist das Symptom einer spezifischen politischen Situation einer spezifischen Klasse: der Bourgeoisie in der zweiten Hälfte des 19. Jahrhunderts, die sich über den revolutionären Charakter des Proletariats voll und zweifelsfrei bewußt ist. Die zitierten Programme zur Lösung der ›sozialen Frage‹ kennzeichnen hinlänglich eine sozialkritische, reformoffene, am verbesserten und deshalb stabileren Status quo der systemstrukturierenden Faktoren ›Ökonomie‹ und ›Herrschaft‹ interessierte Politik: den *Konservatismus der bürgerlichen Klasse vis à vis dem revolutionären Proletariat*.[51] Der Revisionismus der kantianischen Sozialisten *innerhalb* der Partei der Arbeiterklasse gibt Anlaß, diese für den Sozialismus der Kantianer bürgerlicher Herkunft gültige Formel als Beschreibungskategorie für Prozesse in der Arbeiterbewegung differenziert zu verwenden: der klassenspezifisch bürgerliche sozialistische Neukantianismus ist ein Phänomen des bürgerlichen Konservatismus; im Prozeß der Angleichung an die politischen Bedürfnisse der gegenüber dem Proletariat verselbständigten Parteiorganisa-

---

49 Bernstein, 156/157.
50 Hier S. 79.
51 Die Voraussetzungen dieses thesenartigen Definitionsversuchs verdanke ich Interpretationskategorien, die zuerst der Soziologe Manfred Hahn im Gießener ›Philosophischen Kolloquium‹ entwickelt hat.

tion der Sozialdemokratie mutiert er und gewinnt ein qualitativ neues Moment; die bürgerliche Strategie der Revolutionsvermeidung dringt in eine Partei mit revolutionärem Auftrag ein; bürgerlicher Konservatismus greift über seine Klassenbasis hinaus; der dem trojanischen Pferd ›Kantianismus‹ entstiegene Revisionismus ist ein ideologisches Produkt der Bourgeoisie; er ist jedoch nicht denkbar ohne ein soziales Vermittlungsglied, ohne das soziale Medium der Kleinbourgeoisie und Arbeiteraristokratie, die durch eine proletarische Revolution gefährdet sehen, was ihnen politisch an Herrschaftsbeteiligung und sozial an Sicherung ihres possessiven Besitzindividualismus mit Duldung des bürgerlichen Staats zugewachsen ist. So kann der mit dem Sozialismus der Neukantianer bürgerlich vorbereitete Kantianismus der Revisionisten nicht »als integrierender Bestandteil des wissenschaftlichen Sozialismus betrachtet werden ..., der doch als der theoretische Ausdruck bestimmter (d. i. proletarischer) Klasseninteressen gelten will, sondern ... vielmehr [als] ein Versuch, diese Interessen einer ihm fremden Gesellschaftsschicht annehmbar zu machen«.[52] Wenn der zeitgenössische Marxismus mit Franz Mehring auf die Feststellung Wert legt, es verbinde ihn »mit der ganzen Weltanschauung Kants ... nicht mehr als das rein historische Gefühl dankbarer Anerkennung, das wir den bahnbrechenden Männern der bürgerlichen Aufklärung schulden«[53], so verweist er auf die Klassengenese der Kantschen Theorie mit dem Recht der Warnung vor *der* Gefahr für die Arbeiterbewegung: daß mit der ideologischen und politischen Machtübernahme des Revisionismus in der Partei verlorengeht, was der Marxismus an Schutz vor den systemintegrierenden Mechanismen der Beteiligung an der parlamentarischen Herrschaft der Bourgeoisie zur Verfügung gestellt hatte: das aus der Einsicht in die Geschichte der Klassenantagonismen abgeleitete, vom immer ausschließlicheren Gegensatz ›Bourgeoisie-Proletariat‹ geformte Klassenbewußtsein.

52 Blum, 246.
53 F. Mehring, Immanuel Kant, in: Die Neue Zeit 22 (1903/04), 553 ff.

## 3. Exkurs zur Geschichte der Sozialdemokratie

Die Grundlagen der heute in Westeuropa in vielen Ländern zur Basis politischer Herrschaft ausgereiften Ideologie des demokratischen Sozialismus lassen sich einmal im neukantianisch geprägten ethischen Sozialismus ausmachen, zum andern in der politischen Geschichte der seinerzeit in der Arbeiterbewegung, der II. Internationale, führenden Sozialdemokratischen Partei Deutschlands. Deren politisch-ökonomischen Standort beschreibt Wolfgang Abendroth folgendermaßen:

»Das Vierteljahrhundert bis zum Ausbruch des Ersten Weltkrieges, die Zeit der ›klassischen‹ Zweiten Internationale, war durch eine neue industrielle Blüte gekennzeichnet. In allen bereits von der Industrialisierung erfaßten Ländern stieg das Sozialprodukt an, die bisher kaum oder nur im geringen Maße industrialisierten Länder wurden in die kapitalistische Entwicklung einbezogen. Im Deutschen Reich z. B. hatte sich der Gesamtwert der industriellen Produktion eines Jahres von der Reichsgründung bis 1890 fast verdoppelt, um sich von 1890 bis 1913 nochmals um hundert Prozent zu erhöhen. Große neue Industrien entstanden: Elektroindustrie und chemische Industrie begannen ihren Aufstieg und veränderten die Produktionstechnik in sämtlichen europäischen Staaten. Diese technischen Veränderungen bewirkten eine Ungleichmäßigkeit im industriellen Wachstum: während sich die Produktionsmittelerzeugung in dieser Periode verdreifachte, wuchs die Konsumgüterproduktion weit weniger schnell. Diese Erscheinung war keineswegs eine Besonderheit des relativ jungen deutschen Industriekapitalismus, sondern entsprach einer generellen intereuropäischen Entwicklungstendenz, aus der sich erhebliche Strukturveränderungen ergaben. Noch um 1890 wuchs die Ausfuhr Deutschlands jährlich um 2,3 Prozent, bis zum Kriegsausbruch dagegen stieg die Wachstumsrate auf jährlich fast 10 Prozent an, während die Einfuhr mit weniger als der Hälfte dieses Wertes stabil blieb. Auch hierbei zeigt die deutsche Entwicklung nur die Gesamttendenz der Veränderungen des fortgeschrittenen europäischen Industriekapitalismus besonders deutlich; so auch bei dem 1878 in Deutschland eingeleiteten Übergang zur protektionistischen Förderung der Schwerindustrie und des Großgrundbesitzes. Der Kapitalexport, die Durchdringung industriell relativ unentwickelter europäischer und außereuropäischer Länder und der unmittelbar von europäischen Staaten beherrschten Kolonien mit Investitionen nahm ständig zu. In der vorhergehenden Phase der Industrialisierung war er vor allem Sache der Engländer und Franzosen gewesen; die deutschen Kapitalanlagen im Ausland betrugen um 1880 wahrscheinlich nur etwa ein Drittel der französischen bzw. ein Fünftel der englischen. Der neue industrielle Aufschwung hatte unter den einzelnen Großmächten die Tendenz zur Ungleichmäßigkeit vergrößert. 1914 erreichten die deutschen ausländischen Anlagen bereits die Hälfte der französischen und ein Drittel der englischen. Der Wettbewerb der Kapitalistenklassen der großen Industrienationen Europas mußte sich zum politischen und militärischen Konflikt der sie repräsentierenden Staaten verschärfen. Die einst von Karl Marx prognostizierte Entwicklung zur Konzentration und Zentralisation des Kapitals setzte sich durch; die Veränderungen der Produktionstechnik förderten sie. Im Deutschen Reich z. B. wurde die Elektroindustrie von zwei Konzernen (AEG und Siemens-Schuckert), die chemische Industrie ebenfalls von zwei Gruppen, die untereinander wieder durch zahlreiche Patentabkommen verbunden waren, und die Eisen- und Stahlindustrie von wenigen in Kartellen zusammengefaßten Familienkonzernen beherrscht; das Bankwesen wurde durch fünf Großbanken fast vollständig kontrolliert. Der liberale Konkurrenzkapitalismus der Periode vor 1890 hatte überraschend schnell dem modernen Oligopolkapitalismus Platz machen müssen, in dem der freie Markt nur noch sekundäre Funktionen besaß ... Gleichzeitig wuchs aber auch der Anteil der öffentlichen Hand am Sozialprodukt, und gleichzeitig erhöhte sich der Anteil der Arbeitnehmer an der erwerbstätigen Bevölkerung der Industriestaaten; derjenige der selbständigen Kleinunternehmer, Handwerker und, in geringem Maße, der Bauern, nahm dagegen ab. Innerhalb der Arbeitnehmerschicht selbst stieg die Zahl der in der wirtschaftlichen Verwaltung Tätigen, doch auch die der technischen Angestellten rascher als die Zahl der Arbeiter ... In der Entwicklung der Löhne und ihres Verhältnisses zu den Lebenshaltungskosten zeigte sich in dieser Periode ein deutlicher Einschnitt, der am deutschen Beispiel wiederum am klarsten hervortritt. Von 1890 bis 1900 blieben die Lebenshaltungskosten im wesentlichen stabil ... Nach der Jahrhundertwende bedeutete jede Lohnerhöhung zunächst nur die Erhaltung dieses Niveaus und war nur dann eine Verbesserung, wenn sie die Minderung der Kaufkraft des Geldes nicht nur aufwog. Eben das war bis zum Kriegsausbruch für bestimmte Gruppen von Arbeitern nicht zu erreichen, so für die relativ gut gewerkschaftlich organisierten und um die Jahrhundertwende zu den bestbezahlten Arbeiterberufen gehörenden Drucker, Metallarbeiter und Bergarbeiter ... Allgemein ... stieg die Produktivität der Arbeit und damit die Höhe der Profite schneller als die Höhe der Löhne. Der gewerkschaftliche Druck, der sich jetzt durch die ständig wachsende

Bedeutung der Tarifverträge geltend machte, führte zu einer langsamen Herabsetzung der Durchschnittslänge des Arbeitstages. Aber in keinem Land konnte das Ziel des Gründungskongresses der Zweiten Internationale, der achtstündige Arbeitstag, erreicht werden. Diese Wandlung in der Struktur des europäischen und des Weltkapitalismus war die Voraussetzung für die Entfaltung und Aktivität der in der Zweiten Internationale zusammengeschlossenen Arbeiterparteien und der seit 1901 in Internationalen Gewerkschaftskonferenzen, seit 1903 im Internationalen Gewerkschaftssekretariat vereinten nationalen Gewerkschaftsbünde. Aber zugleich war die Besserung des Lebensstandards der Arbeiterklasse, so gering sie auch war und so sehr sie hinter der Erhöhung der Produktivität zurückblieb, ebenso wie die (wenngleich begrenzte) Verbesserung ihrer sozialen Sicherheit nicht ein Produkt einer automatischen Entwicklung, sondern ein Ergebnis des von den sozialistischen Parteien und Gewerkschaften geführten Klassenkampfes. Die Arbeiterorganisationen waren zugleich Subjekt und Objekt der gesellschaftlichen Weiterentwicklung geworden, wenn auch rasches Wachstum und Erfolge sie ihre Subjektfunktionen in der Theorie allzu häufig überschätzen ließen.«54

Widerspiegelt die Entwicklung der Subjektfunktionen der Sozialdemokratie diesen sozial-geschichtlich bedeutsamen Prozeß der Veränderung, d. h. der ökonomischen Stabilisierung der bürgerlichen Herrschaft in *umgekehrter Proportion*, also durch zahlenmäßigen Zuwachs, Verstärkung der politischen Aktionen zum Sturz der Bourgeoisie und durch Ausbau und Reifung der ihre Strategie begründenden Theorie? Am Beispiel ›Revisionismus‹ ist der letzte Punkt eindeutig zu verneinen. Der Stabilisationsindex des bürgerlichen Systems und der der Systemanpassung der Theorie der Arbeiterbewegung sind nahezu identisch. Dies ist um so überraschender angesichts der zahlenmäßigen Entwicklung der Partei: Parallel zum Wachstum der gewerkschaftlichen Organisation der deutschen Arbeiter – 1893 wenig mehr als 200.000 organisierte Arbeiter, 1902 bereits 733.206 (= 14,42 % der Industriearbeiter) – verzeichnet die Sozialdemokratie trotz aller politischen Diskriminierung durch die Bismarck-Administration bemerkenswerte Erfolge.

54 W. Abendroth, Sozialgeschichte der europäischen Arbeiterbewegung. Frankfurt/M. 1965, 66–70.

Bei den Wahlen zum Reichstag erreicht sie 1877 493.447 Stimmen. 1878: geringfügiger Rückgang auf 437.158 Wähler; interessant die Zahlen nach der Verabschiedung des ›Gesetzes gegen die gemeingefährlichen Bestrebungen der Sozialdemokratie‹ (19. 10. 1878): Es gelingt ihr, noch immer 311.961 Stimmen auf sich zu vereinen. 1884: ein großer Sprung nach vorn auf 549.990, 1887: ein weiterer Fortschritt auf 763.128 Wählerstimmen. Mit der Reichstagswahl vom Februar 1890, also nach dem Scheitern der Verlängerung des ›Sozialistengesetzes‹ am 25. Januar 1890, verdoppelt sie ihren Wählerkreis auf 1.427.298. Erfolg über Erfolg; 1893: 1.786.738, 1898: 2.107.076, 1903: 3.010.771, 1907: 3.259.029, 1912: 4.250.400 Stimmen. Die Sozialdemokratie stellt mit dem Mandat jedes dritten deutschen Wählers und 110 Abgeordneten die stärkste Fraktion im Deutschen Reichstag. Und doch geben diese signifikanten Zahlen keine Auskunft über die reale politische Macht der Partei: So gewinnt sie 1903 mit einem Abstand von über 1.200.000 Stimmen die Reichstagswahl vor dem Zentrum. Die konservative katholische Sammelbewegung sichert sich trotz ihrer Niederlage 100 Abgeordnetensitze, die SPD erhält 81. Viel schärfer noch dokumentiert sich die Differenz zwischen Wählerauftrag und möglicher Durchsetzung seines politischen Willens anläßlich der Wahlen zum preußischen Abgeordnetenhaus am 3. Juni 1913, die unter den Bedingungen des ›Dreiklassenwahlrechts‹ stattfinden: die reaktionäre Wahlrechtsmanipulation begünstigt z. B. die Deutschkonservative Partei bei 14,75 % der gültigen Stimmen mit 147 Abgeordneten; die SPD vereinigt 28,38 % der Wähler auf sich, – und muß sich mit 10 Abgeordneten zufriedengeben. Bernsteins Programm, durch die Demokratisierung des bürgerlichen Staates zum Sozialismus zu gelangen, wird durch diese politische Wirklichkeit drastisch kommentiert.

Bleibt, der noch offenen Frage nachzugehen, ob die Sozialdemokratie die Konfrontation mit dem Erfolg des bürgerlichkonservativen Herrschaftssystems und des immer offener zum Imperialismus tendierenden Kapitalismus durch verstärkte

Klassenkampfaktionen beantwortet hat. Den Klassenkampf »mit allen Mitteln« – also nicht wie zuvor »mit allen gesetzlichen Mitteln« – zu führen, hatte sich die Sozialdemokratie anläßlich ihres Wydener Kongresses (20. – 23. 8. 1880) als Verpflichtung auferlegt. In Kopenhagen (29. 3. – 2. 4. 1883) verwahrte sie sich »entschieden gegen jederlei Nachgiebigkeit gegenüber ... den herrschenden Klassen«, um auch nur den Anschein einer Korruption der Arbeiterklasse durch die Bismarcksche Sozialreformpolitik von Anbeginn zu vermeiden. Die Partei schien sich über die möglichen Gefahren des Parlamentarismus im klaren zu sein; der St. Gallener Parteitag (2. – 6. 10. 1887) verabschiedete als Resolution, es dürfe trotz der »positiven Tätigkeit im Parlament für die *Klassenlage* der Arbeiter in politischer wie ökonomischer Hinsicht *kein Zweifel* gelassen und *keine Illusion* geweckt werden«. Die Berechtigung dieser Warnung an die eigene Adresse erwies sich bereits wenige Monate später: die Mehrheit des Deutschen Reichstags beschloß in dritter Lesung am 17. Februar 1888 die Verlängerung des ›Sozialistengesetzes‹. Doch in immer stärkerem Maße standen die Parteitage im Zeichen der Defensive der von der Mitgliedermehrheit getragenen Prinzipien des Klassenkampfes gegenüber dem offenkundigen Opportunismus der Reichstagsfraktionsmehrheit. Bereits im Dezember 1884 drohte die Partei an der Frage der Stellung zur Kolonialpolitik des Reiches zu scheitern; nur eine Minderheit (so A. Bebel, W. Liebknecht) leistete erbitterten Widerstand gegen die Fraktionsmehrheit, die bereit war, der in ihrer Zielsetzung unmißverständlichen Subventionierung von Schiffahrtslinien nach Ostasien, Australien und Afrika »als Verkehrsfrage ohne Beimengung des Prinzips und allgemeiner Gesichtspunkte« ihre Stimme zu geben. Der Führungsanspruch dieser Gruppe konnte in Halle (12. – 18. 10. 1890) zurückgewiesen werden. Die bald einsetzende Programmdiskussion bewies jedoch aufs neue die ungebrochene Kraft des Opportunismus. An dem vom Parteivorstand vorgelegten Entwurf für das Erfurter Programm kritisierte Fr. Engels die Tendenz, die »Zukunft der Bewegung um der Gegenwart der Bewegung willen« preiszugeben.[55] »Aus Furcht vor einer Erneuerung des Sozialistengesetzes, aus der Erinnerung an allerlei unter der Herrschaft jenes Gesetzes gefallene voreilige Äußerungen soll jetzt auf einmal der gegenwärtige gesetzliche Zustand in Deutschland der Partei genügen können, alle ihre Forderungen auf friedlichem Wege durchzuführen. Man redet sich und der Partei vor, ›die heutige Gesellschaft wachse in den Sozialismus hinein‹, ohne sich zu fragen, ob sie nicht damit ebenso aus ihrer alten Gesellschaftsverfassung hinauswachse und diese alte Hülle ebenso gewaltsam sprengen müsse wie der Krebs die seine, als ob sie in Deutschland nicht außerdem die Fesseln der noch halb absolutistischen und obendrein namenlos verworrenen politischen Ordnung zu sprengen habe.«[56] Das in Erfurt (14. – 20. 10. 1891) verabschiedete Programm, von Kautsky und Bernstein ausgearbeitet, trug dieser Kritik weitgehend Rechnung: Die Partei setzte sich als Ziel die Eroberung der politischen Macht durch das klassenbewußte Proletariat, verschrieb sich der welthistorischen Mission der Befreiung aller durch »das Werk der Arbeiterklasse«. Ungeklärt freilich blieb das ›Wie‹, blieb der Weg zur Diktatur des Proletariats. Und in eben diese Lücke stieß der Revisionismus. Als v. Vollmar und K. Grillenberger mit der Budgetbewilligung im bayerischen Landtag offen zur Kooperation mit den bürgerlichen Parteien übergingen, legte schon der Parteitag des Jahres 1894 (Frankfurt/M., 21. – 27. 10.) – durch kein neues Programm aus der Erfurter Verantwortung entlassen – den politischen Offenbarungseid ab. Die von August Bebel geforderte Verurteilung des Opportunismus fand keine Mehrheit mehr. Bernsteins Wort vom ›Hineinwachsen der Gesellschaft in den Sozialismus‹ ist vor diesem Hintergrund eine Karikatur der Wirklichkeit, des Hineinwachsens des Sozialismus in die Gesellschaft, die bürgerliche.[57]

---

55 MEW 22, 235.
56 MEW 22, 234.
57 Vgl. Bernsteins von Oktober 1896 – April 1897 in der ›Neuen Zeit‹ erschienene Artikelserie ›Probleme des Sozialismus. Eigenes und Übersetztes‹, eine Vorbereitung der ›Voraussetzungen des Sozialismus‹. Zur

Der Revisionismusstreit, Hauptthema der Stuttgarter (3. – 8. 10. 1898) und Hannoveraner (9. – 17. 10. 1899) Parteitage, zeitigte verbale Erfolge; A. Bebel, K. Kautsky, W. Liebknecht, R. Luxemburg und C. Zetkin konnten sich in Resolutionen durchsetzen, wie z. B. jener, es liege »für die Partei kein Grund vor, weder ihre Grundsätze und Grundforderungen noch ihre Taktik, noch ihren Namen zu ändern, d. h. aus der sozialdemokratischen Partei eine demokratisch-soziale Reformpartei zu werden«. Gegen die militärische Chinaintervention des Deutschen Reiches (nach der Ermordung des dt. Gesandten in Peking am 20. 6. 1900 während des Aufstandes der Ihotwan) veranlaßten die örtlichen Parteigremien in vielen Städten Deutschlands Protestbewegungen; der Parteivorstand übte Zurückhaltung. Beispiele – etwa die Budgetbewilligungen seitens der Sozialdemokratie in Baden, Bayern und Württemberg, der Streit der Revisionisten gegen die Forderung, den Generalstreik als politisches Mittel im Klassenkampf anzuerkennen, die dem Internationalismusprinzip abträglichen Äußerungen G. Noskes über die vaterländische Pflicht des Proletariats im Kriege –, Beispiele, die sich mehren ließen. Die spätere Zustimmung der Mehrheit der sozialdemokratischen Reichstagsfraktion zu den Krediten für einen erkanntermaßen imperialistischen Krieg sprach den Beschlüssen des Stuttgarter Internationalen Sozialistenkongresses (August 1907), den Krieg der Bourgeoisien mit allen Mitteln des Klassenkampfes verhindern zu wollen, Hohn. Daß sie möglich war trotz der inzwischen erreichten Machtstellung der Sozialdemokratie, ist kein Rätsel: der Machtzuwachs hatte seinen Preis, die Integration der Partei in den Herrschaftsapparat. Des deutschen Kaisers Satz, er kenne keine Parteien mehr, war so bodenlos nicht.[58]

Kritik an Bernstein vgl. R. Luxemburgs vom 21.–28. 9. 1898 und vom 4.–8. 4. 1899 veröffentlichte Aufsatzreihe ›Sozialreform oder Revolution‹.
58 Vgl. insgesamt: F. Mehring, Geschichte der deutschen Sozialdemokratie. 2 Bde. Berlin (DDR) 1960. W. Abendroth, Aufstieg und Krise der deutschen Sozialdemokratie. Das Problem der Zweckentfremdung einer politischen Partei durch die Anpassungstendenz von Institutionen an vorgege-

## 4. Marxismus und Ethik-Kontrovers

Diese Edition versucht aus angegebenem philosophiehistorischem, ideologiegeschichtlichem und politischem hermeneutischen Interesse, die innerhalb des neukantianischen Sozialismus geführte Debatte über eine mögliche ethische Anreicherung des Marxismus und die ihr entgegengehaltene marxistische Kritik in Text und Kommentar zu reproduzieren. Die Quellen sprechen für sich und bedürfen über die Fußnoten hinaus keiner Einführung im einzelnen; dies um so mehr, als es sich z. T. um unmittelbar der These folgende Widersprüche handelt, wie etwa in den Dialogen zwischen C. Schmidt und L. Woltmann, Woltmann und Fr. Staudinger, Vorländer und Mehring.[59] Die Kontraste zwischen den Positionen der Gesprächspartner sind klar erkennbar. Gilt für H. Cohens wissenschaftlichen Standort, »daß der Idealismus das latente Prinzip in aller Erforschung der Materie ist«[60], so liegt hierin die Voraussetzung seiner Marxismuskritik und des Versuchs, den Idealismus auch in der Ethik als der »zweiten Tat der Philosophie [nach der Enthüllung des reinen Denkens in den Grundlagen und Grundmethoden der mathematischen Naturwissenschaft]«[61] zu etablieren. Das ›Zurück auf Kant‹ ist ein Zurück zum Problem von Individualität und Subjektivität des gesellschaftlich lebenden Menschen – Kontrast also zu der im zeitgenössischen Marxismus im Vordergrund stehen-

---

bene Machtverhältnisse. Frankfurt/M. 1964. Geschichte der deutschen Arbeiterbewegung. Chronik. Teil I, Von den Anfängen bis 1917. Berlin (DDR) 1965. Die fragmentarischen Beispiele und Indizien zur Geschichte der Sozialdemokratie in dieser Einleitung sollen und können nicht mehr als Tendenzen und Symptome anvisieren, ohne eine tendenziöse Verkürzung anzustreben.
59 F. Mehrings Kritik an Vorländer bezieht sich zwar auf dessen ›Kant und der Sozialismus‹ aus dem Jahre 1900. Es schien dennoch gerechtfertigt, sie mit der ausgereifteren Position Vorländers, mit den Auszügen aus ›Kant und Marx‹ (1911), zu konfrontieren. Mehrings Einwände behalten ihre Relevanz und Triftigkeit, weil Vorländer seinen Standpunkt kaum wesentlich revidiert hat.
60 Hier S. 55.
61 Hier S. 57.

den wissenschaftlichen Analyse der menschlichen Kollektivexistenz, der Geschichtlichkeit ihrer Bedingungen, der Dialektik der die Geschichte vorantreibenden Antagonismen von Herr und Knecht in Produktionsmittel besitzenden oder besitzlosen Klassen. In der Polarisierung der ideologischen Auseinandersetzung auf die Ethik einer als sozialistisch antizipierten Subjektivität – die nicht mehr bürgerliche Partikularität sein soll – und auf die marxistische Kritik der Ethik als verdinglichter Interessen der um Herrschaft und Privilegien kämpfenden Klassen tritt ein Charakteristikum der Theorie des neukantianischen Sozialismus zutage: der Verlust der *historischen* Dimension normativer ethischer Akte. »Die sozialistische Moral«, schrieb L. Woltmann, »ist ... ein Vernunftpostulat, und anders als rationalistisch läßt sich eine Moral überhaupt nicht begründen.« Und weiter: »Alle Moral ist schlechterdings ein Postulat, und das naturalistische und soziologische Denken wird sich vergeblich abmühen, die moralischen Postulate des Sozialismus und des Humanitätsideals anders, als durch eine unmittelbare Forderung der praktischen Vernunft, zu begründen.«[62] Der Verzicht auf die Geschichtsperspektive zugunsten einer anthropologischen bzw. metaphysischen Restitution der Vernunft als Substanz ist nicht folgenlos: er schließt die Begrenzung der Ethik auf eine formale Transzendentaltheorie des Sittlichen ein. Die materialen Bestimmungen der Moralität einer menschlichen Handlung verflüchtigen sich zu einer einzigen Formel, zum Kantschen Begriff der sittlichen Autonomie. Die den politischen Anforderungen des Sozialismus unangemessene materiale Abstraktheit des ›kategorischen Imperativs‹ macht deutlich, daß die neukantianische Ethik als Theorie des *Sollens* ihre Aufgabe einer Ergänzung des Marxismus mangels Berücksichtigung des Marxismus nicht lösen konnte; eine Überwindung der Leerstellen auf dem Gebiet der Ethik war nicht möglich durch die Kritik der Marxschen historisch-materialistischen kritischen Genealogie der Klassenethik, sondern nur auf deren Boden.

[62] Hier S. 113; 116.

Wird diese Analyse der Vergeblichkeit des Rekurses auf Kant aufgrund der Unwiederholbarkeit der geschichtlichen Bedingungen seiner bürgerlich-revolutionären Ethik akzeptiert, so drängt sich eine Revision der Formel ›Klassische Deutsche Philosophie‹ zwingend auf: der Versuch, den Marxismus in einen naturrechtlichen ethischen Sozialismus zu verwandeln, bediente sich Kants; er scheiterte an Kants Historizität, d. h. an der Strukturveränderung jener Bedingungen, die der autonom-menschlichen Machbarkeit der Geschichte ihre Grenzen setzen, – der die Klassenformation ›Feudalismus-Bourgeoisie‹ zum Antagonismus von Bourgeoisie und Arbeiterklasse verschiebenden sozio-ökonomischen Grundprozesse; die Restauration der Kantischen, der revolutionären Rolle der bürgerlichen Klasse entsprechenden Rechts- und Tugendlehre diente einer veränderten Interessenlage dieser Klasse: dem nunmehr konservativen Interesse der Verteidigung der bürgerlichen Herrschaft vor der Gefährdung durch das revolutionäre Proletariat.

Die neukantianische Revision des Marxismus ist ein Beispiel dafür, daß die Genealogie des Marxismus ideologie-geschichtlich mit der Formel ›Kant-Fichte-Hegel‹ bzw. ›Klassische Deutsche Philosophie‹ zu einseitig und konfliktbeladen – so mit dem Konflikt ›Kant oder Hegel‹ – geleistet wird. Für die Problemstellung ›Marxismus und Ethik‹ endlich ergibt sich mit der die europäische Tradition des Marxismus verkürzenden Perspektive der bürgerlichen deutschen, als Theorie der Subjektivität zu kennzeichnenden Philosophie eine Belastung, welche die Aporetik jeglicher marxistischen Ethik zusätzlich verschärft: Aporie ist, daß der Marxismus als Humanismus das erklärte Ziel der Freiheit des Menschen als gesellschaftlich existierenden *Individuums* in der nur *gesellschaftlich* durchsetzbaren Vorbedingung individueller Befreiung, in der Revolution – die der Geschichte und damit ihren Subjekten, den Menschen, Gewalt antut –, ständig zu suspendieren gezwungen scheint. Aporie ist, daß sich die objektiven Normen der marxistischen revolutionären Ethik ständig nur vor ihrem

Subjekt und den Bedürfnissen der Subjektivität legitimieren und bewähren können.

Die Edition gibt mit Ausnahme der Texte von Cohen, Kautsky und Vorländer alle Quellen unverkürzt wieder. Orthographie und Zeichensetzung wurden vorsichtig modernisiert. Die Anmerkungen der Autoren und der Herausgeber wurden durchgehend mit freistehenden Ziffern gekennzeichnet. Fußnoten der Herausgeber erscheinen im Unterschied zu denen der Autoren in eckigen Klammern. Nach heute ungebräuchlichen Ausgaben zitierte Quellen (Kant, Marx/Engels) wurden nach den Gesamtausgaben (Marx/Engels: MEW, Kant: Akademieausgabe) fast ausnahmslos nachgewiesen. Im Vorländer-Text wurden die Zitate durch die entsprechenden AKA-Ausgaben ersetzt.

# Hermann Cohen
# [Kant]

## 1. *Verhältnis der Logik zur Physik*

Wenn wir für unsere Umschau auf die kritische Methodik Kants uns berufen, so fühlen wir uns dabei frei von dogmatischer Abhängigkeit. Wir verstehen diese Orientierung, wie Schiller in dem Briefe an Goethe sie formuliert hat: seit es ein Menschengeschlecht und solange es eine Vernunft gibt, habe man die Grundlagen der kantischen Philosophie stillschweigend anerkannt und im ganzen danach gehandelt.[1] Kant bedeutet uns nichts anderes als einen Gipfel des Höhenzuges, der von Platon ausgeht und unter den Neueren über Descartes und Leibniz hinführt. Die Geschichte der Philosophie hat sich nicht auf die bezeichneten Häupter zu beschränken; manche kleinere Höhen sind nicht nur Aufsteigepunkte zu ihnen, sondern gewähren eigne freiere Aussicht. Nur die Richtschnur sollen die Großen bezeichnen, nach welcher die kritische Philosophie, die Philosophie Kants sich definiert. Die historische Berufung soll die charakterisierende Bestimmung dieser Philosophie eröffnen: kritische Philosophie ist diejenige, welche nicht nur schlechthin mit der Wissenschaft Zusammenhang hat, und auch nicht schlechthin mit der Naturwissenschaft, sondern in erster Linie mit der Mathematik, und erst durch sie, und an ihrer Hand mit der Naturwissenschaft.[2] Die Mathematik

---

1 [»Es erschreckt mich gar nicht, zu denken, daß das Gesetz der Veränderung, vor welchem kein menschliches und kein göttliches Werk Gnade findet, auch die Form dieser Philosophie ... zerstören wird; aber die Fundamente derselben werden dies Schicksal nicht zu fürchten haben, denn so alt das Menschen-Geschlecht ist, und so lange es eine Vernunft gibt, hat man sie stillschweigend anerkannt und im ganzen danach gehandelt.« (Schillers Werke, Nationalausgabe Bd. 27, 74. Weimar 1958).]
2 [Dies formuliert die Tendenz, welche die Marburger Schule des Neukantianismus (H. Cohen 1842–1918, P. Natorp 1854–1924, E. Cassirer 1874–1945) charakterisiert: die zunächst einseitige, am mathematisch-

gilt demzufolge als eine Methode der Naturwissenschaft, und zwar als diejenige, mit welcher die Naturwissenschaft in eigentlicher Bedeutung erst Wissenschaft wird: ohne welche jeder andere Anfang der Naturwissenschaft somit als ein unmethodischer erkennbar wird, wenngleich Jahrhunderte mit einem solchen sich begnügen mögen und begnügen müssen mögen. In diesem Kontext der Philosophie mit der Mathematik als der Grundmethode der Naturwissenschaft sind Plato, Descartes und Leibniz die Führer der Philosophie; ihnen hat Kant sich angeschlossen und ist er anzuschließen. Die Stellung Kants erscheint aus diesem Gesichtspunkte enger und bedingter; der Verdacht einer Orthodoxie wird immer hinfälliger. Man könnte versucht werden, die Leistung der großen drei Vorgänger nicht nur fundamentaler, sondern auch gehaltvoller zu finden. Als Plato die Grundfrage stellte: was ist Wissenschaft? da dachte er bei der Wissenschaft bereits an Mathematik und hauptsächlich an den Teil derselben, den die Griechen vornehmlich bearbeiteten, die Geometrie; und er erfand die entscheidende Methode der Geometrie, die analytische. Erst die analytische Methode ermöglichte den Fortschritt derjenigen Behandlungsweise der Geometrie, in welcher die Alten Meister waren und bis auf unser Jahrhundert es blieben. Die analytische Methode Platons bereitete den Boden für die synthetische Geometrie der Griechen und kräftigte ihre Wurzel. Die *Darstellung in der Anschauung* war dadurch zum unausweichlichen Beweismittel gemacht, die Beweisoperation mußte in der sinnlichen Anschauung geführt werden; aber das *reine Denken,* auf welches Plato überall und in letzter Instanz sich berief, war doch, wenngleich latenter Weise, zur Beweis-Instanz erhoben. Denn der Zusammenhang zwischen den Bedingungen zur Lösung der Aufgabe und der Lösung selbst

naturwiss. Erkenntnisprinzip orientierte metaphysikkritische Kantrezeption, die Reduktion der Kantischen Philosophie zur transzendentalen Wissenschaftslehre. Gegenüber dem ›generalisierenden‹ naturwiss. Aspekt betonte die südwestdeutsche ›badische‹ Schule des Neukantianismus (W. Windelband 1848–1915, H. Rickert 1863–1936) eine ›idiographische‹, geisteswiss., auf die Wertproblematik zugeschnittene Forschung.]

war nicht in der Anschauung gegeben und durch Anschauung allein nicht herzustellen; dazu bedurfte es des Rechnens und Schließens, also solcher Verfahrungsweisen, welche, wie der Gleichlaut der Worte es andeutete, Denken sind oder im Denken beruhen. Der Methodiker der Anschauung blieb somit, was er durchaus war, der Methodiker des Denkens.

Die Kollision zwischen Anschauung und Denken zieht sich durch die gesamte Geschichte der Wissenschaft und der Philosophie. Oft wird die Kollision zum Konflikt, und bei den Epigonen wird der Konflikt bisweilen zu einem formalistischen Schulstreitwort, das auch in den Reformplänen der Pädagogik getummelt wird. Aber daran darf man den tiefen Sinn der alten Streitfrage nicht bemessen; vielmehr kommt auch die eigentliche Tendenz bei jenen praktischen Plänen erst in die richtige Beleuchtung, wenn der Sinn der Unterscheidung zwischen Denken und Anschauung innerhalb der strengen, rein wissenschaftlichen Methodik, innerhalb der Untersuchung über die methodischen Grundlagen der Wissenschaft zur klaren, durchsichtigen und fruchtbaren Entwicklung kommt.

Die neuere Philosophie beginnt mit Descartes; in ihm erlangt die Reform zum ersten Male einen reifen Ausdruck. Auch er ringt mit der Unterscheidung zwischen Denken und Anschauung. Und auch er redet dem reinen Denken das Wort: um den Zwecken der Anschauung neue Wege zu eröffnen. Er erfindet die analytische Geometrie, welche auf dem Gedanken beruht, daß nicht die Anschauung souverän sei, sondern daß das reine rechnende Denken im Gebiete des Raumes selbst Gebilde zu erzeugen und zu bestimmen vermöge. So befreit Descartes das wissenschaftliche Denken von dem gemeinen Vorurteil, daß die Sinnlichkeit zuallererst die Inhalte und die Gegenstände des Denkens zu empfangen und von sich aus dem Geiste zu übermitteln habe. Und wenngleich der Sensualismus mit seiner Weisheit für die Menge unmittelbar nach Descartes wieder auftaucht, so liegt in dieser historischen Sukzession dennoch nichts weniger als ein innerer Kausalnexus der die Weltgeschichte in ihren Quellen treibenden Gedanken[3]; sondern solche Abfolge, so häufig sie sich wiederholt, beweist nur die leidige Tatsache, daß es mindestens zwei Arten von Philosophie gibt: nicht nur die eine echte, welche an der Quelle der Wissenschaft entspringt und nur auf dem Boden wächst, der jene Wurzeln nährt, sondern auch eine andere für den Hausgebrauch der Vornehmen, wie Kant sagen würde, welche räsonieren, ohne an den Quellen zu arbeiten oder wenigstens zu schöpfen.

Descartes, der das reine Denken predigt, hat die Wissenschaft von der Anschauung nicht bloß durch neuen Inhalt bereichert, sondern durch ein neues Quellgebiet vertieft. Locke dagegen, so vielseitig seine Kenntnisse im Gebiete der Naturwissenschaft waren, stand der Methode der Naturwissenschaft, der Mathematik, so fern, daß sein Freund Newton aus seinen »Prinzipien« ihm einen Auszug machte, in dem die mathematische Begründung ausfiel. Aber gerade das neue Hilfsmittel der Mathematik, welches Newton hinzu erfunden hatte, war der schärfste Trotz gegen Sinnlichkeit und Anschauung und ihren Anspruch, die eigentliche und einzige Quelle des Geistes zu sein. Denn diese neue Mathematik war mehr noch als die Descartes' eine Ausgeburt des reinsten, kühnsten und seiner Eigenmacht selbstbewußten Denkens. Es war die Fluxions-

---

[3] [Beleg für den latenten Hegelianismus auch der Neukantianer? »Das Ziel« – so Hegel in der »Phänomenologie d. Geistes« (ed. Hoffmeister, Hamburg 1952, 564) – »das absolute Wissen, oder der sich als Geist wissende Geist, hat zu seinem Wege die Erinnerung der Geister, wie sie an ihnen selbst sind und die Organisation ihres Reiches vollbringen. Ihre Aufbewahrung nach der Seite ihres freien in der Form der Zufälligkeit erscheinenden Daseins ist die Geschichte, nach der Seite ihrer begriffenen Organisation aber die Wissenschaft des erscheinenden Wissens; beide zusammen, die begriffene Geschichte, bilden die Erinnerung und die Schädelstätte des absoluten Geistes«. »Die Weltgeschichte stellt ... die Entwicklung des Bewußtseins des Geistes von seiner Freiheit und der von solchem Bewußtsein hervorgebrachten Verwirklichung dar. Die Entwicklung führt es mit sich, daß sie ein Stufengang, eine Reihe weiterer Bestimmungen der Freiheit [ist], welche durch den Begriff der Sache, d. i. hier der Natur der sich bewußtwerdenden Freiheit, hervorgehen.«
(Die Vernunft in der Geschichte, Bd. XVIII A der SW, hg. v. J. Hoffmeister, Hamburg 1955, 167).]

Rechnung, der andere Ausdruck der gleichzeitigen Erfindung der Infinitesimal-Rechnung.

Als Rechnung mit dem Unendlich-Kleinen, als Infinitesimal-Analysis, hatte der andere Erfinder dasselbe Prinzip bezeichnet. Und wie der Erfinder der analytischen Geometrie darüber zum Vertreter des *Cogito* wurde, so wurde Leibniz, der Erfinder der Analysis des Unendlichen, zum Verkündiger des *intellectus ipse,* der nicht in den Sinnen, nicht in der sinnlichen Erfahrung, nicht in der sogenannten unmittelbaren Anschauung liegen dürfe, weil er den Sinnen, der Erfahrung und der Anschauung seinerseits die Wege zu weisen hat, auf denen sie, soweit sie es vermögen, ihm nachzufolgen haben. Also auch Leibniz ist Verteidiger und Vertreter des reinen Denkens, gerade weil er ein Neubegründer der Erfahrungswissenschaft ist.

Analytische Geometrie und Infinitesimal-Rechnung, das sind die beiden Instrumental-Methoden der modernen Wissenschaft, in deren Kraft der Charakter der neueren Wissenschaft besteht, mit denen daher keine Entdeckung, und wäre sie die universellste, an prinzipiellem, methodischem Werte sich messen kann. Daß gerade diese beiden Grundkräfte der Wissenschaft von Männern erfunden sind, die zugleich mit Programmen zur Neubegründung der Philosophie beginnen, das dürfte wohl kein bloß biographischer Beweis sein von der intimen Art des Verhältnisses zwischen Philosophie und Wissenschaft; es ist der Doppel-Wegweiser für beide; wo ihre Quellen entspringen und wohin ihre Ziele führen. [. . .] Newton wurde zum Urheber des *Systems* der Naturwissenschaft. Während Leibniz mit Vorliebe sich als den Urheber eines Systems benennt, für das er bezeichnenderweise verschiedene Namen hat, wird Newton zum Systematiker der Naturwissenschaft, indem er der Naturphilosophie Prinzipien gibt, die er als mathematische bezeichnet.

In dieser Beschränkung ist er der Meister. Die mathematischen Prinzipien der Naturwissenschaft bestimmt er; sind diese aber die einzigen? Darüber war schon unter den Zeitgenossen Streit. Und dieser Streit ist nicht ausgefochten bis zum heutigen Tage. Newton entlehnt der Mathematik die Prinzpien der Naturwissenschaft und nennt die Letztere Naturphilosophie. In dieser Umtaufung, welche im englischen Sprachgebrauch herrschend geblieben, ist das Problem totgeschlagen. Indem die Philosophie mit der Wissenschaft identisch gesetzt wird, wird sie vielmehr ausgeschaltet. Die Philosophie wird annulliert, wo sie nicht als Methode anerkannt wird, und wenn sie dafür zum umfassendsten Resultat verwandelt wird. Sie gehört neben die Mathematik als die Methode, welche die Methode der Mathematik zu ergänzen hat, wenn aus der Verbindung beider die Naturwissenschaft resultieren soll.

In dieser Doppelstellung Newtons zu den Grundfragen liegt seine Bedeutung im positiven wie im negativen Sinne. Er kämpft für die Anschauung und die Erfahrung, indem er die Grundlagen des Denkens befestigt und vertieft. So wird er zum Schutz, allerdings nur zum zeitweiligen, gegen Übertreibungen und Verdunkelungen der philosophischen Terminologien. Er erstrebt und erreicht auf dem engeren Gebiet der Wissenschaft das höchste Ziel der philosophischen Aufgaben: das System. Aber das Fundament der Prinzipien, auf dem er es errichtet, ist mangelhaft definiert, und mehr als dies, die Verirrung ist grundsätzlich. Er hat nicht eine Erschleichung, aber eine Verwechslung der Prinzipien begangen; einen Teil der Prinzipien mit der Sache verwechselt, die aus ihnen herzuleiten ist. Die Mathematik allein enthält nicht die Prinzipien der Naturwissenschaft; die Naturalität der Philosophie quillt in ihrem eigenen Blute als Methode und Prinzip.

[...] Den »*Philosophiae naturalis principia mathematica*«[4] treten entgegen die »Metaphysischen Anfangsgründe der Naturwissenschaft«[5]. Die Anfangsgründe, das sind die Prinzipien, welche jetzt als solche der Metaphysik auftreten, für die Naturwissenschaft, welche solchergestalt von der Naturphilosophie sich abscheidet. Aus diesem Doppelverhältnis Newtons zu den Desideraten der Philosophie für die Wissenschaft ist

4 [1687 erschienen.]
5 [1786 erschienen.]

Kant entstanden, der innerlich mehr als Newtonianer denn als Leibnizianer herangebildet ward. Dieser genetische Charakter Kants ist bestimmend geblieben für den Aufbau seines Systems, obwohl derselbe erst im späteren Alter erfolgte. Vor allem in der Einteilung der Grundfragen, mit denen die Kritik beginnt, in der Trennung der Frage nach der Apriorität der Mathematik von der nach der Apriorität der Naturwissenschaft; als ob ihn an der Mathematik etwas anderes anginge als ihr methodisches Verhältnis zur Naturwissenschaft. Hier war es die Opposition, in welcher die Abhängigkeit von Newton nachwirkte. Es sollte eben die Mathematik nicht ausschließlich als die Methode der Naturwissenschaft anerkannt bleiben; so kam es, daß sie überhaupt nicht als Methode in Frage gezogen wurde, sondern als selbständige Wissenschaft, als selbstgenügsame Synthesis *a priori*. Die schlimmere Nachwirkung bestand nun aber darin, daß nicht die Philosophie als ergänzende Methode der Naturwissenschaft lediglich im reinen Denken zur Geltung gebracht wurde, daß vielmehr die bloße Mathematik in den Formen der reinen Anschauung abgesondert zur Analyse gelangte. Die Vorliebe Newtons für die synthetische Methode der Alten hatte in dieser Souveränisierung der Anschauung neben und vor dem Denken eine für das ganze System verhängnisvolle Nachwirkung gehabt. Schon die äußere Terminologie kam dadurch in Schwierigkeiten, insofern der Begriff der Anschauung mit dem der Empfindung in Kollision geriet, von dem sie doch als reine Anschauung *toto coelo* verschieden sein sollte. Durfte diese Verschiedenheit aber ernst genommen werden, so war es nicht leicht zu verstehen, warum die Anschauung so streng vom Denken unterschieden bleiben mußte. Und gerade die neueren Geometer, die Helmholtz'[6], erscheinen in diesem Punkte platonischer und

---

6 [Hermann v. Helmholtz, 1821–1894. Mediziner und Naturwiss. (Physiker, Physiologe) mit materialist. Tendenzen und Neigung zum Neukantianismus. Entdeckung des Ursprungs der Nervenfasern in den Ganglienzellen (1842), Messung der Fortpflanzungsgeschwindigkeit von Nervenzellen (1850), Begründung d. Gesetzes von d. Erhaltung der Energie (1847).]

leibnizischer als Kant, insofern sie die Schöpfungen der Geometrie mit dem reinen Denken in Zusammenhang halten.
Noch verhängnisvoller aber wurde diese seine ursprüngliche Disposition bei dem Begriffe der Empfindung. Von vornherein schien es, und es mußte sich so verhalten, daß die Empfindung als das lediglich empirische, das will sagen, das unphilosophische und unwissenschaftliche, nur ein Fragezeichen an die Wissenschaft ausdrückende Moment gänzlich und grundsätzlich eliminiert werden und bleiben würde. Aber schon die Distinktion, der sich Kant hierbei bediente, konnte Anstoß und Bedenken erregen; es war die alte scholastische Unterscheidung zwischen Materie und Form. Er nimmt sie in dem klassischen Sinne, der seit der Renaissance bei allen Rationalisten und Idealisten üblich ist: daß die Form das Wesen, die Hauptsache, den eigentlichen Inhalt bedeute, während die Materie höchstens nur anzeigen könne, was alles zu diesem Inhalt gehören soll. Und Kant präzisiert und vertieft diese in der ganzen neueren Philosophie typische Bedeutung der Form seinem neuen eigensten Begriffe gemäß dahin: daß die Form die Kraft bedeute, jene Materie nach demjenigen, was an ihr solid und real ist, zu bestimmen, zu erzeugen, sie selbst also zu realisieren.
Indes trotz dieser eigensten Tendenz des neuen *Transzendental-a priori* wird doch die Materie nicht zum wohlgefälligen Verschwinden gebracht, sondern sie darf unter verschiedenen Masken gespensterhaft erschreckend weiter leben. Ein solcher Schatten ist der Ausdruck: das Gegebene der Anschauung; obwohl es natürlich nicht an Stellen fehlt, in denen die eigenste Einsicht durchbricht, daß jenes Gegebene nur die reine Gegebenheit bedeuten könne und bedeuten dürfe. Ein solcher nicht ganz aufgelöster Rest ist ferner die Bezeichnung der Empfindung als Materie; obwohl zu ihrer Ausschaltung bereits die transzendentale Ästhetik erdacht, der Begriff der reinen Anschauung entdeckt, oder richtiger, aus dem Entwicklungsgang des klassischen Idealismus wieder entdeckt war. Die transzendentale Logik machte einen neuen Anlauf, um diesen über-

lebten Begriff zu entwurzeln, indem sie dem Grundsatz der Axiome den Grundsatz der Antizipationen anfügte. Jetzt mußte es dem blödesten Auge deutlich werden, daß das Denken es ist, welches allein und ausschließlich den Anspruch der Empfindung zu befriedigen vermöge; denn das Reale, das als Gegenstand der Empfindung definiert wurde, war ja als Kategorie erkannt. Daraus mußte sich ergeben, daß die Empfindung nichts sei als ein Ausdruck, den das Denken zu bestimmen, zu korrigieren, zu erschöpfen so berufen als vermögend sei; daß somit die sogenannte Materie der Empfindung in dem Inhalt des reinen Denkens zum rechtschaffenen Objekt der Wissenschaft reife.

Am meisten aber hat derjenige Rest seines Verdachtes gegen den intellektualistischen Idealismus geschadet, den er in dem Ausdruck des *Ding an sich* rezipiert hat; denn an der Bildung des Terminus ist er unschuldig, der vielmehr zu dem ältesten Inventar des philosophischen Sprachgebrauchs gehört. Hierüber ist Fichte mit seinem wahrhaftigen philosophischen Talente an Kant irre und in der Verblendung bestärkt worden, daß er ihn zu verbessern berufen sei. Jedoch ohne Zusammenhang mit der mathematischen Naturwissenschaft wird der Begriff des Transzendentalen zum Widersinn; und da Fichte andere literarische Studien und andere Herzensangelegenheiten betrieb als die Materie, als »Licht und Luft« im strengen Sinne der arbeitenden Wissenschaft zu apriorisieren, so ist es nur zu sehr verständlich, daß sein Versuch, das Gespenst des Ding an sich zu verscheuchen, gänzlich mißlingen mußte. Aber jämmerlich und unverzeihlich ist das Gerede, welches über das Ding an sich noch heute nicht verstummt ist.[7] Man darf behaupten, daß das totale Mißverständnis dessen, was Kant gelehrt und gewollt hat, der vollständige Mangel eines innerlichen Verhältnisses unserer Zeitgenossen zu Kant, soviel sie von ihm herausgeben und eigens über ihn zum Besten geben, in nichts so augenfällig und schier unerträglich sich bloßstellt

---

7 [vgl. F. Staudinger, Der Streit um das Ding an sich und seine Erneuerung im sozialistischen Lager, in: Kantstudien 4 (1899).]

als in der hochgelehrten Diskussion, ob Kant ein Ding an sich angenommen habe oder aber nicht. Als ob Kant von seiner Jugend an bis in sein Greisenalter hinein mit der Naturwissenschaft sich beschäftigt hätte, nicht um in ihr die ewigen Grundlagen der Erkenntnis zu entdecken, sondern um dem Eigensinn des Skeptizismus zu frönen, daß doch alles nur eitel und Wahn sei, was die Menschen als Vernunft, als Wahrheit, als Wissenschaft sich vorgaukeln. Aber freilich, sie spielen ja Hume gegen Kant[8] aus, anstatt ihn, was doch gerechter wäre und zugleich als Probe, subjektiv und objektiv, sich lehrreicher erwiese, gegen Newton auszuspielen. Aber sie untersuchen ja auch langwierig, ob Plato über das Verhältnis der Dinge zu den Ideen die hinreichende kompendiarische Offenbarung erteilt habe. Kant hat den Vorwurf des sogenannten höheren Idealismus »vorsätzlicher Mißdeutung« beschuldigt. Den Verdacht eines mangelhaft durchgeführten Idealismus, von dem er sich zu der Annahme eines selbständigen Ding an sich nachträglich hinüber gerettet hätte, würde er vermutlich als das Zeichen eines vorsätzlichen Wohlwollens für die Solidität seines Herzens bei unerschütterlicher Nachsicht mit den Schwächen seines Kopfes erklärt haben. Trotz alledem aber muß zugestanden werden, daß er nicht bestimmt und klar ausgesprochen hat: *Das Ding an sich bedeute ihm nur eine Stufe und nichts als diese in dem Fortschritt seiner Terminologie von den Kategorien zu den Ideen, von den synthetischen Grundsätzen zu den regulativen Prinzipien des Zwecks.* Der Mangel eines solchen Ausspruchs ist es, in dem wir die mannigfach vermittelte Nachwirkung von Newtons Begriff der Materie erkennen.

Wenn Leibniz dem Substanzbegriff Descartes' gegenüber den Begriff der Kraft hervorhebt, so könnte es scheinen, daß Kant wieder zu Descartes zurückgehe, indem er die Kategorie der Substanz der der Kausalität voranstellt, während er in der Kategorie der Realität schon die richtige Anlage für die neue Begründung des Kraftbegriffs getroffen hatte. Dennoch aber

---

8 [vgl. Kant über Hume: AKA V, 13; 50–56.]

entstand hinterher durch die Auszeichnung der Kategorie des Daseins oder der Wirklichkeit ein neuer Anstoß für die reinliche und deutliche Durchführung des leibnizischen Gedankens, welcher der eigentliche Grundgedanke der Kritik geworden war: daß die Materie im Denken, die Substanz in der Kraft begründet sei. Die Folgezeit ging daher auf Leibnizens Kraftbegriff zurück, um aus dessen Prinzip der lebendigen Kraft den Begriff der Energie zu entwickeln, und mit und in diesem Grundbegriffe den Begriff der Materie, den Begriff der Substanz zu erschöpfen.

Hiermit sind wir bei dem Problem angelangt, welches Lange[9] selbst schon lichtvoll erörtert hat, für das er in seinem idealistischen Geiste das Verständnis mitbrachte, das aber seit seinem Tode erst mindestens zu größerer Deutlichkeit gediehen ist. Der theoretische Idealismus, der dadurch in der mathematischen Naturwissenschaft klarer an den Tag gekommen ist, hat bereits angefangen, in weiteren Kreisen den theoretischen Materialismus der Naturforscher zu erschüttern, und es möchte in diesen Grundfragen nur noch einer kurzen Zeit bedürfen, um das Geheimnis zur Bildungswahrheit zu machen: daß alle echte Wissenschaft von jeher und für immer nichts ist als Idealismus.

[...] Eine Frucht, die in unserem Vaterlande seit Lange [...] zur Reife kam, wollen wir hier in Betracht ziehen, um daran den Grundgedanken von Langes Buch zu neuer Erläuterung zu bringen: daß der Idealismus das latente Prinzip in aller Erforschung der Materie ist.

Bei dem Stande der heutigen philosophischen Produktion in der Zunft und bei dem um Prinzipien unbekümmerten Verhalten des Durchschnittsunterrichts in der Philosophie, über deren Bedingungen hier nicht geredet werden soll.

---

9 [Friedrich Albert Lange, 1828–1875. Seine »Geschichte des Materialismus und Kritik seiner Bedeutung in der Gegenwart« (1865) reduzierte in der Materialismuskritik diesen zur Methode der naturwissenschaftl. Forschung und verwarf das materialistische System, den historischen bzw. dialektischen Materialismus, als unwissenschaftliche Metaphysik.]

Dagegen sei ein Punkt noch wenigstens berührt, der in dem Streit zwischen dem angeblichen Realismus und dem Humanismus nicht zu hinreichender Beurteilung gekommen zu sein scheint: der Zusammenhang zwischen der Mathematik und dem Griechischen Geiste. Hierfür sei kurz hervorgehoben, daß in der Literatur keines antiken oder modernen Volkes die Fragen über die Grundlagen und den Charakter des Wissens so tief und elementar erörtert worden sind, wie bei den Griechen. Es gibt keine anderen Autoren, in deren Geisternähe zu verweilen so gewaltig anzieht und so zauberhaft fesselt. Verweilen aber, das ist die Grundbedingung für alle wahrhaft geistige Anregung, für das fruchtbare Lesen und Lernen. Verweilen soll der jugendliche Geist lernen, nicht fliehen vom Buchstaben zur Lesefrucht. Verweilen aber ist für das rege Denken nur ratsam und beinahe auch nur möglich vor einem Individuum, das, wie Schiller das Genie von dem tüchtigsten und erfolgreichsten Talente unterscheidet, ewig unerschöpflich ist. Solche unerschöpfliche Individuen besitzt die griechische Literatur in Anzahl und Graden, wie kein anderes Volk. Und was die Neueren an vergleichbaren Kräften besitzen mögen, kann nach seiner wahren Tendenz nur gewürdigt und in seiner wahren Natur nur aufgesogen werden, wenn es nach seiner Kongenialität mit dem griechischen Vorbild bemessen wird. Man versteht Shakespeare nicht ohne Äschylus; so wenig man Kant verstehen kann ohne Platon.

Die Abschweifung auf die pädagogische Tagesfrage führt uns unversehens auf den Zusammenhang der theoretischen Probleme mit denen der sogenannten Geisteswissenschaften. Wir widerstehen der Versuchung, auf die ästhetischen Streitfragen einzugehen, und beschränken uns auf eine Umschau über die brennenden Fragen der Ethik. Hier liegt seit den Tagen der Sophistik der Tummelplatz des Materialismus. Es ist die Pflicht des systematischen Ethikers, den Standpunkt und die Richtschnur des Idealismus zu behaupten, zu befestigen, zu erneuen.

## 2. *Verhältnis der Ethik zur Religion*

Philosophie als Kritik besteht, wie wir uns vergegenwärtigt haben, in dem Nachweis ihrer selbst, in der Enthüllung des reinen Denkens in den Grundlagen und Grundmethoden der mathematischen Naturwissenschaft. In dieser Wiederentdeckung ihrer selbst besteht die unvertauschbar erste Tat der Philosophie, in welcher sie sich als Logik im weitesten Sinne oder als Kritik der Erkenntnis entfaltet. Die zweite Tat der Philosophie ist die Ethik. Als Ethik aber wird es der Philosophie schwerer, sich als Kritik zu bezeugen. Der Logik liegt das Faktum der mathematischen Naturwissenschaft vor. Auf welche Wissenschaft kann sich die Ethik berufen? Man könnte die Jurisprudenz nennen. Indessen hier scheidet sich der Begriff der Wissenschaft der Natur, als Erkenntnis des Seienden, von aller sonstigen Wissenschaft, welche zum Objekt den Menschen hat, und zwar nicht den Menschen im Sinne der Anatomie und ihres Zubehörs. Im Menschen übernehmen jene Wissenschaften zugleich eine Komplikation von Begriffen, welche durch den Menschen erst geschaffen und zubereitet werden. So unterscheidet sich diese Wissenschaft von der Naturwissenschaft auch im Begriffe des Objekts. Das Objekt der Naturwissenschaft ist eindeutig bestimmt, auch wo und soweit es lediglich Problem ist; es ist nicht ein Objekt zweiter Hand. Jene anderen Wissenschaften aber haben zu ihrem Problem nicht schlechthin den Menschen, sondern *eo ipso* dessen Hervorbringungen, zum mindesten partielle, und es ist Unklarheit und Verdunkelung, wenn die Gegenstände des Rechts als Naturbegriffe bezeichnet werden. Ohne Mitwirkung des Menschen entsteht nicht nur kein Rechtsverhältnis, sondern auch keine Wirtschaft und kein Verkehr. Also ist das Rechtselement kein reines Naturprodukt; und daraus folgt, daß es sich in der Rechtswissenschaft nicht lediglich um die Erkenntnis des Seienden handelt, sondern zum mindesten um die Erkenntnis dessen, was nicht früher ist, als es von Menschen gemacht wird. Die Ethik kann demnach einen reinen Faktor des Denkens in dieser Wissenschaft an dem Objekt derselben nicht so einfach rekognoszieren, wie in der Naturwissenschaft.

Man könnte darin nun die Meinung begründet finden, daß die Ethik eben nicht als Kritik zu behandeln, sondern selbst als eine Art von Naturwissenschaft anzugreifen sei. Die Vertreter dieser Ansicht, die Naturkundigen der menschlichen Seele und ihrer Leidenschaften, wirken schädlicher mit dem Übermut ihres Temperaments in der Ethik als in der Psychologie, wo die experimentelle Arbeit doch wenigstens für die Vorfragen bisweilen ein nützliches Material zu liefern vermag, wenngleich sie in ihren Problemen denen der weltgeschichtlichen Philosophie entrückt ist und durch Zersplitterung und unvermeidliche Verunglimpfung der prinzipiellen Interessen die Arbeit der Philosophie schädigt. – Vielleicht kann man jene Anmaßung, die Fragen der Ethik als Fragen der Anthropologie zu behandeln, entscheidend nur aus dem Gesichtspunkt widerlegen, den schon Plato aufgestellt hat: daß der Mensch als Objekt der Ethik nicht nur nicht Naturwesen, sondern überhaupt nicht Einzelwesen, also von vornherein ein Abstraktum ist, dessen Konkretion die Gesamtheit, die Gemeinschaft der Menschen bildet. Plato nennt diese Gemeinschaft, aus welcher der ethische Mensch abgeleitet werden muß, Staat. Es bleibt daher nichts anderes übrig, als daß die Ethik ihren Blick auf das Getriebe und Gewirre der Geschichte richtet: ob sich in ihm ein Faktor des Denkens, ein Prinzip der Weltgeschichte entdecken lasse.

Dieser Richtung der Ethik, in welcher sie als Kritik möglich wird, der Richtung also auf die oder eine Gesamtheit der Menschen, tritt das Interesse an dem Individuum noch von einer anderen Seite entgegen als von der einer angeblichen Naturethik; und es entsteht dadurch der Ethik ein neuer Feind oder ein bisweilen nicht minder gefährlicher Bundesgenosse. Gegenüber dem vorwiegenden Gemeinschafts-Interesse der Ethik ist es die Religion, welche das Individualinteresse des Menschen vertritt und ausschließlich verwalten zu können vorgibt. Dieses Interesse am Individuum ist uneingeschränkt anzuerkennen. Wie im Theoretischen der Hinblick auf das System zwar notwendig ist, nichtsdestoweniger aber das Prinzip des Atoms im Ursprungsbegriffe der Realität erhalten bleibt, ebenso kann durch keine noch so universelle Gemeinschaftstheorie das Interesse und das Problem des Individuums erledigt werden. Man könnte sagen, alle Gemeinschaft habe nur den Zweck, das wahrhafte Individuum erst zustande zu bringen, weil es nur aus der echten, gesunden, reifen Gemeinschaft hervorgehen könne; aber daß es zustande komme, das ist und bleibt das eigentliche Ziel aller Gemeinschaftsbildung. Das Individuum der Ethik ist die Person, welche den Menschen unterscheidet von allem, was Sache ist. Es muß daher eine eigene und prinzipielle Aufgabe der Ethik bleiben, die Bedingungen festzustellen, von denen der Begriff der Person abhängt. Sie kann sich diese Aufgabe von keiner Kulturmacht abnehmen lassen. Schon aus diesem Argument ergibt sich, daß die Kollision mit der Religion nicht auf einem methodischen Konflikt beruhen kann. Die Ethik hat beide Probleme, das der Gemeinschaft und das des Individuums, zu ihrer Aufgabe; und zwar nicht etwa beide nebeneinander oder nacheinander, sondern als einander fordernde, einander bedingende, als Wechselbegriffe. Man sieht hieraus schon, daß es der Idealismus wird sein müssen, mit dem allein die Ethik diese Doppelaufgabe wird lösen können. Der echte Idealismus, der als reiner Faktor im Realen wirkt und der daher dieses Reale ebenso in der Brust des Individuums wiedererkennt wie in dem Pulsschlag der Zeitalter.

Ein solcher Idealismus hat die Ethik Kants in den einzelnen Grundfragen geleitet und als System geschaffen. Deutlicher noch als seine theoretische Kritik hat die praktische sich im Großen und Größten bewährt. Denn schöpferischer kann sich das philosophische System nicht bezeugen, als in dem Spiegelbild einer ewigen Dichtung, in welcher der Geist eines Volkes, des eigenen Volkes zu einer neuen Offenbarung kommt. Was ist es denn aber, was dieser Ethik den Stempel einer untrüglichen und unvergänglichen, mit dem Genius eines anderen

Individuums vermählten Schöpferkraft aufprägt? Den Begriff der Pflicht haben doch schon andere ethische Systeme hervorgehoben; und die Religionssysteme sind darin nicht schüchtern gewesen. Aber auch der Freiheitsbegriff selbst ist in den Religionssystemen vorlaut genug zu oft hohler, bisweilen aber auch rechtschaffener Anerkennung gekommen; und auch an philosophischen Lobreden auf die menschliche Freiheit hat es niemals gefehlt; auch an solchen nicht, welche ehrlicherweise die menschliche Freiheit erst zu Worte kommen lassen nach dem gründlichen Bekenntnis, daß der Wille ein Lasttier sei, das der Satan reite. Wie wird es verständlich, daß die sonst so viel bestrittene und geschmähte, in ihrer Formulierung in der Tat nicht einwandfreie, mit dem Erbübel des Dings an sich behaftete transzendentale Freiheitslehre den Dichter der Freiheit erweckt hat?

An dem neuen Terminus, mit welchem Kant die Freiheit bezeichnet, ist die neue Richtung und Bedeutung zu erkennen, welche er dem scholastischen Problem gibt. Der Kantische Freiheitsbegriff ist der Begriff der Autonomie. Die Frage ist jetzt nicht mehr die alte Streitfrage, ob der Mensch sich seiner Situation zwischen zwei Heubündeln zu entscheiden vermag. Die Tiernatur des Menschen und somit der Mechanismus der Kausalität ist in den Schranken der geschichtlichen Anthropologie unumwunden anzuerkennen. Aber es ist jetzt die Losung: *daß ein Sittengesetz den Menschen als Gesetzgeber zur Voraussetzung habe.* Das ist das im Zusammenhang der Begriffe Neue: daß das Sittengesetz weder ein Naturgesetz sein könne, noch gar ein Gesetz der Geschichte, wenn dieselbe zweideutigerweise als Natur gedacht wird; ebensowenig aber ein Gesetz Gottes. Der Geltungswert des Sittengesetzes ist dadurch bedingt, daß der irrende, sündige Menschengeist selbst es zu erschaffen und vor der letzten Instanz der Menschenvernunft zu verantworten habe. Das sittliche Bewußtsein wird so als eine eigene Richtung beleuchtet, in welcher dem Bewußtsein ein eigner und reiner Inhalt erzeugbar wird. Diese Mündigkeit und Selbständigkeit, welche der Ethik hierdurch als einer Erkenntnisweise zugesprochen wurde, bedeutete eine doppelte Unabhängigkeitserklärung: erstlich von dem Materialismus des *l'homme machine* und was mit ihm zusammenhängt. Die Ethik, als reine Erkenntnis, wenngleich von einem Objekt, »von dem unsere Erkenntnis kein Wissen ist« (Kant), ist nicht Anthropologie und zoologische Psychologie und auch nicht Moralstatistik, wenngleich man freilich aus allen jenen Erhebungen viel Wichtiges und Nötiges für die *bête noire* des Menschen zu lernen hat. Zweitens aber wurde die Ethik als Wissenschaft prinzipiell und methodisch damit losgesprochen von der geistigen Unfreiheit gegenüber Religion und Theologie. Und diese Freiheit hat der deutschen Art jene Tiefe der der Gedanken- und Gefühlswelt erobert, jene Naivität in der Darstellung des Idealen erweckt, welche das Werk der Reformation seiner Vollendung näher gebracht und das fromme Selbstbewußtsein des sittlichen Geistes von der Klosterangst des Mittelalters befreit hat. In dieser Vermählung von Ethik und Poesie ist der tiefste weltgeschichtliche Sinn des Christentums, die Humanisierung Gottes, frei und ehrlich geworden. Man streiche die Autonomie, den *homo noumenon* der idealen Persönlichkeit, und man vernichtet nicht nur das Schulsystem Kants, sondern zugleich die Idealwelt unserer vaterländischen Dichtung; und man vereitelt den Freiheitsschwung und den Enthusiasmus für Recht und Gerechtigkeit, der unseren politischen Liberalismus in den Zeiten seiner Kraft beseelte. Die Autonomie war Richtung gebend sowohl gegen den Materialismus der Naturkausalität wie gegen den Despotismus des Unrechts und die Knechtschaft des Dogmas. Die Autonomie ist nicht Physionomie und nicht Theonomie und überhaupt nicht Historismus. Man wird nun aber einwenden, daß in so schroffem Sinne, wie wir hier die Kollision zwischen Religion und Ethik aufheben, Kant selbst sie nicht gedacht habe; und daß es daher gar sehr zu verstehen sei, wie sie nach wie vor bestehe und gerade in den letzten Jahren an Dreistigkeit zugenommen, - jemehr sie an Aufrichtigkeit eingebüßt hat. Kant hat die Religion definiert als den Glauben an die sittlichen Gesetze als an Gebote Gottes, und er ist nicht bei dem Satze stehengeblieben, daß Gottes Gebote eine Heteronomie bedeuten und die Autonomie aufheben. Er hat eine »Religion innerhalb der bloßen Vernunft«[10] geschrieben, wobei er freilich die bloße Vernunft von der reinen Vernunft unterscheidet; aber er hat sich nicht gesagt, daß er eine Religion innerhalb der reinen Vernunft in seiner Kritik der praktischen Vernunft bereits gestiftet habe und daß diese die Religion, als Lehre von den Geboten Gottes, nicht nur erledige, sondern ausschließe. So ist denn die alte Nebenbuhlerin wieder anerkannt worden und nur ihr Platz und Rang verrückt. Die Theologie sollte Ethiko-Theologie werden, und erst nach der Moral sollte die Religion kommen dürfen. Diese Änderung ist zwar wichtig genug, und unsere staatlichen Institutionen sind nach hundert Jahren noch weit genug von ihrer Befolgung entfernt; aber sie ist doch eine Ablenkung von der bereits erklommenen Richtungshöhe. Indem wir das Verfahren Kants uns verständlich machen, können wir zugleich die Gesichtspunkte uns vergegenwärtigen, von denen aus in unserer Gegenwart jener Kulturkonflikt[11] zu schlichten oder wenigstens zu beurteilen ist.

Hier muß vor allem die historische Orientierung leiten. Sie gerade fehlte im Zeitalter Kants; und es entschuldigt und erklärt die sonstigen Verirrungen der Epigonen, daß sie den Sinn für Geschichte genährt haben. Mangel an historischer Besonnenheit verrät es schon, wenn man die Religion eine Nebenbuhlerin der Ethik nennt. Richtiger wäre die Umkeh-

---

10 [»Die Religion innerhalb der Grenzen der bloßen Vernunft« (1793).]
11 [C. spielt hier auf den durch den ›Deutschen Freidenkerbund‹ und die ›Deutsche Gesellschaft für Ethische Kultur‹ gegen den preußischen Staat und seine Schulgesetzgebung geführten Kampf an. § 14 des Schulgesetzentwurfs (1892) sah vor, es sollten »neue Volksschulen nur auf konfessioneller Grundlage eingerichtet werden«. Gegen dieses klerikale Bildungsprivileg führten die gen. Verbände die »Idee eines öffentlichen Moralunterrichts als Unterweisung in den praktisch-pragmatischen Minimal-Bedingungen der gesellschaftlichen Koexistenz aller« ins Feld. (Vgl. H. Lübbe, Säkularisierung. Geschichte eines ideenpolitischen Begriffs. Freiburg/München 1965, 47.]

rung. Die Erzeugung ethischer Gedanken und die Begeisterung für den höchsten und einzigen Wert derselben verdankt die Ethik der Religion. Nicht die Philosophen waren die Ersten, welche die Gedanken der Sittlichkeit ergrübelten; sondern bevor Sokrates seinen Zweckbegriff des Menschen demonstrierte und Plato die Idee des Guten ersann, hat der Prophet gepredigt: »Er hat dir gesagt, o Mensch, was gut sei«. Nur das macht den Unterschied, daß Sokrates den Zweckbegriff des Menschen in einem Begriffe feststellt und Plato das Gute als Idee und als Erkenntnis definiert, während die Propheten die Schöpfungen ihres ethischen Geistes mit dem ganzen Affekt ihrer Gesinnung darstellen und in einem festen Zusammenhang enger, in das Konkrete der menschlichen Dinge eindringender Vorstellungen ausbilden; aber nicht als Begriffe bestimmen, mit der Begeisterung des Forschers ergründen und abgrenzen. Als Erkenntnis, als Wissenschaft ist die Ethik das Werk der Philosophie; als Inhalt von Gedanken und Geboten ist sie der Hauptsache nach das Erzeugnis der Religion. Historisch also besteht in der Sache, in dem Gehalt der Gedanken die entschiedenste Abhängigkeit der Ethik von der Religion. Nur prinzipiell und methodisch ist die Ethik *tot coelo* von der Religion verschieden, während die Logik mit der Wissenschaft verbunden bleibt. Hier ist die Verbindung nur historisch aufrecht zu erhalten. Diese historische Verbindung hat die deutsche Aufklärung hergestellt, und Kant hat ein vorzügliches historisches Verdienst sich damit erworben, daß er am Ende seiner philosophischen Laufbahn, auf den Lorbeeren seiner kritischen Entdeckungen ausruhend, diese Tendenz seines Zeitalters aufgenommen und zur ethischen Würdigung des Christentums als historisch-philologischer Dilettant beigesteuert hat. Solche Würdigungen der Religion sind nicht als Rettungsunternehmungen pietätvoller Gemütsmenschen aufzufassen. In solchem Verdacht steht vielmehr das gekennzeichnete historische Vorurteil, ohne dessen Entwurzelung das Verhältnis zwischen Ethik und Religion nicht ins reine kommen kann. Auch für die persönliche Tätigkeit des Ethikers dürfte

es unerläßlich sein, daß er mit historischer Liebe forsche. Wenn irgendwo, so muß die ethische Genialität durch Pietät gezügelt werden. Denn wo das Herz unterdrückt wird, da ergießt sich die Galle, und wo der Optimismus historischer Pietät aus einem verkehrten Wahrheitseifer unterbunden wird, da erlangt der Pessimismus die Vorhand. War der Materialismus des vorigen Jahrhunderts Grau in Grau, so sind die ethischen Blüten der Epigonen eines Schopenhauer, die unsere Gegenwart überfluten, Schwarz in Schwarz. [...]
Der Widerstreit, den die Religion gegen die Ethik bildet, liegt schon in der Möglichkeit der Pluralbildung des Wortes. Der Plural macht aus der Religon die Konfession und zerbröckelt die Einheit der Menschheit in die Gemeinden der Glaubensgenossen. Auch verletzt der Ausdruck der Konfession das Prinzip der Autonomie, die nicht gestanden werden darf nach einem Bundesbuche, sondern in jedem Momente des Lebens in der strengen Gewissensarbeit des Individuums in Demut und Wagemut neu entdeckt werden muß. Daher gilt für die Ethik als Wissenschaft die Losung: *Auflösung der Religion in Ethik*. Das Interesse des Individuums, welches zum Teil von der Religion vertreten wird, ist in der Autonomie zum grundlegenden Prinzip der Ethik geworden. Die Religion dagegen verläßt das Prinzip des Individuums, indem sie Sondergemeinschaften züchtet, die die Autonomie der Person bedrohen und vernichten.
Die Durchführung dieser These aber als These – die Frage der Zeit und der erforderlichen Vorbereitung für die Praxis bleibe hier unerörtert – hat zur Voraussetzung die Aufnahme einer Idee in die Ethik, welche als Grundbegriff der Religion gilt. Indem sie in die Ethik eintritt, wird sie dem Gliederbau des Systems sich anzupassen haben. Sie wird nicht Fundament sein können; denn dieses liegt im Prinzip der Autonomie. *Die Ethik muß die Gottesidee in ihren Lehrgehalt aufnehmen.* Gegen diese These türmen sich Einwände. Wenn die Gottesidee nicht Prinzip sein darf und kann, an welcher Stelle soll sie eintreten? Und welche begriffliche Leistung überhaupt soll

ihr beigemessen werden? Vor allem aber, wenn Gott in die Ethik kommt, so wird die Ethik Religion!
Hier gilt es nun ähnlich, allerdings aber keineswegs in gleicher Weise, wie unser Autor in seinem Schlußkapitel es ans Herz gelegt hat, die strenge Bedeutung zu erkennen, welche dem Terminus Idee beiwohnt. Mit der Übernahme der Gottesidee durch die Ethik wird aus der Vorstellung der Mythologie eine Idee der Erkenntnis; aus dem Materialismus eines mehr oder weniger sinnlich vorgestellten Wesens ein Erkenntniswert des Idealismus. Und je gründlicher mit dem Materialismus in der Naturwissenschaft aufgeräumt wird, desto inniger und ehrlicher wird sich die Vernunft gewöhnen lernen an den Realitätswert einer Idee. Der Materialismus, der in der Vorstellung eines lebendigen Wesens steckt, wird ebenso als nutzlos wie als falsch eingesehen werden; ebenso wie die Ethik eines materialistischen Seelenwesens nicht bedarf für ihr Prinzip der freien Persönlichkeit. Gott wird Idee in der Wahrheit und Realität dieses Begriffes. Das Prinzip der Idee muß auch das Bedürfnis der Transzendenz befriedigen, soweit es die Schranken kritischer Diskretion einhält. Wer sich das Dasein Gottes noch beweisen lassen muß, dem kann die Ethik nicht helfen; kaum weniger aber dem, der solchen Beweis im sogenannten eigenen Erleben leistet. Der Wert einer Idee Gottes ist, wie es Plato von seiner Idee des Guten sagte, »jenseit des Seins«. Der kantische Ausdruck des Primates der praktischen Vernunft besagt ungefähr dasselbe. Der Idealismus der Gottesidee bekämpft nicht das Dasein Gottes, sondern zieht die Idee aus diesem Streite mehr oder weniger materialistischer Bedürfnisse heraus und bestimmt ihren begrifflichen Wert, ihre besondere Leistung im System der ethischen Begriffe.
Wenn die Gottesidee als Idee erkannt wird, als eine wissenschaftliche Wahrheit, so kommt Einheit und Wahrhaftigkeit in das Bewußtsein der Menschen. Denn dieses muß zwiespältig bleiben, wenn der höchste Begriff der menschlichen Überzeugung einer anderen Buchführung zugehörig bleibt, als welche das eigentliche Kulturbewußtsein, das der Wissenschaft, leitet.

Wahrheit ist Wissenschaft. Wenn der Gottesglaube Wahrheit sein soll, so muß Gott der Wissenschaft der Ethik als Idee eingegliedert werden. Dadurch wird der Begriff des Glaubens selbst vollendet. Die Innerlichkeit der Überzeugung wird frei von Tradition und aller äußerlichen Autorität, indem sie in die schwere, aber freie Arbeit der Autonomie eintritt. Damit steigt die Gottheit von ihrem Weltenthrone in der Pluralbedeutung des Weltbegriffs: nicht nur von dem Throne der Naturwelt, sondern auch von dem der Sittenwelt.

Aber der Thron ist hier nur das Gleichnis für das theoretische Prinzip; keineswegs aber für den Schlußstein, der das ethische Gebäude krönt. Nur vom Prinzipienthron muß die Gottheit steigen. Und wie man allmählich das Interesse verloren hat an Gott als dem Schöpfer der Naturgesetze, so wird man es auch verlieren lernen an Gott als dem Urheber des Sittengesetzes. Die Formulierung des Sittengesetzes ist die Aufgabe der fortschreitenden menschlichen Wissenschaft. Durch den Eintritt der Gottesidee in die Ethik wird das Prinzip der Ethik nicht verändert. Also ist die Gefahr eines Rückfalls der Ethik in Religion ausgeschlossen.

Was bedeutet die Gottesidee nun aber, wenn sie nicht Prinzip, nicht Fundament sein darf? Was kann sie im Zusammenhang der Begriffe oder gar, wie angedeutet, für die Krönung des ganzen Systems bedeuten? Nur in Andeutungen, welche an das allgemeine Bewußtsein anknüpfen, kann diese Frage hier erörtert werden.

Das Prinzip sichert den theoretischen Charakter der Sätze, die aus ihm abgeleitet werden. Die Ethik hat noch ein anderes Bedürfnis nach der Sicherstellung ihrer Begriffe, außer dieser theoretischen Sicherung, die das Prinzip leistet. Die Ethik sucht auch der Realität ihrer Begriffe sicher zu werden in der Wirklichkeit der Geschichte. Hier aber läßt die Ethik als Wissenschaft im Stich; denn ihre Wirklichkeit ist nicht die des Seins, sondern die des Sollens. Wie das Sollen zum Sein wird, kann sie nicht beweisen; und auf diese ihre Ratlosigkeit hat die Religion von jeher ihre Rechte gegründet. Die Ethik fordert eine Gemeinschaft freier Personen, und sie vermag dieses System von Wesen aus ihrem Prinzip der Autonomie zu deduzieren. Voraussetzung aber bleibt immer ihre Schranke als Wissenschaft. Wissenschaft ist Verfassung von Gesetzen. Wie die Naturwissenschaft das System von Naturgesetzen ist, so die Ethik die Verfassung des Sittengesetzes. Und wie die Naturgesetze die Natur gewährleisten, so das Sittengesetz die moralische Welt. Aber wie die Natur im Buche der Natur besteht, so die Sittenwelt im System der Ethik. Welches Prinzip, welche Idee sichert nun aber den Gedanken: daß, was im Buche steht, auch in der Menschengeschichte zwar nicht Wirklichkeit ist, aber Wirklichkeit werden kann und werden wird, wie sie es soll?

Dieser Glaube an die einstige Wirklichkeit der moralischen Welt, die ihre Lichter vorauswirft in alle bisherige geschichtliche Wirklichkeit; dieser Glaube an die Zukunft der Menschheit, das ist der Glaube an die *Macht des Guten,* den die verjüngte Weltgeschichte als Gottesglauben annehmen, den man unverfälscht ihr predigen wird. [ ... ]

Dieser christologische Messianismus führte zur Ausbildung der Idee der Erlösung, deren Läuterung und Erfüllung wir in dem Begriffe der Autonomie erkennen. Der geschichtliche Sinn des prophetischen Messianismus dagegen hat sich mehr in den ketzerischen chiliastischen Sekten des Mittelalters und in den Bewegungen hindurchzuringen versucht, welche für das *Evangelium aeternum* kämpfen. In der kirchlichen Vertretung des Christentums ist die Idee der Erziehung, welche schon früh bei den griechischen Vätern auftritt und im Christentum der neueren Zeit besonders fruchtbar geworden ist, mehr ein Ausdruck des alten Messianismus als der der Erlösung. Und dieser echten Bedeutung des Messias entspricht auch jene Ansicht, welche in Altertum, Mittelalter und neuer Zeit in verschiedenem Ausdruck immer wieder aufgetaucht ist: daß Christus eine Idee sei, welche die Wesenseinheit des Menschgeschlechts und das Ideal seiner Vollkommenheit bezeichne. Die Zukunft des Gottesglaubens wird davon abhängen, wie deutlich, gründlich und rückhaltlos aufrichtig dieser geschichtliche Sinn und Wert des Messianismus das sittliche Bewußtsein der Menschen ergreifen und erfüllen wird in der vor keiner sogenannten Erfahrung zurückschreckenden Zuversicht auf den ewigen Frieden der in Erkenntnis geeinigten Menschheit.

So gilt uns dieser Schlußstein im System der Ethik zugleich als der Prüfstein des echten Idealismus, der zwischen Ideal und Wirklichkeit keine Kluft, keinen Widerstreit anerkennt. Und der Geltungswert der Idee bewährt diese realisierende Kraft. Denn die Religionsvorstellungen von Gott, wie sie bei den Gläubigen dieser Welt vorherrschen, sind himmelweit entfernt von diesem Sinn der Idee. Sie rufen Gott an, um die Forderungen der sittlichen Vernunft zur Resignation zu beugen, und nennen Gottes Ordnung, was den Interessen und der Kurzsichtigkeit ihres habsüchtigen Realismus dienstbar ist. Dieser Gott ist nicht der Gott der Ethik; denn selbst, was ein solcher für das Individuum zu leisten vermöchte, erhebt dessen Niveau nicht zu dem eines Individuums menschlicher Gemeinschaft. Nur diejenige Förderung des Individuums aber ist als eine sittliche zu erkennen, welche die harmonische Kulturkraft des Individuums steigert und damit den Gesamtwert der moralischen Welt erhöht. In dieser Richtung auf die Gesamtheit der moralischen Welt geht die Kraft der Gottesidee. Das Gottesreich ist das Reich moralischer Wesen. Und das Reich moralischer Wesen ist nicht ein Himmelreich von Engeln, sondern die Kulturwelt des Menschengeschlechts.

### 3. Verhältnis der Ethik zur Politik

Hiermit sind wir bei dem zweiten Kulturproblem der Ethik angelangt: ihrem Konflikt mit der Geschichte der Menschen im Naturleben der Völker und mit den Einrichtungen in Wirtschaft, Recht und Staat, zu denen die Wissenschaften der Ökonomie, des Rechtes und des Staates das Korrelat bilden.[12] Unser

12 [Vgl. das soeben erscheinende Werk von R. Stammler, Wirtschaft

verewigter Autor hat in der Würdigung der sozialen Frage durch selbständige Mitarbeit als ein philosophischer Wegweiser seiner Zeit sich bewährt. Wir dürfen den Versuch nicht wagen, aus seinem Gesichtspunkte für die fernere Entwicklung dieses Grundproblems Reflexionen anzustellen, ohne daß wir auf unseren prinzipiellen Standpunkt uns besinnen. So einflußreich die Schriften Langes zur Arbeiterfrage[13] geworden und geblieben sind, so leiden sie doch an dem Vorteil, der ihre Popularität begünstigt hat: daß sie aus der Luft des Darwinismus[14] heraus zwar nicht inspiriert, aber exspiriert sind. Dem Vorurteil einer naturalistischen Begründung hat Lange nicht widerstanden; wie denn aus dem Widerwillen gegen den rhetorischen, scheinheiligen Idealismus, der vielmehr dogmatischer Spiritualismus ist, sein ganzes Werk hervorging. In dieser Sorglosigkeit begegnet er sich mit den deutschen Begründern des politischen Partei-Sozialismus, die, der Schule Hegels entwachsen, die dialektische Bewegung des Begriffs nunmehr in den Stadien der politischen Wirklichkeit sich tummeln ließen. Was jedoch bei den Identitäts-Philosophen moralischer Trotz und spekulativer Mutwille war, das hat sich bei der Schule bitter gerächt, die in der exoterischen Macht ihrer Presse auf diesen Kunstgriff wie auf eine Wahrheit schwört. Und obwohl der Materialismus den unversöhnlichsten Widerspruch gegen den Sozialismus bildet, so ist doch gerade die Inkonsequenz der gefährlichste historische Beutemacher. Mit diesem falschen Schlagwort, das nur zur Übertrumpfung

und Recht [nach der materialistischen Geschichtsauffassung. Eine sozialphilosophische Untersuchung.] Leipzig 1896.]
13 [F. A. Lange, Die Arbeiterfrage in ihrer Bedeutung für Gegenwart und Zukunft. Duisburg 1865.]
14 [Charles Robert Darwin, 1809–1882. Engl. Naturwiss. In seinem Hauptwerk »On the Origin of Species by Means of Natural Selections or the Preservation of Favoured Races in the Struggle of Life« (1859) begründete er die Lehre vom Ursprung der Arten durch natürliche Zuchtwahl. Durch Nachkommenüberschuß, erbliche Variation und die differente Anpassung dieser Varianten an die Umwelt, aus der sich verschiedene Eignung für den ›Lebenskampf‹ ergibt, trifft die Natur eine Auslese und scheidet unangepaßte Formen aus. (Sozialdarwinismus = Anwendung dieser biologischen Theorie auf die Gesellschaft).]

der widerstrebenden Parteien seine agitatorische Bedeutung haben mag, kommt nicht nur ein Affekt in die Gesinnungsrichtung der Kämpfer, der sie in der Beurteilung der Gegner und der Weltlage überhaupt verbittern und verwirren muß; sondern es droht darin die schwerste Schädigung, die einer Partei der Zukunft drohen kann, die: ihres eigenen Prinzips verlustig zu gehen und so unrettbar zu verschwinden. Der Sozialismus ist im Recht, sofern er im Idealismus der Ethik gegründet ist. Und der Idealismus der Ethik hat ihn begründet.

In dem Zeitalter der Renaissance und zumal bei dem ersten Volke der Renaissance, bei den Italienern, sind zugleich mit den mathematischen und den naturwissenschaftlichen Theorien die der Politik reformiert worden.[15] Die Deutschen machten dafür, zum Teil freilich auch daraus, ihre Reformation. Und während die Engländer und Franzosen ihre Revolutionen machten, im Felde der Spekulation aber sich mit Utopien begnügten, vollzieht sich die Wiedergeburt des deutschen Geistes durch den Idealismus einer Ethik, in dem die Poesie der Utopie überflügelt wird und der noch dunkle Trieb der Reformation zum Bewußtsein seines rechten Weges sich erhellt. Albrecht Ritschl hat Kant den »Wiederhersteller des Protestantismus« genannt.[16] Er ist es auch in dem Sinne, daß er den alttestamentlichen Gedanken vom allgemeinen Priestertum zu

---

15 [Leonardo da Vinci, 1452–1519. Pico della Mirandola, 1463–1494; »De hominis dignitate«, »De ente et uno«. Girolamo Cardano, 1501–1576: »De varietate rerum« (1556). Francesco Patrizzi, 1519–1587: »Nova de universis philosophia« (1591). Giordano Bruno, 1548–1600: »Dialoghi della causa, principio ed uno« (1584), »Dell' infinito universo e dei mondi« (1584). Giacomo Zabarella, 1533–1589: »De rebus naturalibus libri 30« (1590). Galileo Galilei, 1564–1642: »Il saggiatore« (1623), »Dialogo sopra i due massimi sistemi ṣel mondo« (1632), »Discorsi« (1638).
Salutati, 1331–1406: »De tyranno«, Nicolo Machiavelli, 1469–1527: »Il principe« (1532), »Discorsi sopra la prima deca di Titi Livio« (1532). Giovanni Botero, 1540–1617: »Della ragione di stato«, »Le relazioni universali«. Tommaso Campanella, 1568–1639: »Realis philosophiae epistologisticae partes quatuor« (1623, mit der Staatsutopie »Der Sonnenstaat« im Anhang).]

16 [Albrecht Ritschl, 1822–1889: »Theologie und Metaphysik« (1881).]

einer universellen Idee des Völkerlebens macht. Zunächst sollte jener große Laiengedanke den Wahn zerstören, als ob die rechtschaffene bürgerliche Berufsarbeit unheilig wäre. Aber in dieser Anerkennung der Sittlichkeit jeder ehrlichen weltlichen Arbeit bereitet sich zugleich vor die Emanzipation von jenem niederträchtigen aristotelischen Aristokratismus, welcher die Sklaven-Maschine mit der göttlichen Weltordnung, oder was dort dasselbe bedeutet, mit der Natur vereinbar hält.[17] Kant hat sich als Ideal-Politiker ausdrücklich auf Platon berufen, und er ist für die Republik, die doch das Ideal aller Utopien geblieben ist, für ihre Wahrhaftigkeit und Realisierbarkeit mit wuchtigen Worten eingetreten. *Er ist der wahre und wirkliche Urheber des deutschen Sozialismus.*[18]

Daß man diese historische Beziehung zwischen der heutigen Weltlage und dem Anfang und Ursprung unseres klassischen Jahrhunderts nicht erkennt, ist nicht auf bösen Willen zurückzuführen. Hat doch selbst Lange den Wert Kants nur in der theoretischen Kritik gesehen, während er die Kritik der praktischen Vernunft für vergängliches Beiwerk hielt. Und Lassalle glaubte seinen Patriotismus ausreichend zu bezeugen, indem er den Sozialismus auf Fichte zurückleitete.[19] Auch heute noch

---

17 [Aristoteles, »Politik«, 1. Buch, 3.–8. Kap., 1253b–1256a. »Der Teil nämlich ist nicht bloß Teil eines anderen, sondern ist überhaupt eines anderen, und dasselbe gilt von einem Besitzstück. Darum ist also der Herr nur Herr des Sklaven, aber er ist nicht des Sklaven; dagegen ist der Sklave nicht bloß Sklave seines Herrn, sondern er ist überhaupt seines Herrn. Hieraus erhellt denn, welches die Natur und welches die Bedeutung eines Sklaven ist: Wer von Natur nicht sein, sondern eines anderen, aber ein Mensch ist, der ist ein Sklave von Natur« (1254a).]
18 [Hervorhebung vom Hg.]
19 [Ferdinand Lassalle, 1825–1864. Kleinbürgerlicher Demokrat und Teilnehmer an der Revolution von 1848. Im Mai gründete er den ›Allgemeinen Deutschen Arbeiterverein‹ und ermöglichte so die erste organisatorische Vereinigung des Proletariats und dessen Trennung von der Bourgeoisie. L. verteidigte die Ideologie des sogen. ›Königlich-preußischen Regierungssozialismus‹ und das friedliche Hineinwachsen in den Sozialismus (ohne revolutionäre Veränderung der Gesellschaft) mit Hilfe des junkerlich-preußischen Staats und dessen ›demokratischen‹ Mitteln. Damit gab er die Grundlagen des späteren von Marx sich abwendenden sozialdemokratischen Revisionismus. L. nahm Fichtes Sozialismus und Nationalismus für die neue Bewegung in Anspruch (Ges. Reden und Schriften. Berlin 1919,

wird man auf die Frage nach dem kategorischen Imperativ, den »das weiß Jedermann« Immanuel Kant erfunden, nicht entdeckt haben soll, zur Antwort erhalten diejenige Formulierung, welche das allgemeine Gesetz unterscheidet von der Maxime. Dagegen weiß die allgemeine Bildung wenig oder nichts von derjenigen Formulierung desselben Imperativs, welche die Idee der Menschheit als seinen Inhalt erklärt; und womöglich noch weniger von der dritten, welche den Menschen als Selbstzweck von allem unterscheidet, was »bloß Mittel« sei.[20] Der Selbstzweck erzeugt und bestimmt den Begriff der Person, den Grundbegriff der Ethik. Bloßes Mittel ist die Sache, die als Sache des wirtschaftlichen Verkehrs die Ware ist. Der Arbeiter kann daher niemals bloß als Ware zu verrechnen sein, auch für die höheren Zwecke des angeblichen Nationalreichtums nicht; er muß »jederzeit zugleich als Zweck« betrachtet und behandelt werden.[21] So aggressiv deutlich diese Unterscheidung von Zweck und Mittel, von Selbstzweck und bloßem Mittel ist, so läßt es sich doch verstehen, daß sie in Vergessenheit kommen konnte: sie ist der Teleologie entnommen, und diese ist stets die Rüstkammer der Reaktion, der Unklarheit und der Zweideutigkeit gewesen. Der Sozialismus ist auf einen Namen getauft, der eine doppelte Gebrauchsgeschichte hat: er gehört erstlich der Rechtssprache an; zugleich aber auch dem Gebiet der Mahnworte. Er steht somit an der Grenze der sinnlichen und der übersinnlichen Welt; denn im Gebiet der Rechtsbegriffe selbst ist das Wort zum Mahnwort geworden. Solche Bedeutung hat der Terminus Gesellschaft.

Schon die *societas*, die in der römischen Rechtssprache das Kompagniegeschäft bedeutet, ist in der Stoa die *Societas generis humani*, aus welcher in dem späteren Gelehrtenlatein die *socialitas* sich abzweigte. Während die Verbindung von Men-

---

Bd. 6, 53 und 103. Vgl. C. Trautwein, Über Lassalle und sein Verhältnis zur Fichteschen Sozialphilosophie. Jena 1913).]
20 [AKA IV, 421; 429.]
21 [AKA IV, 429.]

schen zu einer Korporation als *universitas* sich bestimmte und gliederte, fließt in der *societas* der moralische, der revolutionäre Blutstropfen, auch wo sie nur ein Rechtsverhältnis bedeutet: *societas jus quodammodo fraternitatis in se habet.* Und die Assoziation bildet auch rein juristisch ein Moment des Fortschritts im Recht. Dieser Rechtsfortschritt ist auch ökonomisch für den Begriff des Eigentums geltend gemacht worden. Vornehmlich aber liegt seine reformatorische Bedeutung in der idealen Vereinigung zur *societas gentium, societas humana*, wie sie im 17. Jahrhundert zur erneuten Diskussion gelangt. Dieser ethische Begriff der Gesellschaft ist zuvorderst für die Theorie des Naturrechts der treibende Faktor[22], während das Altertum die Zweideutigkeit der Rechte und des Rechts an dem Begriffe des Gesetzes zum Ausdruck brachte. Das bloße Recht ist das Gesetz. Dem geschriebenen Gesetz aber tritt das ungeschriebene als erste Form der mahnenden Idee entgegen. Diese Idee ist seit der Stoa, die in so vielen Fragen der Renaissance die historische Schatzkammer ist, die Idee der Gesellschaft. Es darf wohl als unverzeihlichster Übermut bezeichnet werden, wenn diese Kraft und Würde der Gesellschaftsidee in den Fragen des Rechts verleugnet wird. Die Rechtsordnung ist die Ordnung der Wirtschaft. Die Wirtschaft aber ist bei günstiger Auffassung ein Naturzustand der Menschen. Der Naturzustand aber gilt dem selbständig gewordenen Ethiker nicht mehr als der ideale, den er in der

---

22 [Auf der ethischen Hypothese der praktischen Philosophie von der ›socialitas‹ des Menschen gründet gewiß *eine* naturrechtliche Tradition: jene die Gesellschaft nach agrarisch-genossenschaftlicher Idee als ›consociatio symbiotica‹ (Althusius) beschreibende oppositionelle, aus der Renaissance kommende, später reformatorisch-bürgerliche juristische Weltanschauung, die die emanzipatorische Funktion der bürgerlichen Gesellschaft ideologisch absicherte (Ulrich Zasius 1461–1535. Johann Oldendorp 1480–1567. Johannes Althusius 1557–1638. Hermann Conring 1606–1681). Auf dieser älteren deutschen Naturrechtsschule baute das Vernunftrecht der Grotius, Pufendorf, Thomasius u. a. auf. Die Geschichte des Naturrechts beinhaltet aber zumindest eine zweite Tradition: beginnend mit der von Thomas Hobbes geleisteten bürgerlichen, auf einer die frühkapitalistische Warenverkehrsgesellschaft widerspiegelnden skeptischen Anthropologie basierenden totalitären Souveränitäts- und Herrschaftstheorie.]

Schule des Naturrechts bedeutete. Die Natur ist uns nicht mehr, wie im Zeitalter Rousseaus, im Gegensatz zur geschichtlichen Wirklichkeit der *société*, die Bürgin des Ideals.[23] Und wie wir unter Natur jetzt eine zweideutige Quelle verstehen, die positive sittliche Kraft dagegen allein bei der Idee suchen, so mußte auch der Begriff der Gesellschaft ein anderer werden. Für Rousseau bedeutet Gesellschaft noch die Summe der Individuen; für uns den Ordnungs- und Leitbegriff der Individuen. Wie könnte man in diesem Mahnwort der Ethik nur ein Schreckgespenst sehen wollen? Die Wirtschaft ist die materielle, die Naturgrundlage des Rechts. Sie ist nicht allein von Sonnenschein und Unwetter abhängig, sondern ebensosehr auch von den Naturgewalten der Menschen, die ohne die Leitung der Idee Bestien sind. Wie die Rechtsordnung sie zu Menschen macht, so ist es die Idee der Gesellschaft; welche die Herde für höhere Einigungen sammelt und dadurch und darin den Verkehr der Wirtschaft zügelt, das Recht reinigt, neue Rechtsverhältnisse zu Tage fördert und neue Rechtssatzungen zustande bringt.

In der Anerkennung des ökonomisch-juristischen Rechts des Sozialismus hat sich seit der 3. Auflage von Langes Arbeiterfrage in dem Bewußtsein der allgemeinen Bildung ein Riesenfortschritt vollzogen. Damals kannten die wenigsten die prinzipielle ethische Bedeutung der Frage. Heute wehrt sich kein Unverstand mehr gegen den »guten Kern« der sozialen Frage: sondern nur noch der böse oder der nicht zureichend gute

---

23 [Auch hier eine Korrektur: Galt der Naturzustand schon Hobbes als der des natürlichen Rechts uneingeschränkter Willkür, bellum omnium contra omnes, der im bürgerlichen Staat nach Maßgabe der Naturgesetze des Politischen aufzuheben war, so *kritisiert* Rousseau die Naturstandsutopien: »Sie wollten vom wilden Menschen sprechen, und malten den gesitteten ab« (Über den Ursprung und die Grundlagen der Ungleichheit. Berlin 1955, 44/45). Seine materialistisch-ökonomische Konstruktion der bürgerlichen Gesellschaft aus der Urgemeinschaft steht unter dem Aspekt von Arbeit und Eigentum. Die Fiktion des ›Zurück zur Natur‹ widerlegte er selbst: »Sollte man die Gesellschaften auflösen, den Unterschied von mein und dein aufheben und wieder in die Wälder zurückkehren, um dort mit den Bären zu leben? Das wäre ein Schluß nach der Art meiner Gegner«.]

Wille. Aus solcher mangelhaften Gesinnung allein kann die Zumutung erklärlich werden, durch welche man den Partei-Sozialismus zu verwirren trachtet, daß er sein Bild des Zukunftsstaates zum allgemeinen Schauspiel aufrolle. Für die sittlichen Forderungen des Rechts setzt man das Staatsbild ein, während doch der Staatsbegriff erst den Rechtsbegriff zur Voraussetzung hat. Bei solchem Umsturz der Begriffe verwechselt man die Ethik des Sozialismus mit der Poesie der Utopien. Die Ethik aber ist nicht Poesie, und die Idee hat Wahrheit ohne Bild. Ihr Bild ist die Wirklichkeit, die erst nach ihrem Vorbild entstehen soll. Der Rechts-Idealismus des Sozialismus[24] darf heute als eine allgemeine Wahrheit des öffentlichen Bewußtseins bezeichnet werden, freilich als eine solche, die ein öffentliches Geheimnis ist. Nur der idealfeindliche Egoismus, der der wahre Materialismus ist, versagt ihr den Glauben; er pocht der Idee des Rechts gegenüber auf das geschriebene, und wo es nicht genügt, auf das im Dienste seiner Interessen eiligst umzuschreibende Recht; und der Idee der Gesellschaft zuwider auf die verbrieften Privilegien der Stände. Die Schwierigkeiten liegen hier nicht mehr in der Kollision der Begriffe, sondern lediglich in der Macht der Gewalten, deren Entwicklung der Geschichte angehört. Anders verhält es sich mit anderen Begriffen, denen die Idee der Gesellschaft als Idee gegenübertritt. Hier dürften Schwierigkeiten anzuerkennen sein, zu deren Ausgleichung die begriffliche Entwicklung, die philosophische Orientierung berufen ist.

24 [Bezug auf Anton Mengers »Das Recht auf den vollen Arbeitsertrag in geschichtlicher Darstellung« (Stuttgart 1886). M. behauptet die »juristische Bearbeitung des Sozialismus als die wichtigste Aufgabe der Rechtsphilosophie unserer Zeit« (III), die freilich erst nach der Ausschälung der »sozialistischen Ideen aus den endlosen volkswirtschaftlichen und philanthropischen Erörterungen (III), aus der »nationalökonomischen Verbrämung« (37) zu erfüllen sei. M. postuliert drei sozialistische »Grundrechte« – von »geringer praktischer Wirksamkeit«, aber »auf dem wissenschaftlichen Gebiet nicht ohne Nutzen« (5/6) –: 1. das Recht auf vollen Arbeitsertrag, 2. das Recht auf Existenz, 3. das Recht auf Arbeit. Vgl. Fr. Engels' wichtige Kritik an Menger in »Juristen-Sozialismus« (1866, MEW 21, 491–509), die zugleich repräsentativ ist für die Anwendung des historischen Materialismus auf die Rechtssphäre.]

Wir haben schon zwei Punkte bezeichnet, an denen dem dermaligen politischen Sozialismus entgegengetreten werden muß. Der eine betraf die gesamte Begründung, für welche der Materialismus nicht nur zeitweise abgeschüttelt, sondern radikal aufgegeben und verworfen werden muß. Der andere betraf die Kulmination des ethischen Systems in der Gottesidee.

Es hat in der ganzen philosophischen Weltliteratur noch keinen Namen gegeben, den ein Atheist getragen hätte. Mit dem Atheismus verliert der Sozialismus seine Spitze, sein Dach, wie mit dem Materialismus seine Basis, sein Fundament. Mit dem Atheismus wird er in der Tat zur Utopie; und es bleibt ihm gegen den Vorwurf und den selbstgenährten Verdacht der Illusion kein anderer Ausweg als die Verbissenheit der Zerstörungslust oder bestenfalls die Gelassenheit des Quietismus, welche pessimistisch *fin de siècle* abwartet. Wer von der Wahrheit der Idee ausgeht, hofft auf die Wirklichkeit der gerechten Sache. Diese Hoffnung ist mehr als Affektausdruck der sittlichen Überzeugung. Diese Hoffnung ist der Glaube an Gott.

Die Momente, welche wir jetzt an dem Begriff des Sozialismus prüfen wollen, betreffen nicht jene allgemeinen rein ethischen Probleme des Grundes und des Schlusses; sondern sie gehören internen Schwierigkeiten der Staatslehre an. Da ist vor allem die Zweideutigkeit zu beachten, die in dem Begriffe der Gesellschaft seit der Begründung der sogenannten Gesellschaftswissenschaft liegt. Diese Begründung ist keineswegs neueren Datums; sondern schon Schlözer[25] bedient sich für die von ihm als notwendig erkannte Ergänzung der Politik des Wortes »Metapolitik«, ähnlich wie die neueren Geometer für ihre hypereuklidischen Spekulationen auf den von Leibniz gebrauchten Ausdruck der Metageometrie zurückgegriffen haben. Nach dieser Ansicht, welche eine Ergänzung und realistische Begründung der Staatslehre anstrebt, ist die Gesellschaft die eigentliche Realität, der gegenüber der Staat und seine logische

---

25 [August Ludwig v. Schlözer, 1735–1809. Rechtshistoriker und Herausgeber der antiabsolutistischen, reformerischen, aber antirevolutionären Göttinger ›Staatsanzeigen‹.]

Voraussetzung, das Recht, zu bloßen Abstractis sich abschatten. Jetzt gilt der Begriff der Gesellschaft nicht als die ethische Reformidee für Recht und Staat; sondern sie bezeichnet die konkrete Wirklichkeit für die Begriffe Recht und Staat. Sie wird also zum Begriffe für diejenige materiale Bedingung von Recht und Staat, welche von jeher die Ökonomie, die Wirtschaft bezeichnet. Die Wirtschaft ist das Operationsfeld des Verkehrs, den die Gesellschaft vollzieht. Sie ist die fluktuierende Assoziation von Menschen, welche jenen Verkehr der Wirtschaft vollbringen. So ist die Gesellschaft gleichsam die lebendige materiale Bedingung von Recht und Staat, der gegenüber sogar die Wirtschaft zu einer Art von Abstraktum wird, zu einer Art von Ordnung, wenngleich ohne die Voraussetzung der Norm und Kontrolle, die erst das Recht erschafft.

Aus dieser Ansicht von der eigentlichen Konkretheit der Gesellschaft, der gegenüber Recht und Staat zu Schemen und Schattenbildern werden, entsteht die Gefahr: daß die Reformbestrebungen für Recht und Staat auf die schiefe Ebene der Revolution hinüberleiten. Der Materialismus glaubt eine wissenschaftliche Unterstützung in diesem realistischen Begriffe der Gesellschaft zu finden und deshalb Recht und Staat überhaupt für bloße fiktive Realitäten halten zu dürfen. Um dieser Gefahr zu steuern, um der Revolution als Eruption vorzubeugen und die geschichtliche Entwicklungsbahn der stetigen Revolution für diese Notfragen einzuhalten, muß diese Zweideutigkeit in dem Terminus der Gesellschaft streng erwogen und klar erkannt werden.[26] Gegenüber dem Realbegriff der

26 [Es ist der Schemen der sozialistischen Staats- und Gesellschaftslehre, drohend verbunden mit der proletarischen Partei, den Cohen als »Gefahr« konturiert: »daß die Reformbestrebungen für Recht und Staat auf die schiefe Ebene der Revolution hinüberleiten«. Das von C. verordnete Rezept – »Kraft und Würde ethischer Ideen«, Aufrechterhaltung der »Fiktion des Gleichgewichts« von Staat und Gesellschaft, Anerkennung von »Recht und Staat als Ideen«, »Anerkennung und Heilighaltung der bestehenden Rechts- und Staatsordnung, sofern sie besteht, weil sie die Wirklichkeit der Idee ... darstellt«, dies alles gerade aber *auch* eng »verbündet [mit] dem scharfen Blick für die Mängel und Gebrechen und die tiefe Glut für gründliche fruchtbare Heilung« – dieses Rezept der Verhinderung der proletarischen Revolution durch systemimmanente bürger-

Gesellschaft, wie er seit dem vorigen Jahrhundert entstand, werden die Begriffe von Recht und Staat zu Idealbegriffen, und zwar im positiv ethischen Sinne. Sie werden nicht zu Schemen und leeren Universalien, die nur als Hemmungsmaschinen Wert hätten; sondern sie erlangen die Realität, die Kraft und die Würde ethischer Ideen, die ohne Vereitelung der sittlichen Zwecke nicht angetastet werden dürfen. Es ist richtig, daß Recht und Staat ein nur gedachtes System des Gleichgewichts bilden, während die wirtschaftliche Gesellschaft die realen Bedingungen vollführt, in denen diejenige Wirklichkeit besteht, welche Recht und Staat abbilden. Es ist leider unbestreitbar richtig, daß dieses gedachte Gleichgewicht kein Gleichgewicht ist, daß die Bewegungen der Gesellschaft viel mehr den Schwerpunkt des Rechts nicht treffen. Aber es bleibt dennoch wahr, sittlich wahr, daß dieses Gleichgewicht ein labiles sein muß und als ein stabiles gar nicht gedacht werden darf. Und ebenso wahr ist es, daß diese Fiktion des Gleichgewichts eine notwendige ist, die durch keinen anderen Begriff ersetzt werden darf. Recht und Staat müssen ebenso streng und sicher als die Wirklichkeiten der Gerechtigkeit anerkannt werden, wie sie andererseits nach dem Doppelsinn der Wirklichkeit als die Verwandlungsformen der sittlichen Idee gedacht werden müssen. Der materiellen Wirtschafts-Gesellschaft gegenüber müssen Recht und Staat als Ideen Ehrfurcht fordern und finden. Sie sind es, und nur sie, in denen die Gerechtigkeit Wirklichkeit wird. Und nur um eine höhere, an sich aber ebenso wieder der Verbesserung bedürftige Wirklichkeit

liche Reformen von oben ist repräsentativ für eine *spezifische* politische Strategie der *bürgerlichen* Klasse in der 2. Hälfte des 19. Jh. *nach* der Bewußtwerdung über den revolutionären Charakter des Proletariats: für den gegenüber der ›sozialen Frage‹ reformfreudigen *Konservatismus*. Es ist interessant, zu verfolgen, in welchem Maße der sozialistisch orientierte neukantianische Revisionismus zu einer konservativen Degeneration des Sozialismus der II. Internationale beigetragen hat. (Vgl. H. J. Sandkühler/ R. de la Vega, Kant und die Krise der Revolution, in: Austromarxismus. Texte zu ›Ideologie und Klassenkampf‹ von Otto Bauer, Max Adler, Karl Renner, Sigmund Kunfi, Béla Fogarasi und Julius Lengyel. Hg. u. eingel. v. H. J. S./R. de la V. Frankfurt 1970, 6–47).]

zur Entwicklung zu bringen, ist die jeweilige Wirklichkeit von Recht und Staat nach der anderen Bedeutung der Gesellschaft, der sittlichen Idee der Gesellschaft zu verwandeln. Wo diese Notwendigkeit der Fiktion nicht erkannt wird, da erhebt der Individualismus sein hirnloses Haupt, und die Autonomie geht zugrunde. Ohne Gesetz keine Freiheit und ohne die im Gesetz bestehende Gemeinschaft keine freie Persönlichkeit. Ohne die Fiktion des Gleichgewichts in Recht und Staat gibt es sonach keine jeweilige wirkliche Gemeinschaft moralischer Wesen. So hat die Autonomie die Autorität zu ihrer ethischen Ergänzung. Anerkennung und Heilighaltung der bestehenden Rechts- und Staats-Ordnung, sofern sie besteht, weil sie die Wirklichkeit der Idee, wenngleich notwendigerweise nur mangelhaft darstellt; diese Pflicht ist das Zuchtmittel, das nicht nur der Zwang benutzt, sondern die sittliche Freiheit fordert.[27] Mit dieser Pietät für den Bestand der Geschichte verträgt und gerade mit ihr verbündet sich der scharfe Blick für die Mängel und Gebrechen und die tiefe Glut für gründliche fruchtbare Heilung. Von der Verbindung dieser beiden Bedingungen, die der ungeschichtlichen Abstraktion einander auszuschließen scheinen, ist zu allen Zeiten der große, wahrhaft revolutionäre Umschwung, selbst der in der Theorie, abhängig gewesen. Dem Anarchismus gegenüber übernimmt der Sozialismus unwillkürlich die Rolle des Verteidigers von Recht und Staat. Und anstatt die Partei in dieser ihrer notwendigen Polizeiarbeit durch Verdächtigung zu stören, sollte man vielmehr dankbar diese Leistung anerkennen, in welcher die Fiktion nach ihrer Notwendigkeit für die Idee bestätigt wird. Aber wie diese Mahnung an die sozialistische Partei sich nachdrücklich richtet, so muß sie von den konservativen Parteien erst recht beherzigt werden: daß sie das Recht nicht zur Magd der Wirtschaft machen, nicht auf politische Gesinnung hin und allenfalls nach dem kalten Buchstaben richten, unbekümmert darum, ob der Geist der Gerechtigkeit ertötet und der Glaube

---

27 [vgl. Max Adler, Gesellschaftsordnung und Zwangsordnung (1924), in: Austromarxismus..., 191–205.]

an die Pflege des Rechts erschüttert wird. Insbesondere gibt die Benutzung des Eides in der Rechtspraxis und des Meineides im Strafrecht zu den schwersten Bedenken Anlaß, insofern dadurch auch die Würde der Gottesidee herabgesetzt und ihr Wert mißbraucht wird.

Eine andere, beinahe größere Schwierigkeit besteht in der Kollision zwischen dem Begriffe der Nationalität als einem konstituierenden Faktor des Staates und der Idee der Menschheit, welche letztere ebenfalls durch die Idee der Gesellschaft vertreten wird.

Wir haben bereits mehrere Unterordnungen von Bedingungen für die hier zur Erörterung stehenden Begriffe betrachtet. So zeigte sich das Recht als die begriffliche Voraussetzung des Staates und die Wirtschaft oder die Gesellschaft in der ökonomischen Bedeutung des Wortes als die materiale Bedingung. Es gibt noch eine andere Art von materialer Bedingung, die wir schon bei der der Gesellschaft streiften, als wir sie als lebendige Wirklichkeit bezeichneten: es wurden da die Menschen mitgedacht, welche Verkehr und Wirtschaft hervorbringen. Diese lebendigen Ursachen werden noch bestimmter zur Personifikation gebracht, wenn sie scheinbar noch tiefer materialisiert werden. Die andere materielle Bedingung, deren der Staat bedarf, ist das Territorium. Diese scheinbar nur äußerliche, negative Bedingung wird zu einem der innerlichsten Mittel für die Entwicklung der Menschen aus Arbeitskräften der Wirtschafts-Gesellschaft zu Gliedern der idealen Gemeinschaft, welche die Idee der Gesellschaft fordert und heraufführt. Der Begriff des Territoriums hilft den Begriff des Volkes erzeugen.

Auch diesen Begriff repräsentiert die Idee der Gesellschaft. Der Begriff des Volkes ist der wandelbarste; er ist am unmittelbarsten von der sittlichen Entwicklung abhängig. Schon in Italien zeigen sich im Ausgang des Mittelalters die Zusammenhänge der Einheitsbestrebungen mit den sittlich-religiösen und daher sozialen Tendenzen. Das typische Beispiel dieser idealen Erzeugung des Volkscharakters bietet Deutschland in seiner Reformation. Die bildet den Durchgang aus dem kirchlich bestimmten Länderkomplex zu dem territorialen Landesfürstentum; und der zweideutige Satz *cujus regio, ejus religio* hat an der intimsten Angelegenheit des Gewissens die Heranbildung des Volksprinzips gefördert zum Idealbegriff des nationalen Staates. Der Begriff der Nation deckt sich seitdem mit dem Begriff des Staates, während bis dahin prinzipiell die Rechtsordnung des Staates in dem Schoße der Kirche lag und nur mehr oder weniger ketzerischerweise die Teilung der Gewalten geltend gemacht wurde. Dem Prinzip des Christentums widerspricht der Rassenbegriff des Staatstums. Dem Prinzip der Reformation aber widerspricht ebensosehr der Gedanke eines christlichen Staates –, außer sofern in dem Christentum die sittliche Begründung liegen soll. Hier aber stellt sich sofort die Differenz ein zwischen der geschichtlichen Tendenz und der Kirchenordnung des Protestantismus: nach jener fallen Moral und Christentum nicht schlechterdings zusammen. Denn nach der reformatorischen Tendenz ist das Christentum selbst ein nicht fertiger, sondern fernerhin zu entwickelnder Begriff. Daher hat die Reformation den scheinbar naturalistischen Begriff des Volkes als Bundesgenossen herangerufen zur Versinnlichung und Verwirklichung der Staatsidee. Die moderne Geschichte arbeitet an der Aufgabe, diesen Schein und diesen Anteil des Naturalismus in der Nationalitätsidee zu verscheuchen und zu überwinden. In der Lösung dieser schwierigen Aufgabe dürfte zugleich die Lösung liegen für die Kollision der Idee des Staates als Idee mit der Idee der Gesellschaft.

Der Kosmopolitismus ist schon in seinem neueren Ursprung nicht direkter Gegensatz zum Nationalismus. In Deutschland geht er diesem vorauf. Weltbürgerlich bedeutet im 18. Jahrhundert ungefähr dasselbe wie weltgeschichtlich. »Philosophie in weltbürgerlicher Absicht« heißt bei Kant soviel wie in weltgeschichtlicher Hinsicht.[28] Der Kosmopolitismus ist die Hori-

---

28 [»Ideen zu einer allgemeinen Geschichte in weltbürgerlicher Absicht« (1784).]

zont-Erweiterung der Historie zur Universalgeschichte. Für den Nationalismus schwärmte man damals noch nicht; ihm war nicht Opposition zu machen. Der Gegensatz entstand erst, als gerade aus dem geschichtlichen Begriffe die sittliche Idee der Menschheit herauswuchs und an dem geschichtlichen Begriffe heranreifte. Unsere kosmopolitischen Klassiker sind die Schöpfer unserer Nationalitätsidee. Und als um dieselbe Zeitwende durch den Kraftüberschuß des einen, früh zum Staat gewordenen Volkes der sittliche Wert des Volkstums am deutschen Leibe fühlbar wurde, da regte sich im Vaterlande des Weltbürgertums der Schein des Widerspruchs zwischen Volk und Menschheit. Der Widerspruch, so schwer er scheint, ist dennoch nur ein scheinbarer.[29]

Es begegnet uns hier dieselbe Zweideutigkeit im Begriffe der Menschheit wie oben im Begriffe der Gesellschaft. Wie die Gesellschaft zu einem Wirtschaftsbegriffe gemacht wurde, um Staat und Recht den Wert einer idealen Realität abzusprechen, einer solchen nämlich, welche von der ethischen Idee der Gesellschaft herstammt, so wird die Menschheit als ein anthropologischer Begriff vorgestellt, um dem Volksbegriff seinen sittlichen, seinen Ideal-Charakter zu verdunkeln. Die Menschheit ist aber nichts anderes als sittliche Idee; in jeder anthropologischen Beziehung dagegen das Unding eines Universale, ebenso wie die Spezies für die Naturforschung. Die Menschheit ist keine natürliche Realität. Sie kann ich nicht lieben, sondern nur als Idee ehren. Der Menschheit gehöre ich nicht physisch, sondern nur moralisch an. Sie ist ein sittlicher Leitbegriff der Völkergeschichte. Sie ist ein Wechselbegriff der Autonomie, der Persönlichkeit, des Sittengesetzes. Als solcher Ausdruck des Sittengesetzes bedeutet sie die Pflicht der Achtung jeglicher Person. Im kategorischen Imperativ steht die Idee der Menschheit für das Individuum. Aber schon das In-

---

[29] [Der Konservatismus der bürgerlichen Klasse in der 2. Hälfte des 19. Jh. hält – dies gilt auch für Cohen – an einem der konstitutiven Prinzipien der bürgerlichen Ideologie fest: Subjekt der geschichtlichen Emanzipation ist der Bürger in der Rolle der Menschheit.]

dividuum darf als Person nicht atomistisch gedacht werden. Und so wird die Idee der Menschheit zum Leitbegriff für die höhere Gemeinschaft des Volkes. Die Idee der Menschheit erscheint sonach als eine Spezialität der Gesellschaftsidee, welche zu ihrer Realisierung des Volksbegriffs bedarf.
Wie die Gesellschaft den Staat, und zwar auch als Idee, voraussetzt, so fordert der Staat das Volk, und zwar nicht nur materiell als Naturwesen, sondern nach der sittlichen Aufgabe des Volkstums. Wie die Menschheit das Individuum adelt, so ethisiert sie auch die Menschen in der Gemeinschaft des Volkes. Ich muß die Völker lieben, insofern ich die Menschheit ehre. Ich muß das Volkstum pflegen, insofern ich in der Idee der Menschheit die Idee der Gesellschaft erkenne, welche auf den Staat und somit auf das Volk bezogen ist. Es bleibt mir keine andere Wahl für die Ausführung des sittlichen Anspruchs, den die Menschheit erhebt. Ich muß also auch das eigene Volk lieben, das eigene Volkstum fördern, seine Kraft erhöhen und seinen Schutz für den Kampf der Völker verwahren, - *da der ewige Frieden die Losung für den Bestand, nicht für den Untergang der Völker-Individualitäten* ist. Ich darf das eigene Volk lieben, wie ich den Nächsten in der eigenen Familie und im Freunde lieben darf. Aber freilich muß die Nächstenliebe eindringlicher auf den Fremdling zielen, nicht zumeist auf den Genossen, den schon der Egoismus des Herzens umschließt. Und so muß auch die Idee der Menschheit mahnen, nicht bloß das eigene Volk zu lieben, sondern ebenso angelegentlich die anderen Völker zu ehren und ihrem Volkstum Achtung und Zuneigung zu widmen. Der Ausdruck des Fremden bei den Völkern, zumal bei denen auf derselben Stufe der Zivilisation, muß als anstößig empfunden werden und aus dem politischen Stil verschwinden. Der Begriff des Fremdlings hat die Idee der Humanität vermittelt; er führt vom Fremden zum Nächsten; er ist ein Mittelbegriff zum Begriff des Menschen. Dieses weltbürgerliche Gemüt des Nationalgeistes, das dem deutschen Genius eingeboren, diesen letzten Zeitläuften aber wie abhanden gekom-

men schien, es muß wieder erweckt werden. Und es bedarf keines Propheten, um die baldige Wiederkehr dieser deutschen Gesinnung vorauszusehen. Wer es nicht aus Optimismus glaubt, kann es im Pessimismus merken. Wenn aber das echte weltgeschichtliche deutsche Niveau wiedergewonnen sein wird, dann wird man auf seiten der Gesellschafts-Revolutionäre selbst erkennen, daß die Volksidee die unentbehrliche und notwendige Bedingung der Gesellschaftsidee ist, die nur durch das Stichwort der Parteien in ihrem sittlichen Werte verkümmern kann.

Aber die Volksidee ist nicht nur ein Korrelat zu dem Völkerbegriff der Menschheit. Sie hat unmittelbarer noch die Vertretung der Gesellschaftsidee zu übernehmen an der jeweiligen politischen Wirklichkeit des eigenen Volkes. Den bevorrechteten Ständen gegenüber vertritt sie die Idee der Menschheit im eigenen Volke. Diese Bedeutung der Nationalitätsidee entwickelt zu haben, ist das unsterbliche Verdienst Fichtes. Und es kennzeichnet die Herabgekommenheit unserer Zeit, wenn die Erneuerung dieser kräftigsten Idee unserer politischen Wiedergeburt als ein Angriff auf Staat und Gesellschaft verleumdet werden kann. Ist diese Idee des Deutschtums nur gestattet, wenn französische Kanonen sie nicht verhindern können?[30] Die Entwicklung der ökonomischen Dinge geht ihren Gang, und die Ethik kann hierfür nur in strenger Einhaltung der Schranken rein theoretischer Begriffe die Richtungslinien vorzeichnen. In der geistigen und sittlichen Erziehung des Volkes aber kann und muß die praktische Forderung ausgesprochen werden, wenngleich die ökonomischen Folgen dabei hervor-

---

30 [Zur bald auch den Neukantianismus erfassenden Wendung der ›nationalen Idee‹ vgl. H. Lübbe, Politische Philosophie in Deutschland. Studien zu ihrer Geschichte. Basel/Stuttgart 1963, 4. Teil: Die Philosophischen Ideen von 1914, 173–238. »Die Formulierung der ›Ideen von 1914‹ ist der Beitrag der deutschen Philosophie zum Ersten Weltkrieg« (173), als deren Vertreter E. Troeltsch, R. Eucken, J. Plenge, P. Natorp, G. Simmel u. a. genannt werden, die – mehr oder weniger chauvinistisch bzw. sozialpatriotisch – den Krieg als »Weltbewährungsprobe deutscher Innerlichkeit« (185) feierten und Philosophie zu nationaler Ideologie verfälschten.]

treten; sie dürfen die Sicherheit der Forderung nicht hemmen wollen. Die Nation beruht auf der nationalen Bildung und Erziehung. Und eine Nation, die für reich und arm verschiedene Schulen hat und nur durch Ausnahmen die Regel bestätigen läßt, mag auf dem Wege zur Nation sein; ein Volk ist sie nicht. Die deutsche Nation ist auf dem Wege zum Einen Volke, seit Luther die Pflicht der Obrigkeit angerufen hat, Laienschulen, Volksschulen von Staats wegen zu errichten. Er hat damit die Volksschule zu einem der wichtigsten Symptome des politischen Fortschritts gestempelt. Unsere nationale Fortentwicklung macht dieses Symptom zu einem kritischen. Und wie auch negative Zeichen zu beachten sind, so dürfte unser heutiges Universitätswesen zeigen, wiesehr diese Verjüngung Not tut. Durch die Heranziehung des gesamten Volkes zu den nationalen Aufgaben von Kunst und Wissenschaft wird sich die Gesellschaftsidee an der Volksidee stets von neuem zu betätigen haben. Und durch diese wahrhaftige Idealisierung des Volksbegriffes wird derjenige Begriff erhöht und zu einer Wahrheit gemacht werden, in welchem von alters her alle realen Kräfte und Naturtriebe mit den höchsten sittlichen Bestrebungen zum Affekt der Liebe verwachsen: der Begriff des Vaterlands. Wie sich dieser Begriff in den Regenerationsbestrebungen der modernen Völker, und so auch bei uns gegen die Regierungen und die herrschenden Klassen als eine revolutionäre Idee zu behaupten hatte, so möchten wir hoffen dürfen, daß auch in dem großen sozialen Volksproblem die sittliche Idee des Vaterlands als das eigentliche Kampfobjekt und als der ideale Kampfpreis klar erkannt werde. Dann wird die Achtung vor dem Begriff des Vaterlands und die Vaterlandsliebe, so weit sie schon vorhanden ist, die Kämpfe wenigstens mildern, die um die Einheitsschule des Volkes geführt werden müssen; und man wird wenigstens in diesen Kämpfen nicht gegenseitig die Sprache des Bürgerkrieges führen. Und daß man sich nur der Täuschung nicht hingebe, als ob dabei die bloße Theorie in Frage käme, die man nach der hergebrachten Schablone von der sittlichen

Bildung unterscheidet, um diese dem Religions-Unterricht im Verein mit Rechnen und Singen vorzubehalten. Der moderne Volksbegriff ist ein Kulturbegriff; und die Kultur bedeutet die Gesamtheit der Bewußtseinskräfte. Im System der Kulturrichtungen ist auch die Sittlichkeit enthalten; und nur in der Einheit des Geistes kann sie an allen Gliedern des Volkes geweckt und gelehrt werden. So erschafft die Idee der Gesellschaft die wahre Einheit des Volkes auf dem Grunde der Kultur des Geistes. Dieses höchste Ziel, die Realisierung der Volksidee, ist der Inbegriff der Aufgaben des Idealismus.

# Conrad Schmidt
# Nochmals die Moral [1900]

Die Frage, die uns auf den folgenden Seiten beschäftigen soll, ist nicht sowohl die nach dem allgemeinen Verhältnis des Sozialismus zur Ethik, sondern die – durch einige Schriften in gewissem Sinne aktuell gewordene – nach dem Verhältnis des Sozialismus speziell zur *Kantischen* Ethik. – Was das *allgemeine* Verhältnis des Sozialismus zur Ethik betrifft, so dürften die Anschauungen darüber in der Partei, bei einer ausführlichen Aussprache, durchaus nicht in dem Maße divergieren, als es nach manchen Äußerungen den Anschein haben könnte. Der *utopistische* Sozialismus in seinen Haupterscheinungen fußt überall direkt und unmittelbar auf Erwägungen über das, was sein könnte und sollte, auf Erwägungen über die Möglichkeit, der großen Masse der Menschen ein glückliches, durch eine gerecht austeilende Ordnung garantiertes Zusammenleben zu verschaffen, wobei je nachdem der Appell an die zu erhoffende Glückseligkeit oder an das Gerechtigkeitsbewußtsein der Menschen mehr in den Vordergrund tritt. Das ganze Räsonnement baut sich auf humanitär-ethischen Ideen auf, und ebenso hebt die hieran anknüpfende sozialistische Kritik der bestehenden Gesellschaftsordnung den schreienden Kontrast zwischen dem, was ist, und dem, was sogar nach der *offiziellen* Ethik der bestehenden Gesellschaft selbst, sein sollte, hervor. So stellt sich auch in den ersten Aufsätzen von *Marx* und *Engels* der durch die deutsche philosophische Bewegung ausgeweitete und vertiefte Humanitätsgedanke im Feuerbachschen Gewande als das treibende Moment dar.[1] Die

---

1 [So vor allem in Karl Marx' »Ökonomisch-philosophischen Manuskripten aus dem Jahre 1844« (MEW Erg. Bd., I. Teil, Berlin 1968, 467–588): »Der Kommunismus als positive Aufhebung des Privateigentums als menschlicher Selbstentfremdung und darum als wirkliche Aneignung des menschlichen Wesens durch und für den Menschen; darum als vollständige, bewußt und innerhalb des ganzen Reichtums der bisherigen Entwicklung gewordne

Emanzipation des Menschen, die Herstellung einer wirklich menschlichen Gemeinschaft erscheint als allgemeines Ziel, und die Empörung über das, was Marx später einmal die »Infamie des Bestehenden« nannte, glüht und pulst in allen Worten. Die Herausarbeitung der *spezifisch marxistischen* Auffassungsweise hebt jenes Humanitätsideal nicht auf, aber sie streift allen Wunderglauben an die Wirksamkeit desselben ab. Die »Emanzipation der Menschheit« – dies ist das, hier und da schon in den Aufsätzen der Deutsch-Französischen Jahrbücher durchklingende Leitmotiv des eigentlichen Marxismus[2] – kann nur auf demselben Weg historischer Notwendigkeit erfolgen, den alle bisherige Geschichte gewandelt ist. Die Triebkraft der Geschichte sind nicht von dem Untergrund des Seienden abgelöste allgemeine Menschheitsideale, sondern die Bedürfnisse und Interessen, die den Menschen jeweils durch ihre Klassenstellung in der Gesellschaft und die Konstellation aller Verhältnisse gebieterisch aufgezwungen werden. Aus diesem realen Untergrunde wachsen auch die Vorstellungen von dem, was sein soll, empor. Die rechtlichen, philosophischen und moralischen Ideen spiegeln die Existenzbedingungen und die Lage der Klassen, aus deren Schoße sie geboren wurden, wider.[3]

Rückkehr des Menschen für sich als eines gesellschaftlichen, d. h. menschlichen Menschen. Dieser Kommunismus ist als vollendeter Naturalismus = Humanismus, als vollendeter Humanismus = Naturalismus . . .« (536). Doch gilt zugleich – die 1. der Thesen gegen Feuerbach (MEW 3, 5: »Der Hauptmangel alles bisherigen Materialismus (den Feuerbachschen mit eingerechnet) ist, daß der Gegenstand, die Wirklichkeit, Sinnlichkeit nur unter der Form des Objekts oder der Anschauung gefaßt wird; nicht aber als sinnlich menschliche Tätigkeit, Praxis; nicht subjektiv.«) bereits vorwegnehmend –: »Die Philanthropie des Atheismus ist daher zuerst nur eine philosophische abstrakte Philanthropie, die des Kommunismus sogleich reell und unmittelbar zur Wirkung gespannt« (537). Dennoch: »Feuerbach ist . . . überhaupt der wahre Überwinder der alten Philosophie« (569).]
2 [›Deutsch-Französische Jahrbücher‹, hg. v. Arnold Ruge und Karl Marx. Paris 1844. Mit Aufsätzen »Zur Kritik der Hegelschen Rechtsphilosophie«, »Zur Judenfrage« (Marx), »Umrisse zu einer Kritik der Nationalökonomie« (Engels).]
3 [Vgl. die zentrale Darstellung des historischen Materialismus in Marx' Vorwort »Zur Kritik der Politischen Ökonomie« (1859, MEW 13, 7–11): »In der gesellschaftlichen Produktion ihres Lebens gehen die Menschen bestimmte, notwendige, von ihrem Willen unabhängige Verhältnisse ein, Pro-

Wenn das Proletariat für eine gesellschaftliche Neuordnung, in der die Emanzipation des Menschen wirklich Tatsache werden kann, kämpft, so darum, weil es als Klasse durch den Zwang der ökonomischen Entwicklung für eine solche Neuordnung im eigenen Interesse zu kämpfen gezwungen ist. Und rückwärts blickend auf den Gang der bisherigen Entwicklung, wächst diese Anschauung zu der mächtigen Konzeption der materialistischen Geschichtsauffassung sich aus.4 Erst dadurch, daß der sozialistische Gedanke so, in eine durchaus realistische gesellschaftliche Entwicklungslehre organisch eingefügt, zum theoretischen Ausdruck der unmittelbar notwendigen Klassenbewegung des Proletariats wird, erst durch diese innigste Berührung mit der »schlechten Wirklichkeit« konnten seine Adern sich mit Blut füllen, konnte er selbst im harten Reich der Tatsachen zu einer Macht werden. So wenig das *Humanitätsideal* einer Gesellschaft der Freiheit und Gleichheit ohne solchen Rückhalt und Hintergrund eine geschichtlich wirkende Kraft entfalten könnte, so *bedeutsam* wird dasselbe, wenn es als ein Moment in die aus dem notwendigen Bedürfnis heraus geborene Klassenbewegung eingeht. Das Bewußtsein, daß, was die Klasse erstrebt, in eben derselben Richtung sich bewegt, wie die Ziele, auf die ein von dem großen Menschheitsgedanken ergriffenes, wahrhaft humanes Denken notwendig hinweisen muß, dieses gute Gewissen muß den Mut der Streitenden, die idealistische Schwungkraft, die Opferwilligkeit, die der Kampf der Klasse von den Klassengliedern verlangt, gewaltig beflügeln. So unbarmherzig der moderne Sozialismus aller leeren, die realen Triebkräfte des Gesellschafts-

duktionsverhältnisse, die einer bestimmten Entwicklungsstufe ihrer materiellen Produktivkräfte entsprechen. Die Gesamtheit dieser Produktionsverhältnisse bildet die ökonomische Struktur dieser Gesellschaft, die reale Basis, worauf sich ein juristischer und politischer Überbau erhebt, und welcher bestimmte gesellschaftliche Bewußtseinsformen entsprechen. Die Produktionsweise des materiellen Lebens bedingt den sozialen, politischen und geistigen Lebensprozeß überhaupt. Es ist nicht das Bewußtsein der Menschen, das ihr Sein, sondern umgekehrt ihr gesellschaftliches Sein, das ihr Bewußtsein bestimmt« (9).]
4 [vgl. Anm. 3 und MEW 4, 577; 37, 462 ff.; 488 ff.; 39, 96 ff.; 205 ff.]

lebens verkennenden Ideologie, so unerbittlich er vor allem der konventionellen, schönfärberisch-heuchlerischen offiziellen »Ethik« der bestehenden Gesellschaftsordnung zu Leibe geht, so wenig kann er andererseits des Appells an den einfachen Humanitätsgedanken und die wirklich ethischen Kräfte, die er im Volke vorfindet und in bestimmter Richtung zu entwickeln sucht, entraten. Schon das tatkräftige »Solidaritätsgefühl«, auf dem die Disziplin und Macht der Partei so wesentlich beruht, schließt solche ethischen Momente in sich. Der *bloße* Privategoismus der Klassenglieder kann eine genügende Spannkraft dieses Gefühls aus sich heraus schwerlich entwickelt haben, da – gerade bei dem Klassenkampf, den eine *unterdrückte* Klasse führt – der private Vorteil der Individuen notwendig mit den Anforderungen, die jenes Klassensolidaritätsgefühl an die einzelnen stellt, vielfach und oft mit großer Schärfe kollidieren muß.

In neuerer Zeit ist dieses ethische Moment auch des marxistischen Sozialismus wiederholentlich und mit Nachdruck hervorgekehrt; aber über dies allgemeine hinaus, und das erscheint besonders charakteristisch, hat man auf *Kant* hingewiesen als den Repräsentanten einer ethischen Doktrin, die ihrem inneren Wesen nach dem in dem sozialistischen Gedanken verborgenen Humanitätsideale wahlverwandt sei, ja in theoretischer Hinsicht eine notwendige *Ergänzung und Fundamentierung dieses Ideals* bilde. Die in der vorigen Nummer der Socialistischen Monatshefte von Woltmann angezeigte Broschüre *Vorländers: Kant und der Socialismus*[5] gibt eine dankenswerte Übersicht über die einschlägigen Schriften von Cohen, Stammler, Natorp, Staudinger, Woltmann u. a. Ein dieser Übersicht vorausgeschickter Abschnitt sucht in gedrängter Weise den von Kant in Sachen der Ethik eingenommenen Standpunkt selbst darzulegen. »Seit mehreren Jahrzehnten«, sagt der Verfasser, »haben wir ein Wiedererwachen der Kantischen Philosophie auf

---

5 [Karl Vorländer, Kant und der Sozialismus, unter besonderer Berücksichtigung der neuesten theoretischen Bewegung innerhalb des Marxismus. Berlin 1900.]

erkenntnistheoretischem, naturphilosophischem, ethischem, religionsphilosophischem und ästhetischem Gebiete erlebt. *Nur diejenige Bewegung, welche dieser (der Kantischen) Methode zu ihrer vollen Entfaltung am dringendsten bedürfte, die soziale, hat sich bisher vorwiegend ablehnend gegen sie verhalten:* teils, weil ihre Begründer, Marx und Engels, historisch von Hegel ihren Ausgangspunkt genommen haben, teils aber auch, weil die heutigen Führer gegen den Neukantianismus, dessen Methode sie nicht kennen, mißtrauisch sind und sie für einen Versuch halten, *überwundene metaphysische Ideen in den Sozialismus einzuschmuggeln.«* Erst in allerneuester Zeit habe sich eine Annäherung der neukantischen und sozialen Bewegung vollzogen, indem hervorragende Kantianer die *Kantische Methode* auf das *Gebiet der Sozialphilosophie* auszudehnen und die Kantische Ethik zur Begründung des Sozialismus zu verwenden begonnen haben, und indem aus marxistischen Kreisen heraus (Bernstein) der Schlachtruf: »Zurück auf Kant!«[6] erhoben worden sei. Dies ist der Standpunkt, von dem auch Vorländer in dem ersten, die ethischen Ideen Kants skizzierenden Abschnitte den Nachweis führen will, daß in der Tat der Sozialismus ein *Recht* hat, *sich auf Kant zu berufen.*

Versuchen wir, im Anschluß an die allgemeinen Erörterungen über das Verhältnis von Sozialismus und Ethik, uns über diese, schon wegen der Bedeutung, die dem Neukantianismus heute in der philosophischen Bewegung zukommt, wichtige Frage in kurzem zu orientieren. Bereits die Tatsache, daß die Schriften Rousseaus Kant, wie er selbst bezeugt, gewaltig packten und auf sein moralphilosophisches Denken vielleicht ebenso befruchtend eingewirkt haben, wie die Humeschen Arbeiten auf die Entfaltung seiner erkenntnistheoretischen Doktrin, – schon das läßt darauf schließen, daß Kants ethische

---

6 [Eduard Bernstein, Das realistische und das ideologische Moment im Sozialismus, in: Die Neue Zeit 16 (1897/98), 225-232: »Bis zu einem gewissen Grade gilt das ›Zurück auf Kant‹ meines Erachtens auch für die Theorie des Sozialismus« (226, Anm.).]

Auffassungsweise sich in vieler Hinsicht mit dem Humanitätsideal und den Gleichheitsideen berührt. »Der Mensch mag künsteln, so viel er will« – auf diesen charakteristischen Satz stößt man in seinen zur Selbstverständigung niedergeschriebenen Reflexionen –, »so kann er doch die Natur nicht nötigen, andere Gesetze einzuschlagen. Er muß entweder selbst arbeiten oder andere für ihn: und diese Arbeit wird anderen so viel von ihrer Glückseligkeit rauben, als er seine eigene über das Mittelmaß steigern will.«[7] Er hebt auf diesen Blättern ganz im Rousseauschen Sinne immer wieder den moralischen Kontrast zwischen dem »natürlichen« Zustand und dem von der natürlichen Einfalt losgelösten wirklichen Gesellschaftsleben hervor. »Die Begriffe der bürgerlichen Gerechtigkeit«, sagt er z. B. – und diese einfache Reflexion wirft, da die ganze bürgerliche Gesellschaft auf einer nur formal verschleierten »Erpressung«, auf der Ausbeutung des Arbeiters durch die Kapitalmacht beruht, jeden Rechtfertigungsgrund dieser Gesellschaft in rein *moralischem* Sinne zu Boden – »die Begriffe der bürgerlichen Gerechtigkeit und der natürlichen und die daraus entspringenden Empfindungen von Schuldigkeit sind sich fast gerade entgegengesetzt. Wenn ich von einem Reichen erbte, der sein Vermögen durch Erpressung von seinen Bauern gewonnen hat, und dieses auch an die nämlichen Armen schenkte, so tue ich im bürgerlichen Verstande eine sehr großmütige Handlung, im natürlichen aber nur eine gemeine Schuldigkeit.«[8]

Die »Beurteilung im natürlichen Verstande«, das ist offenbar eine Beurteilung, welche die durch die Machtverhältnisse der Klassen und Individuen geschaffenen Verhältnisse und die diesen entsprechenden Rechtsvorstellungen, ausgehend von dem Begriffe einer *vernünftigen* und *natürlichen Gesellschaftsordnung*, kritisiert. Rousseaus naturrechtliche Lehre vom Gesellschaftsvertrage, als einer Gesellschaftsordnung, in der die Freiheit der einzelnen nur durch den notwendigen und vernünf-

---

[7] Hartenstein VIII, 622.
[8] a. a. O.

tigen Gesamtwillen aller einzelnen beschränkt ist, in der also jeder als ein den Gesetzen dieses Gesamtwillens Unterworfener im Grund doch nur sich selbst gehorcht – sofern sein vernünftiger Wille eben in diesem Gesamtwillen mitenthalten ist und so notwendig mit ihm übereinstimmt –, findet im Denken Kants den lebendigsten Widerhall. Natürlich nicht in dem phantastischen, auch Rousseau selbst fernliegenden Sinne, als habe eine solche auf Vertrag begründete Gesellschafts- und Staatsverfassung ursprünglich bestanden; auch nicht in dem Sinne, als sei die Staatsordnung überhaupt durch Verträge der zuerst im Naturzustande zerstreut lebenden Menschen geschaffen; sondern in dem Sinne, daß die historisch entstandene und fortentwickelte Gesellschafts- und Staatsordnung nur in dem Maße eine wirklich rechtliche, der menschlich-vernünftigen Natur entsprechende und durch sie gebilligte Ordnung werde, als das Bestehende jenem Ideal sich annähere. Es war von hier aus nur ein Schritt – ein freilich von Kant, der in seiner Staatslehre einen ziemlich matten, den damaligen Zeitströmungen entsprechenden Liberalismus vertritt, *nicht* getaner Schritt – zu sozialistischen Konsequenzen. Die *»Freiheit«* der einzelnen, wenn das Wort nicht ins ganz Formale verflüchtigt werden soll, ist doch vor allem eine von den *ökonomischen* Verhältnissen der einzelnen abhängige Freiheit. Je reicher jemand ist, um so freier ist er in seiner ganzen Lebensführung und Einrichtung, in allem Tun und Lassen. Soll also wirklich durch die Gesellschaftsordnung die Freiheit den einzelnen nach einem *allgemeinen Gesetze* gewährleistet werden, d. h. soll das Maß der Freiheit nicht länger durch die historisch gewordenen Privilegien und Machtverhältnisse der Klassen vernunftlos und willkürlich unter die einzelnen verteilt sein, dann muß die *ökonomische* Ordnung in Annäherung an das Prinzip der Gleichheit gesellschaftlich geordnet werden. Das heißt, der Zustand, den das sozialistische Proletariat in seinem Klasseninteresse unter dem gebieterischen Zwang der Verhältnisse notwendig erstrebt, dieser Zustand müßte für ein in Rousseau-Kantischen Bahnen sich bewegendes Denken zugleich als der *rechtlich* notwendige, der dem Ideal eines contrat social am meisten angenäherte Zustand erscheinen. So lange die Gesellschaft auf Ausbeutung und damit auf dem Gegensatz der Klassen beruht, ist eine *allgemeine Zustimmung* zu der Gesellschaftsverfassung, eine Zustimmung, die sich darauf gründet, daß die einzelnen in den Grundgesetzen der Gesellschaft ihren eigenen Willen ausgedrückt finden, eine Zustimmung, durch welche ideell der Staat so etwas wie ein contrat social, ein der Autonomie der Individuen entsprechendes Gebilde würde, selbstverständlich durch die Natur der Sache ausgeschlossen.

Aber die Tatsache, daß eine »naturrechtliche« Betrachtung, welche aus dem »Wesen der Gesellschaft«, als einer *allen* nach einem *allgemeinen* Gesetze dienen sollenden Ordnung ihre Folgerungen und Forderungen zieht, die von dem Sozialismus proklamierten Ziele als notwendig und gerecht anerkennen muß, - diese Tatsache darf in ihrer Bedeutung *nicht überschätzt* werden. Jene ganze Reflexion ist ja in dem Humanitätsideal des Sozialismus, der dem Proletarier und damit dem homo, dem Menschen als solchem, eine durch kein Privileg beschränkte Freiheit und Entfaltungsmöglichkeit in der Gesellschaft erobern will, dem Resultat nach schon mit enthalten. Durch die Absonderung und begriffliche Sonderdarstellung jener Reflexion wird ihre werbende Kraft, ihre Wirkung auf die *Gemüter* sicher nicht erhöht, und für die *wissenschaftliche* Arbeit im Dienste der sozialen Bewegung bleibt jene Reflexionsart natürlich ganz unfruchtbar. Oder sollen dadurch etwa Gegner *widerlegt* werden? Mit Achselzucken würden sie sich von solchen Demonstrationen als von leeren Utopistereien abwenden. Wer durch die schreienden Kontraste der bestehenden Gesellschaftsordnung nicht schon von der Überzeugung ihrer Ungerechtigkeit durchdrungen ist, den wird eine derartige Beweisführung sicher von seinem Standpunkt nicht abbringen können. Mit so viel Recht also behauptet werden kann, daß die Naturrechts- und Gleichheitsideen aus der Jugendperiode des aufstrebenden Bürgertums, konsequent zu Ende gedacht, nicht zum liberalen Rechtsstaat der freien Konkurrenz, sondern zu dem Begriffe eines sozialistisch organisierten Gemeinwesens führen, so wenig ergibt sich doch daraus die Schlußfolge, daß die philosophische Verarbeitung jener Ideen durch Rousseau und Kant darum schon als ein fruchtbares Ferment sich in der sozialen Bewegung bewähren müsse, oder daß darum eine *Anknüpfung an Kants praktische Philosophie* von sozialistischer Seite zu suchen sei. Schließlich muß ja jede Ethik, die nicht zur leeren Fratze wird, in irgendeiner Form auf den Gedanken menschlicher Gleichberechtigung zurückgehen, und jede Ethik, z. B. auch die christliche, bietet so gewisse Grundsätze, auf die der Sozialismus exemplifizieren kann. Und warum sollte er es nicht, wo die Gelegenheit sich bietet? Aber diese Anknüpfung an ethische Gedankensysteme in einer *methodischen Ausspinnung* nicht fähig. Der Versuch würde, ohne wirklich neue Einsichten zu erschließen, in einen pedantischen Utopismus auslaufen.

Noch mehr, eine solche methodische Ausspinnung würde im Grunde durchaus *Heterogenes* miteinander mischen wollen. Denn die Auffassungsweise, die in dem modernen Sozialismus herrscht und ihm den Stempel aufdrückt, ist durchaus *naturalistisch*. Sie sieht von jeder Religion und jeder *Metaphysik* ab; so auch unser Humanitätsideal der freien, ungehinderten Entfaltung aller menschlichen Anlagen in einer durch den gesellschaftlichen Willen planmäßig geregelten Gesellschaft. Jene Schätzung des Individuums, jene Hingabe an die Idee der Gattung und eines unendlichen Fortschrittes, die in dem Ideal sich ausdrücken, gelten dem sozialistischen Denken selbst nur als ein Erzeugnis der natürlich-gesellschaftlichen, durch Klassenkampf vorwärts schreitenden Entwicklung, das in sich selbst ohne jede Beziehung auf ein religiöses oder metaphysisches Jenseits der Erfahrungswelt verständlich ist. Und in demselben relativistischen Sinne wird die Moral überhaupt aufgefaßt. Die *Kantische Rechts- und Moralphilosophie* aber ist in ihrem *letzten* Grunde dieser Auffassungsweise durchaus *entgegengesetzt.* Erst wenn man diesen Gegensatz der Grundauffassung sich vollständig klarmacht, läßt sich die wirkliche Stellung, die der Sozialismus zu Kants praktischer Philosophie einzunehmen hat, klar erfassen. Jene Parallelismen, die wir hervorgehoben und die Vorländer in den Vordergrund rückt, erscheinen dann in einem ganz veränderten Lichte.

In seiner *Moralphilosophie*, und diese ist zugleich Grundlage der Kantischen Rechtslehre und Staatsauffassung, untersucht *Kant*, man kann sagen: das *Willensverhältnis*, das der moralischen Beurteilung und damit dem wirklich moralischen Handeln zugrunde liege. Um den Punkt, an welchen Kant die wissenschaftliche Analyse hier durch Einmischung einer metaphysischen Deutung unterbricht, deutlich zu fixieren, beginnen wir mit dem Versuch, die Wegstrecke, auf der ein naturalistisches Denken ihm zu *folgen* vermag, abzustecken. – Jede Untersuchung der Moral setzt immer das Individuum in seinem gesellschaftlichen Zusammenhang mit anderen Individuen, den individuellen Mikrokosmos als Glied des sozialen Makrokosmos, voraus. In der Gesellschaft – den Klassencharakter derselben kann eine so abstrakte Betrachtung hier vorerst aus diesem Spiele lassen – bilden sich nun selbstverständlich Normen, Gebote und vor allem Verbote heraus, die den Anspruch erheben, daß der Wille der Individuen im Handeln sich ihnen unterwerfe; Normen, denen das Individuum, sofern es Glied der Gesellschaft ist und sich als solches empfindet, zum Teil notwendig wird beistimmen müssen. Daß der Verkehr der Privaten auf Redlichkeit beruhe, daß die Lüge verpönt sein solle, daß Versprechungen gehalten werden müssen u. a. m., sind solche Normen, die, vom Standpunkt des gesellschaftlichen Zusammenlebens aus gesehen, *evident* erscheinen; die Umkehrung dieser Normen in ihr Gegenteil kann, weil selbstmörderisch, vom Standpunkt des gesellschaftlichen Interesses aus, und somit von den an diesem Interesse mit interessierten Gesellschaftsgliedern unmöglich gewollt werden. Dieselben Individuen aber, die jenen Normen zustimmen, kommen andererseits im privaten Leben mit jenen Normen in Konflikt.

Dasselbe Gebot, das sie als *Gesellschaftsmenschen* anerkennen und nach dem sie den Wert anderer beurteilen, eben das wird von ihnen als Privatleuten oft, wenn der Vorteil es angezeigt erscheinen läßt, übertreten. Der Wille der Individuen gerät so mit sich selbst in Widerspruch, dasselbe Gesetz, das sie im *allgemeinen* als verbindlich anerkennen, möchten sie, sobald es sich gegen ihren eigenen Vorteil wendet, suspendieren. Moralität wird nun vor allem darin bestehen, daß der Mensch das zweierlei Maß abschafft, daß er dem, was er im allgemeinen für Recht hält, dem, was er von anderen verlangt, sich auch selbst unterwirft und den Nachteil, der ihm so etwa erwächst, um des von ihm gebilligten Gesetzes willen auf sich nimmt. Auf dieser über das augenblickliche Privatinteresse hinausgehenden und das eigene Handeln einem allgemein gebilligten Maßstab unterwerfenden Gesinnung beruht offenbar das Handeln, das wir als gerecht und mit Beziehung auf das augenblickliche Privatinteresse als uneigennützig bezeichnen. Der Zwiespalt des Willens, der, wenn es sich um die Beurteilung anderer und um gesellschaftliche Normen handelt, alles Mögliche verlangt, aber sich selbst von diesem Anspruche unter heuchlerischen Vorwänden jederzeit zu eximieren bereit ist, erscheint, wiederum vom gesellschaftlichen Standpunkt aus betrachtet, als verächtlich. So weit ist alles klar, die ganze Betrachtung ist nichts anderes, als eine mehr methodische Explikation des alten, unmittelbar einleuchtenden Grundsatzes, daß der Mensch das, was er von anderen nicht erleiden wolle, auch anderen nicht zufügen dürfe. Die psychologische Vermittelung ist hier ohne jede metaphysische Ausdeutung noch durchaus verständlich. Es ist immer eine vom *Interesse,* nicht vom zufälligen Privat-, aber vom allgemeinen gesellschaftlichen Interesse abgeleitete Beziehung, die hier dem Sichverpflichtetfühlen und dem pflichtgemäßen Handeln zugrunde liegt.

Eben darum kann aber auch – und hiermit gelangen wir zu dem kritischen Punkt – jede derartige Norm, der sich der einzelne verpflichtet fühlen mag, immer nur auf eine *relative*

Allgemeingültigkeit Anspruch erheben. Wenn der Mensch z. B., sich auf den gesellschaftlichen Standpunkt des Allgemeininteresses versetzend, der Norm beistimmt, daß es moralisch unstatthaft sei, zu lügen, so tut er es doch nicht in dem absoluten Sinne, daß er damit *alles,* was unter den Begriff der Lüge sich subsumieren läßt, als moralisch verwerflich erklärt. Vielmehr ist jene Beistimmung von dem Bewußtsein begleitet, daß es Verhältnisse gibt, auf die sich jenes Verbot ohne Zwang und Pedanterie nicht werde anwenden lassen, auf die man es *gar nicht wird anwenden wollen.* Also es gibt *Ausnahmen,* und nicht nur solche, die das augenblickliche Privatinteresse heuchlerisch und mit schlechtem Gewissen für sich in Anspruch nimmt, sondern *Ausnahmen, die auch das unparteiische, das nur gesellschaftlich interessierte Urteil als berechtigt anerkennt,* Ausnahmen, die sich natürlich nicht a priori fest und bestimmt werden kodifizieren lassen. Dem gewöhnlichen moralischen Bewußtsein ist diese Denkweise durchaus geläufig; es fällt demselben, um an das Nächstliegende zu erinnern, z. B. gar nicht ein, die landläufige Höflichkeit, mit der die Menschen einander behandeln, darum, weil diese Höflichkeit, abstrakt gesprochen, unter den Begriff des Lügenhaften subsumiert werden kann, für verwerflich zu halten. Und ebenso in vielen andern Fällen. *Wie weit* die Bereitschaft geht, in Anbetracht der besonderen Umstände Ausnahmen von solchen allgemeinen Normen anzuerkennen, das wird bei den verschiedenen Individuen je nach Natur, Erfahrung, Entwicklungsgang und Lebensumständen verschieden sein. Das, was der eine bei *unparteiischer* Beurteilung, vom gesellschaftlichen Standpunkt aus, noch für eine erlaubte Ausnahme hält, wird dem andern bereits als eine bedenkliche oder direkt verwerfliche erscheinen. Innerhalb weiter Grenzen hat also hier auch die unparteiische Beurteilung einen *fließenden* Charakter. Die Dinge liegen demnach nicht so einfach, wie wir ursprünglich sie darstellten, nicht so, daß der Mensch als Gesellschaftswesen gewisse Normen als *absolut* und *uneingeschränkt* geltende will, und daß er dann im Einzelfall *für sich* Ausnahmen macht, *zu denen er den anderen nicht das Recht einräumen will.* Gäbe es nur Ausnahmen von dieser Art, dann allerdings wäre es klar, daß jedes Zuwiderhandeln gegen die allgemeinen Normen ein im innersten Grund antisoziales, willkürlich *Privilegien* für den *einzelnen* beanspruchendes, in sich widerspruchsvolles Handeln wäre.

In Wirklichkeit aber kann, wie gesagt, ein von jenen Normen abweichendes Handeln des Individuums ein Handeln sein, von dem der einzelne sich bewußt ist, daß er es als unparteiischer Zuschauer oder, was dasselbe ist, vom gesellschaftlichen Standpunkt aus auch bei anderen Individuen als erlaubt und billig anerkennen würde. Dann fällt, obgleich das private Handeln der allgemeinen Norm zuwiderläuft, *also in diesem Sinne nicht den Charakter der »Gesetzmäßigkeit« hat,* das Bewußtsein des Antisozialen, das moralisch verurteilende Bewußtsein fort. Der Wille ist, trotz seines ungesetzmäßigen Charakters, mit sich in Übereinstimmung. Das ist der, wenn auch nicht klarbewußte, Modus, nach dem wir die der Norm zuwiderlaufenden Handlungen bei uns und anderen beurteilen, ein Modus, der zugleich die großen Abweichungen auch der *unparteilichen* moralischen Beurteilung (gegensätzliche Tendenz zur rigoristischen und zur laxen Beurteilungsweise) verständlich macht. Ebenso klar ist, daß man hier durchaus im Empirischen bleibt.

Die *Kantische* Ethik bewegt sich nun in einem Gedankengang, der mit dem hier entwickelten *äußerlich* vielfache Ähnlichkeit hat und in dieser Weise oft interpretiert worden ist. Das Individuum, sagt er, hat in seiner eigenen Vernunft ein sehr einfaches Mittel, die moralische Zulässigkeit seiner Handlung zu prüfen. Es braucht sich nur über den Grundsatz, die Regel oder die Maxime des Handelns, die sich in der konkreten Handlung ausspricht, klar zu werden, und sich zu fragen, ob diese Maxime als allgemeines Gesetz sich denken lasse oder von mir als eine allgemeine Regel des menschlichen Handelns gewollt werden könne. Nur in *diesem Falle* sei die Maxime gutzuheißen, die Handlung also erlaubt resp. geboten. Wer z. B. zu seinem Vorteile beliebig lüge, der werde einen allgemeinen Grundsatz, daß alle beliebig zu ihrem Vorteile lügen dürften, doch unmöglich wollen können. Dieser Grundsatz, verallgemeinert, sei, da dann niemand dem andern glauben werde, in sich widerspruchsvoll. – Aber wie kommt der Mensch, wird man fragen, auf den Gedanken, seine Handlung unter dem Gesichtspunkt einer Maxime zu betrachten, wie kommt er darauf, dieselbe zu verallgemeinern und danach ihren moralischen Wert abzuschätzen? Doch nur als Glied der Gesellschaft, d. h. eines realen Zusammenhanges von Personen, in dem auf Grund des überprivaten, allgemeinen und gesellschaftlichen Interesses notwendig gewisse Normen als Regulative des privaten Handelns ausgebildet werden müssen. Die Forderung, seine Maxime als verallgemeinert zu denken und ihren Wert danach zu beurteilen, geht aus diesem natürlichen Zusammenhange hervor, sie hat hierin ihre natürliche Bedingtheit. Und weil hierin bedingt, weil also der moralischen Beurteilung in letzter Instanz doch immer die Idee des für diesen gesellschaftlichen Zusammenhang – und so auch für den einzelnen als Gesellschaftsmitglied – Zweckmäßigen zugrunde liegt, kommt jenen allgemeinen Normen, wie wir sagten, immer nur eine relative Allgemeingültigkeit, keine absolute, zu.

*Kant* aber reißt den *logischen Prozeß* der moralischen Beurteilung aus diesem natürlichen Zusammenhange heraus und macht aus ihm einen Fetischismus. Denn sieht man, unbeirrt durch die populären Beispiele, die er zur Stütze seiner Ansicht vorbringt, genauer zu, so stellt seine Ethik an den Menschen nicht nur jene alte, verständliche Forderung, daß er so handele, wie er im allgemeinen und als vernünftiges Gesellschaftswesen wollen muß, daß gehandelt werde; sondern sie imputiert ihm darüber hinaus den Willen, daß die obersten Normen, an die der einzelne sich als Gesellschaftswesen gebunden findet, *absolut geltende, keinerlei Ausnahme zulassende Normen sein sollen.* Und diese Imputation ist das *entscheidend Charakteristische* für den Kantischen Standpunkt. Die Tatsache, daß der wirkliche Mensch als Gesellschaftswesen und unparteiisch urteilend zwar allgemeine Normen, aber zugleich auch Ausnahmefälle, in denen ein Zuwiderhandeln gegen dieselben sehr gerechtfertigt sei, anerkennt, diese Tatsache beweist im Sinne der Kantischen Philosophie nichts anderes, als eine Verirrung des moralischen Sinnes. Wenn sich Kant in einem seiner kleinen Aufsätze mit solcher Vehemenz gegen das »vermeintliche Recht, aus Menschenliebe zu lügen«[9], wendet, wenn er verlangt, daß auch jemand, der durch eine Lüge einen Menschen aus Mörderhand sicher befreien könnte, unter keinen Umständen lügen dürfe, so kämpft er mit dieser wunderlichen Paradoxie tatsächlich für das spezifische Grundprinzip seiner Ethik. Denn sobald Ausnahmen von jener Norm, nicht zu lügen, zugelassen werden, so wird der *irdische* Ursprung derselben, nämlich das Hervorgehen und das Eingeschränktwerden dieser Norm durch die Zwecke, die der gesellschaftliche Wille hat, der gesellschaftlich-utilitaristische Charakter der moralischen Vorschriften offenbar.

Nur dadurch, daß Kant die allgemeine Form, in der gewisse moralische Vorschriften gelehrt und akzeptiert werden, in die Form einer ausnahmslosen, absoluten Allgemeingültigkeit verwandelt und das Widerstreben des gesellschaftlichen Menschen, den abstrakten Despotismus einer solchen blinden Allgemeingültigkeit anzuerkennen, ignoriert oder als sittliche Verderbnis denunziert, nur dadurch kann er den berühmten »*formalen*« Charakter seiner Ethik aufrechterhalten. Nur so gelingt es ihm, zu seinem kategorischen Imperativ als dem »Gesetz der Gesetzmäßigkeit« zu gelangen, dem »Gesetze«, wonach jedes Zuwiderhandeln gegen die allgemeinsten Normen darum, *weil es Ausnahmen* von jenen allgemeinen macht und weil diese Ausnahmen nicht selbst wieder in die Form allgemeiner Gesetze gebracht werden können, als verwerflich erklärt. Der Rationalismus ist hier auf die Spitze getrieben; das »Gesetz« ist danach nicht der Menschen wegen da, denn in diesem Falle stände der Mensch *über* dem Gesetze und hätte ein moralisches

9 [»Über ein vermeintliches Recht, aus Menschenliebe zu lügen« (1797).]

Recht, da, wo er als gesellschaftliches Wesen es für nötig und billig erachtet, auch der Gesetzesformel, dem Erzeugnis des abstrakten Verstandes, entgegenzuhandeln, sondern der Mensch ist des Gesetzes wegen, zur Erfüllung des Gesetzes da. Das Gespenst einer ausnahmslos ohne Rücksicht auf den Erfolg zu verwirklichenden Gesetzmäßigkeit der Handlungen, die sich Selbstzweck ist und als Selbstzweck unbedingte Verehrung von dem Menschen verlangt, dieses blutlose Gespenst – so will uns Kant überreden – sei die geheime Seele und der Leitstern unseres moralischen Bewußtseins!

Es ist der Gipfelpunkt des Kantischen Rationalismus. Die ganze Vorstellungsweise ist so fremdartig, sie findet bei genauerer Analyse in dem wirklichen moralischen Bewußtsein so wenig Anhaltspunkte, daß sie nur von den metaphysischen Ansichten aus, mit denen Kant an das Problem herantrat, verständlich wird. In der Kritik der reinen Vernunft hatte er den Nachweis geliefert, daß es in den Wissenschaften, dann aber auch in der gewöhnlichen Erfahrung gewisse unmittelbar evidente und allgemeingültige Sätze (Erkenntnisse a priori) gäbe, die, wenn sie auch erst innerhalb der Erfahrung allmählich uns zum klaren Bewußtsein kommen, doch nicht aus ihr stammen, sondern in der geistigen Organisation unserer Vernunft von vornherein angelegt sein müssen, weil ohne solche Anlage überhaupt Erfahrung nicht zustande kommen könne. In diesem ihrem hinter der Erfahrung zurückgehenden Vorsprung wurzele die Allgemeingültigkeit jener Sätze und Begriffe. So erklärt sich, daß Kant, da er seine Philosophie zum System ausarbeitete, auf dem Gebiet des menschlichen Handelns nach einem *Analogen* jenes Grundverhältnisses suchte, das er auf dem Gebiet der Anschauung und des Denkens unwiderleglich nachgewiesen zu haben glaubte. So lange man die moralischen Normen naturalistisch in ihrer Beziehung auf die Zwecke und Erfordernisse des gesellschaftlichen Zusammenlebens auffaßt, so lange hat das moralische Urteil keine hinter den individuellen und gesellschaftlich interessierten Willen der Individuen, also auch keine hinter die Erfahrung zurückgehende

Begründung, keinen aprioristisch allgemeingültigen und evidenten Satz, auf den es sich stützen und aus dem es weiter deduzieren könnte. Aber ein solcher Satz war für Kant nicht nur der Analogie wegen wahrscheinlich, sondern galt seinem Rationalismus auch als ein *notwendiges Postulat* des moralischen Bewußtseins. Die besondere Art der Achtung, die wir einem moralischen Handeln, das sich durch keine selbstsüchtigen Beweggründe aus seiner Bahn verdrängen läßt, entgegenbringen, – diese Achtung, meinte er, verlangt, wenn sie berechtigt sein soll, daß der Verpflichtungsgrund zu moralischem Handeln hinter der Erfahrung in einer unbedingt gültigen, apriorischen Forderung unserer Vernunft zu suchen sei. Dies einmal zugegeben, ist es denn freilich nur ein Schritt weiter zu der Folgerung, daß die Vernunft, die aller konkreten Zwecksetzung und damit allem Handeln vorausgesetzt ist, von diesem Handeln nichts anderes verlangen könne, als daß dasselbe ein *durchgehend gesetzmäßiges,* ein Handeln nach absolut geltenden, alle Ausnahmen, die auf Grund besonderer Zwecke und Umstände etwa versucht werden könnten, ausschließendes Handeln sei.

Mit größerem Tiefsinn ist der Versuch, unabhängig von der Religion eine selbständige Metaphysik der Moral zu entwerfen, niemals gemacht worden. Das gewaltige Genie Kants verleugnet sich auch hier nicht. Aber eben darum ist dieser Versuch zugleich ein endgültiger Beweis für die Unmöglichkeit des Unternehmens. Auch wer psychologisch das Bedürfnis hat, sein Handeln auf etwas »Unbedingtes« zurückzuführen, der wird in dem Kantischen Gesetz der Gesetzmäßigkeit seine Sehnsucht schwerlich erfüllt finden. Eben die Formel, die, wenn sie das »Postulat« in Wahrheit befriedigte, jedem Verstande als Verpflichtungsgrund so evident sein müßte, wie irgendein Grundsatz der Mathematik, eben die läßt, wenn sie *rein* und von empirischen Zusätzen abgesondert vorgetragen wird, den Willen der Regel nach vollständig kalt. Und wenn andere Formulierungen der Kantischen Ethik, in denen Achtung vor der *Würde* des Menschen, Achtung vor dem Menschen als Selbstzweck verlangt wird, einen so viel wärmeren Widerhall in unseren Herzen finden, so doch offenbar nicht darum, weil sie von Kant aus dem Vernunftgespenst der absoluten Gesetzmäßigkeit hergeleitet werden, sondern, weil sie aus *anderen* Gründen uns gefallen, unserer Natur als Gesellschaftswesen in gewisser Hinsicht entsprechen. Wenn man aus dem Beifall, den diese Sätze etwa finden, auf die Zustimmung zu dem kategorischen Imperativ schließen will, so borgt man eben fremdes Licht zu seiner Beleuchtung. Lotze[10] hat das treffendste Wort gegen die Zumutungen dieses Formalismus gefunden, wenn er kopfschüttelnd fragt, ob es denn wirklich in der Welteinrichtung so sehr auf *Etikette* abgesehen sein sollte.

Der kategorische Imperativ, der nicht durch einfache psychologische Analyse, sondern selbst bereits auf Grund eines »Postulats« gewonnen ist, wird dann im Kantischen System der Ausgangspunkt für die Entwicklung der anderen Postulate der praktischen Vernunft: Gott, Freiheit und Unsterblichkeit. Die »Vernunftreligion« der Aufklärung erhält so eine eigenartige, logisch wohlgepanzerte, aber psychologisch darum doch nicht überzeugungskräftigere Begründung. In Wahrheit wird für solche, denen der Gedanke eines Unbedingten psychologisches Bedürfnis ist, nach wie vor der Weg nicht über den kategorischen Imperativ zu »Gott«, sondern direkt zu »Gott« und von Gott zu dem *unbedingt,* aber darum doch *nicht* nach dem Schema des kategorischen Imperativs gebietenden göttlichen Willen gehen. Die Vernunft aber, als wissenschaftlich reflektierende, kann die Wanderung weder auf dem einen, noch auf dem andern Wege mitmachen.

So also scheinen mir die Dinge zu liegen. Der prinzipiellen Unterscheidung, welche z. B. Genosse *Woltmann* in seinem Buch über den historischen Materialismus[11] zwischen der Kan-

---

10 [Rudolf Hermann Lotze, 1817-1881, dt. Mediziner und Philosoph, der den dt. Idealismus mit der empirischen Naturwiss. verband und darauf eine auf Ontologie begründete Logik aufbaute. Zugleich führte L. den Wertbegriff in die neuere idealistische Ethik ein.]
11 [Ludwig Woltmann, Der historische Materialismus, Düsseldorf 1900.]

tischen Ethik und dem in jenen Postulaten sich ausdrückenden, metaphysischen Überbau macht, wo er den Überbau verwirft, aber die Ethik selbst anerkennt, vermag ich nicht zuzustimmen, weil diese Ethik selbst metaphysisch-rationalistisch aus einem Postulat herausgesponnen ist, weil sie das wirkliche ethische Bewußtsein, statt es zu erklären, vergewaltigt. Dabei ist von dem starren Dogmatismus des aus reiner Vernunft abgeleiteten *konkreten* Moralsystems in der Metaphysik der Sitten noch gar nicht einmal die Rede! Was *Vorländer* in dem zitierten Schriftchen mir entgegenhält, ich hätte, trotz einer objektiven Würdigung der Kantischen Erkenntnistheorie in einem Vorwärts-Artikel, es zu einer eben solchen Würdigung der Kantischen Ethik nicht gebracht, weil ich »noch nicht erkannt, daß auch die Ethik, wenn anders sie den Anspruch auf den Charakter einer Wissenschaft erhebt, der strengsten erkenntnistheoretischen Begründung bedarf...«, kann ich ebensowenig zugeben. Was heißt hier erkenntnistheoretische Begründung? Doch wohl eine Untersuchung dessen, was in den wirklichen Konkreten moralischen Urteilen als Allgemeines mitgedacht wird und so den generellen Charakter des moralischen Urteilens konstituiert. Eine solche Untersuchung aber, an diesem Resultat wird sich meines Erachtens nicht rütteln lassen, kommt über das bekannte: »Was du nicht willst u.s.w.« nicht hinaus; bringt es also, weil das Normierende immer in den Zwecken des gesellschaftlichen Zusammenlebens liegt, und weil daher mit den obersten Normen zugleich auch Ausnahmen von denselben als möglich und berechtigt anerkannt werden, in keinem Fall zu der Kantischen Forderung einer *unbedingten Gesetzmäßigkeit,* also auch zu keinem Prinzip, von dem aus rationalistisch eine allgemeingültige Moral entwickelt werden könnte. In *diesem* Sinne kann von einer »Ethik als Wissenschaft« tatsächlich nicht die Rede sein, und ebensowenig natürlich davon, daß die »soziale Bewegung zu ihrer vollen Entfaltung der Kantischen Methode bedürfe« oder gar »am dringendsten bedürfe«, wie Vorländer im Vorwort sagte. Der Kantischen *Ethik* gegenüber, diese in ihrer *prinzipiellen* Grundlage betrachtet, ist in der Tat das von Vorländer beklagte sozialistische »Mißtrauen«, welches eine »Einschmuggelung überwundener metaphysischer Ideen in den Sozialismus« befürchtet, ganz wohl berechtigt. Das, was an Kant der sozialistischen Auffassungsweise wahlverwandt erscheint, das findet diese auch bei anderen Denkern. Das ist nicht eigentlich ein Spezifikum der Kantischen Ethik: was aber ihr Spezifikum ist, das liegt der naturalistischen Denkweise des Sozialismus völlig abseits und ist notwendig unfruchtbar für sie.

# Ludwig Woltmann
# Die Begründung der Moral [1900]

Der von Conrad Schmidt veröffentlichte Aufsatz über Sozialismus und Ethik, der im wesentlichen auf eine strikte Ablehnung der Kantschen Ethik sowie der theoretischen Absicht jener Sozialisten hinausläuft, welche die moralischen Ideen des Sozialismus durch Orientierung an der Kantschen Philosophie tiefer zu fundamentieren suchen, fordert in jeder Hinsicht meinen Widerspruch heraus. Da ich anderwärts schon das Problem über die Beziehung der Kantschen Ethik zum Sozialismus und historischen Materialismus ausführlich erörtert habe, sei es mir gestattet, hier nur auf den Kernpunkt des angeführten Aufsatzes, auf das erkenntnistheoretische Problem der Moral einzugehen. Zuerst ist eine Vorfrage zu erledigen. Gibt es überhaupt eine »Ethik des Sozialismus«? Wie seltsam diese Frage auch manchem erscheinen mag, so muß man sie doch aufwerfen, denn in bezug auf die »Ethik« ist der moderne Sozialismus sehr skeptisch; und in letzter Zeit haben wir es mehr als einmal erleben müssen, daß von führender Stelle über die Ethik und die Ethiker – gespottet wurde. Insofern ist die Fragestellung also berechtigt.
Nehmen wir das Erfurter Programm[1] zur Hand, so lesen

---

1 [Das ›Erfurter Programm‹ wurde von der Sozialdemokratischen Partei Deutschlands anläßlich ihres Erfurter Parteitags 1891 beschlossen. Es ersetzte das 1875 von der Sozialistischen Arbeiterpartei Deutschlands verkündete ›Gothaer Programm‹, nachdem das Bismarcksche Sozialistengesetz (1878-1890) mit dessen Verabschiedung nicht mehr erneuert wurde und die SPD im Februar 1890 ihren Stimmanteil auf anderthalb Mill. hatte vergrößern können. Der 1890 in Halle tagende Parteitag hatte den Parteivorstand mit dem Entwurf des neuen Programms beauftragt. Angenommen wurde in Erfurt ein von der Redaktion der ›Neuen Zeit‹, vor allem von K. Kautsky und E. Bernstein, konkurrierend vorgelegter und von Fr. Engels unterstützter Entwurf, dessen Prognose eines »mit Naturnotwendigkeit« mit der Vergesellschaftung der Produktionsmittel eintretenden Sieges der Arbeiterklasse aus K. Marx' »Kapital« (24. Kap.) übernommen wurde.

wir: »Die Sozialdemokratische Partei Deutschlands kämpft also nicht für neue Klassenprivilegien und Vorrechte, sondern für die Abschaffung der Klassenherrschaft und der Klassen selbst und für *gleiche Rechte und Pflichten aller* ohne Unterschied des Geschlechtes und der Abstammung.« In diesem Satze ist die klarste und konzentrierteste Formulierung der sozialistischen Moral ausgedrückt. Es ist der Standpunkt des »realen Humanismus«.

Ich könnte aus den Schriften von Marx und Engels, aus den Aufsätzen der sozialistischen Zeitungen und Zeitschriften, aus den verschiedensten Reden eine stattliche Menge von Beispielen anführen, worin diese Forderung in abwechselnden Variationen im Namen der Menschenwürde, Menschenpflicht oder Gerechtigkeit immer wiederholt wird.

Die Moral des Sozialismus tritt als ein *Postulat* auf, für das man *kämpft*, als eine *Idee*, welche im Bewußtsein der Kritiker den gesellschaftlichen Zuständen *vorhergeht*. Nun entsteht die Frage: wie kommen die Menschen zu dieser Idee des »realen Humanismus« oder zu diesem »Humanitätsideal«?

Hören wir vorher, was C. Schmidt darüber sagt. Er meint, die Moral des Sozialismus sei »naturalistisch«, während die Kantsche »metaphysisch« sei. Jene Schätzung des Individuums, jene Hingabe an die Idee der Gattung und eines unendlichen Fortschrittes, die in dem Ideal sich ausdrücken, gelten dem

»Immer größer wird die Zahl der Proletarier ..., immer schroffer der Gegensatz zwischen Ausbeutenden und Ausgebeuteten, immer erbitterter der Klassenkampf zwischen Bourgeoisie und Proletariat ... Die gesellschaftliche Umwandlung bedeutet die Befreiung nicht nur des Proletariats, sondern des gesamten Menschengeschlechts ... Aber sie kann nur das Werk der Arbeiterklasse sein ... Der Kampf der Arbeiterklasse gegen die kapitalistische Ausbeutung ist notwendigerweise ein politischer Kampf. Die Arbeiterklasse kann ihren ökonomischen Kampf nicht führen ... ohne politische Rechte. Sie kann den Übergang der Produktionsmittel in den Besitz der Gesamtheit nicht bewirken, ohne in den Besitz der politischen Macht gekommen zu sein. Diesen Kampf der Arbeiterklasse ... zu gestalten und ihm sein naturnotwendiges Ziel zu weisen – das ist die Aufgabe der Sozialdemokratischen Partei.« (Programme der Sozialdemokratie. Hannover 1963, 77–82; hier 77–79. Vgl. Fr. Engels, Zur Kritik des sozialdemokratischen Programmentwurfs 1891, MEW 22, 225–240.)]

sozialistischen Denken selbst nur als ein Erzeugnis der *natürlich gesellschaftlichen*, durch Klassenkampf vorwärtsschreitenden Entwicklung, das in sich selbst ohne jede Beziehung auf ein religiöses oder metaphysisches Jenseits der Erfahrungswelt verständlich sei. In der Gesellschaft bilden sich nun *selbstverständlich* Normen, Gebote und vor allem Verbote aus, die den Anspruch erheben, daß der Wille der Individuen im Handeln sich ihnen unterwerfe; Normen, denen das Individuum, sofern es Glied der Gesellschaft sei und sich als solches empfinde, zum Teil notwendig werde beistimmen müssen. Die ganze Betrachtung sei nichts anderes, als eine mehr methodische Explikation des alten *unmittelbar einleuchtenden Grundsatzes,* daß der Mensch das, was er von anderen nicht erleiden wolle, auch anderen nicht zufügen dürfe. »Aber wie kommt der Mensch, wird man fragen, auf den Gedanken, seine Handlung unter dem Gesichtspunkt einer Maxime zu betrachten, wie kommt er darauf, dieselbe zu verallgemeinern und danach ihren moralischen Wert abzuschätzen? Doch nur als Glied der Gesellschaft, d. h. eines realen Zusammenhangs von Personen, in dem auf Grund des überprivaten, allgemeinen und gesellschaftlichen Interesses notwendig gewisse Normen als Regulative des privaten Handelns ausgebildet werden müssen.«

Wenn man Schmidts Standpunkt charakterisieren soll, so ist er derjenige der *soziologischen* und *psychologischen* Analyse. Er stellt sich nach seiner Auffassung hiermit in ausdrücklichen Gegensatz zur Kantschen »metaphysischen« Ethik, die aus dem logischen Prozeß der moralischen Beurteilung einen »Fetischismus« mache.

Schmidts Standpunkt ist nicht neu. Er wurde schon von den englischen Moralphilosophen des vorigen Jahrhunderts und auch in unserer Zeit wieder von den Gesellschaftsutilitariern der Spencerschen Schule[2] in ähnlicher Weise gelehrt. Nun ist

---

2 [Herbert Spencer, 1820–1903. Englischer Philosoph und Soziologe. Entwickelte unter Comtes Einfluß in seinem »System of Synthetic Philosophy« (1862–1896) die Entwicklungsstadien des Fortschritts vom Anorganischen

gegenüber den obigen Vorwürfen zu bemerken, daß Kant die soziologische und psychologische Analyse sehr wohl kennt, daß ihm die praktische Vernunft ein »natürlich erworbenes Vermögen« oder mit Schmidts eigenen Worten ein »Erzeugnis der natürlich gesellschaftlichen Entwicklung« ist. Kant lehrte in der Tat, daß die menschliche Vernunft aus tierischen Anfängen innerhalb der Gesellschaft durch den Antagonismus der Individuen (»Klassenkampf«) allmählich entwickelt worden ist. Da ich hier nicht näher darauf eingehen kann, sei es mir gestattet, auf meine früheren diesbezüglichen Auseinandersetzungen hinzuweisen: »System des moralischen Bewußtseins«, das Kapitel über Kants Lehre von der Entwicklungsgeschichte der praktischen Vernunft, Seite 157-167, »Historischer Materialismus«, das Kapitel über die Prinzipien der Erkenntnistheorie und Entwicklungslehre, Seite 42 und über »Kritische und genetische Auffassung des Bewußtseins«, Seite 270.[3]

Was aber Schmidts Beantwortung der Frage betrifft, *wie* der Mensch zum moralischen Urteil komme, – so zeigt sich da die ganze Schwäche und Hilflosigkeit des »naturalistischen« Theoretikers, auf Soziologie die Moral zu begründen. Er schreibt: »In der Gesellschaft bilden sich nun *selbstverständlich* Normen aus«. Ist das so »selbstverständlich«? Nein, hier beginnt erst das Problem der Kantschen Moralbegründung. Es ist eben die Aufgabe, zu erklären, durch *welchen geistigen* Akt auf Grund des überprivaten Interesses Normen als Regulative des privaten Interesses ausgebildet werden *müssen*. Diesen geistigen Akt findet Schmidt schließlich in einem »*unmittelbar einleuchtenden Grundsatz*«. Mit dieser Idee ist aber der »naturalistische« Denker mitten in die metaphysischen Tiefen der Kantschen Ethik geraten, – ohne daß er es selbst gemerkt hat.

zum Organischen und Überorganischen; von Darwin beeinflußt übertrug er dessen biologischen Evolutionismus auf Psychologie, Ethik und Soziologie und behauptete die Erkenntnis der Gesellschaft als Organismus mit der Biologie analogen Mitteln.]
3 [L. Woltmann, System des moralischen Bewußtseins, Düsseldorf 1898. Der historische Materialismus. Düsseldorf 1900.]

Es ist eine ganz unrichtige und unbeweisbare Auslegung der Kantschen Ethik, daß sie ohne Beziehung auf die gesellschaftliche und historische Erfahrung bleibe.[4] Kant unterscheidet aber sorgfältig von der Anwendung auf die Erfahrung die *logische Begründung und Deduktion des moralischen Urteils,* und diese ist schlechterdings aus der sinnenfälligen Wahrnehmung nicht herzuleiten. Freilich geht Kant von der Erfahrung im allgemeinen Sinne insofern aus, als dieselbe uns den Bewußtseinsakt des moralischen Urteils und der moralischen Tat darbietet. Er setzt sich zur Aufgabe, »nur die Prinzipien der *Möglichkeit,* des Umfanges und der Grenzen der praktischen Vernunft vollständig ohne *besondere* Beziehung auf die menschliche Natur« zu untersuchen. Das schließt die historisch-soziologische Betrachtungsweise nicht aus, sondern ein.

Schmidt lehnt zwar den Worten nach die »erkenntnistheoretische Begründung« der Moral ab, gibt dann aber im Prinzip zu, daß sie darin bestände, in den wirklichen konkreten moralischen Urteilen das *allgemein Gedachte* und so den generellen Charakter des moralischen Urteils zu konstituieren. Nun hat

---

[4] »Das Gespenst einer ausnahmslos ohne Rücksicht auf den Erfolg zu verwirklichenden Gesetzmäßigkeit der Handlungen, die sich Selbstzweck ist und als Selbstzweck unbedingte Verehrung von dem Menschen verlangt, dieses *blutlose Gespenst* - so will uns Kant überreden - sei die geheime Seele und der Leitstern unseres moralischen Bewußtseins!« Es wird Schmidt schwerfallen, aus Kants Schriften dafür einen Beweis zu bringen. »Blutloses Gespenst!« Hat denn Schmidt gar nicht von der Wärme, dem Feuer, der Begeisterung gespürt, die in den Kantschen Sätzen glüht? Daß die ganze Begründung der Moral sich um das Leben und die Vervollkommnung der Menschheit dreht? - Die harte Strenge der Kantschen Ethik besteht nur in der Forderung, daß, *wenn* und *wo* von *Pflicht* die Rede, man dieser Pflicht *unbedingt* gehorchen müsse. »Aber diese *Unterscheidung* des Glücksprinzips von dem der Sittlichkeit ist darum nicht sofort *Entgegensetzung* beider, und die reine praktische Vernunft will nicht, man solle die Ansprüche auf Glückseligkeit aufgeben, sondern nur, *sobald von Pflicht die Rede ist, darauf gar nicht Rücksicht nehmen*«. Die ganze Ethik dreht sich um den Menschen, jedoch nicht um den einzelnen und zufälligen, sondern um den Menschen unter der Idee der Menschenwürde. Wann werden jene grundlosen Beschuldigungen von »blutlosem Gespenst«, von »mönchischer Askese«, von der »Moral für Engel« und dergl. endlich einmal verstummen?

Kant gerade diese Forderung erfüllt, das »allgemein Gedachte« festzustellen, zu formulieren und zu begründen.

Eine solche Untersuchung, meint Schmidt, könne über den Satz nicht hinauskommen: »Was du nicht willst« u.s.w. Es gebe kein Prinzip, von dem aus rationalistisch eine allgemeingültige Moral entwickelt werden könnte.

Kant weist nun, und nach meiner Ansicht mit vollem Recht, diese genannte Formel als eine unzureichende und *abgeleitete* zurück: »Man denke ja nicht, daß hier das triviale: quod tibi non vis fieri etc. zur Richtschnur oder zum Prinzip dienen könne. Denn es ist, obzwar nur mit verschiedenen Einschränkungen, nur aus jenem abgeleitet; es kann kein allgemeines Gesetz sein, denn es enthält nicht den *Grund* der Pflichten gegen sich selbst, nicht der Liebespflichten gegen andere (denn mancher würde es gerne eingehen, daß andere ihn nicht wohl tun sollen, wenn er es nur überhoben sein dürfte, ihnen Wohltat zu erzeigen), endlich nicht der schuldigen Pflichten gegeneinander; denn der Verbrecher würde aus diesem Grunde gegen seine strafenden Richter argumentieren u.s.w.«5

Damit nun die Begriffe und Grundsätze der praktischen Vernunft festgestellt und aus ihrer Bedeutung ihr oberster *Grund* nachgewiesen werde, zerlegt Kant das moralische Urteil, um so die »empirischen« von den »rationalen« Bestimmungsgründen des Handelns zu scheiden. Er findet die Begriffe der Pflicht, der Achtung, der Gesetzmäßigkeit als die allgemeinen formalen Bedingungen aller Moral, die wegen ihrer Beschaffenheit nicht aus der sinnlichen Wahrnehmung und Begehrung (Vorteil, Neigung u.s.w.) entspringen können, sondern es sind *Ideen*, die der Vernunft entspringen und das moralische Urteil als einen logischen Akt der Vernunft erst möglich machen. Er findet, daß allen moralischen Urteilen eine normative Idee oder ein *Urbild* vorschwebt, das nicht erst durch Vergleichung und Abstraktion von *bisherigen* Erfahrungen entsteht, sondern das völlig a priori von der praktischen Vernunft vorgestellt wird oder, mit Schmidt zu reden, »unmittelbar einleuchtet«.

5 [AKA IV, 430 Fußnote.]

Kant gibt drei Formulierungen dieses *moralischen* Urbildes:
I. »Handle nur nach der Maxime, durch die du zugleich wollen kannst, daß sie ein *allgemeines Gesetz* werde.«
II. »Handle so, daß du die *Menschheit,* sowohl in deiner Person, als in der Person eines jeden anderen, jederzeit zugleich als *Zweck,* niemals bloß als *Mittel* brauchst.«
III. »Handle so, als ob die Maxime deiner Handlung durch deinen Willen zu einem *allgemeinen Naturgesetz* werden sollte.«[6]
Die Idee der *allgemeingültigen Gesetzlichkeit* ist das oberste Prinzip aller Moral. Nach ihm urteilt »die gemeinste praktische Vernunft« und ebenso liegt es der sozialistischen Kritik und Forderung zugrunde: »Gleiche Rechte und Pflichten aller ohne Unterschied des Geschlechts und der Abstammung.«
Es ist ein *unbedingtes Postulat,* das hier erhoben wird. Wie kommen nun die sozialistischen Verfasser des Programms zu diesem Satze? Etwa durch historisch-materialistische Wissenschaft? Aber diese stellt bekanntlich nur dar, was ist, und kümmert sich angeblich nicht um das, was geschehen *soll.* Denn die Geschichte hat nach dieser Lehre bisher nur eine Klassenmoral hervorgebracht, also das strikte Gegenteil von dem, was verlangt wird. »Die Belehrung in den Gesetzen der Sittlichkeit ist nicht aus der Beobachtung seiner selbst und der Tierheit in ihm, *nicht aus der Wahrnehmung des Weltlaufs geschöpft,* von dem, was geschieht und wie gehandelt wird, sondern die *Vernunft gebietet, wie gehandelt werden soll,* wenngleich noch kein Beispiel angetroffen würde; auch nimmt sie keine Rücksicht auf den Vorteil, der uns dadurch erwachsen kann und den freilich nur die Erfahrung lehren könnte.« (Kant). Die sozialistische Moral ist also ein Vernunftpostulat, und anders als rationalistisch läßt sich eine Moral überhaupt nicht begründen.
Wenn Schmidt meint, das Normierende läge in den allgemeinen Zwecken der Gesellschaft, so ist eben die Frage: wie ist

6 [AKA IV, 421; 429; 421.]

dieser allgemeine Zweck beschaffen und woher entspringt diese Idee? Aus dem, was in der Gesellschaft geschieht, kann sie nicht entspringen, denn der allgemeine Zweck weist immer *über das Bestehende hinaus*. Sie kann ihren Quell nur in der *normativen praktischen Vernunft* haben, die in sich selbst ein Prinzip idealer Schöpfungen ist. Die zweckmäßige Norm hat also allerdings nicht nur eine »hinter die Erfahrung zurückgehende Begründung«, die Schmidt verwirft, sondern auch eine der Erfahrung *vorhergehende* Begründung, also einen – »unmittelbar einleuchtenden Grundsatz«, den Schmidt selbst anerkennt.

Das moralische Gesetz ist absolut und gestattet keinerlei Ausnahmen. Werden Ausnahmen zugelassen, dann ist es mit aller Moral aus, und Kant bezeichnet dies mit Recht als eine »Verirrung des moralischen Sinnes«.

Die Pflicht, die Wahrheit zu sagen, ist absolut, und wenn ein Mensch glaubt, in gewissen Fällen aus »Menschenliebe« lügen zu dürfen, so bin ich überzeugt, daß dieser Mensch mindestens in der Idee es für besser und schöner halten würde, wenn er die Lüge nicht auszusprechen brauchte. Und wenn der Mensch aus Gewohnheit nicht allzu verhärtet ist, so wird er auch die angebliche »Notlüge« nur uner Erröten oder mit innerer Scham aussprechen. Gibt es aber ein Recht, oder wohl gar, wie es Schmidt aufzufassen scheint, eine Pflicht, aus »Menschenliebe« zu lügen? Weiß aber der Betreffende genau, daß die Lüge zum Vorteil der Menschen gereichen wird? Kann er alle Umstände und Folgen übersehen, daß er wirklich sicher ist, durch die Lüge nicht noch größeres Unglück herbeizuführen? Es ist aber eine unrichtige Darstellung, wenn Schmidt schreibt, Kant lehre, daß auch »jemand, der durch eine Lüge einen Menschen aus Mörderhand *sicher* befreien könnte, unter keinen Umständen lügen dürfe«. Von dieser »Sicherheit« ist in Kants Beispiel absolut nicht die Rede. Im Gegenteil, Kant stellt die »Unsicherheit« fest, ob der Betreffende den Verfolgten aus Mörderhand wirklich befreien könnte. Ich führe zum Beweis das Beispiel wörtlich an, um zu zeigen, wie es Kant darauf ankommt, hier die äußerste Konsequenz seiner Theorie zu ziehen.

Kant schreibt in der Abhandlung »Über ein vermeintes Recht, aus Menschenliebe zu lügen«: »Hast du nämlich einen eben jetzt mit Mordsucht Umgehenden durch eine Lüge an der Tat verhindert, so bist du für alle Folgen, die daraus entspringen möchten, auf rechtliche Art verantwortlich. Bist du aber strenge bei der Wahrheit geblieben, so kann dir die öffentliche Gerechtigkeit nichts anhaben, die unvorhergesehene Folge mag sein, welche wolle. Es ist doch möglich, daß, nachdem du dem Mörder auf die Frage: ob der von ihm Angefeindete zu Hause sei, ehrlicherweise mit Ja geantwortet hast, dieser doch unbemerkt ausgegangen ist und so dem Mörder nicht in den Wurf gekommen, die Tat also nicht geschehen wäre; hast du aber gelogen, und gesagt, er sei nicht zu Hause, und er ist auch wirklich (obzwar dir unbewußt) ausgegangen, wo denn der Mörder ihm im Weggehen begegnete und seine Tat an ihm verübte, so kannst du mit Recht als Urheber des Todes desselben angeklagt werden. Denn hättest du die Wahrheit, so gut du sie wüßtest, gesagt, so wäre vielleicht der Mörder über dem Nachsuchen seines Feindes im Hause von herbeigelaufenen Nachbarn ergriffen und die Tat verhindert worden.«[7]

Dann aber ist jede Lüge, auch die »Notlüge« ein Unrecht, das der Menschheit überhaupt zugefügt wird, indem sie die Rechtsquelle aller Verträge unbrauchbar macht. Ich halte es deshalb allerdings für eine verderbliche »Verirrung des moralischen Sinnes«, wenn es gerechtfertigt oder gefordert wird, daß jenes oberste Gesetz Ausnahmen erleiden darf oder gar soll, der kategorische Imperativ: du sollst nicht lügen! Eine Moral aber, die nicht unbedingt ist, ist überhaupt keine Moral, sondern gleißnerisches Blendwerk.[8] Wenn man nach dem

---

[7] [AKA VIII, 427.]

[8] Es ist interessant, daß die größten Zeitgenossen Kants, *Goethe*, *Schiller* und *Fichte* in diesem moralischen Rechtsstreit sich unbedingt auf die Seite des Königsberger Philosophen stellten. Goethe, den man gegen die moralische Kälte und Strenge Kants auszuspielen beliebt, schreibt in einem

Grunde des Widerwillens gegen die unbedingte Moral forscht, so liegt derselbe in der Abneigung gegen alle *Metaphysik*. Schmidt verwirft die Kantsche Ethik, »weil diese Ethik selbst metaphysisch-rationalistisch aus einem Postulat herausgesponnen ist, weil sie das wirkliche ethische Bewußtsein, statt es zu erklären, vergewaltigt«. Nun frage ich, ob es möglich sei, die sozialistische Moral »von den gleichen Pflichten und Rechten aller« oder jene »Hingabe an die Idee der Gattung und eines unendlichen Fortschrittes« in einer anderen Weise zu begründen, als »rationalistisch« durch ein Postulat. *Alle Moral ist schlechterdings ein Postulat,* und das naturalistische und soziologische Denken wird sich vergeblich abmühen, die moralischen Postulate des Sozialismus und des Humanitätsideals anders als durch eine unmittelbare Forderung der praktischen Vernunft zu begründen.

Schmidt will Kants Metaphysik gegenüber den *irdischen* Ursprung der Moral retten. Das sagt er einem Denker gegenüber, der die klassische Theorie von der mechanischen Entwicklung des Himmels lehrte, der die Idee der tierischen Abstammung

Briefe an Schiller, daß der Franzose Mounier Kantens Ruhm untergraben habe und ihn nächstens in die Luft zu sprengen gedenke. »Dieser moralische Franzos hat es äußerst übel genommen, daß Kant die Lüge, unter *allen* Bedingungen, für unsittlich erklärt. Böttiger hat eine Abhandlung gegen diesen Satz nach Paris geschickt, die ehestens in der Décade Philosophique wieder zu uns kommen wird, worin denn zum Trost so mancher edlen Seele klar bewiesen wird, daß man von Zeit zu Zeit lügen müsse«. Und spöttisch fährt er fort: »Wie sehr Freund Ubique (d. i. Böttiger) sich freuen muß, wenn dieser Grundsatz in die Moral aufgenommen wird, können Sie leicht denken, da er seit einiger Zeit die Bücher, die man ihm geliehen hat, hartnäckig abschwört, ob es gleich kein Geheimnis ist, daß er sie im Hause hat und sich deren ganz geruhig fortbedient.« - Daß Schiller in derselben Weise urteilte, zeigt seine Anwort an Goethe, worin er schreibt, daß Mounier ein würdiger Pendant zu Garve sei, der sich auch in ähnlicher Art gegen Kant prostituierte. Mounier sei ein »ruhig beschränkter und menschlicher Repräsentant des gemeinen Verstandes, mit dem man, da er wirklich ohne Arges ist und gar *nicht ahnt, worauf es ankommt,* gar nicht hadern mag.« (Vergleiche K. Vorländers Abhandlung über Goethes Verhältnis zu Kant in seiner historischen Entwicklung, Kantstudien Bd. I [1897], pag. 335). Daß Fichte denselben rigoristischen Standpunkt gegenüber der Lüge vertritt, zeigt sein System der Sittenlehre (1798, pag. 387) [= SW, ed. I. H. Fichte, IV 283].

des Menschen konzipierte, der die Entwicklung der Tier- und Menschenrassen in ihrer Abhängigkeit von klimatisch-geographischen Ursachen nachwies, der die Vernunft aus Instinkten im gesellschaftlichen Prozeß hervorgehen ließ!

Leider gibt es aber viele Leute, die an Kauderwelsch oder Geisterspuk denken, wenn sie das Wort Metaphysik vernehmen. Ich erinnere mich gern an einen Ausspruch des berühmten Physikers Hertz, der zu einem seiner Schüler, der über die Metaphysik spottete, mit mitleidigem Lächeln sagte: »Liebster Herr, Sie ahnen ja gar nicht, wie viel Metaphysik in der – Physik steckt.«

Was heißt irdisch? Ist die Erde nicht ein Punkt im Weltall, der uns »ins unabsehlich Große mit Welten über Welten und Systemen von Systemen, überdem noch in grenzenlose Zeiten ihrer periodischen Bewegung, deren Anfang und Fortdauer« verknüpft? Das Irdische geht also ins Überirdische, ins Grenzenlose, das ein Gegenstand der Metaphysik ist. Schmidt spricht aber selbst von dem »Ideal des *unendlichen* Fortschrittes«. Das »Unendliche« kann aber nicht dem »Irdischen« oder »der Gesellschaft« entspringen; sondern die Idee des Unendlichen sowohl in physischer als moralischer Hinsicht ist apriorisch, aus einem *inneren* Universum unserer Vernunft hervorgegangen.[9]

Daß dieser unendliche Grund des moralischen Gesetzes die *Freiheit* des Willens ist, ist neben der unbedingten Formulierung der Moral die andere unumstößliche Wahrheit, die Kant aufgedeckt hat. Ohne Freiheit, diesen »Stein des Anstoßes für

---

9 [Kant ist in der Beurteilung des »unendlichen Fortschritts« der Geschichte skeptischer, als Schmidt und Woltmann: »Daß die Welt im Ganzen immer zum Bessern fortschreite, dies anzunehmen berechtigt ihn keine Theorie, aber wohl die reine praktische Vernunft, welche nach einer solchen Hypothese zu handeln dogmatisch gebietet« (AKA XX, 307). Prinzip des *Sollens* also, das ohne die Dialektik von Freiheit und Gesetzeszwang, Recht, auch bei Kant nicht begründbar erscheint: »Die Menschen bedürfen bei ihrer natürlichen Bösartigkeit und in ihrer darum sich untereinander drängenden Lage einer Macht, die jeden größeren Haufen derselben unter dem Zwange öffentlicher Gesetze halte und dadurch jedem sein Recht sichere« (Krakauer Fragment zum ›Streit der Fakultäten‹, in: O. H. v. d. Gablentz, I. Kant. Politische Schriften. Köln/Opladen 1965, 170).]

alle Empiristen«, gibt es keine unbedingte Moral, gibt es keine Entwicklung und Vervollkommnung in der Welt. Oder meint man etwa, daß die Lehre von der Freiheit des Willens eine überwundene reaktionäre Metaphysik sei? Ich gestehe, daß ich in Sachen der Ethik nicht nur Neukantianer, sondern unverfälschter Altkantianer bin, trotz der biologischen und ökonomischen Erkenntnisse über die Entstehungsbedingungen des moralischen Bewußtseins, die Darwin und Marx nachgewiesen haben und die ich voll und ganz anerkenne; aber die kritische Begründung der Moral hat mit der Nachforschung nach den äußeren Entstehungsbedingungen ihrer Entwicklung nichts zu tun.

Ich bedaure es aufrichtig, daß C. Schmidt in die von ganz inkompetenter Seite ausgestoßenen Unkenrufe vom »reaktionären Getute« mit einstimmt und den Vorwurf wiederholt, daß die Kantsche Ethik eine »Einschmuggelung überwundener metaphysischer Ideen in den Sozialismus« bedeute. Den Beweis dafür bleibt auch Schmidt schuldig. Die meisten »naturalistischen« Denker ahnen aber nicht, wie sehr der »wissenschaftliche« Sozialismus selbst »bis über die Ohren« in – Metaphysik steckt.

Weil aber die Vertreter des wissenschaftlichen Sozialismus bisher noch gar nicht den geringsten Versuch gemacht haben, über die Begründung der moralischen Postulate des Sozialismus sich philosophisch klar zu werden, darum greifen wir auf Kant zurück. Gewiß finden wir der sozialistischen Anschauungsweise verwandte Ideen auch bei anderen Denkern; aber das steht ebensosehr fest, daß kein Moralphilosoph theoretisch und praktisch die Begründung des Humanitätsideals so prinzipiell und im Zusammenhang mit allen anderen menschlichen Erkenntnissen und Aufgaben erforscht hat, als Immanuel Kant.

# Conrad Schmidt
# Sozialismus und Ethik [1900]

In dem Artikel: Sozialismus und Ethik hatte ich einen Versuch gemacht, die Grenzlinie anzugeben, bei der sich die Kantsche Moraltheorie, die nur eine Analyse, eine begriffliche Verdeutlichung des wirklich vorhandenen, naturwüchsig entwickelten moralischen Bewußtseins sein will, von eben diesem Bewußtsein meines Erachtens offenkundig scheidet. Die Ausführungen waren hervorgerufen durch einige neuerdings erschienene Schriften, in denen ein innerer, wenn auch einstweilen noch latenter Zusammenhang zwischen Kants praktischer Philosophie und der sozialistischen Gedankenwelt behauptet worden war.

*Woltmann* hat als Vertreter dieser Richtung in der vorigen Nummer geantwortet.[1] Er hat sich dabei in Sachen der Moralphilosophie, vielleicht noch rückhaltsloser wie in seinen Schriften, zur Kantschen Lehre bekannt. Ja, er ist so durchdrungen von der Überzeugung, daß, wo gesellschaftliche Postulate erhoben werden, diese im letzten Grunde auf die Basis des Kantschen »Moralgesetzes« zurückweisen, daß er sogar im Erfurter Programm, den Urhebern desselben unbewußt, die Stimme des kategorischen Imperativ widerhallen hört. Auf das, was ich als die entscheidende Vorfrage in den Vordergrund zu rücken suchte, ob denn das wirkliche moralische Bewußtsein, so wie wir es heute in uns und unserer näheren Umgebung vorfinden und anerkennen, mit dem in der Kantschen Theorie rationalistisch konstruierten Moralbewußtsein, wenigstens der Grundlage nach, übereinstimme, hierauf ist er freilich, zu meinem Bedauern, kritisierend nicht näher eingegangen. Und doch ist das der springende Punkt. Von der Zergliederung der Erfahrung hebt jede Theorie an, und in

---

1 Ludwig Woltmann: Die Begründung der Moral, Sozialistische Monatshefte, 1900, No. 11, pag. 718 ff. [hier S. 107 ff.].

der Erfahrung hat sie die Kontrolle der von ihr gewonnenen Schlüsse.

»Eine Moral, die nicht *unbedingt* ist«, versichert uns nun Woltmann, »ist überhaupt keine Moral, sondern gleißnerisches Blendwerk.« Das sind Worte! Man kann den Satz ebensogut umkehren in den andern: »Eine Moral, die unbedingt sein will, ist überhaupt keine Moral.« Denn wenn überhaupt etwas in diesen Dingen klar ist, so dieses, daß Normen, also auch moralische Normen des Handelns, überhaupt nur möglich sind für Wesen, die durch ihr Gefühl, durch Lust und Unlust, irgendwie an dem Erfolg, der bei dem Handeln herauskommt, interessiert sind. Sieht man von dieser Grundbedingung, also dem *Glücksstreben* der vergesellschafteten Individuen ab, so verliert die Moral, auch die Kantsche, völlig den Boden unter den Füßen. Denn dann gibt es, wie man treffend gegen Kant bemerkt hat, »gar keine Maxime, die man nicht als allgemeines Gesetz aufstellen könnte; vielmehr eignet sich zu einer solchen Verallgemeinerung z. B. diejenige, jedem das Seinige zu nehmen, ebensowohl als die andere, jedem das Seinige zu lassen. Die erste führt freilich zu lauter Unordnung und Unglück, und nur die andere zu Ordnung und Glück. *Aber dieser Unterschied hat bloß dann Bedeutung, wenn man es als selbstverständlich schon zugibt, alles Handeln müsse auf die Erzeugung von Gütern und deren Genuß gerichtet sein.* Der Versuch Kants beweist also nur, daß auch die am strengsten gemeinte Moral gar nicht jede Verknüpfung mit dem gefürchteten Begriff der Lust vermeiden kann.« Diese Art der Bedingtheit wird in dem Begriff der Moral selbst mitgedacht und ist von ihm, wie doch wohl auch Woltmann zugeben wird, schlechthin untrennbar.

Hierdurch ist aber *von vornherein* jeder Versuch, a priori, d. h. ohne Beziehung auf den zu erwartenden, gesellschaftlich interessierenden Erfolg des Handelns, ein System moralischer Gebote und Verbote zu entwickeln, an der Wurzel abgeschnitten. Jedes derartige Unternehmen läuft auf Selbsttäuschung hinaus. Die Kantianer werden nun freilich erwidern, daß diese

Erwägungen für den *positiven Inhalt* der Moralgesetze allerdings Geltung haben, daß es aber auf die Erkenntnis dieses positiven, historisch wechselnden Inhalts auch *nicht in erster Reihe* ankomme. Hinter all diesen Verschiedenheiten stehe ein Bleibendes und Gemeinsames. Und eben dies werde durch die formalistische Methode der Kantschen Moralphilosophie in überzeugender Weise klargelegt. Aber für den spezifischen Wert dieser Methode fehle den Gegnern das Organ, der von Kant eingenommene methodische Standpunkt bleibe für alle solche, am Stofflichen festklebenden Argumentationen unerreichbar.

Gut! Also versuchen wir es mit diesem berühmten *formalistischen* Verfahren! Gehen wir statt von dem positiven Inhalt der moralischen Normen von der Tatsache aus, daß der Mensch, wenn wir ihn moralisch nennen, jedenfalls doch nicht bloß nach Laune und Willkür, oder nach Erwägungen des Nutzens, sondern irgendwie auch nach »Normen« oder »Grundsätzen« handelt, daß er diese Grundsätze, wenn sie in Konflikt mit seinem privaten Nutzen geraten, durch die Tat als das Höhere, dem sich das persönliche Interesse unterzuordnen hat, anerkennt. So haben diese Grundsätze *für ihn* eine von der Rücksicht auf den unmittelbar zu erwartenden Erfolg seines Handelns in gewisser Hinsicht losgelöste, feste und bleibende Geltung. Mithin, welches immer der positive Inhalt der moralischen Vorschriften sei, soviel läßt sich im voraus sagen, daß, wenn überhaupt moralisch gehandelt werden soll, jedenfalls nach Grundsätzen wird gehandelt werden müssen. Daß der Mensch nach Grundsätzen oder »gesetzmäßig« handeln könne, ist die gemeinsame *formale* Voraussetzung, die in jedem Moralgebot mitgedacht wird. Das weitere ist aber dann die Frage: wodurch sind die Grundsätze, die wir als moralisch anerkennen, *näher* charakterisiert? Dadurch, sagt Kant, daß wir ihnen eine *allgemeine Geltung* wünschen und wünschen müssen. Und hiermit mündet das formalistische Räsonnement, trotz allen Sträubens, doch ganz offenbar wieder in die Erwägung aus, von der das gewöhnliche Denken über die Moral seinen Ausgang nimmt. Darüber, welche Grundsätze als allgemein geltende gewünscht werden, darüber haben die Menschen als Gesellschaftswesen, die als solche an dem Glück oder Unglück bringenden Erfolg ihres Handelns interessiert sind, auf Grund dieses ihres Interesses zu entscheiden. Der positive Inhalt der Moral wird aus den gesellschaftlichen Bedürfnissen heraus geboren und ist nur in Beziehung auf sie verständlich. Nicht in der *Vernunft* oder dem rationalen Interesse, daß *überhaupt »gesetzmäßig« gehandelt wird,* sondern vielmehr in dem *gesellschaftlichen Interesse,* welches *eines so und so zu bestimmenden gesetzmäßigen Handelns notwendig bedarf,* liegt der Entstehungs- und, für den Menschen als Gesellschaftswesen, zugleich der psychologisch wirksame *Verpflichtungsgrund* der moralischen Normen. Das bloße formalistische Postulat, daß »gesetzmäßig« gehandelt werde, hat von dieser seiner näheren Bestimmung losgelöst, *durchaus keine das Gemüt erregende Bedeutung,* kann also auch in keiner Weise die allgemeine Grundlage, der Bestimmungsgrund des *Gewissens* sein. Es ist eine *bloß logische Bestimmung,* die an und für sich, ohne Zusammenhang mit irgendwelchen positiven Gütern, die durch eben dies den gesetzmäßige Handeln erzeugt werden sollen, betrachtet, durchaus keinen Vorzug vor der *entgegengesetzten* logischen Bestimmung, daß etwa das Handeln ein durch Grundsätze ungeregeltes sein solle, beanspruchen kann.

Und darum, weil die Normen letzthin auf das gesellschaftliche Interesse, nicht auf eine abstrakte »Gesetzmäßigkeit« à tout prix postulierende Vernunft zurückweisen, darum kommt ihnen auch eine nur *relative* Allgemeingültigkeit für das naturwüchsige moralische Denken zu; auch dann, wenn wir als ganz unparteiische Zuschauer zu urteilen haben. Der Mensch steht höher, als die Gebote; es gibt Fälle, wo er den Bruch derselben mit völlig »gutem Gewissen« billigt. Und wenn Woltmann an dem *absoluten* Verbot der Lüge als Kantianer festhält, warum denn nicht auch gleich an dem andern Kantschen *absoluten* Verbote einer gewaltsamen Revolution? Die rationalistische Begründung müßte in dem zweiten Fall für einen richtigen Kantianer doch eben so triftig, wie in dem ersten sein! Freilich ein unbequemes Beispiel, wenn man für die organische Verbindung von Sozialismus und Kantianismus plädiert! Es ist schlimm genug, daß sich in der Rechtsprechung, die ja an harte unelastische Formeln gebunden ist, summum jus so häufig für unser menschliches Gefühl in summa iniuria verwandelt; sollen die Menschen nun etwa den gleichen, dort unvermeidlichen blinden Automatismus der absoluten Regelhaftigkeit als höchstes, keine weitere Instanz zulassendes Gebot auch für ihr privates Leben und Urteilen proklamieren?! Wie sehr Woltmann übrigens den lebendigen Kontakt mit der im Sozialismus sich verkörpernden Denkweise durch das Hineintragen fremder, Kantisch angehauchter Ideen verloren hat, zeigt sich am deutlichsten in der bereits erwähnten seltsamen Interpretation des Erfurter Programms. Von der Forderung: »Gleiche Rechte und gleiche Pflichten aller ohne Unterschied des Geschlechtes und der Abstammung«, behauptet er, sie sei ein »*unbedingtes Postulat*«, ein aus der praktischen »Vernunft« geschöpftes Postulat, das sich *anders als rationalistisch* gar nicht begründen lasse. Warum aber stellen es denn gerade die Arbeiter, und nicht etwa die anderen Gesellschaftsklassen, auf? Warum in dieser Zeit, bei dieser Konstellation des Klassenkampfes? Ist das etwa auch in der »Vernunft« begründet? – Und dann: fassen denn die Sozialisten selbst diese Forderung als ein »unbedingtes« Postulat auf? Gleiche Rechte und Pflichten, das würde als eine gegen die heutige Gesellschaft ausgespielte Forderung doch vor allem: gleichen Entgelt für gleiche Arbeitsleistung, Abschaffung des arbeitslosen Einkommens bedeuten. Die Sozialisten sind von dem Gedanken, hiermit ein »unbedingtes«, absolutes, für alle Zeiten Geltung beanspruchendes Postulat aufzustellen, bekanntlich so weit entfernt, daß sie im Gegenteil nicht müde werden, immer wieder und wieder auf die »Bedingtheit« desselben hinzuweisen. Sie als die Unterdrückten und daher an der Gleichheit *interessierten*, sie als die Angehörigen eines Produktionsorganismus, der nach ihrer

Ansicht die Verwirklichung einer solchen Forderung *ohne Gefahren für die Produktivität der Arbeit,* zum ersten Male in der Weltgeschichte zuläßt, ja für seine technische Fortentwicklung direkt verlangt, stellen jene Forderung. Nicht zugegeben, aber angenommen einmal, die weitere Entwicklung zeigte, daß privates Kapital innerhalb gewisser Grenzen für den sozialen Organismus auf lange hin noch nützlich wäre, würde dann etwa auf Grund der Erwägung, daß mit diesem privaten Kapital arbeitsloses Einkommen verbunden ist und dieses dem Postulat der »gleichen Rechte« widerspricht, das Privatkapital beseitigt werden? Würden es die Sozialisten aus diesem Grunde beseitigen wollen? Wo bleibt denn also da die »Unbedingtheit«?

Solche Interpretationen – und es ist wirklich nicht abzusehen, auf welche Weise sonst die spezifisch Kantsche Moralphilosophie vor den Wagen des Sozialismus gespannt werden könnte – klären nicht auf, sondern verwirren. Sie führen direkt in jenen räsonierenden Utopismus, gegen den Marx und Engels ihre schärfsten Waffen wandten, zurück.

# Sadi Gunter (= F. Staudinger)
# Sozialismus und Ethik [1900]

Es ist eine eigentümliche Erscheinung, daß Kants Ethik heute nicht bloß von liberalem Eklektizismus bekämpft wird, sondern auch von denen, die ihm seinem Wesen nach am nächsten stehen, den Marxisten, – denn Marx' und Kants Methoden sind im Grunde dieselben. Und doch ist es nicht ganz unverständlich; denn allerdings tritt bei Kant schon in der Erkenntnistheorie, aber noch weit stärker in der Ethik *neben* dem *methodischen* ein *metaphysischer* Gesichtspunkt auf. Und dieser letzte Gesichtspunkt, der nicht allenthalben leicht abzuscheiden ist, verdient wirklich das der Kantschen Philosophie entgegengebrachte Mißtrauen. Aber deshalb darf doch gerade der Sozialist nicht das Kind mit dem Bade ausschütten, wie es leider auch *Conrad Schmidt* in seinen Erörterungen im September- und im Dezember-Heft dieser Zeitschrift getan hat.[1]

Wenn dieser Bestreiter Kants im Dezember-Heft sagt, der Kantianer werde ihm erwidern, der Kantsche methodische Standpunkt »bleibe für alle am *Stofflichen* festklebenden Argumentationen unerreichbar«[2], so hat er hier *ganz das Richtige* gesagt. Wie die Werttheorie von Marx all denen unerreichbar ist, die am Stofflichen der Nützlichkeitserwägungen haf-

---

[1] Nach dem Erscheinen von C. Schmidts Arbeit: Sozialismus und Ethik (1900, pag. 522 ff.) sandte ich der Redaktion eine Arbeit zu, die ich aber auf Ersuchen der Redaktion vorläufig zurückzog, als ich hörte, L. Woltmann und C. Schmidt hätten zuerst das Wort. Nunmehr gebe ich sie in veränderter Fassung und berücksichtige wesentlich C. Schmidts zweiten Aufsatz (1900, pag. 795 ff. [Nochmals die Moral, hier S. 119 ff.]), in dem die springenden Punkte schärfer hervorgehoben werden, als im ersten [Sozialismus und Ethik, hier S. 87 ff.]. In der Hauptsache ist es mir aber nicht um Polemik, sondern um gemeinverständliche Klarlegung der wichtigsten *sachlichen* Gesichtspunkte zu tun, die hier in Frage kommen. Daher mußte der Aufsatz eben ausführlicher werden, als es sonst geschehen wäre, hoffentlich nicht zum Schaden der Sache.

[2] a.a.O.; pag. 796 [hier S. 121].

ten, genauso ist Kants Ethik undurchdringlich für alle die, deren Blick auf die Gefühle von Lust und Unlust, kurz auf die natürlichen Entstehungsgründe des Handelns gebannt bleibt.

Wer etwa Marx vorwerfen will, er verkenne die Nützlichkeit einer Ware als unumgängliche Bedingung ihrer Erzeugung, der ist im Irrtum. Marx verkennt sie so wenig, daß er sie gerade voraussetzt. Was er behauptet, ist nur, daß man den *Marktwert*, der ein unter dinglicher Hülle verstecktes *Verhältnis von Personen* ist, *nicht aus dem Vergleiche der Gebrauchswerte* als solcher herausfinden kann, daß man jenes *gesellschaftliche Verhältnis* für sich prüfen und hier ein gemeinsames Maß – die gesellschaftlich notwendige Arbeit – finden müsse.

*Ganz dasselbe gilt in bezug auf Kant.* Wer ihm vorwirft, er verkenne die Gefühle als natürliche Entstehungsgründe des Handelns und das Glück als natürliches Ziel, der mißversteht ihn gründlich. Er sagt z. B. im Anfange seiner »Metaphysik der Sitten«[3], »seine Glückseligkeit zu fördern, sei Pflicht«. Aber auch abgesehen davon haben »alle Menschen *von selbst die mächtigste und innigste Neigung zur Glückseligkeit*«. Aber in der Ethik handle es sich gar nicht um diese Tatsache, sondern um ein »Prinzip des Wollens«, »*unangesehen aller Gegenstände des Begehrungsvermögens*«.

Nun kann man fragen, ob es so etwas gibt und geben kann. Vielleicht doch! Denn es könnten zwar die Handlungen *als solche von Natur aus den Trieben entspringen*, aber es könnte dennoch *Verhältnisse zwischen* den Handlungen geben, die *als solche* keinem sinnlichen Begehren entspringen und Modifikationen der Einzelhandlungen nötig machen.

Was das für Verhältnisse sind, daran ist Conrad Schmidt im Dezember-Heft[4] mit dem Kopfe angerannt, ohne sie zu sehen. – Er sagt da nämlich, im Glauben, Kant damit ad absurdum zu führen: wenn man vom Glücksstreben absehe,

---

3 Ed. Rosenkranz und Schub; Bd. VIII., pag. 18 [AKA IV, 399].
4 a.a.O., pag. 796 [hier S. 120].

so eigne sich zu einer allgemeinen Maxime ebenso der Grundsatz, jedem das Seinige zu nehmen, als der, jedem das Seinige zu geben. »Die erste«, so fügt er nun hinzu, *»führt freilich zu lauter Unordnung und Unglück, und nur die andere zu Ordnung und Glück«.* Wirklich? Diese Einsicht ist ja vortrefflich! Und wenn ich auch als Kantianer vielleicht die Zusammenbindung von Ordnung und Glück mittels des Wörtchens *und* beanstanden könnte, so will ich das hier aus Freude über den unerhofften Fund unterlassen und bitte nur Conrad Schmidt seinerseits einmal, das »Glück« ein wenig warten zu lassen und sich einen Augenblick bloß mit der »Ordnung« beschäftigen zu wollen. Denn jedenfalls hat er zugegeben, daß ein Wille, der sich vornähme, jedem das Seinige zu geben, Ordnung, der entgegengesetzte aber Unordnung hervorriefe. *Weiter brauchen wir Kantianer gar nichts.* Es kann freilich mancherlei Ordnung geben, Ordnung der Pflanzen im Beete, der Möbel im Zimmer, der Gedanken in der Rede, aber auch der Handlungen im Individuum - und in der Gesellschaft. Die Frage ist nun, worauf der Antrieb zu solcher Ordnung beruht. Auf irgendeinem Einzelbegehren? Doch schwerlich. Denn jedes will sich durchsetzen, wie es gerade entsteht. Auf ihrer Summe? Aber das ist ein ordnungsloses Gemenge, das sich schon im Individuum und erst recht in der Gesellschaft auf Tod und Leben miteinander herumbalgt. Nur da, wo die Wege gezeigt sind, diese sich gegenseitig bekämpfenden Handlungen zu *ordnen* und *den Willen der Ordnung zu unterwerfen,* da hört der Streit auf. Aber – und das ist das Wesentliche – der *Wille* ist jetzt nicht mehr den *Begehrungen,* sondern der *Ordnung* untertan. Das *Bewußtsein* der Notwendigkeit solcher Ordnung, die das rebellische Volk der Begehrungen zügelt, also die *Vernunft,* ist die *Grundlage* des Willens zur Ordnung. – Daß freilich die Begehrungen bei deren Befolgung und Nichtbefolgung trotzdem noch mitreden, bestreitet selbst Kant nicht. Er leugnet nur die *Ableitung* aus den Begehrungen. Und das wohl mit Recht.
Wie nun, wenn man gerade einen auf Ordnung der Hand-

lungen gerichteten Willen *sittlich* nennen dürfte? Wenn man am Ende gar *von jeher unbewußt solchen Willen sittlich genannt hätte?* Unbewußt – wie die Menschen schon unbewußt über richtiges und falches Denken urteilen, ehe sie vom Gesetz der Logik etwas wissen.

Ich glaube, die Geschichte bejaht diese Frage. Stets hat man die Handlungen der Menschen als gut oder als böse gewertet, je nachdem sie einer bestimmten Ordnung in der Gemeinschaft entsprachen oder widerstrebten. Und je nachdem ein Mensch solchen Willen hatte, galt er selber als gut oder als böse. Wie die Lebensordnungen sich mannigfaltig gestaltet und umgebildet haben, wie auch Gottheiten als Glieder oder später als Quellen und Hüter solcher Ordnungen hinzukamen und Forderungen gegen sich entwickelten, brauchen wir hier nicht zu erörtern. Zu betonen ist nur das: Stets war die gegebene Ordnung, wie sie immer gestaltet sein mochte, der Verpflichtungsgrund gegen ihre Glieder und fragte wenig nach deren Begehrungen und Sonderinteressen – besonders, wenn es Unterworfene betraf.

*Darauf beschränkte* sich aber auch die Verpflichtung bei den autoritären Ordnungen der vergangenen Zeit. Auf die Ordnung selber *gestaltend* einzuwirken, kam nur den *Herren* zu, nicht den Knechten und Untertanen.

*Heute beginnt das anders zu werden.* Die einfache Tatsache der Beteiligung an der Gesetzgebung schließt die *Verpflichtung* ein, *an der Gestaltung der Ordnung mitzuwirken.* Da aber *fehlt auf einmal der Maßstab* für das, was gut ist, den früher die konkrete, diktierte Ordnung ganz von selber darbot. Wonach soll sich jetzt der Mensch, der so viel umhergeworfene, richten, wenn er ernstlich fragt, woher er den Maßstab zur Entscheidung findet, wenn er selber *neu* ordnen soll?

Glück, Gemeinwohl! So hat man gesagt. Aber wodurch kann man denn das fassen, da ja Glück nie dauernd ist? Da ist kein Maß zu holen. In der Praxis herrschte und herrsch darum noch das moralische Manchestertum, d. h. jeder urteilt nach den Begriffen, die ihm seine nächste Umgebung anerzogen hat. Und das sind gemeiniglich die Interessen seiner Gruppe, seines Standes, seiner Klasse u.s.w., zuweilen in etwas einfarbigerer, zuweilen in etwas bunterer Mischung. Das Ergebnis ist dann die blinde Resultante all dieser verschiedenen ungeregelten Willensstrebungen. Hier kommt es vor allem darauf an, daß der *Gedanke gemeinsamer Ordnung* als solcher von den konkreten Gesetzen, Vorurteilen und Gewohnheiten losgelöst werde und selber als Gegenstand ins Auge gefaßt, als Maßstab an die betreffenden Willensentscheidungen angelegt werden könne. Das ist ebenso wesentlich, wie in jeder Technik es wesentlich ist, daß das Bewußtsein logisch durchgearbeiteter Methode das bloß empirische Tasten der verschiedenen Ortsüblichkeiten überwinde.

*Hier liegt die Bedeutung Kants.* Auf diesem Punkte hat er das moralische Manchestertum bereits überwunden, ehe es als solches der Menge noch recht zum Bewußtsein gekommen war. C. Schmidt wird hoffentlich jetzt zugeben, daß wir berechtigt sind, zu sagen, gerade die Loslösung des Sittlichen von den *bestimmten* Begehrungen jeweils herrschender Klassen, den ewigen Vorschriften jeweils sich für unabänderlich erklärender autoritärer Ordnung, gerade die Heraushebung des *Formalen* aus dem *Stofflichen* sei der größte, geradezu der *entscheidende* Fortschritt, den Kants Ethik über alle vergangenen und die meisten bis jetzt folgenden gemacht hat. Gerade diese Loslösung des Sittlichen als einer *Methode* des Ordnens gegenüber der alten Unterordnung unter konkret gegebene Ordnung sieht auch *Joseph Dietzgen*[5] als das geradezu charakteristische Unterschiedsmerkmal neuer und alter sittlicher Forderungen an.

5 [Joseph Dietzgen, 1828-1888. Arbeiterphilosoph und Propagandist des Marxismus. Seit Mitte der 60er Jahre Korrespondenz mit Marx. Gründer der Siegburger Sektion der Internationalen Arbeiter-Assoziation. Mitglied der Sozialdemokratischen Arbeiterpartei. D.'s Versuch der Begründung einer an Kants Ethik orientierten »Sozialdemokratischen Philosophie« beeinflußte in starkem Maße den marxistischen Flügel der dem Neukantianismus kritisch verbundenen Ideologie der Jahrhundertwende. Wichtigstes Werk D.'s ist »Das Wesen der menschlichen Kopfarbeit, eine abermalige Kritik der reinen und praktischen Vernunft« (1869), auf das Staudinger sich bezieht.]

Denn erst damit ist die *Möglichkeit vernünftigen Fortschritts* gegeben. Solange Gegebenes *autoritär* gilt, ist Neubildung nur möglich durch (zunächst innere) Empörung. Sobald indes erkannt wird, daß nur der Gedanke der Ordnung gemeinsam, alles andere aber *relativ* sei, kann jede Umänderung der Ordnung sich mit Änderung der Verhältnisse oder Wachstum der allgemeinen Einsicht ebenso ruhig vollziehen, wie sich heute der Übergang von Privatbahn zur Staatsbahn vollzogen hat. Aber es ist nicht bloß diese Loslösung von der alten Gebundenheit an den Inhalt autoritärer Ordnungen, welche die werdende Zeit auszeichnet und in Kants Ethik ihren Ausdruck findet; es ist vor allem die Lehre von »der größten menschlichen Freiheit nach Gesetzen, welche machen, daß jede Freiheit mit der anderen ihrer zusammen bestehen kann«[6]. Nicht bloß ein »Reich der Zwecke« liegt der neuen Ethik zugrunde. Das enthält schon das Christentum in seinem Reiche Gottes. Neu ist, daß das Reich der Zwecke nicht durch einen herrschenden Messias *geschenkt* wird als *fertiges Gebilde,* sondern *durch das Zusammenwirken frei sich selbst bestimmender Menschen* geschaffen wird – eine stetig *unendliche Aufgabe.*

Diese Seite von Kants Denken wird auch von Sozialisten bisweilen etwas von ebenher wie etwas Selbstverständliches behandelt. Und doch stecken wir heute erst mitten im Kampfe zwischen dieser und der autoritären Ethik, und die Mehrzahl der Menschen hat in ihrem eklektischen Zufallsdenken und Zufallswollen keine Ahnung davon, daß mit dem neuen Prinzip eine andere Wahrhaftigkeit, eine andere Gerechtigkeit und was sonst noch anderes notwendig wird.

Diese neuen Forderungen allesamt sind freilich nur *formale* Forderungen. Daß sie den rechten *Inhalt* bekommen, ist unsere Sache, Sache der Einsicht und Entwicklungsstufe. Aber überall sind sie der *Maßstab.* Solange man glauben konnte, eine Gesellschaft selbständig nebeneinander arbeitender Produzenten vermöge jenem Gesetze zu entsprechen, so lange *mußte* die Herstellung solchen Verhältnisses sittliches Ziel sein. Und

6 [AKA III, 247].

da man, wenn man auf solcher Erkenntnisstufe stand, zugleich glauben *mußte,* diejenigen, die nicht selbständig zu produzieren vermöchten und dienen müßten, seien daran selbst schuld, seien also minderwertig, so begreift sich, daß selbst ein Kant ihnen nicht volle Gleichberechtigung zuerkennen durfte.

In dem Augenblicke dagegen, wo jene Voraussetzung als irrig erkannt wird, wo man einsieht, daß die Armut prinzipiell nicht aus Mangel an eigner Kraft, sondern auf anderen Umständen beruht, da darf die Gleichberechtigung, am Maßstabe der Ethik Kants gemessen, nicht mehr versagt bleiben.

Wenn man sodann zur Einsicht kommt, worin jene die Armut bedingenden Umstände bestehen, wenn man erkannt hat, daß die Eigenschaft der heutigen Produktionsweise, Profit aus *fremder* Arbeit zu verschaffen, den Hauptgrund der Benachteiligung der Armen enthält, so muß die Beseitigung des Profitsystems unbedingt sittliches, nicht bloß ökonomisches Ziel werden. Für den Herrenmoralisten und Gefühlseklektiker fehlt auch hier jeder Maßstab zur Entscheidung.

So untersteht alles, auch die Art, wie man die Neubildung ausführen will, auch die Frage nach den einzelnen Pflichten des Lebens, jenem Beurteilungsmaße. Was den Zusammenhang des Lebens freiwollender Menschen *fördert,* ist *gut,* was ihn *hemmt* oder *mindert,* ist *schlecht.* – Das ist der *unverrückbare Maßstab* des Handelns für den, der der neuen Ethik gemäß *tun* und *gestalten* will. Und danach wird gar manches gar anders gewertet werden müssen als zuvor.

Vor allem aber gilt da eines: Keine Handlung als solche ist recht oder unrecht. Den Charakter von *gut* und *schlecht* gewinnt sie erst durch den *Gesamtzusammenhang,* zu dem sie in Beziehung steht. Greger, der Fanatiker der äußern Wahrhaftigkeit in Ibsens Wildente[7] handelt *unrecht* nach diesem Prinzip.

*Hier kommt nun der Punkt, wo Kant korrigiert werden muß;* denn hier schlägt er, der Entdecker der neuen *Methode,* gerade

7 [Henrik Ibsen, 1828-1906. »Die Wildente« (dt. 1888)].

wieder in *Metaphysik* um, wie die neue wirtschaftliche Freiheit, die zu Kants Zeit erwachte, den Umschlag zur Knechtschaft des Kapitalismus in sich trug. Das ist eine genaue Parallele; oder vielleicht mehr als bloße Parallele.

Jener Umschlag ins Metaphysische besteht in folgender Tatsache: Kant hat die richtig abgelöste *Abstraktion* des sittlichen Grundgesetzes als ein *für sich* bestehendes, in sich selbst genügendes Willensprinzip *verselbständigt*.

Die nächste Folge hiervon ist, daß er betreffs des Ableitungsgrundes seiner Abstraktion ratlos dasteht. Er sieht nirgends einen Haken, an den er das Gebot hängen kann, das uns als Freie nötigen könnte, dem Gesetz zu gehorchen. Darum muß er diesen Willen an eine metaphysische »Freiheit des Willens« heften. Das ist aber *nur ein Wort*, ein Wort, dessen Gegenstand unverständlich ist und bleibt. Man könnte ebenso gut sagen: das große Unbekannte. Daß hier auch *Woltmann* »Altkantianer« ist, kann ich nur beklagen.

Aus diesem Fehler Kants begreift sich, daß er einmal sagen kann, das Streben eines vernünftigen Wesens müsse dahin gehen, von allen Antrieben der Sinnlichkeit frei zu sein. Daß es dann wirklich nichts als die Form des Gesetzes, aber kein tatsächliches Handeln gäbe, sieht er nicht.

Aber all das wären theoretische Schrullen, die praktisch nichts schadeten. Dagegen ist diese metaphysische Hypostase von einer andern Seite her auch *praktisch überaus bedenklich*. Denn sie legt das Tun lahm und diskreditiert damit auch die methodisch wertvolle Seite von Kants Theorie. Kant unternimmt nicht bloß, das Gesetz zu verselbständigen, sondern glaubt überdies, unbedingte Einzelregeln unmittelbar daraus ableiten zu dürfen, z. B. die Unbedingtheit Wahrhaftigkeit. Statt methodisch zu sagen, daß überall da Wahrhaftigkeit notwendig ist, wo sie das Zusammenleben freier Menschen fördert, schließt er unmittelbar: aus dem Grundprinzip folgt Wahrhaftigkeit, also muß sie unbedingt geübt werden.

Dieser Fehler, den leider auch Woltmann mitmacht, reißt Ideal und Leben, Gesetz und Wirklichkeit auseinander und macht jene unbrauchbar für diese, beläßt das Reich Gottes im Jenseits. Das dialektische Mittelglied fehlt, durch welches Gesetz und Wirklichkeit in Beziehung gesetzt werden können.

In dieser Hinsicht *hat Conrad Schmidt ganz recht,* wenn er sagt: »Eine Moral, die unbedingt sein will, ist überhaupt keine Moral.« Aber er hat auch *nur* recht gegenüber *diesem* Bestreben, unbedingte Vorschriften aus dem Normalgesetze abzuleiten, nicht aber gegenüber der Grundmethode. Hier können wir auf einen Mann verweisen, der mit Recht in sozialistischen Kreisen eine hochverehrte, aber leider wenig studierte und wohl noch weniger verstandene Autorität ist, auf den schon erwähnten Verfasser des »Wesens der menschlichen Kopfarbeit«[8], auf *Joseph Dietzgen*. Er ist es, von dem auch der Ausdruck über das reaktionäre Getute der Kanterneuerer herrührt. Aber dies bezieht sich bei ihm ganz ausdrücklich auf die metaphysische Seite Kants. Von dessen methodischer Art ist er selber erfüllt. Unserer Fassung Kantscher Gedanken steht er so wenig feindlich gegenüber, daß er in anderen Worten so ziemlich dasselbe sagt. Der kategorische Imperativ, den er in jenem Büchlein aufstellt, ist Kants Imperativ, einzig mit dem Unterschied, daß er geflissentlich nicht abstrakt, sondern sofort in seiner Anwendung auf den Entwicklungsgedanken dargestellt ist. Das kann man theoretisch beanstanden, weil infolgedessen das grundlegende Gesetz nicht scharf gesondert heraustritt. Aber praktisch war es vielleicht richtig, daß er denen gegenüber, die, wie Kant selbst, das Gesetz verselbständigen wollen, die Beziehung zur Wirklichkeit sofort aufs nachdrücklichste betont hat.

---

8 [vgl. Anm. 5].

# Franz Staudinger
# Kant und der Sozialismus
# Ein Gedenkwort zu Kants Todestage [1904]

Die Redaktion der »Socialistischen Monatshefte« hat mir die Ehre erwiesen, mich zu einem Aufsatz zu Kants Todestage aufzufordern. Dem entspreche ich gern, wenn ich auch aus den in meiner »Ethik und Politik« entwickelten Gründen nicht Mitglied der Partei bin. Denn daß Kant zum Sozialismus führt, ist mir zweifellos, nicht so freilich, daß man diesen aus Kant *ablesen* wollte, wie ein Kritiker Dietzgens kürzlich den Neukantianern unterschob, wohl aber so, daß die *Anwendung* seiner liberalen Grundgedanken auf die heutige wirtschaftliche Entwicklung dahin führen *muß*. Das ist kein neuer Gedanke. *Karl Vorländer* hat in zwei trefflichen Broschüren[1] eine Menge der darüber erschienenen Arbeiten mitgeteilt. Seitdem ist's freilich wieder stille im Walde. Eine Abhandlung von *O. Gerlach* in Königsberg über Vorländers Broschüren, die die Beziehung Kants zu Marx anzweifelt[2], und der unten erwähnte Artikel von *Conrad Schmidt* sind das einzige von einigem Umfang, was uns zu Gesicht gekommen. *Mehring* hat den Kantianismus glattweg verabschiedet und gesagt, die Sozialdemokratie werde ebensowenig in der Philosophie auf Kant zurückgehen, wie in der Politik auf Robespierre und in der Ökonomie auf Baboeuf[3]. Und neuerdings scheint es üblich zu werden, bei Gelegenheit von Besprechungen der neu herausgegebenen Schriften von *Josef Dietzgen* den Kantianern einen Seitenhieb zu versetzen. Nun, erhebe

---

[1] Karl Vorländer, Kant und der Sozialismus, Berlin 1900, und: Die neukantische Bewegung im Sozialismus, Berlin 1902.
[2] Otto Gerlach, Kant und der Sozialismus, in: Zeitschrift für Sozialwissenschaft (1903), pag. 560 ff.
[3] Vgl. die Literarische Rundschau in der Neuen Zeit (1901/02), II. Bd., pag. 124.

man immerhin das Feldgeschrei *Dietzgen* contra *Kant!* Das entgegengesetzte wird man unsereinen nicht ausstoßen hören. Über Autoren steht noch ein Kleines: die Wahrheit. Wer nur sie sucht, prüft da wie dort mit gleicher Erwägung und nimmt das Gute, wo er es findet. In diesem Sinne treten wir an unsere Sache heran.

Am 12. Februar werden es 100 Jahre, daß in stiller Abgeschiedenheit, in seinem Königsberg, von wenigen Freunden umgeben, Immanuel Kant als fast achtzigjähriger Greis die Augen im Tode schloß[4]. Weithin strahlte schon damals sein Ruhm und bei seinen Mitbürgern genoß er allgemein nur Liebe und Achtung. Aber eins konnte ihm zu Lebzeiten unmöglich zuteil werden: volles Verständnis für sein Wirken. Denn sein Denken griff schon zu weit über den Horizont seiner Zeitgenossen hinaus. Und so sehr seine Lehre so viele schon damals begeistert und angeregt hat: die Freiheitsbegeisterung, in der die Jugend von 1813 mit *Kant* im Tornister zu Felde zog, es war doch nicht die Begeisterung für *Kants* Freiheitsidee.[5] Goethe, so wenig er gerade Kants Begriffszergliederungen nahe stand, empfand doch mehr im Geiste Kants, wenn er über diese große nationale Bewegung zu Professor Luden in Jena traurig sprach: »Was ist denn errungen oder gewonnen worden? Wir sagen: die Freiheit; vielleicht aber würden wir es richtiger Befreiung nennen, nicht vom Joche der Fremden, sondern von *einem* fremden Joche. Es ist wahr, Franzosen sehe ich nicht mehr und nicht Italiener, aber dafür sehe ich Kosaken, Baschkiren etc.« Er wußte, wie Kant, daß das Ziel, »ein freies Volk auf freiem Grund zu sehn«, die letzte Sehnsucht seines Faust, nicht verwirklicht wird

---

4 [Immanuel Kant, 1724-1804.]
5 [Nach der Niederlage der napoleonischen Armeen in Rußland (Sept./Okt. 1812) begann 1813 die Erhebung Preußens. Februar 1813: Bündnis Preußens mit Rußland. 17. März 1813: Aufruf Friedrich Wilhelms III. zur Volkserhebung. August 1813: Kriegseintritt Österreichs: Die Koalition Rußland, Preußen, England, Österreich, Schweden siegt über Napoleon (16.–19. Okt. 1813: ›Völkerschlacht‹ bei Leipzig und Zusammenbruch der napoleonischen Herrschaft in Deutschland; Auflösung des an Frankreich orientierten Rheinbundes).]

durch bloß äußere Befreiungstat, daß es zugleich inneres Erwachen der geistigen Fähigkeiten und Übung in deren Betätigung voraussetzt. Auch die erkenntniskritische Leistung, die Kant angebahnt hat, mußte man schon zu seinen Lebzeiten zum Schlimmeren verbessert sehen durch Fichtes »vornehmen Ton«.[6] Eine material-idealistische Entwicklung knüpfte an einen Grundfehler seines Denkens an, führte, über seine dauernden Leistungen achtlos hinwegschreitend, zur Rückbildung bis Hegel und brach dann, Kant mitbegrabend, in sich zusammen. So gehörte Kant lange wieder zu den Toten; und erst die letzten Jahrzehnte haben ihn neu zum Leben zu erwecken begonnen.

Von seinem äußeren Leben sei hier nicht viel berichtet; das wird jede Zeitung an seinem Todestage besorgen. Leicht ist es dem körperlich schwächlichen, geistesstarken Sattlerssohn nicht geworden, bis er sich zu seiner Höhe emporrang. Neun Jahre wurde er, als er 1746 nach dem Tode seines Vaters die Universität verlassen mußte, als Hauslehrer umhergeworfen und aß dann noch fünfzehn Jahre als Privatdozent ein kümmerlich Brot, bis er endlich 1770, 46 Jahre alt, in die sichere Lebensstellung des ordentlichen Professors einrückte. Schon als Privatdozent hatte er in der »Allgemeinen Naturgeschichte und Theorie des Himmels« (1755) seine großartige Theorie der Weltentwicklung ausgebildet, die ihn mit Laplace zusammen für alle Zeiten in die ersten Reihen der naturwissenschaftlichen Theoretiker stellt. Aber sein Hauptruhm sollte ihm doch als Philosoph zuteil werden. In einem Alter, wo schon die meisten Menschen unfähig für Neues zu werden beginnen, schuf er jene Reihe von klassischen Werken, die ihm den Namen des ersten Philosophen aller Zeiten unanfechtbar zusichern. In seiner »Kritik der reinen Vernunft« (1781) und in seinen »Prologomena zu einer jeden künftigen Metaphysik, die als Wissenschaft wird auftreten können« (1783) wies er der Untersuchung des menschlichen Erkennens neue,

---

6 [Vgl. I. Kant »Von einem neuerdings erhobenen vornehmen Tone in der Philosophie« (1796).]

die alten Geleise durchaus umlegende Bahnen; in seiner »Grundlegung zur Metaphysik der Sitten« (1785) und seiner »Kritik der praktischen Vernunft« (1788) gab er der Ethik des freien Menschen ein Fundament, das trotz aller törichten Bestreitungen in seinem Wesen unverrückbar wird bleiben müssen; der Kunstlehre gab er durch seine »Kritik der Urteilskraft« (1790), die auch den sonst ihm wenig geneigten Goethe mächtig anzog, entscheidende Neuanregungen. Dann folgt seine »Religion innerhalb der Grenzen der bloßen Vernunft« (1793), welche im Grund die deistischen Dogmen des persönlichen Gottes, der metaphysischen Willensfreiheit und der Individualunsterblichkeit methodisch neu zu begründen suchte, die ihm aber trotzdem schwere Angriffe und staatliche Zurechtweisung zuzog[7] und seine »Rechts- und Tugendlehre« (1798), welche die Anwendung seiner sittlichen Grundsätze auf die ihm zugängliche Praxis darstellen. Zwischen diesen Werken finden wir dann noch eine Reihe wundersamer Perlen eingestreut, von denen die »Idee zu einer allgemeinen Geschichte in weltbürgerlicher Absicht« (1784) und die Schrift »Zum ewigen Frieden« (1795) erwähnt seien, jene als eine Probe seiner ökonomisch entwickelnden Geschichtsauffassung[8], diese wegen ihres Gegenstandes, den sie mit großer Klarheit behandelt.

Wollen wir nun *Kant in seiner Bedeutung* fassen, so müssen wir ihn vor allen Dingen im Zusammenhang mit seiner Zeit und ihren Problemen verstehen. Dann aber müssen wir fragen, was diese Probleme und deren von Kant gegebene Lösung unabhängig davon zu bedeuten haben, und erst daran ist die Frage zu knüpfen, welche Konsequenzen die Anwendung der als richtig zu erachtenden Prinzipien auf unsere heutigen Zeitverhältnisse haben kann.

Die *Grundidee*, die dem ganzen klassischen Zeitalter von

---

[7] [Vgl. die Vorrede zu »Der Streit der Fakultäten in drei Abschnitten« (AKA VII, 5-11).]
[8] Vgl. Conrad Schmidt, Über die geschichtsphilosophischen Ansichten Kants, in: Socialistische Monatshefte (1903), II. Bd., pag. 683 ff.

Klopstock bis Kant sein eigenes Gepräge gibt, ist der *freie* – das ist der *vernünftig* sich selbst bestimmende Mensch. Mit diesem Gedanken tritt das ganze Zeitalter teils klarer, teils verschwommener in grundsätzlichen Widerstreit mit den vorhergehenden feudalen und absolutistischen Perioden, welche sowohl das Denken wie das Wollen und Handeln an eine *von außen her* verpflichtende Norm festbinden.

Diese Grundtendenz, das sei nun sofort betont, wird nach langer äußerer Reaktion und tiefem geistigen Schlafe in den letzten Jahrzehnten wiederum das Lebensprinzip des modernen Geistesstrebens; und sie ist auch, was man gleich dawider sage, das Lebensprinzip und der wahre innere Ausgangspunkt des Sozialismus. Ohne den Gedanken freier Selbstbestimmung wäre es ja sinnlos, gegen »jede Art der Unterdrückung und Ausbeutung« zu Felde zu ziehen, wie es doch das Erfurter Programm tut. *Karl Marx* betont denn auch sehr oft neben der Ausbeutung das Abhängigkeitsverhältnis, neben der Verwertungsfunktion des Kapitals seine Funktion als Beherrschungsmittel.[9] Und in dem berühmten, scheinbar rein ökonomisch entwickelnden 7. Unterabschnitt des 24. Kapitels ist der leitende Gedanke der: das »Privateigentum des Arbeiters an seinen Produktionsmitteln« (»die Grundlage des Kleinbetriebs«) ist »notwendige Bedingung« auch für »die Entwicklung der ... *freien Individualität* des Arbeiters selbst«. Das kapitalistische Privateigentum ist eine »Negation des individuellen, auf eigene Arbeit gegründeten Privateigentums«. Die Sozialisierung dieses usurpierten Privateigentums »stellt ... das individuelle Eigentum«, also, so geht die Konsequenz, auch die freie Individualität des Arbeiters wieder her.[10] Das heißt: das notwendige Ziel der sozialistischen Bewegung ist die Wiedererlangung der Freiheit durch das Mittel der Sozia-

---

9 Vgl. Karl Marx, Das Capital, 1. Bd., 2. Aufl., Hamburg 1873, pag. 643, 671 und andere Stellen. [MEW 23, 619: »Die Akkumulation ist Eroberung der Welt des gesellschaftlichen Reichtums. Sie dehnt mit der Masse des exploitierten Menschenmaterials zugleich die direkte und indirekte Herrschaft des Kapitalisten aus.«]
10 [MEW 23, 789, 791.]

lisierung, das heißt der Genossenschaftlichkeit aller kooperativen Betriebe.

Hiermit haben wir den Punkt bestimmt, darin der heutige Sozialismus mit dem klassischen Zeitalter innerlich zusammenhängt, obwohl er nicht in direkt historischer Abfolge daran anknüpft. Aber gerade deshalb, weil er historisch nicht an die höhere Form des klassischen Geistes, sondern an dessen Epigonen anknüpfen mußte, konnte er auch dessen Inhalt und dessen Denkmethoden nicht voll übernehmen. Und es ist ein verhängnisvoller Irrtum, zu glauben, das klassische Zeitalter sei deshalb, weil es in ökonomischer Entwicklung, in wirtschaftlicher und naturwissenschaftlicher Erkenntnis weit überholt ist, darum in allem überwunden.

Freilich, die zunehmende Spaltung des Volks in wirtschaftlich beherrschende Kapitalherren und wirtschaftlich abhängige Kapitalfröner konnte es noch nicht kennen. Sozialistische Tendenzen mußten ihm darum fremd sein. Auf ihm lag ein anderer Druck, der des zerfallenden und in seinem Zerfall immer unleidlicheren feudal-absolutistischen Privilegiensystems. Seine geschichtliche Aufgabe war es, dem Privilegium die Freiheit und Gleichberechtigung gegenüberzustellen und diese mitsamt ihrer Grundbedingung, der Teilnahme an der Gesetzgebung, direkt in das Bewußtsein, indirekt in die Verfassungen einzuführen, das Herrensystem also zunächst *grundsätzlich* zu überwinden.

Darum mußte es den Gedanken freien Menschentums selbst erst einmal durcharbeiten und den Gesetzen nachspüren, darauf es ruht. In Deutschland lagen die Verhältnisse anders als in England, das damals materiell und geistig die wirtschaftlichen Bedingungen des modernen Lebens entwickelte, oder in Frankreich, wo die politischen Fragen in den Vordergrund gedrängt wurden und wo die große Revolution zum erstenmal Menschenrechte[11] ins Gesetz aufnahm. Hier blieben die Denker wesentlich darauf beschränkt, die *Innenge-*

---

11 ['Déclaration des droits de l'homme et du citoyen' am 26. August 1789.]

*setze* freier Persönlichkeit zu erforschen. Aber gerade darin besteht auch die unvergleichliche Leistung unserer Geistesheroen, unserer Lessing, Herder, Schiller, Goethe und Kant. Ihnen kann kein Volk in dieser Hinsicht gleiche zur Seite stellen. Hier, nicht bei den Epigonen, hat der Sozialismus, der heute berufene Vertreter des Freiheitsgedankens, noch viel ungehobene Schätze zu heben. Er nennt sich den Erben der klassischen Zeit. Nun wohl, dann erwerbe er sein Erbteil, damit er's besitze!

Das gilt für jene alle; aber im weitesten Umfang gilt es für die Gedanken des Mannes, dessen Andenken wir heute feiern. Denn sie sind den breiten Massen noch am wenigsten bekannt, weil sie die grundlegendsten und tiefsten sind. Um seine Schlacken hat sich ein Jahrhundert in den Lüften gestritten; das Dauernde, das er entdeckte, das Praktische gerade für den Gedanken der Freiheit, das kümmert nur wenige. Die Freiheit des Denkens und die Freiheit des Wollens und Handelns finden bei ihm erst ihre tiefere Begründung. Was er auf diesen beiden Gebieten, der Erkenntnislehre und der Sittenlehre, Bahnbrechendes geleistet hat, das sei nun in kurzen Zügen beleuchtet.

Zunächst überschauen wir seine *Sittenlehre,* seine Ethik. Denn wenn er selbst auch zuerst seine Erkenntnislehre bearbeitete: ohne daß seine sittlichen Grundgedanken ihn leiteten, war dies unmöglich. Die Art des sittlichen Willens bedingt auch den Willen zur Erkenntnis. *Freiheit* ist für Kant der Ausgangspunkt auch seines Erkenntnisstrebens, wie er in der Einleitung zur zweiten Auflage seiner »Kritik der reinen Vernunft« deutlich ausspricht. Nun hat er ja die Freiheit als intelligible Freiheit gar metaphysisch gefaßt, in einer Weise, wie wir es heute nicht mehr zu tun vermögen. Aber dem Überschwänglichen ist doch das Richtige beigeschlossen: der Gedanke der Gesetzmäßigkeit des vernünftigen Willens.

Worin besteht diese Gesetzmäßigkeit? Im Laufe der Entwicklung der menschlichen Gesellschaften hat der Mensch außer seinen physischen Impulsen eine Reihe von höheren, durch sein Zusammenleben mit anderen und die Bereicherung seines Außen- und Innenlebens erzeugter Impulse ausgebildet. Und Hand in Hand damit hat sich eine Fähigkeit entwickelt, durch die er – statt dem momentanen Impuls zu folgen – befähigt wird, seine sämtlichen Impulse zu *überschauen* und sie dann *ordnen* und *beherrschen* zu lernen. Diese überschauende und regelnde Funktion ist das *Vernünftige* in uns, das, was uns innerlich frei macht, und ihre Gesetzmäßigkeit ist das *sittliche Gesetz*. Mit seinem Erwachen und Wachsen greift es zugleich über auf die noch naturwüchsigen gesellschaftlichen Beziehungen zwischen den Menschen. Es verwirft Gewalt und Unterdrückung zwischen vernünftigen Wesen und fordert auch hier ein vernünftiger Regelung entsprungenes Gesetz. Denn nur ihm kann der Mensch sich frei unterstellen. Das ist, in entwicklungsgeschichtliche Sprache übersetzt, Kants Grundentdeckung auf ethischem Gebiet. Daraus folgt: Es darf im Einzelwesen kein einzelner Antrieb, weder die Furcht noch der Lust, despotisch die anderen beherrschen, wenn Freiheit bestehen soll. Sie alle müssen sich der Gesetzgebung des regelnden Bewußtseins unterordnen. Und genau dasselbe ist auch die Konsequenz nach außen für eine Gemeinschaft von Vernunftwesen. Auch hier darf nicht die Willkür einzelner Gesetze geben, sondern das Gesetz muß Herr sein, und zwar ein Gesetz, »welches macht, daß des einen Freiheit mit der anderen ihrer bestehen kann«.

Das klingt anders, als zum Beispiel das törichte, im Prinzip doch noch eine Zwangsautorität einschließende Problem, das man von St. Mill[12] bis heute endlos aufwerfen hört: wieviel des menschlichen Lebens soll die Individualität, wieviel der Gesellschaft angewiesen sein? Als ob die Gesellschaft etwas anderes wäre, als die teils nach bestimmten bewußten Gesichtspunkten geschaffene, teils naturwüchsig gewordene Or-

---

12 [John Stuart Mill, 1806-1873. Begründung (im Anschluß an Hume) der Logik der Geisteswiss. auf Erfahrung und einer utilitaristischen Theorie des ökonomischen Lebens auf dem Prinzip des individuellen Nützlichkeitsstrebens. »A System of Logic, Ratiocinative and Inductive« (1843).]

ganisation der Individuen. Nicht eine bloße Summe freilich, wie das Manchestertum will, aber auch kein Organismus, der die Individuen als Zellen enthielte; nein, eine jeweils bestimmte Art der Zusammenordnung von Individuen. Wenn nun diese Zusammenordnung sich unter dem Gesichtspunkte einer Theokratie oder eines weltlichen Absolutismus oder dergleichen vollzieht, da muß freilich gefragt werden, wieviel Freiheit das Individuum behalten dürfe. Wenn aber die Freiheit der Persönlichkeiten selber das Ziel ist, so kann die einzige Frage dahin gehen, durch welche Ordnung diese Freiheit auf jeweiliger technischer Entwicklungsstufe am besten verbürgt wird. Ihre Fähigkeit, Freiheit zu verbürgen, ist der *sittliche* Maßstab, daran eine Verfassung zu messen ist, sonst nichts.

Danach löst sich auch die Frage, welche Handlungen recht und unrecht seien. Die autoritäre Ethik erklärt ganz bestimmte Handlungen für recht und für unrecht, weil ihr ja nur die gegebene Ordnung als heilig gilt. Der sittlichen Ethik des Freien ist dieselbe Handlung einmal recht, einmal unrecht, je nachdem sie im gegebenen Falle vernünftiges Zusammenwirken in jeweiliger Ordnung beziehungsweise die Ausbildung besserer Ordnung fördert oder hemmt.

Daraus ergibt sich, welch eine Sinnlosigkeit es ist, wenn man Kant Formalismus, Starrheit vorwirft und behauptet, er widerstreite sowohl dem natürlichen Streben zum Glück, wie dem Entwicklungsgedanken. Das Glückseligkeitsstreben erkennt Kant ganz ausdrücklich an; er scheidet es nur methodisch von der sittlichen Funktion. Er will nicht, daß man mit »Abscheu tue, was die Pflicht gebeut«, sondern daß die sittliche Entschließung und Regelung nicht durch Sonderinteressen getrübt werde. Und so will er nicht *inhaltliche* Gebote ein für allemal heilig gesprochen haben; er macht also gerade die Bahn für vernünftige Entwicklung frei. In dieser Beziehung denkt Josef Dietzgen ihm gleich, wenn er am Schlusse seines Büchleins »Das Wesen der menschlichen Kopfarbeit« sagt, sein Kampf gelte »nicht der Sittlichkeit, ja nicht einmal einer bestimmten Form derselben, sondern der Arroganz, welche eine bestimmte Form zur absoluten, zur Sittlichkeit überhaupt macht«. Diese Forderung bedingt einen Formalismus der Ethik, oder es gibt Anarchie.

Ein materiales sittliches Prinzip dagegen ist *stets* entweder autoritär oder anarchisch. Das letztere ist mit den Glückseligkeitsprinzipien zum Beispiel Benthams[13] der Fall. Sie stimmen zum Erwerbsliberalismus, der aus dem anarchischen Glücksstreben aller einzelnen die Gesamtheit entstehen läßt, den Staat dabei zum Nachtwächter, die Sittlichkeit zum Lückenbüßer degradierend. Wenn irgendwo, so greift gerade in der Aufstellung des sittlichen Grundprinzips die Kantische Lehre in ihrer Tragweite bereits weit über die Tendenzen des genannten Liberalismus hinaus. Gerade hierin dokumentiert er bereits die Scheidung des sittlichen Liberalismus, der im Laufe der Entwicklung den Sozialismus als seine eigene Konsequenz ansehen muß, und des Erwerbsliberalismus, der sich zum imperialistischen Wolfsliberalismus entwickelt.

Daß von dem sittlichen Prinzip Kants aus auch der Charakter des sittlichen *Gebots* sich gänzlich ändert, versteht sich von selbst. Die autoritäre Ethik gebietet von außen her Du sollst! und verlangt Aneignung dieses Gebots an den Willen. Die freie Ethik Kants entwickelt das Du sollst! von innen her aus jener Gesetzmäßigkeit vernünftigen Wollens. So ist auch sein kategorischer Imperativ zu verstehen, so scholastisch er klingt. Für Kant ist Moral nur soweit vorhanden, als sie diesem inneren Prinzip bewußt oder unbewußt entspringt, auf freier Überzeugung des Rechten beruht. Alle auf Furcht und Hoffnung gründende Moral ist Scheinmoral.

Das sind wohl die wesentlichsten der grundlegenden Gedanken, mittels deren Kant im Reiche der Ethik an jener größten und einzigartigen Revolution der Weltgeschichte mitgearbei-

---

13 [Jeremy Bentham, 1748–1832. Sein »Manual of Politic Economy« gab - mit der Zielsetzung des »größtmöglichen Glücks der größtmöglichen Zahl« - die Grundlagen des ethischen Utilitarismus der modernen engl. Sozialphilosophie.]

tet hat, in deren Durchführung wir heute mitten inne stehen: der Ersetzung despotischer Beherrschung und Willkür durch das auf vernünftigem Zusammenwirken aller sich gründende *Gesetz*. Es ist ja freilich im Grunde der alte Gedanke der Bruderschaft aller Menschen unter dem Gesetz Christi, der Gedanke des Reiches Gottes mit seinem Friede auf Erden, der sich hier wieder zu verwirklichen strebt. Jene Friedensbotschaft ward aber leider in den Himmel verschlagen, und die Fäden, die sie schon auf Erden hatte spinnen heißen, wurden gar oft nur zur Geißel der Unterdrückung zusammengedreht. Das Jahrhundert Kants hat jene Lehre wieder auf die Erde zurückgeholt, und die weitere Entwicklung hat die Gedanken der Freiheit und Rechtsgleichheit denn doch wenigstens in den Verfassungen sanktioniert und im Bewußtsein der Menschen soweit gefestigt, daß es möglich ist, sie mit Erfolg als Waffe wider die neu erstarkten Unterdrückungstendenzen zu schwingen.

Was nun freilich die *Anwendung* jener Grundsätze betrifft, so konnten sie bei Kant der Entwicklungsstufe seiner Zeit nicht weit voreilen. Von wirklichem Sozialismus im wirtschaftlichen Sinne konnte noch keine Rede bei ihm sein. Er kann nur einen, freilich für seine Zeit vorgeschrittenen Liberalismus vertreten, aber eben den sittlichen, nicht den Erwerbsliberalismus. Dem Doktrinarismus der Zeit entsprechend, lehrt er eine scharfe Trennung der gesetzgebenden, der ausübenden und der richterlichen Gewalt. Mit einem, in einem absolutistischen Staate erstaunlichen Freimut hat er rundweg gesagt: »Die gesetzgebende Gewalt kann nur dem vereinigten Willen des Volkes zukommen«; und »die rechtlichen, von ihrem Wesen unabtrennlichen Attribute« der Staatsbürger sind ihm gesetzliche Freiheit, bürgerliche Gleichheit und bürgerliche Selbständigkeit. Einige nähere Ausführungen hierzu werden wir freilich heute für Entgleisungen nach links wie nach rechts halten. Wenn er zum Beispiel seinen Satz, die gesetzliche Freiheit bestehe darin, keinem anderen Gesetz zu *gehorchen*, als dem man *beigestimmt* hat, wörtlich nähme, so käme man zu polnischer Anarchie. Und wenn er umgekehrt Gesellen und Dienstboten die Fähigkeit zur Stimmgebung im Gemeinwesen nicht gewähren will, weil sie nicht bürgerlich selbständig seien, so stimmt diese Anschauung bekanntlich zwar mit der Anschauung der Constituante in Frankreich und ist vom Standpunkt isolierten Wirtschaftssystems begreiflich, vom Standpunkt der Einsicht in entwickelteres kapitalistisches Getriebe zeigt sie sich als Widerspruch mit den sittlichen Rechtsgrundlagen. Und so könnte man an einzelnem noch vieles anführen.

Eine auch für uns noch wesentliche und folgenschwere Lücke in der Anwendung, die das Prinzip selber mitberührt, ist aber folgende: Kant hängt, wie zu seiner Zeit begreiflich, trotz seines trefflichen allgemeinen Prinzips noch zu sehr an den Handlungen, die der einzelne gegenüber den einzelnen ausübt. Darum sieht er nicht die ganze Tragweite seiner Umwälzung der sittlichen Prinzipien. Die autoritäre Zeit beschränkt notwendig die Ethik fast völlig auf die Pflichten des einzelnen gegen Gott, gegen sich selbst, gegen seine Nebenmenschen und gegen das gegebene Staatsgesetz; die Pflicht dagegen, die aus der *Teilnahme* an der Gesetzgebung selbst erwächst, kann ja noch gar nicht vorhanden sein. Diese Pflicht aber tritt neuerdings in den vordersten Vordergrund, und für sie muß gerade Kants Moralprinzip in allererster Linie, und zwar direkt, maßgebend sein; was freilich unsere Interessenpolitiker nicht hindern wird, dennoch die Gesetzgebung als bloßes Machtmittel zur Durchsetzung ihrer Interessen und damit den *Gesetzescharakter* der Gesetze zu fälschen. Für die Einzelhandlungen aber kann Kants Prinzip nicht, wie er glaubt, direkt, sondern nur vermittelt gelten. Dem allgemeinen Prinzip entspricht es zum Beispiel, *nie* unwahr weder gegen sich noch gegen andere zu sein. Wenn wir als Gesetzgeber wirken, so müssen wir dem direkt und ausnahmslos gehorchen. Wenn wir aber, wie es Kant fordert, zum Beispiel dem verfolgenden Mörder wahrheitsgemäß sagen, wo sein Opfer verborgen ist, so kommen wir in jenen sittlichen Rigorismus, der von Unkundigen so oft Kants Prinzip selbst, statt dessen Anwendung zur Last gelegt wird und darum manchen gegen ihn voreinnimmt. Hier sind, wie in anderen Fällen, *Konflikte der Pflichten* in Erwägung zu ziehen.

Ferner aber hat Kant nicht klar bewußt die Brücke zu legen vermocht, die von seinem sittlichen Prinzip zu seinem Wahrheitsprinzp hinüberführt, und wohl eben aus dem Grunde, weil er die hervorragende Bedeutung der Gesetzgebungspflichten noch nicht erkennen konnte. Die autoritären Systeme, welche bestimmte Gesellschaftsordnungen und damit bestimmte Moralforderungen heilig sprachen, mußten notwendig auch all dasjenige heilig sprechen, was den *Glauben* an die Richtigkeit und Unverbrüchlichkeit dieser Moralforderungen sicherte und festigte. Daher der Glaubenszwang, den sie ihren Mitgliedern auferlegten. Denn wenn die Menschen die geistigen Stützen der Ordnungen zu kritisieren beginnen, so ist auch die Heiligkeit der Ordnungen selbst und deren Bestand in Gefahr. So geht ja tatsächlich mit jeder Neuordnung auch ein neues Gedanken- respektive Glaubenssystem Hand in Hand. In der autoritären Zeit ward freilich auch dies nachher wieder autoritär. Aber nun war ja die Zeit gekommen, wo man forderte, daß die Gesamtheit der Staatsbürger an der Gesetzgebung teilnehme. Geschieht einmal das, so wird es ein Unding, zu fordern, daß man von vornherein an die Richtigkeit *bestimmter* Ordnungen und damit auch ihrer geistigen Stützen glaube. Es erwächst im diametralen Gegensatz hierzu die sittliche Forderung, daß man sich von allem Vorurteil frei mache und durchgängig rein sachlich prüfe, was für das Zusammenleben freier Menschen das Förderndste sei. Aufrichtig ist der Mensch, wenn er glaubt, er tue das Rechte. Die Prüfung aber, was recht heißen darf, kann richtig nur dann vorgenommen werden, wenn kein autoritäres Glaubensprinzip die Seelen beherrscht, sondern allein das Gesetz der Erkenntnis.

In dieser Weise hängt das Erkenntnisprinzip, das Kant aufgestellt hat, mit immanenter Logik mit seinem sittlichen

Prinzip zusammen. Von hier aus sei dann auf diese, seine zweite, der Zeit nach erste, große Errungenschaft, seine *Erkenntnislehre,* ein Blick geworfen.

Kants grundlegende Leistung ist die Analyse der Erfahrung, das heißt der Naturwahrnehmung, wie wir sie alle haben. An sie schließt sich alles Übrige an, was er sagt. Die Irrtümer, die wir alle schon in der bloßen Wahrnehmung der Natur machen, zum Beispiel die Verwechslung eines Lichts mit einem Stern, einer schaukelnden Flocke mit einem Vogel ect., müssen uns ja schon fragen lassen, auf welchen Grundlagen die als richtig angesehenen *Verbindungen* ruhen. Für Kant war es, im Anschluß an den Engländer *Hume,* insbesondere die tiefere Frage, wie es komme, daß wir bei Wahrnehmung von Änderungen stets nach einer Ursache fragen, da wir doch nur ein Vorher und Nachher wahrzunehmen scheinen. Dadurch wurde er auf weitere Fragen, zum Beispiel nach der Substanz, geführt. Und so entdeckte er, daß wir den Wirrwarr der verschiedenen Empfindungen, die uns zuströmen, dadurch ordnen, daß wir sie in einem Raumzusammenhange schauen und die nacheinander hier gleichartig auftretenden durch bestimmte *Gedankenbänder* verknüpfen.

Wir sagen nämlich ganz instinktiv, wenn wir heute in derselben Umgebung eine gleiche Anschauung etwa von einem Baum erhalten, das sei *wirklich,* das heißt unabhängig von unserem Schauen, *derselbe* Baum. Wir behaupten also hier, verschiedenen, getrennten Anschauungen entspreche *ein* dauernder Gegenstand im Raume. Durch diese Verknüpfung wird uns also eine Serie von gleichartig wiederkehrenden Empfindungen respektive Anschauungen erst zur *Wahrnehmung,* zur Wahrnehmung des *räumlichen Gegenstands,* der räumlichen Substanz.

Wenn nun weiter an dem Gefüge einer solcherart zusammengeknüpften Wahrnehmung etwas Neues hinzutritt, derart, daß sich im Verhältnis zu anderen Wahrnehmungen Platz oder Form oder Farbe ändert, so wird dies dem vorigen Gegenstand Fremde, sofern es doch an ihm wahrgenommen werden muß, nicht als ein neuer Gegenstand angesehen, der mit dem vorigen keinen Zusammenhang hätte, sondern als etwas, das in der *Zeit* in Zusammenhang mit ihm getreten ist, das heißt als *Veränderung* des alten Gegenstandes selbst. Damit aber, daß es als Veränderung eines Gegenstands angesehen wird, weist das Neue am Gegenstand, das vorher nicht an ihm war und doch irgendwo gewesen sein muß, auf einen Zusammenhang hin, dazu es vorher gehörte, das heißt auf die Ursache. Dies zweite *Gedankenband* ist also schon in der Wahrnehmung der Veränderung selbst enthalten. Wahrnehmung der Veränderung eines Gegenstands schließt Zusammenhang des Neuhinzugetretenen mit außer ihm Liegendem ein.

So liegen also Substanz, Ursache schon *in der Naturwahrnehmung* selbst, oder vielmehr die von uns gestalteten Verbindungen machen die zerstreuten Eindrücke erst für uns zur zusammenhängenden Wahrnehmung. Wenn wir diesem Umstand einmal auf die Spur gekommen sind, wenn wir wissen, daß wir derart unweigerlich unsere Eindrücke in Raum und Zeit mittels jener Gedankenbänder ordnen *müssen,* so ist es auch erklärt, warum wir bei jedem neuen Eindruck a priori fragen müssen: wohin im Raum gehört er? oder bei jeder Veränderung: was ist die Ursache? Dies ist die erste, die grundlegende Form des berühmten a priori.

Aber weiterhin ist es nun auch offenbar, daß Folgerungen, die wir kraft dieser grundlegenden Verbindungselemente vornehmen, wie die Folgerungen der Mathematik und der mathematischen Naturwissenschaft, ohne weiteres für die Dinge selbst Gestaltung haben, denen ja jene zugrunde liegen. Eine Folgerung, die wir auf Grund von Empfindungsmaterial ziehen, ist nie sicher. Auch zum Beispiel die scheinbar unanfechtbare Antiquität bestimmter Art könnte sich als Nachahmung herausstellen oder woandershin gehören, als wo man es vermutet. Wenn aber ein Stern aus gegebenen Momenten richtig berechnet ist, so findet ihn das Fernrohr nachher an gegebener Stelle. Dies ist die zweite wesentliche, die wissenschaftliche Bedeutung des a priori.

Aber nun fügt Kant noch ein drittes a priori hinzu, das die eben geschilderte Leistung wieder aus allen Fugen zu reißen geeignet ist. Er hat richtig erkannt, daß *wir* mit den genannten Gedankenbändern oder Kategorien die Empfindungen respektive Anschauungen zur Wahrnehmung ordnen. Er hat auch erkannt, daß erst dadurch unsere Wahrnehmung zu einer gegenständlichen *Aussage* über eine *objektive* Welt wird. Nun kommt aber die Frage: wie kommen denn diese Gedankenbänder, die doch Gedanken *in uns* sind, wie kommen Raum und Zeit, die doch Vorstellungen in uns sind, dazu, behaupten zu dürfen, ihnen *entspräche* eine von aller Wahrnehmung unabhängige Welt?

Diese Frage ist aufzuwerfen, gewiß. Aber sie ist nicht damit zu lösen, daß man nun den Schritt tut, den Kant ohne jede Befugnis völlig grundlos tut, indem er behauptet: jene Gedankenbänder und die Anschauungsformen Raum und Zeit »stammen aus uns«, »entspringen in uns«, sind Erzeugnisse unseres Geistes. Und ebensowenig bündig ist die weitere Schlußfolgerung: wenn diese Bänder Erzeugnisse unseres Geistes sind, so ist diese Welt, die wir wahrnehmen, ein bloßer Inbegriff von Vorstellungen, deren Grundlage, das Ding an sich, gänzlich unbekannt bleibt. Dieses dritte a priori, das a priori des Ursprungs aus uns, ist das entstellende und verwirrende Element der Kantischen Philosophie. Daran knüpft Fichte an, der, jene Grundentdeckung mißachtend, alles aus dem Ich herausspinnt. Und über den Streit darüber und über das Ding an sich ist das Große in Kants a priori bis heute verdunkelt geblieben.[14]

In der Tat: *In uns* sind die Kategorien und Anschauungsformen, denn *wir* denken, *wir* nehmen wahr. Aber ihre *Bezie-*

---

14 Ich muß freilich bekennen, daß ich mit dieser Ausscheidung des dritten a priori unter den Neukantianern heute noch allein stehe. Aber diese Abwerfung eines gänzlichen verwirrenden metaphysischen Elements scheint mir hier ebenso notwendig, um die Rückbildung zu falscher Metaphysik zu hindern, wie zum Beispiel die Abscheidung des Erwerbsliberalismus, der zum Kapitaldespotismus führt, vom sittlichen Liberalismus, der zum Sozialismus zu entwickeln ist.

*hung, ihre Bedeutung* weist aus uns heraus. Und wenn wir niemals ergründen könnten, wie das erklärbar sein mag, die *Tatsache,* daß wir *nur* wahrnehmen können, sofern wir schon *in der Wahrnehmung selbst* das Urteil fällen über unabhängig von uns existierende Dinge: diese Tatsache könnte, darauf müssen wir allen Nachdruck legen, nur mit der Auflösung unserer Naturwahrnehmung in eine bunte Menge von Einzelanschauungen weggeschafft werden. Da wir aber diese Wahrnehmung nicht so aufzulösen vermögen, so können wir auch die sie konstituierenden Urteile über die Dingwelt nicht abtun. Und wir haben, was wiederum auf das entschiedenste zu betonen ist, *keinerlei Recht,* sie dahin *umzudeuten,* daß sie bloß für eine Welt der Erscheinungen, das ist bloßer Vorstellungen, zu gelten hätten.

Wenn also Josef Dietzgen fragt: »woher wissen wir nun, daß hinter den Naturerscheinungen . . . eine universale, unbegrenzte, absolute Natur liegt, die sich dem Menschen nicht vollständig offenbart?«[15], so wäre zunächst die Antwort zu geben: weil diese Naturerscheinung schon jene Beziehungen auf die absolute Natur in sich enthält, ohne die sie gar nicht als Wahrnehmung da wäre.

Nun bleibt ja freilich die Frage, wie die betreffenden Gedankenbänder solche Beziehung zu *erhalten* vermögen, noch übrig. Ob wir uns hier mit der Antwort Dietzgens begnügen, der da sagt: »sie ist uns angeboren; sie ist mit dem Bewußtsein gegeben«, oder ob sich uns hier mit der Lösung des einen Problems nicht vielmehr neue Probleme auftun, das möge unbesprochen bleiben. Um so schärfer muß einerseits auf Kants positive Leistung und andererseits auf den Fehler, der sie verdunkelt, hingewiesen werden. Ihm schien es freilich so gänzlich selbstverständlich, daß die Elemente, mittels deren wir die Verknüpfung der Empfindungselemente zustande bringen, weil sie in uns *sind,* auch unabhängig von dem Empfinden in uns *erzeugt* werden, daß er nach keinem War-

---

15 Vgl. Josef Dietzgen, Kleinere philosophische Schriften, Stuttgart 1903, pag. 198.

um mehr fragt.¹⁶ Sofort in der Einleitung zur zweiten Auflage seiner »Kritik der reinen Vernunft« beginnt er mit dem berühmten Satze: »Daß alle Erkenntnis mit der Erfahrung [das ist der Naturwahrnehmung] anfange, daran ist gar kein Zweifel«; aber darum »entspringt sie nicht allein aus der Erfahrung. Denn es könnte wohl sein, daß selbst unsere Erfahrungserkenntnis ein Zusammengesetztes aus dem sei, was wir durch Eindrücke empfangen und dem, was unser eigenes Erkenntnisvermögen (durch sinnliche Eindrücke bloß veranlaßt) aus sich selbst hergibt«.¹⁷ Dies aus sich selbst, dies dritte, das falsche a priori, ist freilich mit den beiden anderen oft schwer löslich verschmolzen; aber wenn man Kant so lesen will, daß man zum Verständnis seiner dauernden Leistung komme, so muß man scharf darauf achten, daß man diesen fälschenden Beisatz stets eliminiere.

Tut man das, so gewinnt man eine ganz andere, vertieftere Anschauung von Kant und begreift nachher mit viel leichterer Mühe die großen Leistungen, die er wirklich vollbracht hat. Der verwirrende Zirkel, wonach die Weltvorstellung objektiv gültig und doch wieder nicht objektiv gültig aus dem Ich erzeugt und doch nicht aus dem Ich erzeugt erscheint, fällt dann hinweg, und wir haben die Welt der Wahrnehmung auch wirklich aus der Erkenntnis ihrer Analyse beglaubigt. Wir sind ferner in der Lage – nicht etwa aus bloß naturwissenschaftlichen Gründen, sondern aus tieferen Erkenntnisgründen –, den ganzen reinen Dingseelenglauben und Dinggottesglauben, den Kant in seinen Paralogismen so fein zerfasert hat,¹⁸ mit Sicherheit zu beseitigen. Freilich, auch die intelligible Welt fällt dann weg und mit ihr der Zufluchtsort, darin Kant seinen Begriffsgott, seine Begriffsfreiheit und seine Begriffsunsterblichkeit geborgen hat. Dafür aber werden andere Tatsachenketten, die er in sein Begriffssystem einge-

---

16 Die wenigen Stellen, wo er die Subjektivität des Raumes und der Zeit scheinbar *begründet*, begründen tatsächlich nur, daß diese Formen notwendig zugrunde liegen.
17 [AKA III, 27.]
18 [AKA III, 262–278.]

sponnen hat, die Tatsachen des Lebendigen, des nicht begrifflichen strömenden und quellenden Innenlebens frei. Die Natur geht, wie ebenfalls Dietzgen sagt, »nicht in Erkenntnis auf«. Hier können wir, zwar nicht an Kants Hand, wohl aber im Anschluß an Lessing und Herder, auch den Quell der religiösen Wahrheiten entdecken, welche die Dinggötterlehre in verkörperter und dogmatischer Gestalt da draußen sucht und als Welt neben der Welt vorzustellen sich vergebens bemüht, während sie doch *in uns* vorhandene reale Tatsachen äußerlich symbolisiert.

Vor allem aber haben wir für den praktischen Gebrauch des Denkens dessen Gesetzmäßigkeit gewonnen. Sie besteht zwar nicht in der bloßen Übereinstimmung des Denkens mit sich selbst, wie manche fälschlich meinen, sondern in der *Eindeutigkeit der realen Zusammenhänge* des Gegebenen. Dies ist das Kriterium der Richtigkeit. Es ist nicht mehr etwas deshalb falsch, weil es der Bibel oder der Kirchenlehre oder einem bestimmten Wissenssystem oder Rechtssystem oder Wirtschaftssystem widerspricht, sondern alle diese Lehren und Systeme sind ihrerseits darauf zu prüfen, ob die ihnen zugrunde liegenden Tatsachen mit allen bekannten übrigen Tatsachen *eindeutig* verbunden sind; und nur soweit sie auf der jeweiligen Stufe unserer Erkenntnis derart verknüpft und gedeutet sind, können und dürfen sie als wissenschaftlich beglaubigt *gelten*.

Danach wird freilich auch die von vielen Sozialisten geteilte relativistische Anschauung eine grundsätzliche Korrektur erfahren müssen. Es ist nicht etwa so, daß man sich damit begnügen darf, zu sagen, heute gelte dies und morgen jenes Moralsystem und heute diese und morgen die andere wissenschaftliche Überzeugung. Es handelt sich eben darum, ob und wie weit das jeweilig als richtig Geltende mit dem Kriterium wissenschaftlich allseitiger Übereinstimmung in Einklang steht. Gelten bedeutet zweierlei. Wir werden ja wohl sagen: für den Knaben gelten noch nicht die Forderungen, die man an den Mann stellt. Aber ob der Knabe oder ob der Mann eine Rechnung rechnet, so wird die Frage, ob wirklich richtig gerechnet sei, also ob das Ergebnis als richtig gelten könne, ganz unabhängig davon beurteilt, daß der Knabe oder der Mann gerechnet hat. So auch die Richtigkeit einer Erkenntnis oder einer Moralanschauung, unabhängig von der Geschichte, soweit nicht bloße Anwendung in Frage kommt.

Wie verhält sich nun aber das Erkenntnisurteil zum sittlichen Urteil? Jenes geht auf Tatsachen, dieses auf menschliches Wollen und Handeln. Tatsächlich kann man erklären, wie jemand zu einem Verbrechen kommt, und vielleicht sagen, man wäre unter gleichen Umständen nicht sicher gewesen, das gleiche zu tun. Wenn man aber fragt, ob solcher Wille und solches Handeln mit den Bedingungen einer Gemeinschaft vernünftiger Wesen sich vertrage, so sagt man glattweg Nein und erklärt es für unrecht. Der faule Apfel ist eben faul und nicht gut, ob er auch gar nicht anders möchte sein können. Beide Urteilsarten zu vermengen, gibt Wirrwarr. Von dem beschränkten Grundbesitzer oder dem nur in Geschäftsrechnung bewanderten Fabrikanten kann man wohl nicht erwarten, daß der Sozialismus für ihn als richtig zu gelten vermöge; aber man muß sittlich *fordern*, daß er auch für ihn in der zweiten strengen Bedeutung gelte. Und umgekehrt ist der Sozialismus nicht etwa deshalb richtig, weil er von dem Klassenkampf der aufstrebenden Arbeiterschaft getragen wird. Aus der proletarischen Praxis ist nicht das mindeste Kriterium für seine Richtigkeit zu ziehen. Der Umstand, daß eine wachsende Zahl von Menschen, vor allem von Arbeitern, durch die Entwicklung der Verhältnisse auch in ihrem Interesse ihm geneigt wird, gibt wohl Hoffnung, daß er durchführbar werde. Die Begründung für seine sittliche Richtigkeit aber liegt einzig in folgender Folgerungskette, die ja nach dem oben Gesagten gerade dem Marxisten nicht verwunderlich und anstößig sein dürfte: Wenn der Mensch Mensch sein soll, so muß er frei sein. Frei sein kann er nur, wenn er mit anderen Menschen sich in vernünftiger Weise verbindet, wenn er in dieser Verbindung vernünftig will und handelt. Er bedarf folglich einer Lebensordnung, in der nicht das Recht der physisch, ökonomisch oder rechtlich Stärkeren, sondern Rechtsgleichheit herrscht. Diese Rechtsgleichheit ist aber da, wo sich kooperative Wirtschaft entwickelt hat, unmöglich, wenn individuelles Belieben eines Brotherrn das Brot geben und weigern kann. Es bedarf somit einer Ordnung, in der die Produktionsmittel alles kooperativen Betriebs auch der Selbstverwaltung unterstellt, das heißt faktisch gemeinsamer Besitz sind.

In solchem Sinn und nur in solchem Sinn läßt sich die sittliche Notwendigkeit des Sozialismus begründen. Und in solchem Sinne ist er in der Tat die Konsequenz der Ideen Kants – nicht eine aus der Luft gesponnene Konsequenz, sondern die Konsequenz der *Anwendung* jener Ideen auf die heute sich vollziehende kapitalistische Entwicklung. Durch diese Entwicklung hat sich ja zum Beispiel in dem kurzen Zeitraum von 1882 bis 1895 die Zahl der unselbständigen Arbeiter und Angestellten um mehr denn zwei Millionen, die Zahl der nominell Selbständigen nur um zwei Hunderttausende vermehrt, im ganzen sind schon fast dreimal so viel wirtschaftlich Unselbständige als Selbständige vorhanden, und auch die nominell Selbständigen sind wohl nur zum kleinsten Teile den heute entwickelten Kapitalmächten gegenüber wirklich selbständig: Jener Handwerker Berlins, der seine 1000-Mark-Ersparnis in vierprozentigen Papieren einer Bodenkreditanstalt anlegte, um dann infolge Grundstücksbeleihungen derselben Anstalt seine Wohnung um 50 Mark gesteigert zu bekommen, also mit 10 Mark Verlust für seine Beteiligung zu büßen, ist typisch für viele Fälle. Wie hier die Spareinlagen des Kleinen ein Mittel sind, um erhöhte Beiträge aus ihren eigenen Taschen zu ziehen, so stellen überhaupt die Bodenspekulationen, die Ringe, die Zölle, die Staats- und Gemeindeanleihen[19] nichts als größere und kleinere Destillierapparate vor, die alle, bewußt und unbewußt, dem Zwecke dienen, den Besitz der Kleineren in die Taschen der Größeren

[19] Ein diese Destillationsform schematisch darstellendes Beispiel habe ich in meiner Schrift »Ethik und Politik«, Berlin 1899, pag. 111ff. gegeben.

abzutröpfeln. Mit der allmählich heranreifenden Einsicht in diesen Sachverhalt, der ja freilich heute das Zeitungsgeschwister des Kapitalismus mit seinem unkundigen Gefolge noch eifrig entgegenwirkt, werden auch die übrigen Stände, zuletzt sogar, wenn ihnen die Augen aufgehen, die heute noch zollbetörten Bauern jenes Gefühl in die Glieder bekommen, das da sagt: es ist etwas faul im Staate Dänemark; es muß anders werden.

Wohin dies Anderswerden zielen muß – zum Genossenschaftssystem, das wissen die durch Crimmitschauerfahrungen[20] schon lange wachgerüttelten Arbeiter freilich besser als die anderen. Wie weit aber und mit welchen Mitteln, darüber erhebt sich neuer Streit. Muß *erst* die politische Macht erobert werden? Muß Stück um Stück, durch Kompromisse, durch unpolitische Genossenschaftsbildung in Stadt und Land, durch Wegsteuerung der Kurswerte, insbesondere der Bodenrenten, durch Verstaatlichung und Kommunalisierung geeigneter Betriebe vorgegangen werden? – Das sind zunächst rein technische Fragen, wie es scheint. Aber die Antwort auch auf die technischen Fragen leitet das *Ziel*.

Aber was ist dies Ziel? Der freie Mensch, wie auch Marx sagt, die Gemeinschaft frei sich selbst verwaltender Menschen; und die Sozialisierung ist nur ein Mittel zum Ziel. Was dies Ziel fördert, ist gut, was ihm zuwider ist, ist böse. Und was es am raschesten, am sichersten, am vollkommensten erreichen läßt, das ist das Beste.

Ist das Gewalt? Die möchte befreien, wie die Freiheitskriege, wenn sie glückte; und es möchten die Mittel fehlen, sie zu nützen. Vernunft und Gewalt sind Feuer und Wasser. Nur wo sie aufgedrängt wird, ist sie Notrecht. Aber den Willen zu ihr dürfen wir nicht bilden. »So viel an uns ist«, sagen wir mit Bernstein, müssen wir sie meiden. Wir brauchen, wie En-

20 [In Crimmitschau schlossen sich die Arbeiter 1867 zu einer Produktionsgenossenschaft zusammen, nachdem infolge der Wirtschaftskrise von 1866/67 und infolge der Mißernten seit 1865 sich die Lage des Proletariats rapide verschlechtert hatte und unter den sächsischen Webern und erzgebirgischen Strumpfwirkern in der Hungersnot Typhus ausgebrochen war.]

gels sich ausdrückt, *allgemeine* Revolutionierung der Köpfe, Lösung vom Banne des Autoritarierwahns und *Einsicht* in die Bedingungen der Freiheit, die inneren wie die äußeren. Wir brauchen *allgemeine Fähigkeit* genossenschaftlicher Selbstverwaltung; kann die, wie auch von Elm meint, anders erzielt werden, als durch schon heutige Praxis? Und dazu bedarf es warmen, dauernden Willens, zäher Hingabe an das endliche Ziel.

Vielfach, nicht einfach sind da die Wege, und vielfach die Waffen und Werkzeuge, die wir brauchen. Der geistigen Werkzeuge und Waffen aber bedarf es vor allem. Kann hierzu Kant noch etwas helfen? Nicht um Namen und Schlagwort handelt es sich, sondern um die Frage, ob er brauchbares Metall zum Schmieden von Waffen reicht. Vielleicht ist er doch ein noch unausgeschöpftes Bergwerk, das aus Mangel an Betriebskenntnis einst liegen blieb; und erst heute, wo wir die Schlacken besser sondern lernten, können wir's wirklich nutzen. Prüfen wir ihn darauf, stoßen wir ihn nicht, in unziemlichem Vorurteil befangen, vorschnell zur Seite, sondern überwinden wir ihn durch bessere Einsicht! Denn überwunden wird jeder große Gedanke erst, wenn man sein Bleibendes in höhere Einheit aufnimmt.

# Max Adler
# Kant und der Sozialismus [1904]

## 1. *Die Verallgemeinerung der Kultur*

Die Art, wie ein Volk das Andenken seiner großen Männer feiert, und mehr noch, welche es als solche einmütig anerkennt, wirft zugleich ein helles Licht auf seinen eigenen Kulturzustand. Wenn erst einmal der überlaute Lärm der höfischen Feste schwächer klingt, mit welchem die »nationale« Erinnerung an ruhmvolle Waffentaten gepflegt werden soll, die für die Nation doch nichts anderes bedeuten als Blut, Elend und zu teuer erkauften Gewinn; wenn dagegen erst einmal die sonst nur allzu stillen, weil vom Volke unverstandenen wirklichen Gedächtnisfeiern des Menschengeistes immer mehr umbrandet werden von dem anstürmenden Interesse und Streben eines ganzen Volkes nach Verständnis, dann wird ein solches Schauspiel einen tiefgreifenden und für den Kulturfortschritt verheißungsvollen Wandel im Volksleben anzeigen. Ein solches Schauspiel bot wohl zum ersten Male bei einem solchen Anlaß, bei dem es sich nicht um die dem Volke doch noch näherstehenden Werke eines Dichters, sondern um die Gedankenwelt eines einsamen Denkers handelt, die Erinnerungsfeier an den hundertsten Todestag Immanuel Kants.

An diesem Tage, an dem die arbeitende Kraft des Menschengeistes sich gleichsam einen Augenblick auf sich selbst zurückzog, um mitten am Werke zu überschauen, was in der letzten Jahrhundertspanne weitergeschafft worden war an Einsicht, an Bildung des Verstandes und des Willens, an diesem Tage mochte wohl ein sicheres freudiges Gefühl des Fortschritts jeden Betrachter überkommen, eines Fortschritts, der, so gering und so langsam er auch sein mag, so daß er erst über ein Jahrhundert erkennbar wurde, doch ein nicht zu entbehrender Trost ist, weil er nur überhaupt da ist.

Diese Überzeugung von einem sicheren Fortschritt ist nicht nur darin begründet, was an sich auch nicht zu übersehen ist, daß es die Gedenkfeier eines *Philosophen* war, die so einmütig von Anhängern und Gegnern in einer Zeit gefeiert wurde, in der man noch vor kurzem oft hören konnte, daß die Philosophie auf dem Sterbelager läge und ihre Herrschaft ganz und gar an die exakten Wissenschaften habe abtreten müssen. Auch das allein ist es nicht, was gleichfalls an sich schon bedeutungsvoll wäre, daß trotz eines Jahrhunderts größter Mißverständnisse, ja zum Teil völliger Nichtbeachtung der Kantschen Philosophie, sich die Gewalt des Gedankens doch am dauerndsten erwiesen hat, um eine so späte und andersgeartete Zeit wie die unsrige in diejenigen Bahnen zu führen, die ein tiefes und darum einsames Denken vor mehr als hundert Jahren gewiesen hat. Sondern allem steht an Bedeutung voran die Ausdehnung, in der die Feier dieses Tages begangen wurde, daß dieser Gedenktag der Studierstube nicht mehr bloß im kleinen Kreise der Studierten gefeiert wurde, sondern unter Anteilnahme aller denkenden Menschen, in Gemeinschaft mit dem Bewußtsein des Volkes. Daß es insbesondere kein Arbeiterblatt gab, das nicht von Kant zu seinen Lesern gesprochen hätte, daß in zahllosen Volksbildungs- und Arbeitervereinen über Kant nicht nur vorgetragen werden konnte, sondern daß dies auf deren eigene Aufforderung hin geschehen mußte, das stellt ein Kulturmoment von so hervorstechender Bedeutung dar, daß niemand daran vorübergehen kann, der den Charakter des gegenwärtigen Zeitalters wirklich erkennen will. Denn in ihm stoßen wir auf die ihrer selbst bewußt gewordene Kraft des Volkes, mit der es in bewunderungswürdiger Selbsthilfe nun bestrebt ist, die Kluft auszufüllen, die eine jahrhundertelange Unterdrückung zwischen ihm und dem geistigen Besitz der Nation aufgerissen hat. Es ist dieses endlich auch die Massen ergreifende Lebensgefühl, nicht mehr *bloß da* sein, sondern *als Mensch* dasein zu wollen, was die kulturelle Situation unserer Zeit so gewaltig umgestaltet, daß nun erst die Großen eines Volkes auch wirklich *seine* Großen, Große *für das Volk* werden, deren Arbeit das Volk erkennt, immer mehr zu verstehen bemüht ist und dadurch auch immer mehr sich selbst zu eigen macht. Und bedenkt man, daß der Wecker zu diesem neuen Leben der Sozialismus war, daß *er* es war, durch den sich der erste wirklich *allgemeine* Fortschritt vollzog: der Aufstieg der großen Massen des Volkes zur immer mehr sich festigenden Kulturgemeinschaft, dann eröffnet schon diese historische Tatsache allein eine Beziehung des Sozialismus zu Kant, die, so merkwürdig dies auch auf den ersten Blick erscheinen mag, einen tiefen und innigen Zusammenhang beider erraten läßt. Denn auf die Herausarbeitung einer wirklichen und vollendeten Kulturgemeinschaft im Volke, auf »die Erreichung einer *allgemein* das Recht verwaltenden bürgerlichen Gesellschaft«, war alles politisch-soziale Denken Kants gerichtet[1]; dies war der immer wiederkehrende Leitgedanke seiner Geschichtsphilosophie, die nichts weniger als eine großartige Theorie des geschichtlichen Fortschrittes war. Indem uns der Sozialismus dieses gleiche Ziel zum erstenmal in der Geschichte zum Objekt einer zielbewußten und plan-

---

1 Der Ausdruck »bürgerliche Gesellschaft« kann bei unserem heutigen Sprachgebrauch irreführen. Er hat natürlich nichts mit dem zu tun, was wir heute so nennen, und womit wir eine *Klassenherrschaft*, die Herrschaft der Bourgeoisie, in der Gesellschaft bezeichnen. Dieser Klassenbegriff war Kant und seiner Zeit noch ganz fremd. Im Gegenteil bezeichnet der Ausdruck »bürgerliche Gesellschaft« bei Kant überall gerade das Gegenteil zu jener Zerklüftung, die er in den ständischen Gesellschaften vor sich hatte; er bezeichnete eine Gesellschaft, deren Glieder alle wirklich Bürger derselben sein würden, weil sie alle gleichberechtigt wären, ja noch mehr, in der sogar auch die Gegensätze der Staaten und Nationen geschwunden wären, so daß die ganze Kulturmenschheit einen Weltstaat bilden und jeder, welchem Lande und welcher Nation auch zugehörig, ein überall heimischer und gleichgeschätzter Weltbürger sein würde. Darum nennt auch Kant seine Geschichtsauffassung eine »weltbürgerliche«. Die »bürgerliche Gesellschaft« Kants ist dasselbe Ideal, das auch dem modernen Sozialismus in der Idee der durch das Proletariat zu realisierenden Völkerverbrüderung vorschwebt. Nur daß Kant eben noch das Bürgertum selbst als jenen Stand betrachten mußte, der dieses Werk zu vollbringen hatte. [Vgl. AKA VIII, 22.]

mäßigen Arbeit macht, erscheint schon von da aus diese gewaltige Kulturbewegung als die am Werke befindliche Verwirklichung des großen Kulturzieles der Kantschen Philosophie.

## 2. *Erkenntniskritik und Sozialismus*

Um die Frage nach den Beziehungen des Sozialismus zu Kant von vornherein vor einem ärgerlichen Mißverständnis zu bewahren, muß vorausgeschickt werden, daß es sich hierbei nicht etwa um die Frage handeln kann, ob Kant ein Sozialist war oder auch nur sozialistische Gedanken hatte. In diesem Sinne kann man nur der Ansicht Karl Vorländers, die er auf dieselbe Frage in seinem gründlichen Buch über »Kant und Marx« gibt, beistimmen, daß Kant jedenfalls kein Sozialist gewesen ist.[2] Aber nicht um diese historische Beziehung handelt es sich hier, sondern um die geistesgeschichtliche, also um die Frage, ob zwischen der Kantschen Philosophie und dem Sozialismus innere Beziehungen aufgezeigt werden können, die den Sozialismus zu fördern, ja zu bereichern geeignet sind. Und diese Frage ist keine grundlos aufgeworfene. Denn die Kantsche Philosophie hat sich als ein so wirksames Gedankenferment erwiesen, daß sie unsere heutige Zeit in eine geistige Gärung versetzt hat, und so eigentlich erst jetzt ihre ganze Lebendigkeit entfaltet. Und so ergibt sich ganz von selbst die Frage, ob sie nicht auch für die mächtigste Kulturbewegung unserer Tage, für den Sozialismus, Gesichtspunkte enthält, die seine Anschauung ähnlich bereichern können, wie dies auf den übrigen Gebieten des geistigen Lebens unserer Zeit der Fall war und ist. Schon gelangen die Er-

[2] Karl Vorländer, »Kant und Marx«, Seite 34, Tübingen 1911. Gegenüber diesem Buche, das den gleichen Gegenstand behandelt, wie obiges Kapitel, darf ich wohl daran erinnern, daß das letztere die im ganzen unveränderte Wiedergabe eines Vortrages zur Kantfeier im Jahre 1904 ist. Über meine Differenzen gegen Vorländer vergleiche auch das folgende Kapitel und meine »Marxistischen Probleme«, Kapitel VI. [Stuttgart 1913]

kenntnistheorie, die Naturwissenschaft, die Ethik und die Religionslehre stets mehr und mehr unter den Kantschen Einfluß. Sollte gerade die Gesellschaftslehre und der Sozialismus hier gar keinen Gewinn für sich erwarten dürfen? Dem ist nicht so, weil der Sozialismus seit Marx nicht mehr bloß politisch-utopisches Streben, sondern *auf soziologische Erkenntnis* gegründete Aktion ist.[3] Wie für alle Wissenschaften ist daher die Kantsche Philosophie auch für den Sozialismus schon deshalb von grundlegender Bedeutung, weil seine Grundlage, von der er nicht mehr losgelöst werden kann, eine Wissenschaft ist, die Wissenschaft vom sozialen Leben, die allgemeine Sozialwissenschaft.

Damit ist bereits eine Meinung berichtigt, die den Zusammenhang der Kantschen Philosophie mit dem modernen Sozialismus nur nach einer, allerdings hervorstechenden Seite gegeben sah, nämlich nur mit seiner Ethik und Geschichtsphilosophie. Wir dagegen finden diesen Zusammenhang auch *schon in seiner erkenntniskritischen Arbeit* gegeben, was vom Standpunkt des modernen Sozialismus nicht überraschend ist, da ja sein Grundcharakter ein theoretischer ist. Und in der Tat ist ja seit Karl Marx und Friedrich Engels der Begriff der Wissenschaft in ihrer besonderen Eigenschaft für das soziale Leben eine immer wieder erörterte Grundfrage des Sozialismus geworden. Daher sind die erkenntniskritischen Fragen – was unter Wissenschaft zu verstehen sei, worin die Eigenart der Sozialwissenschaft bestehe, was wissenschaftliche Notwendigkeit bedeute, wie sich das Müssen des Kausalgeschehens zu dem Sollen der Ethik und Vernunft verhält – für den Sozialismus keine müßigen Doktorfragen, sondern leidenschaftlich erörterte Probleme, weil in ihnen über sein theoretisches Sein oder Nichtsein gekämpft wird, weil in ihnen das wissenschaftliche Selbstbewußtsein sich klar zu werden sucht über die der theoretischen Erkenntnis möglichen Ziele und Wege.

---

3 [Vgl. Max Adler, Die Beziehungen des Marxismus zur Klassischen deutschen Philosophie, in: Austromarxismus . . ., 155–190.]

In allen diesen Fragen aber sieht sich die Diskussion zurückgeführt auf die Erörterung der Kantschen Philosophie selbst, und zwar sowohl auf die theoretische wie auf die praktische. Denn um den Begriff des Wissens in seiner logischen Eigenart war ja, wie wir im vorigen Kapitel gesehen haben, die ganze kritische Arbeit Kants bemüht mit einer Schärfe der Problemfassung und mit einer Klarheit der Lösung, welche alle methodologische Arbeit der Gegenwart auf diese Grundlegung zurückdrängt. Sie erst sicherte die wissenschaftliche *Erkenntnis* in einer Ergründung der Bedingungen unserer *Erfahrung*. Erfahrung und Erkenntnis erwiesen sich derart als Wechselbegriffe, indem die Wissenschaft nur das System der Erfahrung war, diese selbst aber die Ordnung des Empfindungsmateriales in den notwendigen Formen des Bewußtseins. Die durch Raum, Zeit und die Kategorien bestimmte Denknotwendigkeit wurde so zum Kriterium der Wissenschaft, und damit gelang ihre unverwischbare Abgrenzung von allem Sollen, Werten und Glauben. Damit wurde zugleich die Kausalbetrachtung die grundlegende und ausschließliche Bedingung aller und jeder Wissenschaft im strengen Sinne des Wortes. So findet auch der Sozialismus erst hier die feste und kritisch gesicherte Grundlage für seinen Begriff der Gesellschaftswissenschaft, der von Marx stets im Sinne einer kausalen Gesetzmäßigkeit verstanden wurde, die nicht nur für die Vergangenheit gilt, sondern ebenso für die erst zukünftige Entwicklung. Gerade die kausal notwendige Entwicklungsrichtung aufzuzeigen und darzulegen, welche Wertungen und Ziele im Zuge des geschichtlichen Prozesses werden notwendig die leitenden werden müssen, gehört zu den wesentlichen Aufgaben einer Sozialwissenschaft im Sinne des Marxismus. Die Wertung selbst und die Systeme der Wertung werden dadurch in ihrer Eigenbedeutung und Eigengesetzlichkeit durchaus nicht angetastet; aber als selbständige oder gar grundlegende Elemente der Sozialwissenschaft, die dadurch zu einer Normwissenschaft würde, erfahren sie nun erkenntniskritisch ihre prinzipielle Ablehnung.

Aber es gibt noch eine innigere als diese mehr indirekte Beziehung des Sozialismus zur Kantschen Erkenntnistheorie. Denn er hängt mit dieser nicht nur durch die kritische Grundlegung des Begriffs der Wissenschaft überhaupt zusammen, sondern überdies direkt auch durch den erst in der Philosophie Kants zur Enthüllung gekommenen Grundbegriff seiner Wissenschaft, den Begriff des *sozialen* Lebens. Freilich handelt es sich hier um ein Resultat des Kantschen Denkens, das in dieser Bedeutung bei ihm noch nicht zum bewußten Ausdruck gelangt war oder, richtiger gesagt, von ihm zunächst nur von einer Seite, der ethischen, her in Betracht gezogen wurde. Der soziale Zusammenhang wird bei Kant noch ganz und gar nur unter dem ethischen Gesichtspunkt der Pflicht betrachtet, entfaltet sich aber dafür um so eindrucksvoller in dem Gedanken einer allgemeingültigen Gesetzlichkeit des reinen Wollens. An diesem Punkt tritt nun aber auch die großartige Einheit der Kantschen Philosophie in ihrer theoretischen und praktischen Vernunftkritik hervor; und die sehr vulgäre Meinung, wonach die »Kritik der praktischen Vernunft« gleichsam ein Abfall von der Höhe der theoretischen Vernunft wäre, erweist sich als das, was sie wirklich ist, nämlich ein Vorurteil der Denkfaulheit. Hat man erst einmal gesehen, wie es ein und derselbe Begriff *einer allgemein gültigen Geltung* ist, der hier wie dort das Problem bildet, welches hier wie dort aus der Gesetzlichkeit unseres Geisteslebens abgeleitet wird, dann eröffnet sich die Übereinstimmung der Standpunkte nach beiden Richtungen der Vernunftkritik Kants in dem einheitlichen *Grundgedanken einer gesetzgebundenen Aktivität unseres Geisteslebens;* die in ihrem auf Erkennen gerichteten Ablauf das Reich der Natur, in ihrer auf den Willen sich beziehenden Wirksamkeit das Reich der Sittlichkeit aufbaut. Und von da aus gesehen, erscheint nun auch das Reich der Natur, sofern es als ein Reich der Wissenschaft, also als Objekt menschlicher Erkenntnis betrachtet wird, in neuem Lichte. Denn diese Naturwissenschaft steht nicht mehr als ein gleichsam bloß individuelles Wissen im Gegensatz zum sozialen Wert der Sittlichkeit, vielmehr stellt auch sie sich als ein Stück des sozialen Zusammenhanges der Menschen dar und bildet so nur *die andere Hälfte einer sozialen Welt,* welche hier das Denken ebenso wie dort das Wollen in einen allgemeingültigen Zusammenhang hineinstellt. Beide Male ist es nämlich die gleiche, jedes Einzeldenken und Einzelwollen in eine unverbrüchliche und widerspruchslose Ordnung befassende Gesetzmäßigkeit, durch welche die Isolierung des Individuums nicht nur bloß beseitigt, sondern derart *denkunmöglich* gemacht wird, daß es von vornherein sowohl im Denken wie im Wollen sich nur als ein Glied einer Gattung vorfinden kann. Damit ist der Begriff eines eigenartigen Zusammenhanges alles individuellen Daseins schon auf dem theoretischen Gebiet des Geisteslebens gegeben: und diese eigenartige Verbindung jedes Einzelbewußtseins, durch welche es sich in allen seinen Funktionen überhaupt nur als gattungsmäßiges Bewußtsein erleben kann, *begründet das Wesen des sozialen Verbandes, die Vergesellschaftung,* diese Grundtatsache aller Sozialwissenschaft.[4] Das Soziale erweist sich auf diese Weise als die Eigenart unseres Bewußtseins selbst, *als die Art, wie menschliches Bewußtsein überhaupt da ist* und als geistiges Geschehen abläuft. Ist aber derart der Begriff des Sozialen nicht erst auf dem praktischen Gebiet, also dem des Wollens und Sollens, entstanden, sondern schon im theoretischen, in dem des Seins und Geschehens, zu Hause, dann ist der Grundbegriff des modernen Sozialismus, nämlich der einer *kausalen* Sozialwissenschaft, auch von dieser auf sein eigenstes Problem eingehenden Seite kritisch gesichert.[5]

---

[4] [S. Anm. 3.]
[5] Diese Zusammenhänge mit der Erkenntniskritik Kants habe ich zum ersten Male ausgeführt in meiner Schrift »Kausalität und Teleologie im Streite um die Wissenschaft«, Wien 1904, Volksbuchhandlung Ignaz Brand Co. (auch in »Marx-Studien«, erster Band), und speziell mit Bezug auf den Begriff des Sozialen gegenüber Stammler in meinen »Marxistischen Problemen«, Dietz, Stuttgart 1913. Vergleiche auch das folgende Kapitel.

## 3. Geschichtsphilosophie und Sozialismus

Waren die Beziehung des Sozialismus zur erkenntnistheoretischen Seite der Kantschen Philosophie zwar, wie wir sehen, von grundlegender Bedeutung, aber doch nicht auf der Oberfläche zu finden, so ist die unmittelbare Bedeutung seiner *Geschichtsphilosophie* für den Marxschen Standpunkt schon wiederholt hervorgehoben worden. So wie die Geschichtsauffassung bei Marx bildet sie auch bei Kant einen integrierenden Bestandteil seiner Gesamtanschauung, obgleich sie hier wie dort eigentlich niemals systematisch auseinandergesetzt wird, sondern sich allenthalben in den Werken dieser Denker eingeflochten findet. Wohl aber hat Kant in einer kleinen und höchst merkwürdigen Schrift, die erst in den letzten Jahren zu größerer Bedeutung gekommen ist, eine sehr eindrucksvolle Skizze seiner Geschichtsauffassung entworfen, nämlich in der Abhandlung »Idee zu einer *allgemeinen* Geschichte in weltbürgerlicher Absicht« (1784). Hier wird der Grundgedanke, der das ganze Kantsche Denken in theoretischer Hinsicht durchdringt, nämlich *alles Geschehen unter Gesetzen zu begreifen,* zum erstenmal in einer großartigen Weise auf die Geschichte angewendet. Der Begriff einer »allgemeinen Geschichte« sollte alles das und nur das enthalten, was von aller und jeder Geschichte gelte, was sich also auf die Gesetzmäßigkeit der in so mannigfachen Bildern verschiedenartiger Völker und Regierungen abrollenden geschichtlichen Ereignisse bezieht. Von da aus wird die Geschichte nun nicht mehr als ein regelloses Durcheinander von Zufälligkeit und Heroentum, als ein Gemisch der Einwirkung weiser Gesetzgeber, großer Feldherren und zügelloser Massen aufgefaßt, sondern als ein *Prozeß,* d. h. als eine gesetzmäßig fortschreitende Entwicklung. Und diese Entwicklung ist nicht ziellos, sondern läßt einen stetigen, auf immer größere Kultivierung der menschlichen Gesellschaft gerichteten Fortschritt erkennen. Die Art aber, wie nach Kant dieser Fortschritt sich vollzieht, macht das eigentlich Große und Fortwirkende in seiner Geschichtstheorie aus. Denn der Fortschritt ist nicht etwa das Resultat einer besonderen schließlichen Sieghaftigkeit der menschlichen Ideale oder überhaupt einer bewußt auf ihn hinarbeitenden Zwecktätigkeit der Menschen, auch nicht etwa ein Werk der Vorsehung oder höchster göttlicher Liebe, sondern vielmehr ein *notwendiges und blindes Resultat gerade der unedlen Instinkte der Menschheit,* aller ihrer nackten Erhaltungstriebe und auf das eigene Interesse gerichteten Leidenschaften. Der Fortschritt kommt in die Welt *nicht durch,* sondern gleichsam *gegen,* jedenfalls (bisher) *ohne den Willen* der Menschheit.[6] Derselbe Mechanismus, der die Naturgeschichte des Himmels *rein aus ihren materiellen Kräften* ohne Eingreifen einer Gottheit oder sonstiger bewußter Potenzen in eine grandiose Ordnung bringt, schafft auch in der Geschichte der Menschen Ordnung und Zweck aus dem Chaos der rein menschlichen Kräfte.

Schon von diesen lapidaren Grundgedanken fühlt der moderne, von Marx und Engels gedanklich ausgebaute Sozialismus sich außerodentlich angezogen. Denn einige der Grundgedanken der materialistischen Geschichtsauffassung sind hier bereits mit wundervoller Klarheit und auch polemischer Schärfe zum Ausdruck gebracht: daß die Geschichte ein rein menschlicher Prozeß ist, mit einer kausalen, wenn auch eigenartigen Gesetzmäßigkeit, daß in diesem gerade die auf die Erhaltung der Existenz gerichteten Tendenzen von entscheidender Bedeutung sind, daß eine Gesetzmäßigkeit in der Geschichte durchbricht, die von den Willensbestrebungen der einzelnen ganz verschieden ist, und daß bei aller Eigeninteressiertheit des menschlichen Tuns gleichwohl eine stets größere

---

6 [»Man kann es die *List der Vernunft* nennen, daß sie die Leidenschaften für sich wirken läßt, wobei das, durch was sie sich in Existenz setzt, einbüßt und Schaden leidet. Denn es ist die Erscheinung, von der ein Teil nichtig, ein Teil affirmativ ist. Das Partikuläre ist meistens zu gering gegen das Allgemeine. – Die Individuen werden aufgeopfert und preisgegeben«. (G.W.F. Hegel, »Die Vernunft in der Geschichte«. Sämtl. Werke, Neue Kritische Ausgabe (Hrsg. von J. Hoffmeister), Band XVIII A, Hamburg 1955, 105). S. auch »Phänomenologie des Geistes«, Hamburg 1952, 46 u. 64.]

Solidarisierung der Menschen sich herausstellt. Achten wir aber auf die Art, wie bei Kant die menschlichen Kräfte wirksam gedacht sind, um diese eigenartige Gesetzmäßigkeit, den Mechanismus des Fortschritts zu erzeugen, dann ergibt sich gleichsam eine Ergänzung der Geschichtsauffassung von Marx, indem sie auf die von letzterem weniger behandelte innere, sozialpsychologische Seite dieses Problems eingeht.

Die berühmte Abhandlung über »Die Idee einer allgemeinen Geschichte« beginnt mit den bedeutungsschweren Worten: »Was man sich auch in metaphysischer Absicht für einen Begriff von der Freiheit des Willens machen mag, so sind doch die Erscheinungen desselben, die menschlichen Handlungen, *ebensowohl als jede andere Naturbegebenheit nach allgemeinen Gesetzen bestimmt.*«[7] Damit ist die Grundlage für alle weitere Untersuchung der geschichtlichen Gesetzmäßigkeit gegeben; sie kann nur ein Teil dieser allgemeinen Naturgesetzlichkeit sein, d. h., obzwar die menschliche Geschichte sich aus Handlungen der Menschen zusammensetzt, die auf deren *Willensbetätigungen* zurückgehen, kann ihre Gesetzmäßigkeit nicht in der des Zweckes gefunden werden. Sondern umgekehrt: ob ein Zweck in der Geschichte ist, ob sich, kantisch zu reden, nicht am Ende in der Geschichte auch eine Naturabsicht feststellen läßt, die auf eine Ordnung der Geschichte im ganzen gerichtet ist, das läßt sich nur aus der kausalen Betrachtung der Geschichte erkennen, aus der Bloßlegung gleichsam ihres kausalen Schemas. Deswegen beginnt also Kant zwar mit dem menschlichen Willen, aber in seiner völligen Kausalgebundenheit, mit dem determinierten Willen, um sich sofort nun der Frage zuzuwenden, in welcher Weise der menschliche Wille grundsätzlich determiniert, d. h. bestimmt ist.

Indem Kant diesem Problem nachgeht, findet er einen merkwürdigen Widerspruch in den Naturanlagen des menschlichen Charakters, welche den Willen bestimmen. Er beschreibt diesen Widerspruch folgendermaßen: »Der Mensch hat eine

7 [AKA VIII, 17.]

Neigung, sich zu *vergesellschaften,* weil er in einem solchen Zustand sich mehr als Mensch, das ist die Entwicklung seiner Naturanlagen, fühlt. Er hat aber auch einen großen Hang, sich zu *vereinzeln* (isolieren), weil er in sich zugleich die ungesellige Eigenschaft antrifft, alles bloß nach seinem Sinne richten zu wollen, und daher allerwärts Widerstand erwartet, so wie er von sich selbst weiß, daß er seinerseits zum Widerstande [gegen Andere] geneigt ist.«[8] Dieser eigentümliche und fundamentale Widerspruch in den menschlichen Naturanlagen, der Widerspruch zwischen dem sozialen und unsozialen Wesen, ist nun nicht etwa bloß so zu verstehen, als ob zwei Stimmungen, eine menschenfreundliche und eine kalte egoistische, abwechselnd in dem Verhalten des Menschen einhergingen. Das hieße eine tiefe soziologische Erkenntnis auf eine Trivialität herabziehen. Vielmehr ist mit diesem Widerspruch gemeint das *gleichzeitige Nebeneinanderbestehen* dieser einander entgegengesetzten Tendenzen in allem und jeglichem Tun des Menschen, der, wie Kant meint, seine Mitgenossen zwar »nicht wohl *leiden,* von denen er aber auch nicht *lassen* kann«. Es ist dieser Widerspruch also überhaupt *nicht psychologisch* zu verstehen, als ob damit eine Charaktereigenschaft eines Menschen gemeint wäre, wonach er bald altruistisch, bald egoistisch wäre, sondern vielmehr *soziologisch* als eine gattungsmäßige *Form* alles seines Handelns überhaupt, das sowohl in seinen menschenfreundlichen wie menschenfeindlichen Handlungen gleichsam eingespannt ist in eine Grundform menschlichen Wirkens überhaupt, welche in der Spannung zwischen egoistischer Interessiertheit und sozialer Bedingtheit besteht. Deshalb nennt Kant diesen Widerspruch einen *Antagonismus,* womit das Aneinandergebundensein, die untrennbare Polarität der Gegensätze, bezeichnet wird, was übrigens noch plastischer in dem prächtigen Wort von der *ungeselligen Geselligkeit* der Menschen zum Ausdruck

---

[8] I. Kant, »Idee zu einer allgemeinen Geschichte in weltbürgerlicher Absicht«, vierter Abschnitt. [AKA VIII, 21. Von Max Adler mit leichten Änderungen zitiert.]

kommt. Sie nun ist das Mittel, durch welches alle Bewegung der Geschichte vor sich geht, sie stellt die prinzipale Gesetzmäßigkeit, gleichsam das Grundschema aller in dem Prozeß der Geschichte wirksamen Kausalität dar, durch welche sich schließlich der geschichtliche *Fortschritt* realisiert.9

Wie das zu verstehen ist, hat Kant in großen Zügen und dennoch anschaulich skizziert. Er geht zuerst von der geselligen Ungeselligkeit im *Innern* jedes sozialen Verbandes aus, also vom Kampfe *zwischen den Individuen* einer Gemeinschaft. Nur in der Gesellschaft kann sich der Mensch erhalten, aber zugleich ist diese Gesellschaft fortwährend bedroht durch die mannigfachsten Äußerungen menschlicher Ungeselligkeit, durch das Machtstreben, den Ehrgeiz, die Gewalttätigkeit, Hinterlist und den krassen Egoismus der einzelnen. Aus diesem Widerstreit entwickelt sich durch Aufweckung aller geistigen Kräfte im Menschen, diesen Übeln zu begegnen, immer fester eine gewisse Lebensordnung, die in dem vereinigten Widerstand der Gemeinschaft Schutz bieten kann gegen alle Übergriffe einzelner: kurz, eine *Rechtsordnung*. Das Recht ist ein Triumph der Geselligkeit, der direkt aus dem Streit gewonnen wird. Aber die rohe Gewalt nicht minder wie die trügende Schlauheit suchen auch das Recht zu brechen: also muß ihnen eine Gewalt gegenübergestellt werden, die das Recht, wenn nötig, auch mit Gewalt durchsetzt. Das Recht fordert einen *Herrn*, eine oberste Gewalt, die imstande ist,

9 H. Cunow hat in seinem Buche »Die Marxsche Geschichts-, Gesellschafts- und Staatstheorie« diese Lehre vom Antagonismus gänzlich mißverstanden (siehe I. Band, Seite 216 und II. Band, Seite 79), indem er das, was bei Kant eine immanente *dialektische* Spannung der Form alles Geisteslebens ist, in eine psychologisch-banale Gegensätzlichkeit von egoistischen und altruistischen »Trieben« verwandelt. Man brauchte sich dabei gar nicht aufzuhalten, wenn nicht dieses elementare Unverständnis Kants in allzu krassem Widerspruch mit der selbstgefällig-hochfahrenden Art stünde, gegen Kant und diejenigen zu polemisieren, die sich bemüht haben, ihn zu verstehen. [Heinrich Cunow (1862–1936), dt. Ethnograph und Historiker. Sozialdemokrat, später Revisionist. Redakteur (seit 1905) des »Vorwärts«, Redakteur (seit 1898) und Herausgeber (seit 1917) der »Neuen Zeit«. Lenin nennt ihn »den deutschen Apologeten des Imperialismus und der Annexionen« (Werke, Bd. 22, 274).]

die einzelne Willkür zu brechen und unter einen allgemeinen Willen zu nötigen, damit jeder in seiner Freiheit gesichert sei. So verfestigt sich, wieder durch die Not getrieben, der bloße Rechtszustand in eine Staatsgewalt. Allein Herrscher und Richter, die das Recht hüten sollen, sind selbst Menschen und daher stets bereit, ihr Amt ihren Machtgelüsten zu opfern. Ist der Mensch ein Tier, das einen Herrn nötig hat, so ist der Herr ebensowohl ein Tier, das den Bändiger noch dringender erfordert. Daraus entsteht nun eine beständige Unruhe in den historischen Regierungs- und Verfassungsformen, die unausgesetzt zu neuen Bildungen treibt, durch die die Willkür der Herrschergewalt beständig eingeengt und eine *Verfassung* erkämpft wird, die immer sicherer einen größeren Kreis der Freiheit und damit der Geselligkeit erobert, bis endlich das Ziel erreicht wird, welches Kant das größte Problem der Menschengattung nennt: »die Erreichung einer *allgemein* das Recht verwaltenden bürgerlichen Gesellschaft«[10].

Zum selben Ziele hin wirkt nun aber auch der Antagonismus *im äußeren Verhältnis* der Staaten untereinander, so daß also der Krieg, so schrecklich und verwüstend er ist, zugleich ein Mittel des Kulturfortschritts werden muß. Derselbe Widerstreit nämlich wie zwischen den Individuen in einem Staate herrscht auch zwischen den Staaten selbst. Diese fortwährende äußere Bedrohung ihrer Unabhängigkeit führt zum Abschluß von Bündnissen zwischen ihnen, zugleich aber auch zur steten Bemühung eines jeden Staates, sich innerlich zu festigen, um nach außen stärker zu sein. Auf diese Weise werden die menschlichen Wohnungen gesichert, es entstehen Burgen und Städte, Waffen müssen geschmiedet werden, teils entwickeln sich die mannigfachen Handwerke, teils werden sie weitergebildet, der Ackerbau wird ausgedehnt und der Verkehr im Lande geschützt. So reifen auch hier aus der Ungeselligkeit neue und köstlichere Früchte einer höheren Geselligkeit. Aber der geschichtliche Antagonismus rastet nicht. Er schafft

10 Vergl. Anm. 1.

aus jedem Segen sofort wieder neuen Unsegen. Die fortwährende Kriegsbereitschaft führt schließlich zu der immer fruchtbarer drückenden Last der stehenden Heere, unter welcher zuletzt aller Reichtum und alle Kultur eines Volkes zu verschwinden drohen. Indessen: »durch die Verwendung aller Kräfte der gemeinen Wesen auf Rüstungen gegeneinander, durch die Verwüstungen, die der Krieg anrichtet, noch mehr durch die Notwendigkeit, sich beständig in Bereitschaft dazu zu erhalten, wird zwar die völlige Entwicklung der Naturanlagen in ihrem Fortgang gehemmt, dagegen aber auch die Übel, die daraus entspringen, unsere Gattung *nötigen,* zu dem an sich heilsamen Widerstand vieler Staaten nebeneinander, der aus ihrer Freiheit entspringt, ein Gesetz des Gleichgewichtes aufzufinden, und eine vereinigte Gewalt, die denselben Nachdruck gibt, mithin einen weltbürgerlichen Zustand der öffentlichen Sicherheit einzuführen . . .«[11] So treibt hier die höchste Völkernot auch zum höchsten Völkerideal, dem Völkerfrieden, und läßt diese Idee in demselben Maße lebendiger und geschichtlich wirksamer werden, in dem sich die Lasten des bewaffneten Friedens verstärken.

Jedoch schon viel früher entspringt diesem Antagonismus ein anderes, zum Fortschritt der Gesellschaft führendes Produkt. Denn die unaufhörlichen und sich fortwährend steigernden Rüstungen kosten Geld, welches schließlich doch nur von den Staatsbürgern gewonnen werden kann. Also müssen sie steuerkräftiger gemacht, also muß Handel und Gewerbe gefördert werden. Aber ohne bürgerliche Freiheit keine Betriebsamkeit, die ihres Fleißes sicher wäre. Und so ist es zwar nicht das Ideal der politischen Freiheit, wohl aber gerade das Machtinteresse der Herrschenden, welches einen gewissen politischen Fortschritt unbedingt nötig macht, der dann seine Weiterentwicklung selbst in die Hand nimmt. »Bürgerliche Freiheit kann jetzt nicht sehr wohl angetastet werden, ohne den Nachteil davon in allen Gewerben, vornehmlich dem Handel, dadurch aber auch die Abnahme der Kräfte des Staates in äuße-

11 [AKA VIII, 26.]

ren Verhältnissen zu fühlen.«[12] Wir sind zwar noch weit von dem Ziel einer vollkommenen Staatsverfassung entfernt. Aber schon zeigt sich immer klarer, daß mehr noch als die idealen Bestrebungen für die Erreichung eines solchen Zieles die Interessen der Herrschenden selbst, so wenig sie auch dasselbe fördern wollen, die Wege dahin ebnen müssen.

Neben dem kriegerischen Widerstreit der Mächte wirkt nicht minder sie entzweiend und gegeneinanderstellend die wirtschaftliche Rivalität, ihr Wettkampf um den auswärtigen Handel und um den größten Einfluß nach außen. Aber auch dieses Streben muß bei aller Kriegsgefahr, die es beständig erzeugt und unterhält, doch auch zugleich sich selbst entgegenwirken. Indem es den Handel der Staaten befördert, bringt es die Völker in so mannigfache und innige wirtschaftliche Beziehungen, daß der Krieg – in seinem Ausgang doch immer unsicherer – stets mehr als die Gefahr eines allgemeinen Ruines erscheint, bei dem kein Teil gewinnen kann. So müssen nun gerade die am meisten zum Krieg bereiten Mächte sich immer mehr für den Frieden einsetzen, die Stimmung der Völker für den Frieden erwärmen und, wo es nur angeht, Differenzen stets häufiger durch Vermittlung schlichten, gleich als ob sie schon im Bündnisse stünden und einen einzigen großen Staatskörper bildeten. »Obgleich dieser Staatskörper für jetzt nur noch sehr im rohen Entwurf dasteht, so fängt sich dennoch gleichsam schon ein Gefühl in allen Gliedern, deren jedem an der Erhaltung des Ganzen gelegen ist, an zu regen; und dieses gibt Hoffnung, daß nach manchen Revolutionen der Umbildung endlich das, was die *Natur* zur höchsten Absicht hat, ein allgemeiner weltbürgerlicher Zustand, als der Schoß, worin alle ursprünglichen Anlagen der Menschengattung entwickelt werden, dereinst einmal zustande kommen werde.«[13]

So also garantiert die Natur selbst durch den *Mechanismus* der menschlichen Naturanlagen, innerhalb dessen alle ge-

---

12 [AKA VIII, 27/28.]
13 [AKA VIII, 28.]

schlichteten Kräfte erst ihre Wirksamkeit entfalten können, einen Fortschritt in der Geschichte zu immer weiteren Formen der Vergesellschaftung, zu immer freieren Verfassungen, zum ewigen Frieden im Völkerbund. Das Spiel des Antagonismus wirkt »wie ein Maschinenwesen« in der Geschichte, und sein Ziel ist, eine solche Verbindung der Völker herbeizuführen, die durch ihre eigenen Interessen in einem großen Gemeinwesen reibungslos zusammen sich erhalten können, ähnlich *wie ein Automat sich selbst erhalten kann*[14].

Diese ganze großartige Gedankenfolge der Kantschen Geschichtsphilosophie zeigt eine außerordentliche und auf den ersten Blick frappierende Verwandtschaft mit den Grundgedanken der materialistischen Geschichtsauffassung. Vor allem ist es der Begriff des Kantschen *Antagonismus*, der nicht bloß eine äußerliche Ähnlichkeit mit dem der Marxschen Dialektik aufweist, sondern direkt als die innere, sozialpsychische Seite dieser letzteren bezeichnet werden muß. Wenn die Dialektik bei Marx zeigt, wie die gesellschaftliche Entwicklung dadurch zustande kommt, daß jeweils die Formen erreichter Stufen der ökonomischen Produktionsweise in Widerspruch geraten mit den in ihnen entfalteten Produktivkräften, so ist dieses an sich mystisch scheinende Leben ökonomischer Kategorien durch den Kantschen Antagonismus zurückgeführt auf seine

---

[14] [AKA VIII, 25.] Vergleiche hierzu die interessante Stelle aus der Schrift: »Über den Gemeinspruch: das mag in der Theorie richtig sein usw.«: »Fragen wir nun, durch welche Mittel dieser immerwährende Fortschritt zum Besseren dürfte erhalten und auch wohl beschleunigt werden, so sieht man bald, daß dieser ins unermeßliche Weite gehende Erfolg nicht sowohl davon abhängen werde, was wir tun (z. B. von der Erziehung, die wir der jüngeren Welt geben) und nach welcher Methode wir verfahren sollten, um es zu bewirken, sondern von dem, was die menschliche Natur in und mit uns tun wird, um uns in ein Gleis zu nötigen, in welches wir uns von selbst nicht leicht fügen werden.« [AKA VIII, 310.]
Zusatz 1924: Heute, nach dem großen Kriege, mag es scheinen, als ob diese Kantsche Theorie, die Annäherung der Staaten zu einem Völkerbündnis, das den Völkerfrieden verwirklicht, einerseits von dem Widerstand gegen die Unerträglichkeit der Kriegslasten und andererseits von der steigenden Verflochtenheit ihrer Handelsinteressen zu erwarten, durch die Geschichte widerlegt worden ist. Allein dies ist eine nicht zutreffende Meinung, wie das fünfte Kapitel dieses Buches darzulegen versucht.

sozialpsychische Keimzelle in der gesellig-ungeselligen Natur des individuellen Geisteslebens. Diese menschliche Natur mit ihrem antagonistischen Grundcharakter eines ungeselligen Erhaltungs- und Expansionsstrebens, das gleichwohl nur in sozialen Formen sich betätigen kann oder, wenn er diese verletzt, sogar der eigenen Mißbilligung verfällt, bildet die nie aussetzende Triebkraft, gleichsam die Unruhe, in dem Getriebe des sozialen Mechanismus, die eine Bewegung nur im Sinne der sozialen Formen zuläßt, also nur mit steter Überführung des Egoismus auf immer höhere Existenzbedingungen, so daß auf diese Weise ein Fortschritt herauskommen kann. Und gerade weil Marx die metaphysische Form der Dialektik bei Hegel dadurch beseitigt hat, daß er sie auf einen *menschlichen* Prozeß reduzierte, auf die Bewegung der ökonomisch verbundenen Menschen, erscheint der Kantsche Antagonismus im Menschen nur als ein weiterer Beitrag zu der Vermenschlichung der Dialektik selbst, zugleich aber als eine wertvolle, weil von ganz anderem Ausgangspunkt her gewonnene Bekräftigung dieses Grundbegriffes der materialistischen Geschichtsauffassung[15].

Aber auch die weiteren Elemente der Kantschen Geschichtsauffassung zeigen eine grundsätzliche Übereinstimmung mit der Gedankenrichtung von Marx auf diesem Gebiet. Das gilt vor allem von dem das eigentliche Wesen der Geschichtsphilosophie Kants ausmachenden Gedanken, daß der Zweck der Geschichte hervorgeht aus ihrer Kausalität, daß also die Teleologie der Geschichte nicht im Widerspruch steht mit ihrer kausalen Gesetzlichkeit, sondern vielmehr gerade ein unausbleibliches Resultat aus den Faktoren dieser Gesetzlichkeit ist. So wie bei Marx beherrscht nicht etwa eine oberste Idee, eine Vernunft, die Geschichte, sondern die Vernunft verwirklicht sich zwar schließlich und notwendig, aber nur nach einem sehr langen und drangvollen Entwicklungsgang. Was Marx und Engels so oft betont haben, das ist auch die Meinung Kants: Die Menschen machen ihre Geschichte, aber nicht mit

15 Vergleiche hierzu Max Adler, »Marxistische Probleme«, Kapitel I.

Bewußtsein, nicht unter selbstgewählten Voraussetzungen und nicht mit gewollten Resultaten. Es kommt etwas anderes heraus, als wir selbst beabsichtigten, aber dieses andere führt uns alle zusamt notwendig weiter.[16] Dieses eigenartige Verhältnis der geschichtlichen Teleologie zur historischen Kausalität, dessen ökonomische Bedingungen erst von Marx aufgedeckt wurden, ist es, was Kant bereits in seiner Tatsächlichkeit nachweist, ja zum Leitgedanken seiner Geschichtsauffassung macht. So lesen wir schon im Anfang der Abhandlung über die »Idee einer allgemeinen Geschichte«: »Einzelne Menschen und selbst ganze Völker denken wenig daran, daß, indem sie ein jedes nach seinem Sinne und einer oft wider den anderen ihre eigene Absicht verfolgen, sie unbemerkt an der Naturabsicht, die ihnen selbst unbekannt ist, als einem Leitfaden fortgehen und an derselben Beförderung arbeiten, an welcher, selbst wenn sie ihnen bekannt würde, ihnen doch wenig gelegen sein würde.«[17]

16 [MEW 8, 115. Auch 21, 297.]
17 Der Ausdruck »Naturabsicht« darf nicht verwirren. Er bezeichnet keineswegs und viel weniger als etwa der ähnliche Gedanke Hegels von einer »List der Vernunft« einen eigentlich teleologischen Begriff. Deshalb kann ich auch nicht der Meinung K. Vorländers beipflichten, welcher in den wiederholten Berufungen Kants auf einen »verborgenen Plan« der Natur, wohl auch gar der »Vorsehung« und ähnlichen Ausdrücken eine »fortwährende Verquickung der kausalen mit moralisch-teleologischen, ja mitunter selbst theologischen Gesichtspunkten« erblickt (vergleiche »Marx und Kant«, Seite 8). Allein in diesen Ausdrücken von »Naturabsicht« oder »Plan« oder dergleichen ist nichts anderes zu erblicken, als eine vorläufige Hypothese, mittels welcher ein Standpunkt gerade für die Durchführung der kausalen Gesetzmäßigkeit gefunden werden kann. Kant erläutert dies selbst in der oben erwähnten Abhandlung. Er führt zunächst die Schwierigkeiten für eine gesetzmäßige Erkenntnis der Geschichte an, da die Menschen weder durch Instinkt alle gleichmäßig, noch als vernünftige Wesen nach einem verabredeten Plane handeln. Vielmehr findet man, wenn man die Dinge im großen betrachtet, alles »aus Torheit, kindischer Eitelkeit, oft auch aus kindischer Bosheit und Zerstörungswut zusammengewebt« [AKA VIII, 18. Bei Kant: »Zerstörungssucht«.] Und daraus folgert er: »Es ist hier keine Auskunft für den Philosophen, als daß, da er bei Menschen und ihrem Spiele im großen gar keine vernünftige eigene Absicht voraussetzen kann, er *versuche*, ob er nicht eine Naturabsicht in diesem widersinnigen Gange menschlicher Dinge entdecken könne, aus welcher von Geschöpfen, die ohne eigenen Plan verfahren, dennoch eine Geschichte nach

Eine fernere Übereinstimmung liegt auch im Ziel der geschichtlichen Entwicklung, das in der Kantschen Geschichtsauffassung dasselbe ist wie in der Marxschen und hier wie dort sich ergibt als das *notwendige Resultat* des geschichtlichen Prozesses. Bei Marx ist dieses Ziel mit den Worten des »Kommunistischen Manifestes« bezeichnet als eine Assoziation, worin die freie Entwicklung eines jeden die Bedingung für die freie Entwicklung aller ist.[18] Bei Kant wird dieses Ziel erblickt in einer äußerlich und innerlich vollkommenen Staatsverfassung als dem einzigen Zustand, in welchem die Menschheit alle ihre Anlagen völlig entwickeln kann. Die obersten politischen Ideale Kants, nämlich der Begriff einer allgemein das Recht verwaltenden bürgerlichen Gesellschaft, des allgemeinen Völkerbundes und des ewigen Friedens, die

einem bestimmten Plan der Natur möglich sei« [AKA VIII, 18]. Der Ausdruck »Naturabsicht« bezeichnet also nur eine Methode, um die Kausalität, deren Anwendung außerhalb dem Bereich rein physikalischer Erscheinungen großen Komplikationen begegnet, gleichwohl durchführen zu können. Man vergleiche darum auch zu dieser Stelle, was Kant in der »Kritik der Urteilskraft« über die teleologische Auffassung der Natur sagt: Wenn man, führt er dort aus, öfter so von der Natur spricht, »als ob die Zweckmäßigkeit in ihr absichtlich sei« [AKA V, 383], so kann dies schon deshalb nicht wörtlich verstanden werden, weil doch niemand der Materie, also einem leblosen Stoff, Absichten in eigentlicher Bedeutung des Wortes beilegen wird. Es wird also durch einen solchen Ausdruck »kein besonderer Grad der Kausalität« eingeführt, sondern »nur zum Gebrauch der Vernunft *eine andere Art der Nachforschung*, als die nach mechanischen Gesetzen ist, hinzugefügt, um die Unzulänglichkeit der letzteren, selbst zur empirischen Aufsuchung aller besonderen Gesetze der Natur, zu ergänzen« (a.a.O. 68) [AKA V, 383]. Sehr aufklärend in diesem Zusammenhang ist auch die Bemerkung Kants in der Schrift »Zum ewigen Frieden«: »Wenn ich von der Natur sage, sie will, daß dieses oder jenes geschehe, so heißt das nicht soviel als: sie legt uns eine Pflicht auf, es zu tun (denn das kann nur die zwangsfreie praktische Vernunft), sondern sie tut es selbst, wir mögen wollen oder nicht (fata volentem ducunt, volentem trahunt).« Reclam, Seite 31 [AKA VIII, 365. Bei Kant: »nolentem trahunt«]. Wenn freilich auch Ausdrücke wie »oberste Weisheit« oder »Vorsehung« über den Standpunkt einer bloßen Methode hinausgreifen und auf die Gewährleistung eines Sinnes der Geschichte gerichtet sind, so liegt hier wohl ein Stück Metaphysik vor, aber doch nur als Teil einer Weltanschauung überhaupt, die der Wissenschaft nicht ihre Ziele vorschreibt, sondern umgekehrt aus ihr sich bestimmt und bereichert.
18 [MEW 4, 482.]

zugleich ebenso viele Ideale des Sozialismus sind, werden so bei Kant gleichfalls Resultate einer notwendigen Entwicklung, da sie ja, wie wir sahen, nur verschiedene Richtungen eines und desselben antagonistischen Prozesses sind.

Endlich zeigt diese Geschichtsauffassung bereits die Lösung eines Problems an, das neuerdings wieder als eine vernichtende Schwierigkeit dem Marxismus entgegengehalten wurde, wie sich nämlich das Ideal mit der kausalen Notwendigkeit vereinen lasse. Es ist kein Widerspruch, eine Entwicklung als notwendig verlaufend zu nehmen und ihr Ziel als ein Ideal, das zu verwirklichen sei, zu betrachten. Denn solange wir von der Notwendigkeit der Entwicklung sprechen, verhalten wir uns rein betrachtend; sobald wir aber ihr Ziel als Ideal aufstellen, stehen wir mitten drin in dem Strom geschichtlichen Wollens und Handelns, den wir zuvor objektiv betrachteten. Darum kann die Erkenntnis der notwendigen Entwicklung zum Ideal, dieser philosophische Chiliasmus, wie Kant dies nennt[18a], sogar der Herbeiführung des Ideals »selbst beförderlich werden«. Ja, diese Erkenntnis ist um so weniger ein Hindernis für das Streben nach möglichster Annäherung an das ideale Ziel der Geschichte, »da es scheint, wir könnten *durch unsere eigene vernünftige Veranstaltung* diesen für unsere Nachkommen so erfreulichen Zeitpunkt *schneller* herbeiführen«.[19] So ist also gerade die größere Kausalerkenntnis auch bei Kant wie bei Marx ein Motiv, die Geschichte immer planmäßiger, immer bewußter und dadurch immer idealer zu gestalten. Was ursprünglich bloße »Naturabsicht« war, wird nun immer zielbewußtere Absicht des Menschen selbst, und damit erlangt des Menschen Wollen und Werten allmählich die ausschlaggebende Gewalt. Das blinde Muß der Geschichte verwandelt sich in ein sinnvolles Soll, das uns die Notwendigkeit der Kausalität zugleich als sittliche Tat der frei gewordenen Menschlichkeit verwirklicht. Hier mündet die Gedankenreihe der Kantschen Geschichts-

18a [AKA VIII, 27. S. auch VI, 34.]
19 [AKA VIII, 27.]

philosophie in seine großartigste Leistung ein, in die Begründung der Neuschöpfung der Prinzipien der Ethik.

## 4. *Ethik und Sozialismus*

Die Bedeutung der Ethik Kants für den Sozialismus liegt nicht etwa darin, worin man sie häufig erblickt hat, daß ihre Forderungen mit denen des Sozialismus übereinstimmen und so der letztere wesentlich nur als sittliche Notwendigkeit begriffen würde. Damit wäre der Marxismus nur auf das gründlichste verkannt, indem sein Grundprinzip aufgegeben wäre, eine *kausalnotwendige Entwicklung* zum Sozialismus aufgezeigt zu haben. Die Bedeutung der Ethik Kants für den Sozialismus besteht jedoch darin, daß sie erst ermöglicht, ein allgemeingültiges Richtmaß für die ethische Wertung aufzustellen und dadurch uns instand setzt, die Kausalität menschlichen Wollens nicht mehr als einen unbestimmten und unbestimmbaren, sondern vielmehr als einen *richtungsbestimmten* Faktor in die Berechnung geschichtlicher Notwendigkeit einzustellen. Die Kantsche Ethik erklärt das ethische Sollen, die Pflicht, als das Bewußtsein einer allgemeinen Gesetzgebung des Wollens, so daß also nach der berühmten Anweisung des kategorischen Imperativs das Prinzip jeder ethisch relevanten Handlung sich zu einem allgemeingültigen Gesetz des Wollens eignen muß. So ergibt sich aus der Spannung zwischen diesem Richtpunkt alles Wollens und dem wirklichen Geschehen ein beständiger Antrieb zu einer immer größeren Koinzidenz zwischen Handlung und Pflicht. Denn selbst in dem Falle, wo z. B. in einer klassengespaltenen Gesellschaft sich in dem Bewußtsein der herrschenden Klasse für den Handelnden eine solche Spannung im einzelnen Falle gar nicht ergäbe, weil er fast instinktiv den Gesichtskreis der Menschheit auf die Sphäre der Interessen seiner Klasse beschränkt, wird dieser Widerspruch um so stärker von der beherrschten Klasse empfunden und das Bewußtsein desselben schließlich auch der herrschenden Klasse aufgezwungen werden. Die soziale Entwicklung muß auf diese Weise die Forderungen der Ethik immer mehr erfüllen, nicht weil die Menschen immer sittlicher werden, sondern weil die Sittlichkeit selbst nur ein anderer Ausdruck ist für die Einheit des sozialen Zusammenhanges der Menschen. Die soziale Entwicklung muß stets höhere Stufen der Sittlichkeit ersteigen, weil die Menschen nicht anders als unter Bedingungen einer allgemeinen Gesetzgebung existieren können, daher jeder Zustand, der diesen Bedingungen nicht entspricht, sowohl im einzelnen wie im ganzen von denen bekämpft werden muß, die unter demselben leiden. Hier gilt wahrlich das Dichterwort in einem noch ganz anderen Sinn, als es zunächst gemeint war: »Es wächst der Mensch mit seinen höheren Zwecken«, - er wächst zur Sittlichkeit heran. Nicht aus den ethischen Forderungen entwickeln sich neue Gesellschaftszustände, sondern indem sich die sozialen Zusammenhänge der Menschen umgestalten, müssen sich ihrem Bewußtsein diese Veränderungen als sittliche Forderungen ankündigen. Es ist *ein und derselbe* geschichtliche Kausalprozeß, in welchem sich die sozialen Beziehungen und die sittlichen Beurteilungen derselben vereinigt finden, und das Verständnis hierfür eröffnet uns nur der Standpunkt der Kantschen Ethik, der allein diese notwendige Richtung alles Wollens auf das Sittliche uns erkennen gelehrt hat als Gesetzmäßigkeit des sozialen Verbandes selbst.

Und darin liegt die eigentliche Bedeutung der Kantschen Ethik. Sie ist keine Tugendlehre mehr, sondern eine große soziologische Erkenntnis, und ihr vielgeschmähter kategorischer Imperativ ist nur der präzise Ausdruck derselben: daß die Sittlichkeit mit ihrem Pflichtgebot nicht etwa ein bloß individueller, weil in der tiefsten Innerlichkeit des Menschen verankerter Wert ist, sondern im Gegenteil die unaufhebbare Form der sozialen Beziehung handelnder Menschen aufeinander darstellt. Der kategorische Imperativ ist eigentlich nichts anderes als *die Form des sozialen Zusammenhanges,* sobald der Mensch nicht mehr bloß als denkendes Wesen betrachtet wird, sondern in seiner gesamten praktischen Wirksamkeit, kurz *die Form seiner tatsächlichen Vergesellschaftung*. Ebenso wie es sich auf theoretischem Gebiet zeigt, daß der Mensch schon in seinem Denken nur gattungsgemäß existiert, da er sich stets auf allgemeingültige Formen des Denkens bezogen sieht, so findet er sich hier dem Pflichtgebot gegenüber zwar nur als einer Anforderung seines eigenen Gewissens, aber dieser als einem allgemeingültigen Gebot entgegengestellt. Er erlebt also abermals, nur viel eindrucksvoller als auf theoretischem Boden, die *soziale* Bindung im *individuellen Bewußtsein*. Daß aber auf diese Weise die soziale Form von allem Anfang an als eine richtungsbestimmte, weil auf den idealen Gesichtspunkt der Sittlichkeit hinweisende, sich darstellt, daß also, was doch nur Form des sozialen Lebens ist, zugleich als Forderung auftritt, immer vollkommener zu werden, das macht gerade den theoretischen Wert dieser Entdeckung aus, mit dem sie den dynamischen, eine *Entwicklung* aus sich hervortreibenden, kurz dialektischen Charakter des geschichtlichen Lebens allein gerecht werden konnte.

Um diese Bedeutung des kategorischen Imperativs richtig zu verstehen, darf man nie vergessen, daß die Sittlichkeit bei Kant nicht in erster Linie normativen Charakter hat, sondern ihrem Begriff nach eigentlich als *Naturgesetzlichkeit des reinen Wollens* zu verstehen ist, welcher ein Sollen an sich ganz wesenfremd ist. Nur ist, da ein solches Wollen bloß in rein vernünftigen Wesen statthatt, diese Gesetzlichkeit keine bewußtlose, sondern im Gegenteil durch Vernunft sich vollziehende. Wenn aber »die Vernunft den Willen *unausbleiblich* bestimmt, so sind die Handlungen eines solchen Wesens, die als objektiv notwendig erkannt werden, *auch subjektiv notwendig*, das ist, der Wille ist ein Vermögen, *nur dasjenige zu wählen*, was die Vernunft unabhängig von der Neigung als praktisch notwendig, das ist als gut erkennt . . . Ein vollkommen guter Wille würde also ebensowohl unter objektiven Gesetzen des Guten stehen, aber nicht dadurch als zu gesetzmäßigen Handlungen *genötigt* vorgestellt werden können, weil er von selbst, nach seiner subjektiven Beschaffenheit, *nur durch die Vorstellung des Guten* bestimmt werden kann.«[20] Sittlichkeit ist also nicht von vornherein ein Sollen, sondern ihrem Begriffe nach nichts anderes als auch eine Form des Geschehens, nur freilich unter Bedingungen, welche das empirische Geschehen nicht erfüllen kann, weil es solche des reinen Wollens sind, und wir im wirklichen Leben niemals bloß durch Vernunft gelenkte, rein wollende Wesen sind. Aber darum ist es nicht etwa ein bloß gedachtes Geschehen, eine leere Abstraktion, sondern es manifestiert sich gerade im empirischen Geschehen als Sollen. Denn nur weil die Menschen in ihrem geschichtlichen Dasein eben nicht bloß rein wollende Wesen sind, sondern in ihrer Vernunftbetätigung mannigfach durch Leidenschaften, Not, Unverstand usw. anders bestimmt (pathologisch affiziert heißt es treffend bei Kant) werden, verwandelt sich nun die Gesetzlichkeit des reinen Wollens in das Sollen des empirischen Lebens, wird aus dem Naturgesetz ein Imperativ. Jetzt erst erhält daher Sittlichkeit den Charakter der Pflicht, der Nötigung, der aber nur eine Umsetzung der Tatsächlichkeit der sozialen Gesetzlichkeit des reinen Willens in einem besonderen psychologischen Milieu ist, so wie der Auftrieb eines Luftballons doch nur dieselbe Konsequenz der Tatsächlichkeit der Gravitation ist, zufolge deren der Stein zur Erde fällt. So versteht man jetzt die Fassung des kategorischen Imperativs bei Kant: »Handle nach Maximen, die sich selbst zugleich als *allgemeine Naturgesetze* zum Gegenstand haben können.«[21] Der kategorische Imperativ bezeichnet also wirklich die fundamentale *Tatsache* des sozialen Verbandes von ihrer formalen Willensseite her, woran die imperativische Fassung nicht irre machen kann, deren Betonung ja nur dadurch erforderlich wird und nur dann wichtig ist, wenn es sich um ethische Beurteilung handelt. Abgesehen davon läßt sich aber sein Inhalt auch in einer Fassung wiedergeben, die

---

20 I. Kant, »Grundlegung zur Metaphysik der Sitten«, Philosophische Bibliothek, 3. Auflage, Seite 34 und 35. [AKA IV, 412, 414.]
21 I. Kant, a.a.O. S. 63. [AKA IV, 437.]

von jedem Imperativ frei ist und dann die in ihm enthaltene grundlegende Sozialerkenntnis deutlich zum Vorschein bringt. So ausgedrückt würde er besagen: Der soziale Charakter des Menschen ist auf praktischem, also dem Willensgebiet, darin begründet, daß er jede Handlung, ja Willensregung, selbst dort, wo er dieser Einsicht zuwiderhandelt, doch auf einen Zusammenhang einer Vielheit handelnder und wollender Subjekte beziehen muß, in dem sich die eigene Handlung oder Willensregung widerspruchslos einfügen läßt. Hierdurch wird das Individuum ebenso mit seinem Wollen und Tun über seine Isolierung hinausgeführt, wie es mit seinem Denken über diese bereits hinausgebracht ist; das heißt, der auf theoretischem Boden *gesetzte* soziale Zusammenhang wird auf dem praktischen bewußt.[22]

Nur deshalb ist es möglich, daß die Ethik zum Vehikel des Fortschrittes werden kann, weil sich in ihr und durch sie der soziale Verband auf einer stets breiten Grundlage realisiert. Darum wird aber auch die Ethik bei Kant keine bloße Moralpredigt, sondern ein kraftvolles Bewußtsein zur Änderung und Umschaffung des Bestehenden. Sie will soviel als möglich von dem Naturreich des reinen Wollens verpflanzen in das Reich der empirischen Natur. »Die Teleologie«,

---

[22] Hieraus kann man nun ermessen, wie mißverständlich ein Einwand ist, der schon von alters her gegen Kants kategorischen Imperativ erhoben wird, daß er nämlich nur scheinbar ein Gesetz des reinen Denkens sei, vielmehr eine Fülle empirischer Voraussetzungen enthalte, nämlich eine Mehrheit von Personen, ihre Verbundenheit zu einer Gesellschaft und dergleichen mehr. Es wird hierbei gerade das zum Vorwurf gemacht, was der Triumph der transzendentalen Kritik Kants ist. Freilich, solange man nicht darauf acht hat, daß die Mehrheit der Personen und ihre Verbundenheit gerade schon in dem Begriff des *individuellen* Bewußtseins gelegen ist, wie es die Kantsche Erkenntniskritik bestimmt, weil dieses individuelle Bewußtsein sich selbst nur als ein mit einer gattungsgleichen Mehrheit von Bewußtseinszentren verbundenes Ich erleben kann, wird man weder den sozialen Charakter der Kantschen Erkenntniskritik und Ethik noch aber auch das Problem des Sozialen selbst verstehen. Das Soziale wird einem dann auf der einen Seite stets als eine unerklärlich vorherbestimmte Harmonie sonst ganz separierter Individuen erscheinen müssen, wie auf der anderen Seite die Erkenntniskritik rettungslos zum Solipsismus führen müßte. Vergleiche das folgende Kapitel.

sagt Kant, »erwägt die Natur als ein Reich der Zwecke, *die Moral ein mögliches Reich der Zwecke als ein Reich der Natur.* Dort ist das Reich der Zwecke eine theoretische Idee zur Erklärung dessen, was da ist. Hier ist es eine praktische Idee, *um das, was nicht da ist, aber durch unser Tun und Lassen wirklich werden kann, und zwar eben dieser Idee gemäß zustande zu bringen.*«[23] Nach der Ethik Kants müssen wir immer mehr dahin zu gelangen suchen, daß die Kultur nicht mehr gleichsam als Nebenprodukt der geschichtlichen Entwicklung sich einstellt, sondern als das zielbewußte Resultat planmäßiger gesellschaftlicher Arbeit.

Und das ist gewiß wieder ein Gedanke des modernen Sozialismus, ja vielmehr seine praktische Grundbestimmung selbst, um derentwillen er oft den Vorwurf des Utopismus erfahren hat. Aber auch darüber kann er sich mit Kant trösten, der dem gleichen Vorwurf gegenüber ausruft: »Man muß nur nicht die Idee gleich für schimärisch halten und sie als einen schönen Traum verrufen, wenn auch Hindernisse ihrer Ausführung eintreten. Eine Idee ist nichts anderes als ein Begriff von einer Vollkommenheit, die sich in der Erfahrung noch nicht findet, z. B. die Idee einer vollkommenen, nach Regeln der Gerechtigkeit regierten Republik. *Erst muß unsere Idee nur richtig sein,* und dann ist sie bei allen Hindernissen, die ihrer Ausführung im Wege stehen, gar nicht unmöglich.«[24]

## 5. *Kants kulturpolitische Ansichten*

So ist die Kantsche Ethik ganz entgegen der vulgären Meinung so vieler Gegner keine Lehre einer kraftlosen Tugend, sondern vielmehr eine unermüdliche Anrufung aller Energien des tätigen, sich selbst helfenden Menschen, der es als Pflicht

---

[23] I. Kant, a.a.O. S. 62-63. [AKA IV, 436. Bei Kant Fußnote.]
[24] I. Kant, »Über Pädagogik«, Sämtliche Werke (Hartenstein), VIII, Seite 460 [AKA IX, 444. Bei Adler leicht geändert.] Vergleiche hierzu auch die berühmte Stelle über die Utopie Platos: »Kritik der reinen Vernunft« (Vorländer), S. 372 f. [AKA III, 246/247 bzw. IV, 199-201.]

empfindet, die Bedingungen eines vernünftigen Daseins, sobald er sie erkannt hat, zu verwirklichen. Darum erinnert Kant gern daran, daß das Wort Tugend sowohl im Griechischen wie im Lateinischen Mut und Tapferkeit bedeutet habe, also eine Wehrhaftigkeit gegen einen Feind, der zu bekämpfen sei. »In diesem Betracht ist der Name Tugend ein herrlicher Name ... Denn den Mut auffordern, ist schon zur Hälfte so viel, als ihn einflößen; dagegen die faule, sich selbst gänzlich mißtrauende und auf äußere Hilfe harrende kleinmütige Denkungsart (in Moral und Religion) alle Kräfte des Menschen abgespannt und ihn in dieser Hilfe selbst unwürdig macht.«[25]

Mit dieser energischen Grundstimmung kommt nun auch das Auftreten Kants überein in vielen Einzelfragen der Kultur und Politik, was bei ihm identische Begriffe sind. Seine Stellung gegen den Militarismus haben wir schon gelegentlich der Darstellung seiner Geschichtsauffassung kennengelernt. Immer wieder kommt er auf die Hemmungen sowohl des äußeren als des moralischen Fortschrittes durch denselben zurück. »Stehende Heere«, heißt es noch in der Schrift »Zum ewigen Frieden«, »sollen mit der Zeit ganz aufhören. Denn sie bedrohen andere Staaten unaufhörlich mit Krieg durch die Bereitschaft, immer dazu gerüstet zu erscheinen; reizen diese an, sich einander in der Menge der Gerüsteten, die keine Grenzen kennt, zu übertreffen, und indem durch die darauf verwendeten Kosten der Friede endlich noch drückender wird als ein kurzer Krieg, so sind sie selbst Ursache von Angriffskriegen, um diese Last loszuwerden; wozu kommt, daß, zum Töten oder getötet zu werden in Sold genommen zu sein, einen Gebrauch von Menschen als bloßen Maschinen und Werkzeugen in der Hand eines anderen (des Staates) zu enthalten scheint, der sich nicht mit dem Rechte der Menschheit in unserer Person vereinigen läßt. Ganz anders ist es mit der freiwilligen, vorgenommenen Übung der

---

[25] I. Kant, »Die Religion innerhalb der Grenzen der bloßen Vernunft« (Reclam), S. 57. [AKA VI, 57.]

Staatsbürger in Waffen bewandt, sich und ihr Vaterland dadurch gegen Angriffe von außen zu sichern.«[26]
Ebenso trat er gegen das Pfaffentum auf und gegen allen Aberglauben in der Religion. »Die Religion,« heißt es in der »Pädagogik«, »die bloß auf Theologie gebaut ist, kann niemals etwas Moralisches enthalten. Man wird bei ihr nur Furcht auf der einen und lohnsüchtige Absichten und Gesinnungen auf der anderen Seite haben, und dies gibt dann bloß einen abergläubischen Kultus ab.«[27] Die Schrift über »Die Religion innerhalb der Grenzen der Vernunft« ist voll von der schärfsten und kühnsten Kritik, ja sogar Verspottung der dogmatischen Anschauungen des Christentums, ja stellenweise weht durch die Darstellung ein leidenschaftlicher Haß gegen die Vergewaltigung der Vernunft durch die Kirchenlehre des Christentums, wie in jener Stelle, wo er einen kurzen Abriß der Verfolgungen seitens der Kirche durch alle die Jahrhunderte ihres Bestandes mit den Worten schließt: »Diese Geschichte des Christentums, welche, sofern es auf einem Geschichtsglauben errichtet werden sollte, gar nicht anders ausfallen konnte, wenn man sie als ein Gemälde unter einen Blick faßt, konnte wohl den Ausruf rechtfertigen: ›Tantum religio potuit suadere malorum!‹, wenn nicht aus der Stiftung desselben immer noch deutlich genug hervorleuchtete, daß seine wahre erste Absicht keine andere als die gewesen sei, einen reinen Religionsglauben ... einzuführen.«[28]
Darum läßt Kant die Religion auch nur als Vernunftglauben bestehen. »Eine Religion, die der Vernunft unbedenklich den Krieg ankündigt, wird es auf die Dauer gegen sie nicht aushalten.«[29] Als Vernunftglaube aber ist die Religion nicht mehr Voraussetzung oder gar Begründung der Moral, sondern *ihr Resultat*, ihre notwendige Ergänzung zu einem

---

26 A.a.O. (Reclam), S. 6-7. [AKA VIII, 345.]
27 A.a.O. (Hartenstein), VIII, S. 508. [AKA IX, 494/495.]
28 I. Kant, »Religion innerhalb der Grenzen der bloßen Vernunft« (Reclam), S. 141 [AKA VI, 131.]
29 A.a.O. (Reclam), S. 11. [AKA VI, 10 (Vorrede).]

Weltbild, in welchem erst sich unser Gemüt über die sonstige Zweck- und Sinnlosigkeit des Daseins zu beruhigen vermag. Man kann demnach zwar nicht ohne Sittlichkeit, wohl aber ohne Religion sein, da diese nur die letzte Vollendung der Weltanschauungen gibt für diejenigen Gemüter, die danach bedürfen, was freilich ein viel tieferes und allgemeineres Bedürfnis ist, als so viele Verächter der Religion meinen. Daher sollte *der erste Unterricht* nach der Forderung Kants *ohne Religion* sein. »Von der größten Wichtigkeit in der Erziehung ist es, den moralischen Katechismus nicht mit dem Religionskatechismus vermischt vorzutragen (zu amalgamieren), noch weniger ihn auf letzteren folgen zu lassen, sondern jederzeit den ersteren, und zwar mit dem größten Fleiß und Ausführlichkeit zur klarsten Einsicht zu bringen. Denn ohne dieses wird nachher aus der Religion nichts als Heuchelei, sich aus Furcht zu Pflichten zu bekennen und eine Teilnahme an derselben, die nicht im Herzen ist, zu lügen.«[30]

Wie gegen Militarismus und Kirche so tritt Kant auch gegen Adel und Kapital auf. Er bekämpft die Vorrechte des ersteren und die Anmaßungen des letzteren. Zwar die Ungleichheit im physischen und psychischen Sinne nennt Kant einmal »die reiche Quelle so vieles Bösen, aber auch alles Guten«, jedoch die Prärogative eines *angeerbten* Adels ist »ein Rang, der vor dem Verdienst hervorgeht und dieses auch mit keinem Grunde hoffen läßt, ein Gedankending ohne alle Realität«, da die Natur es nicht so fügt, daß das Talent und das Verdienst der Vorfahren sich forterbt.[31] Im Gegenteil hat Kant keine besondere Meinung von den höchsten Spitzen des Adels. »Die Fürsten«, lesen wir in der »Pädagogik«, betrachten ihre Untertanen nur wie Instrumente zu ihren Absichten . . . Sieht hin und wieder doch noch mancher Große sein Volk gleichsam nur für einen Teil des Naturreiches an

---

30 I. Kant, Tugendlehre, VII, S. 297. [AKA VI, 484. Zitat bei Adler leicht geändert.]
31 I. Kant, Rechtslehre, VII, S. 147 [AKA VI, 329], vergleiche auch »Zum ewigen Frieden« (Reclam), S. 14 [AKA VIII, 349 f.]

und richtet also auch nur darauf sein Augenmerk, daß es fortgepflanzt werde. Höchstens verlangt man dann auch Geschicklichkeit, aber bloß, um die Untertanen dann noch besser als Werkzeug für seine Absichten gebrauchen zu können.«[32] Die schroffe Sonderung der Stände muß auch ihre Wirkung auf den Geist des Herrschenden ausüben. Was anderes als eine treffende Charakterisierung des Klassengeistes der Besitzenden ist es, wenn Kant in einem seiner politischen Fragmente sagt: »Die Verschiedenheit des Standes macht, daß, so wenig man sich in die Stelle des dienstbaren Pferdes versetzt, um sein elendes Futter sich vorzustellen, ebensowenig setzt man sich an die Stelle des Elends, um dieses zu fassen.« (Hartenstein, VIII, Seite 614.)

Der Reichtum meint, seinen sozialen Pflichten genügt zu haben, wenn er Wohltätigkeit übt. Hier zeigt das tiefe sittliche Empfinden der Kantschen Ethik seinen innersten Zusammenhang mit dem Wesen des sozialen Verbandes selbst, indem es mit den Entwicklungsanforderungen desselben direkt über den bürgerlichen Standpunkt hinaustreibt. »Die Begriffe der bürgerlichen Gerechtigkeit und der natürlichen«, schreibt Kant abermals in den politischen Fragmenten, »und die daraus entspringenden Empfindungen von Schuldigkeit sind sich fast gerade entgegengesetzt. Wenn ich von einem Reichen erbte, der sein Vermögen durch Erpressungen von seinen Bauern gewonnen hat und dieses auch an die nämlichen Armen schenkte, so tue ich im bürgerlichen Verstand eine sehr großmütige Handlung, im natürlichen aber nur gemeine Schuldigkeit.« (Hartenstein, VIII, Seite 622.) Und in der »Tugendlehre« lesen wir: »Das Vermögen wohlzutun ist größtenteils ein Erfolg aus der Begünstigung verschiedener Menschen durch die Ungerechtigkeit der Regierung, welche *eine Ungleichheit des Wohlstandes, die anderer Wohltätigkeit nötig macht*, einführt. Verdient unter solchen Umständen der Beistand, den der Reiche den Notleidenden erweisen mag, wohl überhaupt den Namen der Wohltätigkeit, mit welcher

---

[32] A.a.O., VIII, S. 463-464 [AKA IX, 448/449.]

man sich so gern als Verdienst brüstet?«[33] Und gleichsam wie ein Abschluß zu allen diesen Gedanken über die Ungerechtigkeit der Standesunterschiede und die verderblichen Folgen der Klassenspaltung klingt es, wenn Kant die Worte niederschreibt, die bereits den Atem des Klassenkampfes verspüren lassen: »Der Mensch mag künsteln, soviel er will, so kann er die Natur nicht nötigen, andere Gesetze einzuschlagen. Er muß entweder selbst arbeiten, *oder andere für ihn; und diese Arbeit würde anderen so viel von ihrer Glückseligkeit rauben, als er seine eigene über das Mittelmaß steigern will.* (Fragmente, VIII, Seite 622).

Nicht minder aber wie die Vorrechte der Stände bekämpft Kant auch den Hochmut geistiger Absonderung, den Dünkel der Gelehrsamkeit und der Bildung. Auch hier zeigt er sich als der soziale Denker, für den Wissenschaft, Kunst und Bildung nur dann wirkliche Werte sind, wenn sie nicht bloß als Luxusgüter bestehen, sondern der Gemeinschaft nützlich werden. Mit bitterer Ironie schreibt er: »Gelehrte glauben, es sei alles um ihretwillen da, Adelige auch. Wenn man durch das öde Frankreich gereist ist, so kann man sich bei den Akademien der Wissenschaften oder in den Gesellschaften vom guten Ton wieder trösten; so wenn man von allen Betteleien im Kirchenstaat sich glücklich losgemacht hat, kann man sich bis zur Trunkenheit in Rom über die Pracht der Kirchen und Altertümer freuen.«[34] Aus einer solchen Gesinnung entspringt die Mißachtung des Volkes. »Dadurch, daß man die Wissenschaften und Künste so sehr wichtig hält, macht man diejenigen verächtlich, die sie nicht haben, und bringt uns zur Ungerechtigkeit, die wir nicht ausüben würden, wenn wir sie mehr als uns gleichsehen würden.« Und in diesem Zusammenhang folgt das berühmte Selbstbekenntnis Kants zur sozialen Arbeit, welches das unvergleichliche Geleitwort aller geistigen Arbeit werden müßte in der steten Erinnerung,

---

33 A.a.O. (Hartenstein), VII, S. 262. [AKA VI, 454. Bei M. Adler leicht geändert und von ihm gesperrt.]
34 Fragmente (Hartenstein), VIII, S. 621–622.

daß es ein auf den höchsten Gipfeln des Denkens Stehender war, der gleichwohl erklärte: »Ich bin selbst aus Neigung ein Forscher. Ich fühle den ganzen Durst nach Erkenntnis und die begierige Unruhe, darin weiterzukommen, oder auch die Zufriedenheit bei jedem Fortschritt. Es war eine Zeit, da ich glaubte, dieses alles könnte die Ehre der Menschheit machen, und verachtete den Pöbel, der von nichts weiß. Rousseau hat mich zurecht gebracht. *Dieser verblendete Vorzug verschwindet;* ich lerne die Menschheit ehren und *würde mich viel unnützer finden als die gemeinen Arbeiter,* wenn ich nicht glaubte, daß diese Betrachtungen allem übrigen einen Wert geben können, *die Rechte der Menschheit* herzustellen.«[35]

Diese Rechte der Menschheit herzustellen, das ist aber nach Kants Auffassung auch Pflicht und Aufgabe jedes einzelnen selbst. Er hat sie nicht als Gnade von oben zu erwarten, weder von einer göttlichen Fügung noch von einer väterlichen Regierung, die, wie Kant sagt, immer die despotischste ist, sondern nur von seiner eigenen kräftigen Tat. So muß das Recht eine stete Kampfbereitschaft im einzelnen sein, und *der Kampf ums Recht* ist nur eine Konsequenz des ethischen Standpunktes Kants. So ruft er einmal aus: »Werdet nicht der Menschen Knechte! Laßt euer Recht nicht ungeahndet von anderen mit Füßen treten!«[36] Und ein anderes Mal: »Es kann nichts entsetzlicher sein, als daß die Handlungen eines Menschen unter dem Willen eines anderen stehen sollen.«[37] Aus diesem starken Gefühl für Freiheit und Recht entspringen denn auch die Worte, die auch heute leider noch mahnende Bedeutung haben: »Ich gestehe, daß ich im Ausdruck, dessen sich auch wohl kluge Männer bedienen, nicht wohl finden kann: ein gewisses Volk . . . ist zur Freiheit nicht reif . . . Nach einer solchen Voraussetzung aber wird die Freiheit nie eintreten; denn man kann zu dieser nicht

---

35 Fragmente (Hartenstein), VIII, S. 624.
36 Tugendlehre (Hartenstein), VII, S. 243. [AKA VI, 436.]
37 Fragmente, VIII, S. 634.

reifen, wenn man nicht zuvor in Freiheit gesetzt worden ist; man muß frei sein, um sich seiner Kräfte in der Freiheit zweckmäßig bedienen zu können.«[38]

Höchst charakteristisch für diesen Standpunkt kräftigster Betonung des eigenen Rechtes ist denn auch die eigenartige Veränderung, die Kant an den drei Grundgedanken der Französischen Revolution vornahm. Sie heißen bei ihm Freiheit, Gleichheit und *Selbständigkeit.* Dieser Gedanke der Selbständigkeit sollte der eigentliche Schutz der Freiheit und Gleichheit werden, und gerade in diesem Sinne hat erst der Sozialismus die bloß politische Formel der Freiheit ergänzt zu der Forderung auch der wirtschaftlichen Selbständigkeit für jeden, da diese allein jener anderen erst einen Inhalt gibt. Bei Kant war dieser Gedanke noch nicht so klar entwickelt, wie ihn gleich nach ihm Fichte ausdrücken sollte. Trotzdem liegt hier der Schlüssel zum Verständnis seiner politischen Anschauung,

---

[38] Kant, »Religion innerhalb der Grenzen der bloßen Vernunft« (Reclam), S. 204 [AKA VI, 188.] – Dieses feurige Interesse für politische Freiheit hat Kant sich bis in sein Alter bewahrt und es hat ihn mit dem unvergänglichen Ruhm geschmückt, die größte Freiheitsbewegung der Neuzeit, die Französische Revolution, auch dann nicht bloß verteidigt, sondern hochgeschätzt zu haben, als sogar die freiheitsdurstige Seele eines Schiller wegen ihrer Schrecknisse an ihr irre geworden war. Die Französische Revolution hatte gleich nach ihrem Ausbruch Kants ganzes Gemüt ergriffen. Jachmann schreibt in seinen biographischen Briefen über Kant, den er als einen vielseitigen Gesellschafter schildert: »Zur Zeit der Französischen Revolution verlor sein Gespräch etwas an Mannigfaltigkeit und Reichhaltigkeit. Die große Begebenheit beschäftigte seine Seele so sehr, daß er in Gesellschaften fast immer auf sie zurückkam.« Und so unauslöslich war der Eindruck dieses Geschichtsereignisses auf ihn, daß er noch 1798, also nach allen Blutgreueln der Revolution und an der Neige seines Lebens selbst stehend, in dem »Streit der Fakultäten« auf die Frage, ob die Menschheit wohl einen Fortschritt im Moralischen zeige, antwortet, daß sich dies nur aus einer Erfahrung der Geschichte beantworten ließe, welche die moralische Tendenz des Menschengeschlechtes beweise, und daß eben die große Revolution eine solche Erfahrung sei. Und er fügte die für den deutschen Denker charakteristischen Worte hinzu: »Diese Revolution, sage ich, findet in den Gemütern aller Zuschauer, die nicht selbst in diesem Spiele mitverwickelt sind, eine Teilnehmung dem Wunsche nach, die nahe an Enthusiasmus grenzt und deren Äußerung selbst mit Gefahr verbunden war, die also keine andere als eine moralische Anlage im Menschengeschlecht zur Ursache haben kann« (Reclam), Seite 105. [AKA VII, 85.]

die man oft als reaktionär verschrieen hat, freilich ganz offenbar mißverständlich und gegen alle historische Gerechtigkeit: daß er nämlich in seiner Staatslehre zwischen Bürgern vollen und geminderten Rechtes unterschieden hat und zu letzteren, denen er kein Stimmrecht zuerkannte, alle in Lohn und Dienst stehenden Kategorien einreihte. Also hat er das Proletariat rechtlos wollen. Aber – gab es denn zu seiner Zeit schon ein Proletariat in dem jetzigen Sinne, das heißt als eine zum Bewußtsein ihrer eigenen Bedeutung erwachten Klasse? Oder war es nicht vielmehr noch in völliger Ungeschiedenheit und absoluter, nicht bloß materieller, sondern auch geistiger Abhängigkeit von seinen Lohn- und Arbeitgebern? Wo selbst heute noch diese Abhängigkeit ein viel benutztes und leider erfolgreiches Mittel ist, das politische Recht dieser Schichten zum Schaden wirklicher Volksrechte zu beeinflussen, mußte eine solche damals noch begründetere Furcht, da nicht einmal noch der Anfang einer selbständigen Freiheitsbewegung in den Lohnschichten zu bemerken war, nicht gerade einen um die Freiheit besorgten Mann davor zurückschrecken lassen, die endlich in einer dünnen Schicht des Volkes beginnende politische Aufklärung ersticken zu lassen durch die frei gewordene Unbildung und Unselbständigkeit der Massen? Wird es irgend jemandem einfallen, zum Beispiel die Leveller reaktionär zu nennen, weil auch sie in ihrem »Volksvertrag« alle, die Lohn empfingen, von dem Wahlrecht ausschlossen?

Nur von freien und selbständigen Menschen also kann das Recht wirklich kraftvoll vertreten werden. Alle Menschen auf diese Stufe zu bringen, das ist das Ziel der Entwicklung. Es rascher zu erreichen, erhofft Kant von einem *neuen Prinzip der Erziehung,* ein abschließender Gedanke, mit welchem er abermals die Schranken des bürgerlichen Zeitalters überschreitet. In seiner schon mehrfach zitierten Pädagogik, die gleichsam eine Anwendung aller seiner praktisch-politischen Ideen enthält, spricht er den Satz aus: »Ein Prinzip der Erziehungskunst, das besonders solche Männer, die Pläne zur

Erziehung machen, vor Augen haben sollten, ist: *Kinder sollen nicht dem gegenwärtigen, sondern dem zukünftig möglich besseren Zustand des Menschengeschlechts*, das ist der Idee der Menschheit und deren ganzer Bestimmung angemessen, erzogen werden. Dieses Prinzip ist von großer Wichtigkeit. Eltern erziehen gemeiniglich ihre Kinder nur so, daß sie in die gegenwärtige Welt, sei sie auch verderbt, passen. Sie sollen sie aber besser erziehen, damit ein zukünftiger besserer Zustand dadurch hervorgebracht werde.«[39]

Mit diesem großen Gedanken hat Kant gleichsam das pädagogische Arbeits- und Agitationsprogramm des modernen Sozialismus vorherbestimmt, und in ihm vollendet sich die große Reihe der Ideen, die von ihm nicht nur zum Sozialismus hinüberführen, sondern diesen selbst als ihre gewaltigste geschichtliche Bewährung erscheinen lassen. Und wenn Engels das stolze Wort aussprach, mit dem er den marxistischen Sozialismus den Erben der klassischen deutschen Philosophie nannte[40], so sehen wir schon hier bei ihrem ersten und gewaltigsten Vertreter die doppelte Wahrheit dieses Gedankens, die weiter reicht, als Engels selbst meinte: Daß der Sozialismus ebensosehr die theoretische Arbeit der Erkenntniskritik Kants voraussetzt, wie er selbst die Konsequenzen seines ethischen Standpunktes verwirklichen will.

---

39 A.a.O., VIII, S. 463. [AKA IX, 447.]
40 [MEW 19, 188 und 21, 307.]

# Karl Kautsky
# Ethik und materialistische Geschichtsauffassung
# [1906]

### Vorrede

Wie so manche andere Schrift des Marxismus ist auch diese eine Gelegenheitsarbeit, aus einer Polemik herausgewachsen. Die Kontroverse, die ich im September des vergangenen Jahres mit der damaligen Mehrheit der Redaktion des »Vorwärts«[1] führte, veranlaßte mich, auch deren »ethische Tendenzen« zu streifen. Meine Ausführungen darüber wurden aber auf der einen Seite so vielfach mißverstanden, sie trugen mir auf der anderen Seite so zahlreiche Aufforderungen ein, meine Auffassung der Ethik eingehender und systematischer darzulegen, daß ich mich veranlaßt sah, eine Entwicklung der Ethik auf der Grundlage der materialistischen Geschichtsauffassung wenigstens kurz zu skizzieren. Ich fuße dabei auf jener materialistischen Philosophie, wie sie einerseits Marx und Engels, und in anderer Weise, aber in gleichem Sinne, Josef Dietzgen begründet haben. Für die Resultate, zu denen ich gelange, bin ich jedoch allein verantwortlich.

Meine Absicht ging ursprünglich nur dahin, einen Artikel für die »Neue Zeit« über den Gegenstand zu schreiben. Aber noch nie hatte ich mich bei einer geplanten Arbeit so verrechnet, wie diesmal; und nicht bloß in bezug auf den Umfang verrechnet. Ich hatte die Arbeit im Oktober begonnen, weil ich dachte, nun würden für die Partei einige Monate der Ruhe kommen, die theoretischer Arbeit gewidmet werden

---

1 [»Vorwärts« – Tageszeitung, Zentralorgan der Sozialdemokratischen Partei Deutschlands, 1891 aus dem »Berliner Volksblatt« hervorgegangen, Berlin, 1884–1933. Den gleichen Namen trug das Organ des linken Flügels der österreichischen Sozialdemokratie, Reichenberg, 1911–1914, 1918–1934.]

könnten. Der Jenaer Parteitag[2] war so harmonisch verlaufen, daß ich einen Konflikt in der eigenen Partei so bald nicht erwartete. Andererseits schien es zu Beginn des Oktober, als trete in der russischen Revolution eine Pause der Sammlung und Organisation der revolutionären Streitkräfte ein.

Es kam aber bekanntlich alles ganz anders. Eine nebensächliche Personenfrage wurde Anlaß zu einem lebhaften Zwist, der zwar die Partei nicht einen Moment lang erschütterte, aber die Parteifunktionäre, namentlich aber jene Berlins, eine Menge Zeit, Ruhe und Arbeitskraft kostete.

Einen noch größeren Aufwand an Zeit und Arbeitskraft, aber freilich auch einen weit erhebenderen Aufwand, erheischte die russische Revolution, die gerade im Laufe des Oktober unerwarteterweise ihren gewaltigsten Aufschwung nahm und ihren bisherigen Höhepunkt erreichte. Jene glorreiche Bewegung absorbierte natürlich auch außerhalb Rußlands alles Interesse der revolutionär empfindenden Elemente. Es war eine herrliche Zeit, sie bot aber gerade nicht die geeignetsten Bedingungen für die Abfassung einer Schrift über Ethik. Indes, der Gegenstand hatte mich einmal erfaßt und ließ mich nicht los, und so beendigte ich meine Arbeit doch trotz der mannigfachen Ablenkungen und Unterbrechungen, die der Berliner Sturm im Glase Wasser und der Orkan auf dem russischen Ozean mit sich brachten. Hoffentlich merkt man der Schrift diese stürmische Geburtszeit nicht allzusehr an.

Als ich sie aber endlich beendet hatte, entstand eine neue Frage. Über den Rahmen eines Artikels war sie weit hinausgewachsen und doch ihrer ganzen Anlage nach kein eigentliches Buch geworden. Sie begnügt sich mit einer kurzen Skiz-

---

2 [Zwischen dem 17. und dem 23. September 1905 fand in Jena der Parteitag der Sozialdemokratischen Partei Deutschlands statt. 251 Delegierte, 40 Mitglieder der Reichstagsfraktion, der Parteivorstand und die Kontrollkommission, 11 ausländische Gäste. Es wurde hauptsächlich über Fragen der Parteiorganisation debattiert. Wichtig war auch die Diskussion über den politischen Massenstreik (A. Bebel), die zur harten Auseinandersetzung zwischen Marxisten und Revisionisten führte. Das neue, vom Parteitag angenommene Organisationsstatut betonte stärker den demokratischen Zentralismus.]

zierung meines Gedankenganges, gibt nur wenige Hinweise auf Tatsachen und Argumente zum Beweis und zur Illustrierung des Ausgeführten.

Ich fragte mich, ob ich nicht die Schrift durch Einfügung dieser Argumente und Tatsachen umarbeiten und erweitern müsse. Aber sollte das gründlich geschehen, sollten alle hier aufgeworfenen Fragen eingehend erörtert werden, so hieß das, die Veröffentlichung des Buches ins Unabsehbare hinausschieben; denn um diese Arbeit zu leisten, sind ein paar Jahre ruhiger, ungestörter Tätigkeit erforderlich. Wir gehen aber einer Periode entgegen, in der, wer weiß wie lange, für jeden Sozialdemokraten ruhiges Arbeiten ausgeschlossen, unser Wirken ein steter Kampf sein wird. Allzulange wollte ich aber die Veröffentlichung meiner Schrift nicht hinausschieben, da ich es für dringend notwendig halte, angesichts des großen Einflusses, den die Kantsche Ethik in unseren eigenen Reihen gewonnen, das Verhältnis klarzulegen, das nach meiner Auffassung zwischen der materialistischen Geschichtsauffassung und der Ethik besteht.

So habe ich mich doch entschlossen, dies Büchlein jetzt schon erscheinen zu lassen. Um aber anzuzeigen, daß ich damit noch nicht alles gesagt, was ich über Ethik zu sagen hätte, und daß ich mir vorbehalte, den Gegenstand in ruhigeren Zeiten ausführlicher zu behandeln, nenne ich die vorliegende Arbeit einen bloßen Versuch – einen Essay.

Freilich, wann diese ruhigeren Zeiten kommen werden, das ist, wie schon erwähnt, zur Stunde unabsehbar. Gerade jetzt sind die Schergen des Zarismus eifrig an der Arbeit, es den Albas und Tillys[3] der Religionskämpfe des sechzehnten und siebzehnten Jahrhunderts gleichzutun – nicht an militärischen

---

3 [*Fernando Álvarez de Toledo, Herzog von Alba*, 1508–1582. Spanischer Feldherr und Politiker, Oberbefehlshaber der kaiserlichen Heere, Statthalter der span. Niederlande. 1547 Sieg bei Mühlberg über den Schmalkaldischen Bund, 1580 Eroberung Portugals. *Johann Tserclaes Graf von Tilly*, 1559–1632. Heerführer im Dreißigjährigen Krieg, 1630 Oberbefehlshaber der kaiserlichen Armeen. Wurde von Gustav Adolf bei Breitenfeld besiegt und fand den Tod in der Schlacht bei Rain.]

Großtaten, aber an brutaler Mordbrennerei. Die westeuropäischen Verfechter der Kultur und Ordnung und sonstigen heiligsten Güter der Menschheit begrüßen das begeistert als die Wiederherstellung gesetzlicher Zustände. Aber so wenig es den Söldnern der Habsburger gelang, trotz zeitweiser Erfolge, Norddeutschland und Holland wieder katholisch zu machen, wird es den Kosaken der Romanoffs[4] gelingen, das Regime des Absolutismus wieder herzustellen. Er hat noch die Kraft, sein Land zu verwüsten, nicht mehr aber die, es zu regieren.

Auf jeden Fall ist die russische Revolution noch lange nicht zu Ende – sie dürfte nicht enden, solange die Bauern Rußlands nicht befriedigt sind. Je länger sie dauert, desto größer aber auch die Erregung der Proletariermassen Westeuropas, desto näher die Gefahr finanzieller Katastrophen, desto wahrscheinlicher, daß auch in Westeuropa eine Ära akutester Klassenkämpfe beginnt.

Das ist keine Zeit, die theoretische Arbeiten revolutionärer Schriftsteller fördert. Aber diese wahrscheinliche Beeinträchtigung unserer theoretischen Arbeit in den kommenden Jahren brauchen wir nicht zu bedauern. Die materialistische Geschichtsauffassung hat ihre Bedeutung nicht bloß darin, daß sie uns erlaubt, die Geschichte besser als bisher zu *erklären*, sondern auch darin, daß sie uns erlaubt, sie besser als bisher zu *machen*. Und das letztere ist wichtiger noch als das erstere. Aus den Fortschritten der Praxis fließen unsere Fortschritte der Erkenntnis, und im Fortschritt der Praxis bewährt sich der Fortschritt unserer Erkenntnis. Keine Weltanschauung aber ist in höherem Maße eine Philosophie der *Tat*, als der dialektische Materialismus. Nicht bloß durch die Befruchtung der Forschung, sondern ebensosehr durch die Befruchtung der Tat hoffen wir die Überlegenheit unserer Philosophie zu erweisen.

---

4 [*Romanoff (Romanow)*. Name der russ. Zarendynastie (1613 bis 1730 im Mannesstamm, mit dem Tode der Zarin Elisabeth Petrowna 1762 erloschen). Die zwischen 1762 und 1917 herrschenden Zaren gehörten dem Hause Holstein-Gottorp-Romanow an.]

Auch das vorliegende Büchlein soll nicht beschaulichem Erkennen dienen, sondern dem *Kampfe,* einem Kampfe, in dem wir die höchste ethische Kraft wie die größte Klarheit der Erkenntnis entfalten müssen, sollen wir siegen. [ ... ]


## Die Ethik Kants

### *1. Die Kritik der Erkenntnis*

Kant stellte sich auf denselben Boden wie die Materialisten. Er erkannte an, daß die Welt außer uns wirklich ist und daß den Ausgangspunkt aller Erkenntnis die sinnliche Erfahrung bildet. Aber unsere Erfahrungserkenntnis ist ein Zusammengesetztes aus dem, was wir durch sinnliche Eindrücke empfangen, und dem, was unser eigenes Erkenntnisvermögen aus sich hergibt; mit anderen Worten, unsere Erkenntnis der Welt ist bedingt nicht bloß durch die Beschaffenheit der Außenwelt, sondern auch durch die unseres eigenen Erkenntnisvermögens. Zur Erkenntnis der Welt ist daher die Erforschung dieses unseres Erkenntnisvermögens ebenso notwendig wie die der Außenwelt. Die Erforschung des ersteren ist nun die Aufgabe der Philosophie, diese ist die Wissenschaft von der Wissenschaft.

Darin liegt nichts, was nicht jeder Materialist unterschreiben könnte und was nicht, etwa mit Ausnahme des letzten Satzes, auch von Materialisten früher schon gesagt worden wäre. Aber freilich nur in der Weise, wie einzelne Sätze materialistischer Geschichtsauffassung schon vor Marx geäußert worden waren, als Anschauungen, die nicht befruchtend weiter wirkten. Erst Kant machte sie zur Grundlage seiner ganzen Lehre. Durch ihn erst wurde die Philosophie wirklich zur Wissenschaft von der Wissenschaft, deren Aufgabe es nicht ist, eine bestimmte Philosophie, sondern das Philosophieren, den Prozeß des Erkennens, das methodische Denken, durch die Kritik der Erkenntnis zu lehren.

Aber Kant ging darüber hinaus, und gerade seine philosophische Großtat, die Untersuchung des Erkenntnisvermögens, wurde auch sein philosophischer Sündenfall.

Da unsere sinnliche Erfahrung uns nicht die Welt zeigt, wie sie *an sich*, sondern nur, wie sie *für uns* ist, wie sie uns vermöge der Eigenart unseres Erkenntnisvermögens *erscheint*, so muß die Welt, wie sie an sich ist, anders sein als die Welt, wie sie uns erscheint. Daher unterscheidet Kant die Welt der Erscheinungen, der »Phänomene«, von der Welt der Dinge an sich, der »Noumena«, der »intelligiblen Welt«. Freilich erkennbar ist diese letztere für uns nicht, sie liegt jenseits unserer Erfahrung, und so braucht man sich mit ihr gar nicht abzugeben; man könnte sie einfach als eine Beziehung dafür fassen, daß unsere Erkenntnis der Welt stets durch die Art unseres Erkenntnisvermögens beschränkt, stets eine relative ist, daß es für uns nur relative, nicht absolute Wahrheiten geben kann, nicht eine abgeschlossene Erkenntnis, sondern einen unendlichen Prozeß des Erkennens.

Aber dabei beruhigte sich Kant nicht. Er verspürte einen unstillbaren Drang, in jene unbekannte, unerforschliche Welt der Dinge an sich doch einen Blick hineinzutun, um wenigstens eine Ahnung von ihr zu erhaschen.

Und er kam in der Tat dahin, recht bestimmte Dinge von ihr auszusagen. Den Weg dazu sah er in der Kritik unseres Erkenntnisvermögens.

Indem diese aus der Erfahrung alles loslöst, was aus der Sinnlichkeit stammt, soll sie dahin kommen, die Formen des Erkennens und Anschauens rein darzustellen, die von vornherein, a priori, vor aller Erfahrung, in unserem »Gemüte« liegen.

Auf diese Weise entdeckte er die Idealität von Raum und Zeit. Das sollen nicht Begriffe sein, die durch Erfahrung gewonnen wurden, sondern bloße Formen der Anschauung der Welt, die nur in unserem Erkenntnisvermögen bestehen. Nur in der Form von Raum- und Zeitvorstellungen können wir die Welt erkennen. Aber außerhalb unseres Erkenntnisvermögens gibt es keinen Raum und keine Zeit. So gelangt Kant dahin, von der Welt der Dinge an sich, jener völlig unerkennbaren Welt, etwas sehr Bestimmtes auszusagen, nämlich, daß sie *raumlos* und *zeitlos* sei.

Kein Zweifel, diese logische Entwicklung ist eine der kühnsten Leistungen des menschlichen Geistes. Damit ist jedoch keineswegs gesagt, daß sie auch völlig einwandfrei sei. Im Gegenteil, es läßt sich ungeheuer viel gegen sie einwenden, und es sind auch tatsächlich höchst schwerwiegende Einwände dagegen erhoben worden. Die Annahme der Idealität von Raum und Zeit im Kantschen Sinne führt zu unentwirrbaren Widersprüchen.

Daran ist wohl nicht zu zweifeln, daß unsere Vorstellungen von Raum und Zeit durch die Beschaffenheit unseres Erkenntnisvermögens bedingt sind, aber ich dächte, das braucht bloß zu sagen, daß nur jene Zusammenhänge der Welt von uns erkannt werden können, die von der Art sind, daß sie in unserem Erkenntnisvermögen Raum- und Zeitvorstellungen hervorrufen. Die Idealität von Zeit und Raum bedeutete dann ebenso wie das Ding an sich nur eine bestimmte Grenze unseres Erkennens. Zusammenhänge einer Art, die nicht die Form von Raum- oder Zeitvorstellungen annehmen können – wenn es wirklich solche geben sollte, was wir nicht wissen –, sind für uns unfaßbar, sowie die ultravioletten und ultraroten Strahlen für unser Sehvermögen unerkennbar sind. Aber so meint Kant die Sache nicht. Weil Raum und Zeit die Formen abgeben, in denen allein mein Erkenntnisvermögen die Welt zu erkennen vermag, nimmt er an, daß Raum und Zeit Formen seien, die allein in meinem Erkenntnisvermögen wohnen, denen keinerlei Zusammenhänge der wirklichen Welt entsprechen. In seinen »Prolegomena zu jeder künftigen Metaphysik«[5] vergleicht Kant einmal die Raumvorstellung mit der Farbenvorstellung. Diese Vergleichung erscheint uns sehr zutreffend, sie beweist aber keineswegs das,

---

5 [»Prolegomena zu einer jeden künftigen Metaphysik, die als Wissenschaft wird auftreten können« (1783).]

was Kant beweisen will. Wenn mir der Zinnober rot erscheint, so ist das sicher durch die Eigenart meines Sehvermögens bedingt. Außer ihm gibt es keine Farbe. Was mir als Farbe erscheint, wird durch Ätherwellen von bestimmter Länge hervorgerufen, die mein Auge treffen. Wollte man diese Wellen in bezug auf die Farbe als Ding an sich betrachten - in Wirklichkeit sind sie es natürlich nicht -, so wäre unser Sehvermögen nicht ein Vermögen, die Dinge an sich so zu sehen, wie sie sind, sondern ein Vermögen, sie so zu sehen, wie sie nicht sind; nicht ein Vermögen der *Erkenntnis*, sondern der *Täuschung*.

Aber anders wird die Sache, wenn wir nicht eine Farbe allein, sondern mehrere Farben nebeneinander betrachten, sie voneinander *unterscheiden*. Jede von ihnen wird durch andere, bestimmte Wellenlängen hervorgerufen. Den Unterschieden in den Farben entsprechen Unterschiede in den Längen der Ätherwellen. Diese *Unterschiede* liegen nicht in meinem Sehvermögen, sondern in der Außenwelt begründet. Mein Sehvermögen bewirkt bloß, daß mir diese Unterschiede in einer bestimmten Form, der der Farbe, zum Bewußtsein kommen. Als Mittel, diese Unterschiede zu erkennen, ist es ein wirkliches Erkenntnis-, kein Täuschungsvermögen. Diese Unterschiede sind keine bloßen Erscheinungen. Daß ich Grün und Rot und Weiß sehe, das ist in meinem Sehvermögen begründet. Aber daß das Grüne etwas anderes ist als das Rote, das bezeugt etwas, das außer mir liegt, wirkliche Unterschiede der Dinge.

Außerdem bewirkt aber die Eigenart meines Sehvermögens, daß ich dadurch nur Schwingungen des Äthers wahrnehme. Alle anderen Einwirkungen der Außenwelt auf mich kann ich dadurch nicht erkennen.

Wie mit dem Sehvermögen im besonderen verhält es sich mit dem Erkenntnisvermögen im allgemeinen. Es vermag mir nur Raum- und Zeitvorstellungen zu vermitteln, das heißt, nur jene Verhältnisse der Dinge anzuzeigen, die Raum und Zeitvorstellungen in meinem Gehirn hervorzurufen imstande sind.

Auf Eindrücke anderer Art, wenn es solche geben sollte, reagiert es nicht. Und mein Erkenntnisvermögen bewirkt, daß mir diese Eindrücke in besonderer Art zum Bewußtsein kommen. Insofern sind die Kategorien von Raum und Zeit in der Beschaffenheit meines Erkenntnisvermögens begründet. Aber die *Verhältnisse* und *Unterschiede* der Dinge selbst, die mir durch die einzelnen Raum- und Zeitvorstellungen angezeigt werden, so daß die verschiedenen Dinge mir groß und klein, nah und entfernt, früher oder später erscheinen, sind *wirkliche* Verhältnisse und Unterschiede der Außenwelt, sie werden nicht durch die Art meines Erkenntnisvermögens bedingt.

Können wir also ein vereinzeltes Ding an sich nicht erkennen, ist in Beziehung darauf unser Erkenntnisvermögen ein Vermögen der Nichterkenntnis, so können wir doch wirkliche Unterschiede der Dinge erkennen. Diese Unterschiede sind keine bloßen Erscheinungen, wenn auch ihre Anschauung uns durch Erscheinungen vermittelt wird; sie existieren außer aus und können von uns erkannt werden, allerdings nur in bestimmten Formen.

Kant dagegen meinte, daß nicht bloß Raum und Zeit Formen der Anschauung für uns sind, sondern daß auch die Raum- und Zeit*unterschiede* der Erscheinungen bloß aus unserem Kopfe entspringen, daß sie nichts Wirkliches anzeigen. Wäre dem wirklich so, dann entsprängen auch alle Erscheinungen bloß aus unserem Kopfe, da sie alle die Form von Raum- und Zeitunterschieden annehmen, dann könnten wir von der Welt außer uns gar nichts wissen, nicht einmal, daß sie existiert. Gäbe es doch eine Welt außer uns, dann bildete, dank der Idealität von Raum und Zeit, unser Erkenntnisvermögen nicht etwa einen unvollkommenen, einseitigen Mechanismus, der uns nur eine einseitige Erkenntnis der Welt vermittelt, sondern einen in seiner Art vollkommenen Mechanismus, nämlich einen, dem nichts fehlt, um uns von jeder Erkenntnis der Welt auszuschließen. Allerdings einen Mechanismus, auf den der Name »Erkenntnisvermögen« paßt wie die Faust aufs Auge.

Kant mag sich noch so energisch gegen den »mystischen« Idealismus Berkeleys wenden, den er durch seinen »kritischen« Idealismus zu verdrängen dachte. Seine Kritik nimmt eine Wendung an, die seine eigenen Voraussetzungen aufhebt, daß die Welt wirklich sei und nur durch Erfahrung erkannt werden könne, und öffnet dem auf der einen Seite hinausgeworfenen Mystizismus auf der anderen eine weite Triumphpforte, durch welche dieser dann auch mit Posaunenschall wieder einzieht.

## 2. *Das Sittengesetz*

Kant war davon ausgegangen, daß die Welt wirklich außer uns, nicht bloß in unserem Kopfe besteht, und daß ihre Erkenntnis nur auf Grundlage der Erfahrung gewonnen werden kann. Seine philosophische Tat sollte die Untersuchung der Bedingungen der Erfahrung, der Grenzen unserer Erkenntnis sein. Aber gerade diese Untersuchung wurde ihm zum Sprungbrett, sich über diese Grenzen hinaus zu erheben und eine unerkennbare Welt zu entdecken, von der er genau erkannte, daß sie ganz anderer Art, als die Welt unserer Erscheinungen, daß sie völlig raumlos und zeitlos und damit auch ursachlos sei.

Wozu aber dieses halsbrecherische Salto mortale über die Grenzen der Erkenntnis hinaus, das ihn allen festen Boden unter den Füßen verlieren ließ? Der Grund konnte kein logischer sein, denn gerade durch diesen Sprung geriet er in Widersprüche, die seine eigenen Ausgangspunkte aufhoben. Er war ein historischer, der in ihm das Bedürfnis nach der Annahme einer übersinnlichen Welt erweckte, dem er um jeden Preis genügen mußte.

War im achtzehnten Jahrhundert Frankreich um hundert Jahre hinter England zurück, so ebensoviel Deutschland hinter Frankreich. Wenn die englische Bourgeoisie des Materialismus nicht mehr bedurfte, da sie ohne ihn, auf religiöser Grundlage, mit der feudalabsolutistischen Staatsgewalt und ihrer Kirche fertig geworden war, so fühlte sich die deutsche Bourgeoisie noch nicht stark genug, offen den Kampf gegen diese Staatsgewalt und ihre Kirche aufzunehmen. Sie schreckte daher auch vor dem Materialismus zurück. Dieser kam im achtzehnten Jahrhundert nach Deutschland wie nach Rußland nicht als Philosophie des *Kampfes*, sondern des *Genusses*, in seiner den Bedürfnissen des »aufgeklärten« Despotismus angepaßten Form. Er wuchs an den fürstlichen Höfen unmittelbar neben der beschränktesten Orthodoxie empor. Im Bürgertum aber blieb selbst bei seinen kühnsten und unabhängigsten Vorkämpfern in der Regel ein Rest christlichen Bewußtseins übrig, den sie nicht los wurden.

Das hätte den deutschen Philosophen die englische Philosophie sympathisch machen müssen. Auf Kant übte sie auch tatsächlich großen Einfluß. Ich erinnere mich nicht, bei ihm irgendwo einen französischen Materialisten des achtzehnten Jahrhunderts namentlich erwähnt gefunden zu haben. Dagegen zitiert er mit Vorliebe Engländer aus dem siebzehnten und achtzehnten Jahrhundert, Locke, Hume, Berkeley, Priestley.[6]

6 [*John Locke*, 1632–1704. Engl. Philosoph des Empirismus, der sich zunächst für Descartes' Rationalismus, später aber vornehmlich für die Naturwissenschaften interessierte. Seine »Briefe über Toleranz« (1667, 1690, 1692) und seine »Two Treatises on Government« (1690) entwickelten einen starken Einfluß auf den politischen Liberalismus. »An Essay Concerning Human Understanding« trug zur Überwindung der aristotelischen Scholastik und des cartesianischen Rationalismus bei; ihm galt als einziges Erkenntnisprinzip die sinnliche Wahrnehmung. Übereinstimmung der Vorstellungen (Ideen) mit der wahrgenommenen Wirklichkeit bestimmt die Realität der Erkenntnis.
*George Berkeley*, 1685–1753, irischer Theologe und Philosoph, subjektiver Idealist. In seinem »Treatise Concerning the Principles of Human Knowledge« (»Über die Prinzipien der menschlichen Erkenntnis«, Hamburg, 1957) behauptet er, alle Gegenstände der Erkenntnis, alle Dinge und Erscheinungen der materiellen Welt existierten nur innerhalb des Bewußtseins, sie seien reine »Ideen«, Empfindungskomplexe des Bewußtseins. Berkeley formuliert so das Grundprinzip des subjektiven Idealismus: »esse = percipi«.
*David Hume*, 1711–1776, schottischer Philosoph des Empirismus und Skeptizismus. Seine »Abhandlung über die menschliche Natur« folgt dem Vorbild Bacons und Lockes. Metaphysikkritik ist auch bei ihm die Voraus-

Aber zwischen der deutschen und der englischen Philosophie bestand doch ein großer Unterschied. Die Engländer philosophierten in einer Zeit raschesten praktischen Aufschwungs, großer praktischer Kämpfe. Die Praxis nahm ihre ganzen Geisteskräfte gefangen; auch ihre Philosophie wurde ganz von praktischen Gesichtspunkten beherrscht. Ihre Philosophen waren größer durch ihre Leistungen in der Ökonomie, der Politik, der Naturforschung als in der Philosophie.

Die deutschen Denker fanden keine Praxis, die sie hätte hindern können, ihre ganze Denkkraft auf die tiefsten und abstraktesten Probleme der Wissenschaft zu konzentrieren. Sie hatten daher darin ihresgleichen nicht außerhalb Deutschlands. Das beruhte nicht auf irgendeiner germanischen Rasseneigenschaft, sondern auf den Zeitverhältnissen. Im sechzehnten und den ersten beiden Dritteln des siebzehnten Jahrhunderts fand man die tiefsten philosophischen Denker in Italien, Frankreich, Holland, England, nicht in Deutschland. Erst das politische Stilleben in dem Jahrhundert nach dem Dreißigjährigen Kriege führte das Übergewicht Deutschlands in der Philosophie herbei, so wie das Marxsche »Kapital« der Reaktionsperiode nach 1848 entstammt.

Einen Kant vermochte, trotz seiner Sympathie für die Engländer, deren Philosophie nicht zu befriedigen. Er stand ihr ebenso kritisch gegenüber wie dem Materialismus.

Als schwächster Punkt mußte ihm aber hier wie dort die *Ethik* entgegentreten. Es erschien ihm ganz unmöglich, das Sittengesetz mit der Natur, das heißt der »Welt der Erscheinungen« in einen notwendigen Zusammenhang zu bringen. Dessen Erklärung bedurfte einer anderen Welt, einer raum- und zeitlosen Welt des reinen Geistes, einer Welt der Freiheit im Gegensatz zu der Welt der Erscheinungen, die von der notwendigen Verkettung von Ursachen und Wirkungen be-

---

setzung einer Philosophie als Erfahrungswissenschaft, deren Quellen, die sinnliche Wahrnehmung bzw. die wiederholten Erfahrungen der Individuen, Erkenntnis begründen und Urteile ermöglichen.
*Joseph Priestley,* 1733–1804, englischer Theologe und Chemiker.]

herrscht wird. Andererseits aber mußten die christlichen Empfindungen in ihm, dem pietistisch Erzogenen, auch das Bedürfnis nach der Anerkennung einer Welt erwecken, in der Gott und Unsterblichkeit möglich waren.[7] Da er zugeben mußte, daß Gott und Unsterblichkeit in der Welt unserer Erfahrung völlig überflüssig seien, mußte er für sie nach einer Welt jenseits der Erfahrung suchen, und da entsprach die raum- und zeitlose Welt der Dinge an sich, die »intelligible Welt«, seinen Bedürfnissen aufs vollkommenste.

Den besten Beweis für das Vorhandensein von Gott und Unsterblichkeit in dieser Welt des Jenseits schöpfte aber Kant aus dem Sittengesetz. So finden wir bei ihm wieder wie bei Plato, daß die Ablehnung der naturalistischen Erklärung des Sittengesetzes und die Annahme einer besonderen Geisterwelt oder, wenn man lieber will, Geisteswelt, sich gegenseitig stützen und notwendig machen.

Wie vermag es aber Kant, weitere Einblicke in diese Geisteswelt zu gewinnen? Die Kritik der reinen Vernunft ermöglichte es ihm bloß, von ihr auszusagen, daß sie raum- und zeitlos sei. Nun gilt es, diese Raumlosigkeit mit einem Inhalt zu erfüllen. Auch dafür weiß Kant Rat.

Die unerkennbare Welt der Dinge an sich wird wenigstens zum Teil erkennbar, wenn es gelingt, eines Dinges an sich habhaft zu werden. Und ein solches finden wir bei Kant. Es ist die *Persönlichkeit des Menschen*. Ich bin für mich gleichzeitig Erscheinung und Ding an sich. Meine reine Vernunft ist ein Ding an sich. Als Teil der Sinnenwelt bin ich der Kette von Ursache und Wirkung, also der Notwendigkeit unterworfen, als Ding an sich bin ich frei, das heißt, werden meine Handlungen nicht durch die Ursachen der Sinnenwelt bestimmt, sondern durch das in mir wohnende Sittengesetz, das aus der reinen Vernunft stammt und mir nicht zuruft: »Du mußt«, sondern »Du sollst«. Dieses Sollen wäre aber ein Unding, wenn ihm nicht ein Können entspräche, wenn ich nicht frei wäre.

7 [Anm. des Originals gestrichen.]

Die sittliche Freiheit des Menschen ist freilich ein verzwicktes Ding. Sie bringt nicht mindere Widersprüche mit sich wie die Idealität von Zeit und Raum. Denn diese Freiheit äußert sich in Handlungen, die der Welt der Erscheinungen angehören, als solche aber in die Kette von Ursache und Wirkung fallen, notwendige sind. Dieselben Handlungen sind also gleichzeitig frei und notwendig. Überdies aber entstammt die Freiheit der *zeitlosen* »intelligiblen« Welt, Ursache und Wirkung dagegen fallen stets in einen bestimmten *Zeitraum*. Dieselbe zeitlich bestimmte Handlung hat also sowohl eine zeitlose wie eine zeitlich bestimmte Ursache.

Welches ist aber nun das Sittengesetz, das aus jener Welt der Dinge an sich, der »Verstandeswelt«, in die Welt der Erscheinungen, die »Sinnenwelt« hinüberwirkt und sich diese unterwirft? Da es aus der Verstandeswelt stammt, kann auch sein Bestimmungsgrund lediglich in der reinen Vernunft liegen. Es kann nur rein formaler Natur sein; denn es muß völlig frei bleiben von jeder Beziehung zur Sinnenwelt, das sofort ein Verhältnis von Ursache und Wirkung hineinbrächte, einen Bestimmungsgrund des Willens, der seine Freiheit aufhöbe. »Es ist aber«, sagt Kant in seiner Kritik der praktischen Vernunft, »außer der Materie des Gesetzes nichts weiter in demselben, als die gesetzgebende Form enthalten. Also ist die gesetzgebende Form, sofern sie in der Maxime enthalten ist, das einzige, was einen Bestimmungsgrund des freien Willens ausmachen kann.«[8]

Daraus schließt er folgendes »Grundgesetz der reinen praktischen Vernunft«:

»Handle so, daß die Maxime deines Willens jederzeit zugleich als Prinzip einer allgemeinen Gesetzgebung gelten könnte.«[9]

Überraschend neu ist dieser »Grundsatz« nicht. Er bildet nur die philosophische Übersetzung des alten Sprüchleins: Was du nicht willst, daß dir geschieht, das tu auch keinem andern

8 [AKA V, 29].
9 [AKA V, 30].

nicht. Neu ist daran bloß die Erklärung, daß dies Sprüchlein die Offenbarung einer intelligiblen Welt bilde; eine Offenbarung, die mit dem größten Aufwand philosophischen Tiefsinns als ein Grundsatz zu entdecken war, der nicht bloß für die Menschen gilt, »sondern auf alle endlichen Wesen geht, die Vernunft und Willen haben, ja sogar das unendliche Wesen als oberste Intelligenz einschließt«.[10]

Leider hat die Begründung dieses, auch für die »oberste Intelligenz« gültigen Grundsatzes ein bedenkliches Loch aufzuweisen. Er soll »unabhängig sein von allen zur Sinnenwelt gehörigen Bedingungen«, aber das ist leichter gesagt, als erfüllt. Sowenig es möglich ist, unter der Luftpumpe einen völlig luftleeren Raum zu schaffen; wie er immer Luft enthalten muß, wenn auch vielleicht in so verdünntem Maße, daß sie für uns nicht mehr erkennbar wird, so ist es auch unmöglich, einen Gedanken zu fassen, der unabhängig ist von allen zur Sinnenwelt gehörigen Bedingungen. Auch das Sittengesetz entgeht nicht diesem Schicksal.

Schon der Begriff des Sittengesetzes schließt Bedingungen ein, die der Sinnenwelt angehören. Es ist nicht ein Gesetz des »reinen Willens« an sich, sondern ein Gesetz der Bestimmung meines Wollens gegenüber meinen *Mitmenschen*. Es setzt diese voraus; für mich aber sind sie »Erscheinungen«, Teile der Sinnenwelt.

Noch mehr setzt aber die Fassung des Sittengesetzes selbst voraus: »Handle so, daß die Maxime deines Willens jederzeit zugleich als Prinzip einer allgemeinen Gesetzgebung gelten könne.« Dies setzt nicht bloß Menschen außer mir voraus, sondern auch noch den Wunsch, daß sich diese Mitmenschen in bestimmter Weise benehmen. Sie sollen ebenso handeln, wie das Sittengesetz mir zu handeln vorschreibt.

Es wird hier nicht bloß die Gesellschaft, sondern auch schon ein *bestimmter Gesellschaftszustand* als möglich und wünschbar vorausgesetzt.

10 [AKA V, 32].

Daß tatsächlich das Bedürfnis nach einem solchen im Grunde seiner »praktischen Vernunft« verborgen ist und sein raum- und zeitloses Sittengesetz bestimmt, das verrät Kant einmal selbst in seiner »Kritik der praktischen Vernunft« bei einer Polemik gegen die Ableitung des Sittengesetzes aus der Luft: »Es ist wunderlich, wie, da die Begierde zur Glückseligkeit, mithin auch die Maxime, dadurch sich jeder diese letztere zum Bestimmungsgrund seines Willens setzt, allgemein ist, es verständigen Männern hat in den Sinn kommen können, es darum für ein allgemein praktisches Gesetz auszugeben. Denn da sonst ein allgemeines Naturgesetz alles *einstimmig* macht, so würde hier, wenn man der Maxime die Allgemeinheit eines Gesetzes geben wollte, gerade das äußerste Widerspiel der *Einstimmung,* der ärgste Widerstreit und die gänzliche Vernichtung der Maxime selbst und ihrer Absicht erfolgen. Denn der Wille aller hat dann nicht ein und dasselbe Objekt, sondern ein jeder hat das seinige (sein eigenes Wohlbehagen), welches sich zwar zufälligerweise auch mit anderer ihren Absichten, die sie gleichfalls auf sich selbst richten, vertragen kann, aber lange nicht zum Gesetz hinreichend ist, weil die Ausnahmen, die man gelegentlich zu machen befugt ist, endlos sind und gar nicht bestimmt in eine allgemeine Regel gefaßt werden können. Es kommt auf diese Art eine *Harmonie* heraus, die derjenigen ähnlich ist, welche ein gewisses Spottgedicht auf die Seeleneintracht zweier sich zugrunde richtenden Eheleute schildert: O wundervolle Harmonie, was er will, will auch sie.« (ed. Kirchmann, 1869, S. 31.) [AKA V, 28]. Also die Lust darf deswegen nicht eine Maxime sein, die zum Prinzip einer allgemeinen Gesetzgebung taugt, weil sie soziale Disharmonien hervorrufen kann. Das Sittengesetz hat demnach eine harmonische Gesellschaft zu schaffen. Und eine solche muß möglich sein, sonst wäre es doch widersinnig, sie schaffen zu wollen.

Das Kantsche Sittengesetz setzt also eine harmonische Gesellschaft als wünschbar und auch als möglich voraus. Es setzt aber auch voraus, daß das Sittengesetz das Mittel ist, eine derartige Gesellschaft zu schaffen, daß dieses Resultat erzielt werden kann durch eine Regel, die das einzelne Individuum sich selbst setzt. Man sieht, wie gründlich Kant sich täuscht, wenn er meint, sein Sittengesetz sei unabhängig von allen zur Sinnenwelt gehörigen Bedingungen und bilde daher einen Grundsatz, der für alle raum- und zeitlosen Geister gelte, inbegriffen den lieben Herrgott selber.

In Wirklichkeit ist das Kantsche Sittengesetz das Ergebnis sehr konkreter gesellschaftlicher Bedürfnisse. Natürlich, da es dem Wunsche nach einer harmonischen Gesellschaft entspringt, kann man aus ihm auch das Ideal einer harmonischen Gesellschaft ableiten, und so hat man es fertig gebracht, Kant zu einem Begründer des Sozialismus zu stempeln. Cohen wiederholt das auch wieder in seinem jüngsten Werke, der »Ethik des reinen Willens« (1905) [vgl. hier S. 71]. In Wirklichkeit aber steht Kant dem Sozialismus viel ferner als der französische Materialismus des achtzehnten Jahrhunderts. Während bei diesem die Sittlichkeit durch den Zustand von Staat und Gesellschaft bedingt wurde, so daß die Reform der Sittlichkeit die Reform von Staat und Gesellschaft voraussetzte, der Kampf gegen das Laster sich zu einem Kampfe gegen die herrschenden Gewalten erweiterte, wird bei Kant die im Raume und der Zeit befindliche Gesellschaft bestimmt durch das außer allem Raume und aller Zeit stehende Sittengesetz, das seine Forderungen an den einzelnen stellt, nicht an die Gesellschaft. Ist die Sittlichkeit des einzelnen unvollkommen, so darf man die Schuld daran nicht bei Staat und Gesellschaft suchen, sondern in dem Umstand, daß der Mensch nicht ganz Engel, sondern halb Tier ist und durch seine tierische Natur immer wieder herabgezogen wird, wogegen er nur durch innere Erhebung und Läuterung ankämpfen kann. Der einzelne muß sich selbst bessern, soll die Gesellschaft besser werden.

Man sieht, der Sozialismus nimmt eigenartige Formen an, wenn man Kant als seinen Begründer ansieht. Diese Eigenartigkeit wird nicht gemildert, wenn man die weitere Entwicklung des Sittengesetzes bei ihm betrachtet. Aus dem Sittengesetz entspringt das Bewußtsein der *Persönlichkeit* und *Würde* des Menschen und der Satz:

»Handle so, daß du die Menschheit, sowohl in deiner Person als in der Person eines jeden anderen jederzeit zugleich als Zweck, niemals bloß als Mittel gebrauchst.« [AKA IV, 429]

»In diesen Worten,« sagt Cohen, »ist der tiefste und mächtigste Sinn des kategorischen Imperativs ausgesprochen; sie enthalten das sittliche Programm der *neuen Zeit* und *aller Zukunft der Weltgeschichte* .... Die Idee des Zweckvorzugs der Menschheit wird dadurch zur Idee des Sozialismus, daß jeder Mensch als Endzweck, als Selbstzweck definiert wird.«

Das Programm »aller Zukunft der Weltgeschichte« wird hier etwas eng gefaßt. Das »zeitlose« Sittengesetz, daß der Mensch jederzeit Zweck, nicht bloß Mittel sein soll, hat selbst nur einen Zweck in einer Gesellschaft, in der Menschen von anderen Menschen als bloße Mittel gebraucht werden können. In einer kommunistischen Gesellschaft fällt diese Möglichkeit und damit die Notwendigkeit des Kantschen Programms »aller Zukunft der Weltgeschichte« fort. Was wird aber dann aus dieser? Wir haben danach in der Zukunft entweder keinen Sozialismus oder keine Weltgeschichte zu erwarten.

Das Kantsche Sittengesetz war der Protest gegen die sehr konkrete feudale Gesellschaft mit ihren persönlichen Abhängigkeitsverhältnissen. Der angeblich »sozialistische« Satz, der die Persönlichkeit und Würde des Menschen feststellt, ist denn auch mit dem Liberalismus oder Anarchismus ebenso verträglich wie mit dem Sozialismus und enthält ebensowenig einen neuen Gedanken wie der oben zitierte von der allgemeinen Gesetzgebung. Er bedeutet die philosophische Formulierung der Idee der »Freiheit, Gleichheit und Brüderlichkeit«, die schon Rousseau entwickelte, die übrigens bereits im Urchristentum zu finden war. Kantisch ist auch hier bloß die besondere Form der Begründung dieses Satzes.

Die Würde der Persönlichkeit des Menschen wird nämlich daraus abgeleitet, daß er ein Stück einer übersinnlichen Welt ist, daß er als moralisches Wesen außer der Natur und über der Natur steht. Die Persönlichkeit ist »die Freiheit und Unabhängigkeit von dem Mechanismus der ganzen Natur«, so daß »die Person, als zur Sinnenwelt gehörig, ihrer eigenen Persönlichkeit unterworfen ist, sofern sie zugleich zur intelligiblen Welt gehört«. Da ist es denn nicht zu verwundern, »wenn der Mensch, als zu *beiden Welten* gehörig, sein eigenes Wesen, in Beziehung auf seine zweite und höchste Bestimmung, nicht anders als mit Verehrung und die Gesetze derselben mit der höchsten Achtung betrachten muß«. (A.a.O. S. 104, 105.) [AKA V, 87].

Damit wären wir glücklich wieder bei der alten christlichen Begründung der Gleichheit aller Menschen angelangt, die daraus entsprießen soll, daß wir alle Kinder Gottes sind.

## 3. Freiheit und Notwendigkeit

Indes, so sehr wir die Annahme der beiden Welten ablehnen müssen, denen nach Plato und Kant der Mensch zugehört, so ist es doch richtig, daß der Mensch gleichzeitig in zwei verschiedenen Welten lebt und das Sittengesetz in der einen von ihnen wohnt, die nicht die Welt der Erfahrung ist. Aber trotzdem ist auch diese andere Welt keine übersinnliche.

Die beiden Welten, in denen der Mensch lebt, sind die der *Vergangenheit* und die der *Zukunft*. Die *Gegenwart* bildet die Grenze beider. Seine ganze Erfahrung liegt in der Vergangenheit, alle Erfahrung ist vergangen. Und alle Zusammenhänge, die ihm die vergangene Erfahrung aufweist, liegen mit unabwendbarer Notwendigkeit vor ihm oder vielmehr hinter ihm. An ihnen läßt sich nicht das mindeste mehr ändern, er vermag ihnen gegenüber nichts mehr, als ihre Notwendigkeit erkennen. So ist die Welt der Erfahrung, die Welt des Erkennens, auch die Welt der Notwendigkeit.

Anders dagegen die Zukunft. Von ihr habe ich nicht die mindeste Erfahrung. Anscheinend frei liegt sie vor mir, als die Welt, die ich nicht als Erkennender erforschen, in der ich mich aber als *Handelnder* zu behaupten habe. Wohl kann ich die Erfahrungen der Vergangenheit in die Zukunft verlängern, wohl kann ich schließen, daß diese ebenso notwendig bedingt sei wie jene; aber kann ich nur unter der Voraussetzung der Notwendigkeit die Welt erkennen, so werde ich in ihr nur handeln unter der Voraussetzung einer gewissen Freiheit. Auch wenn ein Zwang auf mein Handeln ausgeübt wird, bleibt mir die Wahl, ob ich mich ihm fügen will oder nicht, bleibt mir als äußerstes Mittel, mich dem Zwang durch freiwilligen Tod zu entziehen. Handeln heißt stets wählen zwischen verschiedenen Möglichkeiten, und seien es nur die des Handelns oder Nichthandelns, heißt annehmen und ablehnen, heißt verteidigen und bekämpfen. Das Wählen setzt aber die Möglichkeit der Wahl ebenso voraus wie die Unterscheidung zwischen dem Anzunehmenden und dem Abzulehnenden, dem Guten und Bösen. Das sittliche Urteil, das ein Unding ist in der Welt der Vergangenheit, der Welt der Erfahrung, in der nichts zu wählen ist, eherne Notwendigkeit herrscht, ist unvermeidlich in der Welt der unerfahrenen Zukunft, der Freiheit.

Aber nicht bloß das Gefühl der Freiheit setzt das Handeln voraus, sondern auch bestimmte Zwecke. Herrscht in der Welt der Vergangenheit die Folge von Ursache und Wirkung (Kausalität), so in der des Handelns, der Zukunft, der Zweckgedanke (Teleologie).

Für das Handeln wird das Gefühl der Freiheit zu einer unerläßlichen psychologischen Voraussetzung, die durch keinerlei Erkenntnis aufgehoben werden kann. Auch der strengste Fatalismus, auch die tiefste Überzeugung davon, daß der Mensch das notwendige Produkt seiner Verhältnisse ist, kann nicht bewirken, daß wir aufhören zu lieben und zu hassen, zu verteidigen und zu bekämpfen.

Alles das ist aber nicht ein Monopol des Menschen, sondern gilt auch für das Tier. Auch dieses besitzt Freiheit des Wollens in dem Sinne, wie sie der Mensch hat, nämlich als subjektives, unvermeidliches Gefühl der Freiheit, das aus der Unbekanntschaft mit der Zukunft und der Notwendigkeit, auf sie tätig einzuwirken, herrührt. Und ebenso verfügt es über gewisse Einsichten in die Zusammenhänge von Ursache und Wirkung. Endlich ist ihm auch der Zweckgedanke nicht fremd. In Beziehung auf Einsicht in die Vergangenheit und die Naturnotwendigkeit einerseits und andererseits in Beziehung auf Voraussicht in die Zukunft und Setzung von Zwecken für das Handeln unterscheidet sich der tiefststehende Wilde weit weniger vom Tiere als vom Kulturmenschen.

Die Zwecksetzung selbst ist aber nicht etwas, was außerhalb des Bereichs der Notwendigkeit, von Ursache und Wirkung steht. Setze ich mir auch Zwecke nur für die Zukunft, für das Reich der anscheinenden Freiheit, so gehört doch die Zwecksetzung selbst, von dem Moment an, wo ich mir den Zweck setze, wie jeder Gedanke, dessen ich mir bewußt werde, der Vergangenheit an, und sie kann daher in ihrer Notwendigkeit als das Ergebnis bestimmter Ursachen erkannt werden. Daran ändert nicht das mindeste der Umstand, daß die *Erreichung* des Zweckes noch in der Zukunft, im Bereich der Ungewißheit, also, in diesem Sinne, der Freiheit liegt. Mag man auch die Erreichung des gesetzten Zweckes noch so fern annehmen, die Zwecksetzung selbst ist ein Produkt der Vergangenheit. Im Reiche der Freiheit liegen nur jene Zwecke, die noch nicht gesetzt sind, von denen wir noch gar nichts wissen.

Die Welt der gesetzten Zwecke ist also nicht die Welt der Freiheit im Gegensatz zu der der Notwendigkeit. Für jeden der Zwecke, die wir uns setzen, ebenso wie für jedes der Mittel, die wir zu ihrer Erreichung anwenden, sind die Ursachen schon gegeben und unter Umständen erkennbar, die diese Setzung und Anwendung notwendig herbeiführen.

Man kann aber das Reich der Notwendigkeit und das der Freiheit nicht bloß unterscheiden als Vergangenheit und Zukunft; ihr Unterschied fällt auch vielfach zusammen mit dem von Natur und Gesellschaft, oder, wenn man genau sein will, von Gesellschaft und anderer Natur, von der jene nur einen besonderen eigenartigen Teil darstellt.

Betrachten wir die Natur im engeren Sinn, als geschieden von der Gesellschaft, und beide in ihrem Verhalten zur Zukunft, so finden wir sofort einen bedeutenden Unterschied. Die Naturbedingungen verändern sich viel langsamer als die gesellschaftlichen. Und die letzteren sind in der Zeit, wenn die Menschen anfangen zu philosophieren, in der Zeit der Warenproduktion, höchst verwickelter Natur, während es in der Natur zahlreiche einfache Vorgänge gibt, deren Gesetzmäßigkeit relativ leicht durchschaut werden kann.

Daraus ergibt sich, daß, trotz unserer anscheinenden Freiheit des Handelns in der Zukunft, dieses Handeln doch für die Natur frühzeitig als ein notwendiges von uns angesehen wird. So dunkel auch die Zukunft vor mir liegt, ich weiß mit Bestimmtheit, daß dem Sommer der Winter folgen wird, daß morgen die Sonne aufgehen, daß ich morgen Hunger und Durst haben, im Winter das Bedürfnis nach Erwärmung fühlen werde usw., und mein Handeln wird nie darauf gerichtet sein, diesen Naturnotwendigkeiten zu entgehen, sondern darauf, sie zu befriedigen. So erkenne ich bei aller anscheinenden Freiheit der Natur gegenüber mein Handeln als notwendig bedingt. Die Beschaffenheit der äußeren Natur und die Beschaffenheit meines eigenen Körpers erzeugen Notwendigkeiten, die mir ein bestimmtes, erfahrungsgemäß gegebenes, also vorauszuerkennendes Wollen und Handeln aufdrängen.

Ganz anders mein Verhalten zu meinen Nebenmenschen, mein gesellschaftliches Handeln. Hier sind die äußeren und inneren Notwendigkeiten, die mein Handeln bestimmen, nicht so leicht zu durchschauen. Hier stoße ich auch nicht auf übermächtige Naturkräfte, denen ich mich unterwerfen muß, sondern auf ebenbürtige Faktoren, Menschen wie ich, die von Natur aus auch nicht mehr Macht haben als ich. Ihnen gegenüber fühle ich mich frei, aber auch sie scheinen mir frei in ihren Verhältnissen zu ihren Nebenmenschen. Ihnen gegenüber empfinde ich Liebe und Haß, über sie und meine Verhältnisse zu ihnen fälle ich sittliche Urteile.

Die Welt der Freiheit und des Sittengesetzes ist also wohl

eine andere als die der erkannten Notwendigkeit, aber sie ist nicht eine raum- und zeitlose, nicht eine übersinnliche Welt, sondern nur ein besonderes Stückchen der Sinnenwelt, unter einem besonderen Gesichtspunkt gesehen. Es ist die Welt in ihrem Herankommen gesehen, die Welt, auf die wir einzuwirken, die wir umzugestalten haben, vor allem die Welt der gesellschaftlichen Verhältnisse.

Aber was heute Zukunft ist, wird morgen Vergangenheit; so wird, was heute als freies Handeln empfunden wurde, morgen als notwendiges Handeln erkannt. Das Sittengesetz in uns, das dieses Handeln regelte, hört aber damit auch auf, als eine ursachlose Ursache zu erscheinen; es fällt in das Reich der Erfahrung, kann als notwendige Wirkung einer Ursache erkannt werden - und nur als solche vermag man es überhaupt zu erkennen, vermag es Gegenstand der Wissenschaft zu werden. Dadurch, daß er das Sittengesetz aus dem Diesseits der sinnlichen Welt in das Jenseits einer übersinnlichen verlegte, hat Kant dessen wissenschaftliche Erkenntnis nicht gefördert, sondern ihr alle Wege verrammelt. Dieses Hindernis muß man vor allem beseitigen, man muß über Kant hinwegschreiten, will man das Rätsel des Sittengesetzes seiner Lösung näher bringen.

## 4. *Die Philosophie der Versöhnung*

Die Ethik bildet die schwache Seite der Kantschen Philosophie. Und doch hat diese gerade durch die Ethik ihre größten historischen Erfolge errungen, da sie sehr starken Zeitbedürfnissen entsprach.

Der französische Materialismus war eine Philosophie des *Kampfes* gewesen gegen alle überkommenen Denkformen, damit aber auch gegen die Einrichtungen, die sich dahinter bargen. Seine unversöhnliche Feindschaft zum Christentum machte ihn zur Parole des Kampfes nicht bloß gegen die Kirche, sondern auch gegen alle mit ihr zusammenhängenden sozialen und politischen Mächte.

Die Kantsche Kritik der reinen Vernunft wirft ebenfalls das ganze Christentum zum Tempel hinaus; aber die Entdeckung des Ursprungs des Sittengesetzes, die durch die Kritik der praktischen Vernunft vollzogen wird, öffnet ihm ehrfurchtsvoll wieder das Tor. So wird durch Kant die Philosophie aus einer Waffe zum Kampfe gegen die bestehenden Denk- und Gesellschaftsformen zu einem Mittel, die Gegensätze zu *versöhnen*.

Aber das Mittel der Entwicklung ist der *Kampf*. Die *Versöhnung* der Gegensätze bedeutet den Stillstand der Entwicklung. Daher ist die Kantsche Philosophie zu einem konservativen Faktor geworden.

Die größten Vorteile zog aus ihr zunächst die *Theologie*. Sie befreite diese aus der Bedrängnis, in welche der überkommene Glaube durch die Entwicklung der Wissenschaft geraten war, indem sie es ermöglichte, Wissenschaft und Religion zu versöhnen. [...]

Gerade nach dem Ausbruch der Französischen Revolution bestand ein besonders starkes Bedürfnis nach einer Theologie, die imstande war, es mit dem Materialismus aufzunehmen und ihn bei den Gebildeten zu verdrängen. [...]

Die große Revolution schuf den Boden für den Einfluß Kants, der am stärksten war in den zwei Jahrzehnten nach der Schreckensherrschaft. Dann erblaßte dieser Einfluß immer mehr. Die Bourgeoisie bekam seit den dreißiger Jahren des neunzehnten Jahrhunderts auch in Deutschland Kraft und Mut zu entschiedenerem Kampfe gegen die bestehenden Staats- und Denkformen und zu unbedingter Anerkennung der Sinnenwelt als der einzig wirklichen. So kamen nach der Hegelschen Dialektik wieder neuere Formen des Materialismus auf, und zwar in energischster Weise in Deutschland, gerade weil dessen Bourgeoisie noch weiter zurück war als die Frankreichs und Englands; weil sie noch nicht die bestehende Staatsmacht erobert, weil sie sie noch umzustürzen hatte, also einer Philosophie des Kampfes, nicht der Versöhnung bedurfte.

In den letzten Jahrzehnten ist aber ihr Kampfbedürfnis gewaltig gesunken. Hat sie nicht alles erreicht, was sie ersehnt, so doch alles, was zu ihrem Gedeihen erforderlich. Weitere große Kämpfe, energische Angriffe auf das Bestehende können ihr weit weniger nützen, als ihrem großen Feinde, dem Proletariat, das drohend heranwächst und nun seinerseits einer Philosophie des Kampfes bedarf. Es wird dem Materialismus um so leichter zugänglich, je mehr die Entwicklung der Sinnenwelt die Unhaltbarkeit der bestehenden Ordnung und die Notwendigkeit seines Sieges dartut.

Die Bourgeoisie dagegen wird immer mehr empfänglich für eine Philosophie der Versöhnung, und so erweckt sie den Kantianismus zu neuem Leben. Diese Neubelebung wurde in der Reaktionsperiode nach 1848 angebahnt durch den damals beginnenden Einfluß *Schopenhauers*.

Aber in den letzten Jahrzehnten ist die Kantsche Ethik auch in die Ökonomie und den Sozialismus eingedrungen. Da die Gesetze der bürgerlichen Gesellschaft, die von der klassischen Ökonomie entdeckt wurden, sich immer klarer als Gesetze entpuppten, die den Klassenkampf und den Untergang der kapitalistischen Ordnung zur Notwendigkeit machen, flüchtete die bürgerliche Ökonomie zum Kantschen Sittengesetz, das, außerhalb des Raumes und der Zeit stehend, imstande sein soll, die Klassengegensätze zu versöhnen und die Revolutionen zu verhindern, die im Raume und in der Zeit vor sich gehen.

Neben der ethischen Schule der Ökonomie erhielten wir aber auch einen ethischen Sozialismus, als in unseren eigenen Reihen Bestrebungen auftauchten, die Klassengegensätze zu mildern und wenigstens einem Teil der Bourgeoisie entgegenzukommen. Auch diese Politik der Versöhnung begann mit dem Rufe: Zurück auf Kant! und mit einer Absage an den Materialismus, der die Freiheit des Willens leugne.

Trotz des kategorischen Imperativs, den das Kantsche Sittengesetz dem einzelnen zuruft, ist seine *historische, gesellschaftliche* Tendenz von seinen Anfängen an bis heute die einer

Abstumpfung, einer Versöhnung der Gegensätze, nicht die ihrer Überwindung durch den Kampf gewesen.

## Die Ethik des Marxismus

### 1. *Die Wurzeln der materialistischen Geschichtsauffassung*

Die raschen Fortschritte der Naturwissenschaften seit der Französischen Revolution hängen eng zusammen mit dem Aufschwung, den der Kapitalismus seitdem nahm. Die kapitalistische Großindustrie beruhte immer mehr auf der Anwendung der Naturwissenschaft und hatte daher alle Ursache, ihr Menschen und Mittel zuzuführen. Die neue Technik lieferte aber der Naturwissenschaft nicht bloß neue Objekte der Betätigung, sondern auch neue Werkzeuge und Methoden. Der internationale Verkehr endlich brachte ihr massenhaftes neues Material. So gewann sie Kraft und Mittel, den Entwicklungsgedanken siegreich durchzuführen.

Aber mehr noch als für die Naturwissenschaften bedeutete für die Wissenschaft von der Gesellschaft, die sogenannten Geisteswissenschaften, die Französische Revolution eine Epoche. Denn in der Naturwissenschaft hatte sich der Entwicklungsgedanke schon vorher bei manchen Denkern mächtig geregt. In den Geisteswissenschaften dagegen war er vor der Revolution nur in den kümmerlichsten Ansätzen zu finden gewesen. Erst seit der Revolution konnte er sich in ihnen entwickeln.

Die Geisteswissenschaften – Philosophie, Recht, Geschichte, politische Ökonomie – waren vor der Revolution für die aufstrebende Bourgeoisie vor allem Mittel des Kampfes gegen die ihr widerstrebenden herrschenden politischen und sozialen Mächte gewesen, die in der Vergangenheit wurzelten. Die Vergangenheit zu diskreditieren und ihr gegenüber die Ziele der Bourgeoisie, das Neue, das Kommende als das einzig

Vernünftige und Gute hinzustellen, bildete die Hauptaufgabe dieser Wissenschaften.

Das änderte sich seit der Revolution. Diese brachte der Bourgeoisie im wesentlichen, was sie brauchte. Sie enthüllte ihr aber auch soziale Mächte, die weiter strebten, als sie selbst, die über das hinauswollten, was die Revolution gebracht. Diese neuen Mächte fingen an, ihr gefährlicher zu erscheinen als die Reste der niedergeworfenen alten. Sich mit letzteren auf guten Fuß zu stellen, wurde ein Gebot politischer Klugheit für die Bourgeoisie. Damit mußte aber auch ihr Urteil über die Vergangenheit ein milderes werden.

Andererseits hatte gerade den Ideologen die Revolution eine große Enttäuschung gebracht. So Großes sie für die Bourgeoisie geleistet hatte, so weit war sie hinter den Erwartungen auf ein harmonisches Reich der »Sitten«, allgemeinen Wohlstandes und Glückes zurückgeblieben, die man an den Umsturz des Alten geknüpft.[11] Man wagte nicht mehr, auf Neues zu hoffen; je unbefriedigender die Gegenwart, je abschreckender die Erinnerungen an die jüngste Vergangenheit, welche diese Gegenwart gezeitigt, desto verklärter erschien die ferne Vergangenheit. Das erzeugte bekanntlich in der Kunst die Romantik. Aber es erzeugte eine ähnliche Richtung in den Geisteswissenschaften. Man fing an, die Vergangenheit zu erforschen, nicht um sie zu *verurteilen*, sondern um sie zu *begreifen*; nicht um sie als *Wahnsinn* hinzustellen, sondern um ihre *Vernünftigkeit* zu erfassen.

Aber die Revolution hatte zu gründlich gearbeitet, als daß man hätte im Ernst daran denken können, die Zustände, die sie beseitigt, wieder herzustellen. War das Vergangene vernünftig gewesen, so mußte man doch erkennen, daß es unvernünftig, unmöglich geworden war. Das gesellschaftlich Vernünftige und Notwendige hörte damit auf, als ein un-

---

11 [Zur Ambivalenz von Revolutionsbegeisterung und -kritik in der Klassischen Deutschen Philosophie und im romantischen Idealismus vgl. H. J. Sandkühler, Freiheit und Wirklichkeit. Zur Dialektik von Politik und Philosophie bei Schelling. Frankfurt/M. 1968, 38–73.]

wandelbarer Begriff zu erscheinen. So erstand die Anschauung einer sozialen Entwicklung.

Das galt zunächst für die Erkenntnis der *deutschen* Vorzeit. In Deutschland vollzog sich der eben geschilderte Prozeß am auffallendsten. Dort war die revolutionäre Denkweise nicht so tief gedrungen, hatte nicht so starke Wurzeln gefaßt wie in Frankreich, hatte die Revolution auch nicht so gründlich gewirkt, hatte sie die Mächte und Anschauungen der Vergangenheit weniger erschüttert, und war sie schließlich mehr als verheerendes wie als befreiendes Element aufgetreten. [...] Bei dieser ganzen geschichtlichen Arbeit fehlte aber das Objekt, das bis dahin die ganze Geschichtschreibung beherrscht: das hervorragende menschliche Individuum. In den geschriebenen Quellen, aus denen ehedem ausschließlich die Kenntnis der menschheitlichen Geschichte geschöpft worden, hatte sich nur das Außerordentliche verzeichnet gefunden, weil es das einzige war, was dem Darsteller der Ereignisse seiner Zeit bemerkenswert erschien. Wer mochte darstellen, was alltäglich war, alle Welt wußte! Der außerordentliche Mensch, die außerordentliche Erscheinung, wie Krieg und Revolution, erschienen allein der Überlieferung wert. So war denn auch für die herkömmliche Geschichtschreibung, die nichts tat, als die überlieferten Quellen mit mehr oder wenig Kritik abzuschreiben, der große Mensch der Motor der Geschichte; im Zeitalter der Feudalität der König, der Feldherr, der Religionsstifter und Priester. Im achtzehnten Jahrhundert wurden dann von der bürgerlichen Intelligenz gerade diese Elemente zu den Urhebern alles Bösen in der Welt gestempelt und dafür die Philosophen als Gesetzgeber und Lehrer zu den einzigen Trägern wirklichen Fortschritts erhoben. Aber aller Fortschritt schien nur ein äußerlicher zu sein, ein bloßes Wechseln der Kostüme. Jene Zeit, in der die Quellen der Geschichtschreibung reichlicher zu fließen begannen, die Zeit des Sieges der Griechen über die persische Invasion, bedeutete gerade einen Höhepunkt gesellschaftlicher Entwicklung. Von da an fing die Gesellschaft in den Ländern des Mittelmeeres an, sich aufzulösen, es ging bergab mit ihr bis zur Barbarei der Völkerwanderung. Nur langsam hatten sich die Völker Europas seitdem wieder gesellschaftlich höher entwickelt, und selbst im achtzehnten Jahrhundert hatten sie das Niveau des klassischen Altertums noch nicht weit überschritten, konnte dieses in manchen Punkten der Politik, der Philosophie und namentlich der Kunst noch als vorbildlich gelten.

Die ganze Geschichte erschien daher als ein bloß Auf und Nieder, ein Wiederholen desselben Kreislaufs, und da das einzelne Individuum sich stets größere Ziele stecken kann, als es erreicht, da es also in der Regel »scheitert«, so erschien dieser Kreislauf als eine grausige Tragikomödie, in der auch die Erhabensten und Stärksten zu unglücklichen Rollen verurteilt waren.

Ganz anders die Urgeschichte. Sie, wie ihre einzelnen Fächer, Rechtsgeschichte, Sprachvergleichung, Völkerkunde, finden in den Zeugnissen, die sie verarbeiten, nicht das Außerordentliche und Individuelle, sondern das Alltägliche und Gewöhnliche verzeichnet. Aber gerade darin kann die Urgeschichte ganz sicher eine Linie fortschreitender Entwicklung verfolgen. Und je mehr ihr Material wächst, je mehr sie Gleichartiges mit Gleichartigem zu vergleichen vermag, desto mehr entdeckt sie auch, daß diese Entwicklung keine zufällige, sondern eine gesetzmäßige ist. Das Material, das ihr zu Gebote steht, sind aber auf der einen Seite Tatsachen der *Technik*, auf der anderen solche des *Rechtes* und der *Sitte*, der *Religion*. Die Gesetzmäßigkeit herstellen hieß da nichts anderes, als die Technik mit den rechtlichen, sittlichen, religiösen Anschauungen in einen kausalen Zusammenhang bringen ohne Zuhilfenahme außerordentlicher Ereignisse und Individuen. [...] Als das Bestimmende in den Veränderungen der Handlungen der Menschen fanden sich dabei aber stets materielle, in der Regel *ökonomische* Veränderungen. So wurde die Abhängigkeit der Zu- und Abnahme der Verbrechen, der Selbstmorde, der Eheschließungen von der Zu- und Abnahme der Getreidepreise festgestellt.

Nicht etwa, als ob ökonomische Motive allein zum Beispiel die Ursachen wären, daß Ehen überhaupt geschlossen werden. Niemand wird den Geschlechtstrieb für ein ökonomisches Motiv erklären wollen. Aber die *Veränderung* in der jährlichen Zahl der Eheschließungen wird durch Veränderungen in der ökonomischen Lage hervorgerufen.

Neben allen diesen neuen Wissenschaften ist endlich noch zu erwähnen eine Änderung im Charakter eines Teils der neueren Geschichtschreibung. Die Französische Revolution war so deutlich als Klassenkampf aufgetreten, daß nicht nur ihre Geschichtschreiber das anerkennen mußten, sondern ein Teil der Historiker daraus die Anregung schöpfte, auch in anderen Perioden der Geschichte die Rolle der Klassenkämpfe zu erforschen und in ihnen die Triebkräfte der gesellschaftlichen Entwicklung zu entdecken. Die Klassen sind aber wieder ein Produkt der *ökonomischen* Struktur der Gesellschaft, und aus dieser entstammen auch die *Gegensätze*, also die Kämpfe der Klassen. Was jede Klasse zusammenhält, was sie von den anderen Klassen sondert, ihren Gegensatz zu diesen bestimmt, das ist ihr eigenartiges *Klasseninteresse*, eine neue Art von Interesse, von der kein Ethiker des achtzehnten Jahrhunderts eine Ahnung hatte, welcher Richtung er immer angehören mochte.

Mit allen diesen Fortschritten und Entdeckungen, die freilich oft nur stückweise und keineswegs immer ganz klar zutage lagen, waren in den vierziger Jahren des neunzehnten Jahrhunderts alle wesentlichen Elemente der materialistischen Geschichtsauffassung gegeben. Sie harrten nur noch der Meister, die sie beherrschten und zu einem einheitlichen Gebilde vereinigten. Das haben bekanntlich Engels und Marx geleistet.[12] Nur so tiefen Denkern wie ihnen wurde eine derartige Leistung möglich. Insofern war diese ihr persönliches Werk. Aber keinem Engels, keinem Marx wäre sie möglich gewesen im achtzehnten Jahrhundert, ehe alle die neuen Wissenschaften eine genügende Menge neuer Resultate gezeitigt hatten. An-

12 [Vgl. unter anderen MEW 13, 8 f.; 21, 494; 3, 34; 4, 459 ff.; 20, 480.]

dererseits hätte wohl ein Mann von dem Genie eines Helvetius oder eines Kant auch die materialistische Geschichtsauffassung entdecken können, wenn zu seiner Zeit ihre wissenschaftlichen Vorbedingungen gegeben waren. Endlich aber hätten auch Engels und Marx trotz ihres Genies und trotz der Vorarbeit, welche die neuen Wissenschaften geleistet, auch in den vierziger Jahren des neunzehnten Jahrhunderts es nicht vermocht, die materialistische Geschichtsauffassung zu entdecken, wenn sie nicht auf dem Standpunkt des *Proletariats* standen, also *Sozialisten* waren. Auch das war unbedingt notwendig, um diese Geschichtsauffassung zu entdecken. Sie ist in diesem Sinne eine proletarische Philosophie und die ihr entgegenstehenden Anschauungen sind bürgerliche Philosophien.

Das Aufkommen des Entwicklungsgedankens in den Gesellschaftswissenschaften fiel in eine Zeit der Reaktion, als zunächst eine Weiterentwicklung der Gesellschaft nicht in Frage stand, der Entwicklungsgedanke nur der Erklärung der bisherigen Entwicklung diente und damit auch in gewissem Sinne der Rechtfertigung, ja mitunter der Verklärung des Gewesenen. So wie durch die Romantik geht auch durch die historische Schule der Rechtswissenschaft, geht durch das ganze Studium der Vorzeit, selbst durch die Sanskritforschung – man erinnere sich zum Beispiel des Buddhismus Schopenhauers –, in den ersten Jahrzehnten des vorigen Jahrhunderts ein reaktionärer Zug. Ebenso durch jene Philosophie, die den Entwicklungsgedanken dieser Epoche zum Mittelpunkt ihres Systems machte, die Hegelsche. Auch sie sollte nur die Verhimmelung der bisherigen Entwicklung sein, die aber nun ihren endgültigen Abschluß zu finden habe in der Monarchie von Gottes Gnaden. Als reaktionäre Philosophie mußte diese Philosophie der Entwicklung jedoch auch eine *idealistische* Philosophie sein, denn die Gegenwart, die Wirklichkeit, stand in zu großem Widerspruch zu ihren reaktionären Tendenzen. Als die Wirklichkeit, das heißt die kapitalistische Gesellschaft wieder so weit war, sich diesen Tendenzen gegenüber wirklich durchzusetzen, wurde die idealistische Entwicklungsphilosophie unmöglich. Sie wurde überwunden durch einen mehr oder weniger offenen Materialismus. Aber nur vom proletarischen Standpunkt aus war es möglich, nun den Gedanken der gesellschaftlichen Entwicklung ins Materialistische zu übersetzen, das heißt in der Gegenwart eine nach naturnotwendigen Gesetzen vor sich gehende gesellschaftliche Entwicklung zu erkennen. Die Bourgeoisie mußte sich jedem Gedanken einer weiteren gesellschaftlichen Entwicklung verschließen und jede Entwicklungsphilosophie von sich ablehnen, die die Entwicklung der Vergangenheit nicht bloß erforschte, um diese zu begreifen, sondern auch, um die Tendenzen zu einer neuen Gesellschaft der *Zukunft* zu erkennen und *Waffen* zu schmieden für den *Kampf der Gegenwart*, der bestimmt ist, diese Gesellschaftsform der Zukunft herbeizuführen.

Sobald die Periode der geistigen Reaktion nach der großen Revolution überwunden war, die Bourgeoisie wieder Selbstgefühl und Macht gewann und aller künstlerischen und philosophischen Romantik ein Ende machte, um den Materialismus zu proklamieren, konnte sie doch nicht zum historischen Materialismus übergehen. So sehr dieser in den Zeitverhältnissen begründet war, so lag es nicht minder in ihnen begründet, daß er nur zur Philosophie des Proletariats werden konnte, daß er von der Wissenschaft, soweit sie im Bannkreis der Bourgeoisie war, abgelehnt wurde, so sehr abgelehnt, daß selbst der sozialistische Verfasser der Geschichte des Materialismus, Albert Lange, dort Karl Marx nur als Ökonomen und nicht als Philosophen erwähnt.

Der Gedanke der Entwicklung, allgemein angenommen für die Naturwissenschaften, auch sehr fruchtbar für einige Spezialfächer der Geisteswissenschaften, ist tot für ihre Gesamtauffassung geblieben, soweit sie bürgerliche Wissenschaft darstellten. Die Bourgeoisie konnte denn auch nach Hegel in ihrer Philosophie nicht mehr weiterschreiten. Sie verfiel einem Materialismus, der hinter dem des achtzehnten Jahrhunderts erheblich zurücksteht, weil er rein naturwissenschaftlich ist, gar keine eigene Theorie der Gesellschaft aufweist. Und als ihr dieser beschränkte Materialismus nicht mehr paßte, wandte sie sich wieder dem alten Kantianismus zu, gereinigt von allen Mängeln, die durch die seitherige Naturwissenschaft überwunden worden, aber ungereinigt von seiner Ethik, die nun das Bollwerk ist, das der materialistischen Theorie der gesellschaftlichen Entwicklung entgegengesetzt wird.

In den ökonomischen Wissenschaften schwankt die Bourgeoisie zwischen einer historischen Auffassung, die wohl eine Entwicklung der Gesellschaft sieht, aber notwendige Gesetze dieser Entwicklung leugnet, und einer Auffassung, die notwendige Gesetze der Gesellschaft anerkennt, aber die gesellschaftliche Entwicklung leugnet und in der Psychologie eines isolierten Urmenschen schon alle ökonomischen Kategorien der modernen Gesellschaft zu entdecken glaubt. Zu dieser Auffassung gesellt sich noch eine naturwissenschaftliche, die die Gesetze der Gesellschaft auf Gesetze der Biologie, das heißt der pflanzlichen und tierischen Organismen reduzieren will, was im Grunde auch nichts anderes heißt, als die Leugnung aller eigenen Gesetze gesellschaftlicher Entwicklung.

Seitdem die Bourgeoisie konservativ geworden, ist nur noch vom proletarischen Standpunkt aus eine materialistische Theorie der gesellschaftlichen Entwicklung möglich.

Es ist richtig, der neue dialektische Materialismus ist ein Materialismus eigener Art, der von dem rein naturwissenschaftlichen wesentlich verschieden ist. Manche seiner Freunde haben daher gewünscht, man möge, um Mißverständnisse zu vermeiden, das Wort Materialismus durch ein anderes ersetzen.

Aber wenn Marx und Engels an dem Wort Materialismus festhielten, geschah es jedenfalls aus demselben Grunde, aus dem sie sich weigerten, ihr Manifest der Kommunisten in ein Manifest der Sozialisten umzutaufen. Das Wort Sozialismus deckt heute so mannigfaltige Waren, darunter recht erbärmliche, christlichen und nationalen Sozialismus aller Art; das Wort Kommunismus dagegen bezeichnet unzweideutig und klar das Ziel des um seine Emanzipation im revolutionären Kampfe ringenden Proletariats.

So würde auch in einer Bezeichnung des dialektischen Materialismus als dialektischer »Monismus« oder »Kritizismus« oder »Realismus« aller Gegensatz zur bürgerlichen Welt verlorengehen. Das Wort »Materialismus« dagegen bedeutet seit der Herrschaft des Christentums eine Philosophie des *Kampfes* gegen die herrschenden Gewalten. Deshalb ist es in Verruf gekommen bei der Bourgeoisie, aber gerade deshalb haben wir Anhänger der proletarischen Philosophie allseitiger Entwicklung alle Ursache, gerade an diesem Namen für unsere Philosophie festzuhalten, der ja auch sachlich wohl gerechtfertigt werden kann.

Und eine Auffassung der Ethik, die aus dieser Philosophie entspringt, kann als eine materialistische gelten. [. . .]¹³
Über jeden Gegenstand, der in der Gesellschaft produziert wird oder mit dem man in ihr produziert, muß jemand verfügen und verfügen können, sei es ein einzelner, eine Gruppe oder die ganze Gesellschaft. Die Art dieser Verfügung ergab sich zunächst von selbst aus der Natur der Dinge und der Natur der Produktionsweise und der der Produkte. Wer sich selbst seine Waffe machte, gebrauchte sie selbst; ebenso wer sich ein Kleidungsstück oder einen Schmuck herstellte; dagegen ergab es sich ebenso natürlich, daß das Haus, welche die Horde mit gemeinsamen Kräften für sich erbaute, von ihr gemeinsam bewohnt wurde. Die verschiedenen Arten des Nutzgenusses an den verschiedenen Dingen waren also von vornherein gegeben, wiederholten sich von Generation zu Generation und wurden zu festen Gewohnheiten.

So entstand ein Gewohnheitsrecht, das dann noch erweitert wurde dadurch, daß, so oft Streitigkeiten über die Art der Benutzung oder über die Personen entstand, welche über eine

13 [Es folgen im Original Ausführungen zu: 2. Der Organismus der menschlichen Gesellschaft. a. Die technische Entwicklung. b. Technik und Lebensweise. c. Tierischer und menschlicher Organismus. 3. Die Wandlung der Kraft der sozialen Triebe. a. Sprache. b. Krieg und Eigentum, S. 81–102.]

Sache zu verfügen hatten, die versammelten Mitglieder der Gesellschaft darüber entschieden. Das Recht ist nicht irgendeiner vorbedachten Gesetzgebung oder einem Gesellschaftsvertrag entsprungen, sondern der auf den technischen Bedingungen beruhenden Gewohnheit und, wo diese nicht ausreichte, einzelnen Schiedssprüchen der Gesellschaft, die von Fall zu Fall urteilte. So entstand nach und nach ein mannigfaltiges Eigentumsrecht an den verschiedenen Produktionsmitteln und Produkten der Gesellschaft.

Das gemeinsame Eigentum überwog aber im Anfang, namentlich an Produktionsmitteln, gemeinsam gerodetem Boden, Bewässerungsanlagen, Häusern, wohl auch Viehherden und anderem mehr. Auch dieses gemeinsame Eigentum mußte die sozialen Triebe ungemein stärken, das Interesse am Gemeinwesen, aber auch die Unterordnung unter dasselbe, die Abhängigkeit von ihm sehr vermehren.

Ganz anders wirkt dagegen das private Eigentum einzelner Familien oder Individuen, sobald es eine solche Ausdehnung erlangt, daß es beginnt, das gemeinsame Eigentum zurückzudrängen. Dies trat ein, als infolge der wachsenden Arbeitsteilung die verschiedenen Handwerke begannen, sich von der Landwirtschaft loszulösen, in der sie bis dahin Nebenbeschäftigungen gebildet; als sie selbständig wurden und sich immer mehr verzweigten.

Diese Entwicklung bedeutet eine Erweiterung des Bereichs der Gesellschaft durch Arbeitsteilung, eine Erweiterung der Zahl derjenigen Menschen, die dadurch eine Gesellschaft bilden, daß sie füreinander arbeiten, also wechselseitig für ihre Existenz aufeinander angewiesen sind. Aber diese Erweiterung der gesellschaftlichen Arbeit geht nicht in der Weise vor sich, daß der Bereich der *gemeinsamen* Arbeit ausgedehnt wird, sondern in der Weise, daß von der gemeinsamen Arbeit einzelne Arbeiten losgelöst und zu Privatarbeiten selbständiger Produzenten werden, die dasjenige produzieren, was sie nicht selbst konsumieren und dagegen von anderen Betrieben deren Produkte eintauschen, um sie zu konsumieren.

So treten jetzt die gemeinsame Produktion und die gemeinsamen Produktionsmittel größerer, sich im wesentlichen selbstgenügender Gesellschaften, zum Beispiel von Markt- oder wenigstens Hausgenossenschaften, zurück gegen Einzelproduktion und Einzelbesitz einzelner Individuen oder Paare mit ihren Kindern, die Waren produzieren, das heißt, Produkte nicht für den Selbstgebrauch, sondern für den Verkauf, für den Markt herstellen.

Damit kommt aber neben dem Privateigentum, das schon früher, wenn auch nicht in so hohem Maße bestand, ein ganz neues Moment in die Gesellschaft: der *Konkurrenzkampf* der verschiedenen Einzelproduzenten derselben Art, die um ihren Anteil am Markte miteinander kämpfen.

Man betrachtet häufig die Konkurrenz und auch den Krieg als die Formen des Kampfes ums Dasein, die die ganze Natur erfüllen. Tatsächlich entstammen beide dem technischen Fortschritt der Menschheit und gehören zu deren besonderer Eigenart. Beide unterscheiden sich von dem Kampfe ums Dasein der Tierwelt dadurch, daß dieser ein Kampf einzelner oder ganzer Gesellschaften gegen die umgebende Natur ist, ein Kampf gegen belebte und unbelebte Naturkräfte, in dem sich die für die jeweiligen besonderen Situationen bestausgestatteten am ehesten erhalten und fortpflanzen. Aber er ist kein Kampf auf Leben und Tod gegen andere Individuen derselben Art - ausgenommen einige Raubtiere, bei denen aber auch die letztere Art des Kampfes nur eine höchst untergeordnete Rolle im Daseinskampf spielt, und ausgenommen die Kämpfe der geschlechtlichen Zuchtwahl. Beim Menschen allein tritt, dank seinen vervollkommneten Werkzeugen, der Kampf gegen Individuen der gleichen Art als Mittel, sich im Kampfe ums Leben zu behaupten, in den Vordergrund. Aber auch da ist wieder ein gewaltiger Unterschied zwischen dem Kriege und dem Konkurrenzkampf. Der erstere ist ein Kampf, der zwischen zwei verschiedenen Gesellschaften ausbricht, eine Unterbrechung der Produktion bedeutet und daher nie eine ständige Einrichtung sein kann. Er bedingt aber, wenigstens dort, wo noch keine großen Klassengegensätze bestehen, den stärksten sozialen Zusammenhalt, fördert also ungemein die sozialen Triebe. Die Konkurrenz dagegen ist ein Kampf unter *einzelnen,* und zwar unter Individuen der *gleichen Gesellschaft*. Dieser Kampf ist der Regulator, allerdings ein sehr sonderbarer, der das gesellschaftliche Zusammenarbeiten der verschiedenen einzelnen Produzenten im Gange hält und dafür sorgt, daß in letzter Linie diese privaten Produzenten stets das gesellschaftlich Notwendige, das heißt das unter den gegebenen gesellschaftlichen Verhältnissen Notwendige produzieren. Bildet der Krieg eine zeitweise Unterbrechung der Produktion, so bildet der Konkurrenzkampf ihren ständigen und notwendigen Begleiter, wo sie Warenproduktion.

Wie der Krieg bedeutet auch die Konkurrenz eine große Kraftverschwendung, aber sie ist auch ein Mittel, die äußerste Anspannung aller Produktivität und ihre rascheste Verbesserung zu erzwingen. Sie hat daher eine große wirtschaftliche Bedeutung, bis sie so riesenhafte Produktivkräfte schafft, daß der Rahmen der Warenproduktion für sie ebenso zu eng wird, wie ehedem der Rahmen der gesellschaftlichen oder genossenschaftlichen primitiven Wirtschaft für die wachsende Arbeitsteilung zu eng wurde. Die Überproduktion nicht minder wie die künstlichen Einschränkungen der Produktion durch Unternehmerverbände bezeugen, daß die Zeit vorbei ist, wo die Konkurrenz als Stachel der Produktion die gesellschaftliche Entwicklung förderte.

Aber stets tat sie dies nur in der Weise, daß sie zu möglichster Ausdehnung der Produktion antrieb. Dagegen wirkte der Konkurrenzkampf unter den einzelnen Mitgliedern der gleichen Gesellschaft unter allen Umständen geradezu mörderisch auf die sozialen Triebe ein. Denn in diesem Kampfe behauptet sich jeder um so eher, je weniger er sich von sozialen Rücksichten leiten läßt, je mehr er ausschließlich sein eigenes Interesse im Auge hat. Für den Menschen der entwickelten Warenproduktion liegt es denn auch nahe, im Egoismus den einzigen natürlichen Trieb im Menschen zu sehen und die sozialen Triebe entweder als einen raffinierten Egoismus oder als eine Erfindung von Pfaffen zur Beherrschung der Menschen oder als ein übernatürliches Mysterium zu betrachten. Wenn in der heutigen Gesellschaft die sozialen Triebe noch einige Kraft bewahrt haben, ist es nur dem zu verdanken, daß die allgemeine Warenproduktion noch eine sehr junge Erscheinung ist, kaum hundert Jahre alt, und daß in dem Maße, in dem der urwüchsige demokratische Kommunismus verschwindet und damit auch der Krieg aufhört, eine Quelle sozialer Triebe zu sein, eine neue Quelle derselben um so stärker fließt, der *Klassenkampf* aufstrebender, ausgebeuteter Volksklassen, ein Krieg, der nicht von Söldnern, nicht von Zwangsheeren, sondern von Freiwilligen, nicht für fremde Interessen, sondern für die Interessen der eigenen Klasse geführt wird.

## 4. *Der Geltungsbereich der sozialen Triebe*

### a) Die Internationalität

Weit mehr noch als der *Stärkegrad* verändert sich der *Bereich*, innerhalb dessen die sozialen Triebe wirken, mit der Entwicklung der Gesellschaft. Die herkömmliche Ethik erblickt in dem Sittengesetz die Kraft, die das Verhältnis des Menschen zum Menschen regelt. Da sie vom Individuum, nicht von der Gesellschaft ausgeht, übersieht sie vollständig, daß das Sittengesetz nicht den Verkehr des Menschen mit jedem anderen Menschen regelt, sondern bloß den Verkehr des Menschen mit Menschen der *gleichen Gesellschaft*. Daß es nur für diese gilt, wird begreiflich, wenn man sich den Ursprung der sozialen Triebe vergegenwärtigt. Sie sind ein Mittel, den *gesellschaftlichen* Zusammenhalt zu vergrößern, die Kraft der Gesellschaft zu verstärken. Das Tier empfindet soziale Triebe nur für die Mitglieder der eigenen Herde, die anderer Herden werden ihm mehr oder weniger gleichgültig sein. Bei sozialen

Raubtieren finden wir direkte Feindseligkeit gegen Angehörige fremder Rudel. So wachen zum Beispiel in Konstantinopel die Pariahunde jeder Straße eifersüchtig darüber, daß kein anderer Hund das von ihnen okkupierte Revier betritt. Er wird sofort verjagt oder gar zerfleischt.

In ein ähnliches Verhältnis kommen die menschlichen Horden, sobald Jagd und Krieg unter ihnen aufkommen. Eine der wichtigsten Formen des Kampfes ums Dasein wird jetzt unter ihnen der Kampf der Horde gegen andere Horden derselben Art. Der Mensch, der nicht Mitglied der eigenen Gesellschaft ist, wird jetzt direkt zum Feinde. Die sozialen Triebe gelten nicht nur nicht *für* ihn, sondern *gegen* ihn. Je stärker sie sind, desto fester hält die Horde zusammen gegen den äußeren Feind, desto energischer bekämpft sie diesen. Die sozialen Tugenden, Hilfsbereitschaft, Opfermut, Wahrheitsliebe usw., gelten nur für den Genossen, nicht für das Mitglied einer anderen gesellschaftlichen Organisation.

Man hat es mir einmal sehr verübelt, als ich diese Tatsache in der »Neuen Zeit« konstatierte, und meine Feststellung so gedeutet, als hätte ich da ein besonderes sozialdemokratisches Moralprinzip feststellen wollen, im Gegensatz zu den Grundsätzen des ewigen Sittengesetzes, das da unbedingte Wahrhaftigkeit gegen jedermann erheischt. In Wirklichkeit habe ich nur ausgesprochen, was seit der Menschwerdung unserer Vorfahren stets als Sittengesetz in der menschlichen Brust gelebt, daß dem Feinde gegenüber die sozialen Tugenden nicht geboten sind. Man hat aber keine Ursache, sich deshalb gerade über die Sozialdemokratie besonders zu entrüsten, da es keine Partei gibt, die den Begriff der Gesellschaft weiter faßt wie sie, die Partei der Internationalität, die alle Nationen, alle Rassen in den Bereich ihrer Solidarität zieht.

Gilt das Sittengesetz nur für Mitglieder der eigenen Gesellschaft, so ist deren Umfang doch keineswegs ein für allemal gegeben. Er wächst vielmehr in dem Maße, in dem die Arbeitsteilung fortschreitet, die Produktivität der menschlichen Arbeit wächst, sowie die Mittel des Menschenverkehrs sich

vervollkommnen. Es vermehrt sich die Menge Menschen, die ein bestimmtes Gebiet ernähren kann, die auf einem bestimmten Gebiet füreinander und miteinander arbeiten und so gesellschaftlich verbunden sind. Es vermehrt sich aber auch die Menge der Gebiete, deren Bewohner in Verbindung miteinander leben, um füreinander zu arbeiten und eine gesellschaftliche Vereinigung zu bilden. Es wächst endlich der Umfang der Gebiete, die miteinander in festen gesellschaftlichen Zusammenhang treten und eine dauernde gesellschaftliche Organisation bilden, mit gemeinsamer Sprache, gemeinsamen Sitten, gemeinsamen Gesetzen. [. . .]
So bildet sich eine Grundlage zur endlichen Verwirklichung jener sittlichen Anschauung, die schon das Christentum aussprach, aber sehr voreilig, so daß es sie nicht zu verwirklichen vermochte und sie für die Masse der Christen bloße Phrase blieb, der Anschauung von der Gleichheit aller Menschen, der Anschauung, daß die sozialen Triebe, die sittlichen Tugenden allen gegenüber in gleicher Weise zu betätigen seien. Diese Grundlage für eine allgemein menschliche Moral wird gebildet nicht durch eine moralische Verbesserung der Menschen, was immer man darunter verstehen mag, sondern durch die Entwicklung der Produktivkräfte der Menschen, durch die Erweiterung der gesellschaftlichen Arbeitsteilung, die Vervollkommnung des Verkehrs. Diese neue Moral ist aber auch heute noch weit entfernt davon, eine Moral aller Menschen auch nur in den ökonomisch fortgeschrittensten Ländern zu sein. Sie ist bis heute noch im wesentlichen die Moral des klassenbewußten Proletariats, jenes Teils des Proletariats, der sich in seinem Fühlen und Denken von der Masse der übrigen Bevölkerung losgelöst und, im Gegensatz zur Bourgeoisie, eine eigene Moral gebildet hat.
Wohl ist es das Kapital, das die materielle Grundlage einer allgemein menschlichen Moral schafft, aber es schafft jene Grundlage nur dadurch, daß es diese Moral ununterbrochen mit Füßen tritt. Die kapitalistischen Nationen des Kreises der europäischen Gesellschaft erweitern diesen dadurch, daß sie

ihre Ausbeutungsgebiete erweitern, was nur auf dem Wege der Gewalt möglich ist. Sie schaffen also die Grundlagen eines künftigen Weltfriedens durch den Weltkrieg, die der allgemeinen Solidarität aller Nationen durch die allgemeine Ausbeutung aller Nationen, die der Einbeziehung aller Kolonialländer in den Kreis der europäischen Kultur durch Unterjochung aller Kolonialländer mit den schlimmsten Gewaltmitteln brutalster Barbarei. Erst das Proletariat, das an der kapitalistischen Ausbeutung keinen Anteil hat, sie überall bekämpft und bekämpfen muß, wird auf der vom Kapital geschaffenen Grundlage des Weltverkehrs und der Weltwirtschaft eine Gesellschaftsform schaffen, in der die Gleichheit aller Menschen vor dem Sittengesetz aus einem frommen Wunsche zur Wirklichkeit wird.

### b. Die Klassenteilung

Aber wenn die ökonomische Entwicklung auf diese Weise dahin strebt, den Kreis der Gesellschaft, innerhalb dessen die sozialen Triebe und Tugenden gelten, immer mehr zu erweitern, bis er schließlich die ganze Menschheit umfaßt, so schafft gleichzeitig dieselbe Entwicklung innerhalb des Kreises der Gesellschaft nicht bloß private Sonderinteressen, die zeitweise die sozialen Triebe sehr schwächen können, sondern auch gesellschaftliche Sonderschichten, die innerhalb ihres engeren Bereichs die sozialen Triebe und Tugenden sehr kräftigen, gleichzeitig aber deren Geltung für die anderen Mitglieder der Gesamtgesellschaft oder wenigstens für die feindlicher Sonderschichten oder Klassen sehr beeinträchtigen können.
Auch die Bildung der Klassen ist ein Produkt der Arbeitsteilung. Schon die tierische Gesellschaft ist kein ganz gleichartiges Gebilde. In ihrem Schoße finden sich bereits verschiedene Gruppen, die verschiedene Bedeutung für das Gemeinwesen und im Gemeinwesen haben. Doch beruht diese Gruppierung noch ganz auf natürlichen Unterschieden. Das ist vor allem der Unterschied des *Geschlechtes*, dann aber der des *Alters*.

Innerhalb jedes Geschlechtes finden wir die Gruppen der Kinder, der Halberwachsenen, der vollreifen Erwachsenen und endlich der Greise. Die Erfindung des Werkzeugs dient zunächst dazu, die Trennung einiger dieser Gruppen noch zu verstärken, indem sie mancher von ihnen einzelne Werkzeuge besonders zuweist. So fallen Jagd und Krieg den Männern zu, die leichter herumstreifen können als die Frauen, die stets mit ihren Kindern belastet sind. Dies und nicht etwa geringere Wehrhaftigkeit dürfte Jagd und Krieg in den meisten Völkern zu einem Monopol der Männer gemacht haben. Wo wir in Geschichte und Sage weibliche Jäger und Krieger antreffen, da sind es stets *Jungfrauen*. An Kraft, Ausdauer und Mut fehlt es den Frauen nicht, aber die *Mutterschaft* verträgt sich schlecht mit dem unsteten Leben des Jägers und Kriegers. Da aber die Mutterschaft die Frau eher zu stetigem Verweilen an einem Orte treibt, fallen ihr zunächst jene Aufgaben zu, die einige Seßhaftigkeit bedingen, der Anbau der Feldfrüchte, die Hegung des Herdfeuers.

Je nach der Bedeutung, die nun auf der einen Seite Jagd und Krieg, auf der anderen Seite Feldbau und Haushalt für die Gesellschaft erlangen, und je nach dem Anteil, den jedes der beiden Geschlechter an diesen Beschäftigungen hat, wechselt die Bedeutung und das Ansehen des Mannes und der Frau in der Gesellschaft. Aber auch die Bedeutung der Altersklassen in ihr hängt von der Produktionsweise ab. Überwiegt die Jagd, die große Unsicherheit der Nahrungsquellen und zeitweilige große Wanderungen mit sich bringt, dann werden die alten Leute leicht zur Last für die Gesellschaft. Man tötet sie oft, verzehrt sie sogar mitunter. Anders, wenn die Menschen seßhaft geworden, Viehzucht und Ackerbau reichlicheren Ertrag abwerfen. Jetzt können die Alten ruhig im Heim bleiben, und es mangelt nicht an Nahrung für sie. Jetzt ist aber auch schon eine große Summe von Erfahrungen und Wissen in der Gesellschaft aufgespeichert, deren Bewahrer, solange die Schrift nicht erfunden oder doch nicht Gemeingut geworden, im Volke die alten Leute sind. Sie sind da die

Überlieferer dessen, was man als Anfang der Wissenschaft betrachten kann. So werden sie jetzt nicht als schädliche Last empfunden, sondern als die Träger hoher Weisheit ehrfurchtsvoll geschätzt. Die Schrift und gar der Buchdruck raubt den alten Leuten das Privilegium, die Summe aller Erfahrungen und Überlieferungen der Gesellschaft in sich zu verkörpern. Die stete Revolutionierung aller Erfahrungen, die dann die Eigenart der modernen Produktionsweise wird, macht gar alle alten Überlieferungen zum Feinde des Neuen. Dies gilt nun von vornherein als das Bessere, das Alte als veraltet und daher schlecht. Das Alter wird nur noch bemitleidet, es verleiht kein Prestige mehr. Es gibt heute kein größeres Lob für einen Alten, als daß er noch jung sei, noch empfänglich für alles Neue.

Wie das Ansehen der Geschlechter, so wechselt also auch das Ansehen der verschiedenen Altersklassen in der Gesellschaft mit den verschiedenen Produktionsweisen.

Die fortschreitende Arbeitsteilung läßt dann weitere Unterschiede innerhalb jedes der Geschlechter aufkommen, am meisten unter den Männern. Die Frau wird zunächst gerade durch die fortschreitende Arbeitsteilung immer mehr an den Haushalt gekettet, dessen Umfang abnimmt, statt zu wachsen, da immer mehr Produktionszweige von ihm abgelöst, verselbständigt und zur Domäne der Männer werden. Der technische Fortschritt, die Arbeitsteilung, die Scheidung in verschiedene Berufe beschränkt sich bis ins letzte Jahrhundert hinein fast ausschließlich auf die Männerwelt, nur wenige Reflexe davon treffen den Haushalt und die Frau.

Je mehr diese Scheidung in verschiedene Berufe vor sich geht, desto verwickelter wird der gesellschaftliche Organismus, dessen Organe sie bilden. Die Art und Weise ihres Zusammenwirkens in dem grundlegenden gesellschaftlichen Prozeß, dem wirtschaftlichen, mit anderen Worten, die Produktionsweise, ist nichts Zufälliges. Sie ist von dem Willen der einzelnen Individuen ganz unabhängig und wird durch die gegebenen materiellen Bedingungen notwendig bestimmt. Unter diesen ist wieder die Technik der wichtigste Faktor, derjenige, dessen Entwicklung die der Produktionsweise bewirkt. Aber er ist nicht der einzige.

Nehmen wir ein Beispiel. Man hat die materialistische Geschichtsauffassung vielfach so verstanden, als bedeute eine gewisse Technik ohne weiteres auch schon eine gewisse Produktionsweise, ja auch eine gewisse gesellschaftliche und politische Form. Da aber das nicht zutrifft, da wir dieselben Werkzeuge in verschiedenen Gesellschaftszuständen treffen, so sei eben die materialistische Geschichtsauffassung falsch, werden die gesellschaftlichen Verhältnisse nicht bloß durch die Technik bestimmt. Der Einwand ist richtig, aber er trifft nicht die materialistische Geschichtsauffassung, sondern ihre Karikatur, durch Verwechslung von Technik und Produktionsweise. [. . .]

Man sieht, sehr verschiedenartige Produktionsweisen und Klassenteilungen sind mit der bäuerlichen Wirtschaft vereinbar. Worauf sind aber diese Unterschiede zurückzuführen? Die Gegner der materialistischen Geschichtsauffassung führen sie einmal auf die Gewalt zurück, dann wieder auf die Verschiedenheit der Ideen, die sich in den verschiedenen Völkern bilden. Nun ist es sicher, daß bei der Herstellung aller dieser Produktionsweisen die Gewalt eine große Rolle spielte, die Marx bekanntlich die Geburtshelferin jeder neuen Gesellschaft nannte.[14] Aber woher kommt diese Rolle der Gewalt, woher kommt es, daß gerade die eine Volksschicht durch sie siegt und die andere nicht, und daß die Gewalt gerade diese und nicht andere Resultate zeitigt? Auf alle diese Fragen gibt uns die Gewaltstheorie keine Antwort. Und ebenso bleibt es bei der Theorie der Ideen ein Mysterium, woher die Ideen kommen, die gerade im Gebirgsland die Freiheit und im Flußland die Priesterkaste produzieren, am Meeresufer Geld- und Sklavenwirtschaft und im Hügelland feudale Hörigkeit.

---

14 [MEW 23, 779: »Die Gewalt ist der Geburtshelfer jeder alten Gesellschaft, die mit einer neuen schwanger geht.«]

Wir haben gesehen, diese Unterschiede in der Entwicklung derselben bäuerlichen Wirtschaft beruhen auf Unterschieden in dem natürlichen und dem gesellschaftlichen Milieu, in das diese Wirtschaft gesetzt wird. Je nach der Natur des Landes, je nach dem Wesen seiner Nachbarn wird die bäuerliche Wirtschaft bei derselben Technik zur Grundlage sehr verschiedener gesellschaftlicher Formen. Diese besonderen gesellschaftlichen Formen werden dann neben den natürlichen Faktoren weitere Grundlagen, welche die darauf erwachsende Fortentwicklung eigenartig gestalten. So fanden die Germanen, als sie in der Völkerwanderung in das römische Weltreich einbrachen, das Kaiserreich mit seiner Bürokratie, dem Städtewesen, der christlichen Kirche als gesellschaftliche Bedingungen vor, die sie, so gut es ging, ihrer Produktionsweise einverleibten.

Alle diese geographischen und geschichtlichen Bedingungen muß man studieren, will man die besondere Produktionsweise eines Landes zu einem bestimmten Zeitpunkt verstehen. Die Kenntnis seiner Technik allein genügt noch lange nicht.

Man sieht, die materialistische Geschichtsauffassung ist nicht jene einfache Schablone, als die sie ihre Kritiker gewöhnlich auffassen. Die hier gegebenen Beispiele zeigen uns aber auch, wie Klassenunterschiede und Klassengegensätze durch die ökonomische Entwicklung erzeugt werden.

Unterschiede nicht bloß zwischen Individuen, sondern auch zwischen einzelnen Gruppen innerhalb der Gesellschaft hat es schon in der Tierwelt gegeben, wie wir bereits bemerkt; Unterschiede in der Kraft, dem Ansehen, vielleicht auch der materiellen Stellung von Individuen und Gruppen. Solche Unterschiede sind von Natur aus gegeben und werden kaum je völlig verschwinden können, auch nicht in einer sozialistischen Gesellschaft. Die Erfindung der Werkzeuge, die Arbeitsteilung und ihre Konsequenzen, kurz die ökonomische Entwicklung trägt noch dazu bei, solche Unterschiede zu vergrößern oder neu zu schaffen. Immerhin können sie eine gewisse, sehr enge Grenze nicht überschreiten, solange die gesellschaftliche Arbeit nicht einen Überschuß über das zur Erhaltung der Mitglieder der Gesellschaft Notwendige abwirft. Solange das nicht der Fall ist, kann auf gesellschaftliche Kosten kein Faulenzer gefüttert werden, kann keiner an gesellschaftlichen Produkten erheblich mehr als der andere bekommen. Gleichzeitig erstehen aber gerade in diesem Stadium durch die wachsende Feindschaft der Stämme untereinander und die blutige Austragung aller ihrer Differenzen, sowie durch gemeinsame Arbeit und gemeinsames Eigentum so viele neue Faktoren, durch welche die sozialen Triebe gestärkt werden, daß die etwa vorkommenden kleinen Eifersüchteleien und Zwistigkeiten zwischen den Geschlechtern, Altersklassen, Berufen ebensowenig einen Riß ins Gemeinwesen bringen können, wie die zwischen einzelnen Personen. Trotz der Anfänge der Arbeitsteilung, die sich da schon vorfinden, war wohl nie die menschliche Gesellschaft geschlossener und einheitlicher, als zur Zeit der urwüchsigen Gentilgenossenschaft, die dem Beginn der Klassengegensätze vorherging.

Die Dinge ändern sich aber, sobald die gesellschaftliche Arbeit infolge ihrer wachsenden Produktivität anfängt, einen Überschuß abzuwerfen. Nun wird es für einzelne Individuen und Berufe möglich, dauernd einen erheblich größeren Anteil am gesellschaftlichen Produkt an sich zu ziehen, als die anderen festzuhalten vermögen. Einzelne Individuen werden nur selten, nur vorübergehend und ausnahmsweise derartiges für sich allein zuwege bringen, dagegen ist es naheliegend, daß die in irgendeiner Weise durch die Verhältnisse begünstigten Berufe, zum Beispiel solche, die besonderes Wissen oder besondere Wehrhaftigkeit verleihen, die Kraft erlangen können, dauernd den gesellschaftlichen Überschuß an sich zu ziehen. Das Eigentum an den Produkten hängt aber aufs innigste zusammen mit dem Eigentum an den Produktionsmitteln; wer diese besitzt, kann auch über jene verfügen. Das Streben nach Monopolisierung des gesellschaftlichen Überschusses durch die eine bevorzugte Klasse erzeugt in ihr daher auch das Streben nach Monopolisierung, nach dem Alleinbesitz der Produktionsmittel. Die Formen dieses Alleinbesitzes selbst können wieder sehr verschiedene sein, entweder Gemeinbesitz der herrschenden Klasse oder Kaste, oder privater Besitz der einzelnen Familien oder Individuen dieser Klasse.

In der einen oder anderen Weise wird die Masse des arbeitenden Volkes enteignet, zu Sklaven, Hörigen, Lohnarbeitern herabgedrückt; und mit dem gemeinsamen Eigentum an Produktionsmitteln und ihrer gemeinsamen Benutzung wird das festeste Band zerrissen, das die primitive Gesellschaft zusammenhielt.

Und waren die gesellschaftlichen Unterschiede, die sich im Schoße der letzteren bilden konnten, in sehr enge Schranken gebannt, so finden die Klassenunterschiede, die sich jetzt bilden können, praktisch gar keine Grenze. Sie können wachsen einerseits durch den technischen Fortschritt, der den Überschuß des Produkts der gesellschaftlichen Arbeit über das zur bloßen Erhaltung der Gesellschaft notwendige Maß hinaus stetig vergrößert; andererseits durch die Ausdehnung des Gemeinwesens bei gleichbleibender oder gar abnehmender Zahl der Ausbeuter, so daß die Menge der Arbeitenden und Überschüsse Liefernden pro Ausbeuter wächst. So können die Klassenunterschiede ins Ungeheure und Endlose zunehmen, und mit ihnen wachsen die sozialen Gegensätze.

In dem Maße, in dem diese Entwicklung fortschreitet, zerklüftet sich die Gesellschaft immer mehr, wird der Klassenkampf die vornehmste, allgemeinste, dauerndste Form des Daseinkampfes der Individuen in der menschlichen Gesellschaft; in demselben Maße verlieren die sozialen Triebe gegenüber der Gesamtgesellschaft an Kraft, werden sie aber um so kräftiger innerhalb der Klasse, deren Wohl für die Masse der Individuen nun immer identischer wird mit dem Gesamtwohl.

Es sind aber namentlich die ausgebeuteten, unterdrückten, aufstrebenden Klassen, in denen der Klassenkampf die sozialen Triebe und Tugenden in dieser Weise stärkt. Denn sie müssen in diesem ihre ganze Persönlichkeit mit ganz anderer Intensität einsetzen, als die herrschenden Klassen, die oft in der Lage sind, ihre Verteidigung, sei es die mit den Waffen des Krieges, sei es die mit den Waffen des Geistes, Mietlingen zu überlassen. Außerdem aber werden die herrschenden Klassen oft innerlich aufs tiefste zerklüftet durch die Kämpfe, die sie untereinander um den gesellschaftlichen Überschuß und um die Produktionsmittel führen, durch die er produziert wird. Eine der stärksten Ursachen derartiger Zerklüftung haben wir im Konkurrenzkampf kennengelernt.

Alle diese Faktoren, die den sozialen Trieben entgegenwirken, finden in den ausgebeuteten Klassen gar keinen oder nur geringen Boden. Je geringer dieser Boden, je besitzloser die aufstrebenden Klassen, je mehr sie ausschließlich auf die eigene Kraft angewiesen sind, desto stärker empfinden alle ihre Mitglieder ihre Solidarität gegenüber den herrschenden Klassen, desto kraftvoller entwickeln sich ihre sozialen Triebe gegegenüber ihrer eigenen Klasse.

## 5. Die Satzungen der Moral

### a. Gewohnheit und Konvention

Wir haben gesehen, wie die ökonomische Entwicklung in die von der Tierwelt übernommenen moralischen Faktoren ein Moment starker Veränderlichkeit hineinträgt, wie sie die Kraft der sozialen Triebe und Tugenden in verschiedenen Zeiten und gleichzeitig in verschiedenen Klassen derselben Gesellschaft verschieden gestaltet, wie sie aber auch den Bereich, innerhalb dessen die sozialen Triebe und Tugenden gelten, bald erweitert, bald verengt, einerseits von der kleinen Horde bis zur gesamten Menschheit ausdehnt, anderseits innerhalb der Gesellschaft auf eine einzige Klasse beschränkt.

Aber dieselbe ökonomische Entwicklung schafft auch einen besonderen moralischen Faktor, der in der Tierwelt gar nicht existiert, und das ist der wandelbarste von allen, denn nicht nur seine Kraft und sein Geltungsbereich, sondern auch sein

Inhalt ist den stärksten Veränderungen unterworfen. Das sind die *Satzungen der Moral.*
In der Tierwelt finden wir wohl schon starke moralische *Empfindungen,* aber keine bestimmten moralischen *Vorschriften,* die an das Individuum gerichtet werden. Das setzt eine ausgebildete *Sprache* voraus, die nicht bloß *Empfindungen,* sondern auch *Dinge* oder wenigstens *Handlungen* zu bezeichnen vermag, eine Sprache, für deren Vorkommen in der Tierwelt jedes Anzeichen fehlt, für die ein Bedürfnis auch erst mit der gemeinsamen Arbeit ersteht. Nun erst wird es möglich, an den einzelnen bestimmte Anforderungen zu stellen. Entspringen diese Forderungen individuellen, ausnahmsweisen Bedürfnissen, so werden sie mit dem individuellen, ausnahmsweisen Falle wieder verschwinden. Entspringen sie dagegen Bedürfnissen, die in den gesellschaftlichen Verhältnissen begründet sind, dann werden sie immer wiederkehren, solange diese Verhältnisse dauern; und in den Anfängen der Gesellschaft, wo die Entwicklung eine ungemein langsame, darf man die Dauer einzelner gesellschaftlicher Zustände auf Hunderttausende von Jahren veranschlagen. Die gesellschaftlichen Forderungen an den einzelnen wiederholen sich da so oft, so regelmäßig, daß sie zur Gewohnheit werden, zu der sich die Anlage schließlich vererbt, wie die Anlage zu besonderen Arten der Jagd beim Jagdhund, so daß einige Anregungen genügen, die Gewohnheit auch in den Nachkommen erstehen zu lassen, wie zum Beispiel das Gefühl der Schamhaftigkeit, die Gewohnheit, bestimmte Körperstellen zu bedecken, deren Entblößung unsittlich erscheint.
So entstehen Anforderungen an das Individuum in der Gesellschaft, um so zahlreichere, je komplizierter sie ist, die schließlich gewohnheitsmäßig, ohne lange Überlegung als sittliche Gebote anerkannt werden.
Aus diesem gewohnheitsmäßigen Charakter haben manche materialistische Ethiker geschlossen, das ganze Wesen der Moral beruhe nur auf Gewohnheit. Damit ist es jedoch keineswegs erschöpft. Zunächst werden durch Gewohnheit nur

solche Anschauungen zu sittlichen Geboten, die Rücksichten des Individuums für die Gesellschaft fordern, sein Verhalten zu anderen Menschen regeln. Will man dagegen geltend machen, daß es auch einsame »Laster« gibt, die für unsittlich gelten, so erfolgte deren ursprüngliche Verurteilung wohl auch im Interesse der Gesellschaft. So müßte zum Beispiel die Onanie, wenn sie allgemein würde, die Erzielung einer zahlreichen Nachkommenschaft stark beeinträchtigen - und eine solche Nachkommenschaft erschien ehedem, wo Malthus[15] noch nicht gesprochen, als eine der wichtigsten Grundlagen des Wohlstandes und Fortschritts der Gesellschaft.

In der Bibel (1. Mose 38) wird denn auch Onan deshalb von Jehova getötet, weil er seinen Samen zur Erde fallen ließ, statt seiner Pflicht zu gehorchen und dem Weibe seines verstorbenen Bruders beizuwohnen, um diesem einen Nachkommen zu erwecken.

Die sittlichen Normen konnten auch nur deshalb zu Gewohnheiten werden, weil sie tiefen, immer wieder sich erneuernden gesellschaftlichen Bedürfnissen entsprachen. Endlich aber kann eine bloße Gewohnheit nicht die Kraft des Pflichtgefühls erklären, das sich oft mächtiger erweist als alle Gebote der Selbsterhaltung. Das Gewohnheitsmäßige in der Moral bewirkt bloß, daß gewisse Normen ohne weiteres als sittliche anerkannt werden, es erzeugt aber nicht die sozialen Triebe, die die Durchführung der als sittliche Normen anerkannten Forderungen erzwingen.

So ist es zum Beispiel Sache der Gewohnheit, daß es für unanständig gilt, wenn ein Mädchen im Nachthemd sich einem Manne zeigt, auch wenn dies Gewand bis zu den Füßen

---

15 [*Thomas Robert Malthus*, 1766–1834, engl. Geistlicher und Nationalökonom. Seine Untersuchung der Ursachen der sozialen Not führte ihn zu dem Schluß, daß die Vermehrung der Bevölkerung – deren Wachstum ewigen Naturgesetzen unterliege – schneller vor sich geht (geometrische Progression) als die Produktion von den notwendigen Nahrungsmitteln (arithmetische Progression). Der Malthusianismus (bzw. Neomalthusianismus) ist als Variante der biologistischen Geschichtsauffassung von den eugenischen und rassistischen Theoretikern als Grundgesetz der menschlichen und sozialen Entwicklung benutzt worden.]

reicht und den Hals umschließt, während es durchaus nicht den Anstand verletzt, wenn sich ein Mädchen abends mit tief entblößtem Busen auf einem Balle aller Welt zeigt, oder wenn es in einem Seebad in nassem Badekostüm vor den gierigen Augen von Lebemännern Revue passiert. Aber nur die Kraft der sozialen Triebe kann bewirken, daß ein sittenstrenges Mädchen das, was Konvention, Mode, Gewohnheit, kurz die Gesellschaft, einmal zu einer Schamlosigkeit gestempelt, um keinen Preis auf sich nehmen würde, und dem, was es als Schande betrachtet, mitunter selbst den Tod vorzieht.

Andere Ethiker haben die Auffassung der sittlichen Normen als bloße Gewohnheiten noch weiter getrieben und sie als bloße konventionelle Moden hingestellt, gestützt auf die Erscheinung, daß jede Gesellschaftsform, jede Nation, ja jede Klasse ihre besonderen sittlichen Anschauungen hat, die oft sehr im Widerspruch zu anderen stehen, daß eine absolute sittliche Norm nicht gilt. Man hat daraus geschlossen, die Sittlichkeit sei eine wechselnde Mode, der bloß der gedankenlose Philisterpöbel huldige, über die sich der Übermensch, wie über alles Herdenmäßige, erheben dürfe und müsse.

Aber nicht nur sind die sozialen Triebe etwas durchaus nicht Konventionelles, sondern etwas tief in der Menschennatur, der Natur des Menschen als sozialen Tieres Begründetes; auch die sittlichen Satzungen sind nichts Willkürliches, sondern entspringen den gesellschaftlichen Bedürfnissen.

Es ist allerdings nicht in jedem Falle möglich, den Zusammenhang zwischen bestimmten sittlichen Anschauungen und den gesellschaftlichen Verhältnissen, denen sie entsprangen, festzustellen. Das Individuum übernimmt die sittlichen Normen von seiner gesellschaftlichen Umgebung ohne jedes Bewußtsein ihrer gesellschaftlichen Ursachen. Die sittliche Norm wird ihm zur Gewohnheit und erscheint ihm dann als ein Ausfluß seines eigenen geistigen Wesens, von vornherein gegeben, ohne jede praktische Wurzel. Nur die wissenschaftliche Forschung vermochte nach und nach für eine Reihe von Fällen die Beziehungen zwischen bestimmten Gesellschaftsformen und bestimmten sittlichen Satzungen aufzuhellen, und vieles liegt da noch dunkel. Die Gesellschaftsformen, denen später noch geltende sittliche Normen entstammen, liegen oft weit zurück, in grauer Vorzeit. Außerdem aber muß man, um eine sittliche Forderung zu verstehen, nicht bloß das gesellschaftliche Bedürfnis kennen, das sie hervorrief, sondern auch die besondere Denkweise der Gesellschaft, die sie schuf. Jede Produktionsweise hängt nicht bloß mit bestimmten Werkzeugen, bestimmten gesellschaftlichen Verhältnissen, sondern auch einem bestimmten Erkenntnisinhalt und Erkenntnisvermögen, einer bestimmten Auffassung der Folge von Ursache und Wirkung, einer bestimmten Logik, kurz einer bestimmten Denkweise zusammen. Frühere Denkweisen zu begreifen, ist aber ungemein schwer, weit schwerer noch als die Bedürfnisse einer anderen als der eigenen Gesellschaft.

Indessen ist der Zusammenhang zwischen den Satzungen der Moral und den gesellschaftlichen Bedürfnissen bereits an so zahlreichen Beispielen erwiesen, daß man ihn als allgemeine Regel annehmen kann. Besteht aber dieser Zusammenhang, dann muß eine Änderung der Gesellschaft auch eine Änderung mancher moralischen Satzungen nach sich ziehen. Deren Wechsel ist also nicht nur nichts Wunderbares, wunderbar wäre es vielmehr, wenn mit der Veränderung der Ursache nicht auch die Wirkung sich änderte. Diese Änderungen sind notwendig, gerade deswegen notwendig, weil jede Gesellschaftsform zu ihrem Bestand bestimmter ihr angepaßter moralischer Satzungen bedarf. [...]

### b. Die Produktionsweise und ihr Überbau

Die sittlichen Normen ändern sich mit der Gesellschaft, jedoch nicht ununterbrochen, nicht in der gleichen Weise und dem gleichen Maße wie die gesellschaftlichen Bedürfnisse. Sie werden als Normen ohne weiteres deshalb anerkannt und empfunden, weil sie *Gewohnheiten* geworden sind. Sind sie aber

einmal als solche festgewurzelt, dann können sie lange eine selbständige Existenz führen, während der technische Fortschritt und damit die Entwicklung der Produktionsweise, die Umwandlung der gesellschaftlichen Bedürfnisse, fortschreitet.
Es ist mit den Satzungen der Moral wie mit dem übrigen, komplizierteren ideologischen Überbau, der sich über der Produktionsweise erhebt. Er kann sich von seiner Grundlage loslösen und eine Zeitlang ein selbständiges Dasein führen.
Die Entdeckung dieser Tatsache hat alle jene Elemente in hellen Jubel versetzt, die sich der Macht des Marxschen Gedankens nicht entziehen können und denen doch die Konsequenzen der ökonomischen Entwicklung höchst unangenehm sind, die nach Kantscher Manier den Geist als selbständige Triebkraft in die Entwicklung des gesellschaftlichen Organismus einschmuggeln möchten. Da kam ihnen die Anerkennung der Tatsache sehr gelegen, daß die geistigen Faktoren der Gesellschaft zeitweise selbständig in ihr wirken können. Damit hoffte man endlich die ersehnte Wechselwirkung gefunden zu haben: die Ökonomie wirkt auf den Geist und dieser auf die Ökonomie, beide sollen die gesellschaftliche Entwicklung entweder in der Weise beherrschen, daß einmal die ökonomischen Faktoren und in einer späteren Periode wieder der geistige Antrieb die Gesellschaft vorwärts treibt, oder in der Weise, daß beide Faktoren nebeneinander und miteinander ein gemeinsames Produkt erzeugen, daß, mit anderen Worten, unser Wollen und Wünschen die harte ökonomische Notwendigkeit wenigstens mitunter aus eigener Kraft zu durchbrechen und abzuändern imstande ist.
Kein Zweifel, es besteht eine Wechselwirkung zwischen der Ökonomie und ihrem geistigen Überbau - Moral, Religion, Recht, Kunst usw. -: von dem geistigen Wirken des Erfindens reden wir hier nicht, es gehört zur Technik, in der ja der Geist auch eine Rolle spielt, neben dem Werkzeug; die Technik ist die bewußte Erfindung und Anwendung von Werkzeugen durch den denkenden Menschen.
Wie die anderen ideologischen Faktoren ist auch die Moral

imstande, die ökonomische und gesellschaftliche Entwicklung zu fördern. Gerade darin liegt ja ihre gesellschaftliche Bedeutung. Da bestimmte gesellschaftliche Satzungen bestimmten gesellschaftlichen Bedürfnissen entspringen, werden sie das gesellschaftliche Zusammenwirken um so mehr erleichtern, je besser sie der besonderen Eigenart der Gesellschaft angepaßt sind, die sie schafft.

Die Moral wirkt also auf das gesellschaftliche Leben fördernd zurück. *Aber das gilt nur so lange, als sie von diesem abhängig bleibt,* als sie den gesellschaftlichen Bedürfnissen entspricht, die sie erzeugen.

Sobald die Moral der Gesellschaft gegenüber ein selbständiges Dasein gewinnt, sobald sie nicht mehr durch diese bestimmt wird, nimmt ihre Rückwirkung einen anderen Charakter an. Soweit sie sich jetzt weiter entwickelt, wird ihre Entwicklung eine rein formale, bloß logische. Sobald sie sich den Einflüssen der wechselnden Außenwelt verschließt, kann sie auch nicht mehr neue Anschauungen schaffen, sondern nur die schon gewonnenen so ordnen, daß die Widersprüche aus ihnen verschwinden. Aufhebung der Widersprüche, Gewinnung einer einheitlichen Anschauung, Lösung aller Probleme, die durch die Widersprüche gesetzt werden, das ist das Wirken des denkenden Geistes. Damit kann er aber den gewonnenen ideologischen Überbau nur befestigen, nicht über sich selbst erheben. Nur das Auftreten neuer Widersprüche, neuer Probleme kann eine wirkliche Fortentwicklung bewirken. Der menschliche Geist schafft aber nicht aus sich selbst heraus Widersprüche und Probleme; sie werden in ihm nur erzeugt durch Einwirkungen der Umwelt auf ihn.

Sobald die moralischen Satzungen sich verselbständigen, hören sie daher auf, ein Element des gesellschaftlichen Fortschritts zu sein. Sie verknöchern, werden ein konservatives Element, ein Hindernis des Fortschritts. So kann in der menschlichen Gesellschaft, was in der tierischen unmöglich, die Moral aus einem unentbehrlichen zusammenhaltenden Bindeglied zu einem Mittel unerträglicher Einschnürung des gesellschaftlichen Lebens werden. Das ist auch eine Wechselwirkung, aber keine im Sinne unserer antimaterialistischen Ethiker.

Die Gegensätze zwischen bestimmten moralischen Satzungen und bestimmten gesellschaftlichen Bedürfnissen können schon in der primitiven Gesellschaft eine gewisse Stärke erreichen; sie werden aber dann noch tiefer durch das Aufkommen der Klassengegensätze. Ist in der klassenlosen Gesellschaft das Verharren bei bestimmten moralischen Satzungen nur eine Sache der Gewohnheit, ist zu ihrer Überwindung nur die Macht der Gewohnheit zu besiegen, so wird von nun an die Aufrechterhaltung bestimmter moralischer Satzungen auch eine Sache des Interesses, oft eines sehr mächtigen Interesses. Und nun kommen auch Mittel der Gewalt, des physischen Zwanges auf, die ausgebeuteten Klassen niederzuhalten, und diese Zwangsmittel werden ebenfalls in den Dienst der »Moral« gestellt, zur Befolgung sittlicher Normen, die im Interesse der herrschenden Klassen liegen.

Von derartigen Zwangsmitteln kann die klassenlose Gesellschaft absehen. Wohl reichen auch in ihr die sozialen Triebe nicht immer aus, von jedem Individuum die Befolgung der moralischen Satzungen zu erreichen; die Stärke der sozialen Triebe in den verschiedenen Individuen ist ja sehr verschieden, und ebenso die der anderen Triebe der Selbsterhaltung und Fortpflanzung. Nicht immer behalten da die ersteren die Oberhand; aber als Mittel des Zwanges, der Strafe, der Abschreckung für andere genügt in solchen Fällen für die klassenlose Gesellschaft die *öffentliche Meinung,* die Meinung der Gesellschaft. Diese schafft nicht das Sittengesetz in uns, das Pflichtgefühl. Das Gewissen ist auch dann in uns wirksam, wenn niemand uns beobachtet und die Macht der öffentlichen Meinung ganz ausgeschaltet bleibt; es kann uns unter Umständen in einer Gesellschaft, die von Klassengegensätzen und einander widersprechenden sittlichen Normen erfüllt ist, zwingen, der öffentlichen Meinung der Mehrheit zu trotzen. Aber die öffentliche Meinung wirkt in einer klassenlosen Gesellschaft als ein ausreichendes Mittel der Polizei, der öffentlichen Befolgung der sittlichen Normen. Das Individuum ist der Gesellschaft gegenüber so nichtig, daß es gar nicht die Kraft hat, ihrer einmütigen Stimme zu trotzen. Diese wirkt völlig erdrückend, so daß es da weiterer Zwangs- und Strafmittel nicht bedarf, um den ungestörten Verlauf des gesellschaftlichen Lebens zu sichern. Auch heute, in der Klassengesellschaft, sehen wir, daß die öffentliche Meinung der eigenen Klasse, oder, wo man sie verläßt, der Klasse oder Partei, der man sich anschließt, mächtiger ist als alle Zwangsmittel des Staates. Kerker, Elend, den Tod zieht man der Schande vor.

Aber die öffentliche Meinung der einen Klasse wirkt nicht auf die gegnerische Klasse. Wohl kann die Gesellschaft, solange es keine Klassengegensätze in ihr gibt, durch die Macht ihrer Meinung das einzelne Individuum im Zaume halten und zur Befolgung ihrer Gebote zwingen, wenn der soziale Trieb in seiner Brust dazu nicht ausreicht. Aber die öffentliche Meinung versagt, wo nicht das Individuum wider die Gesellschaft, sondern Klasse wider Klasse steht. Da muß die herrschende Klasse andere Zwangsmittel eingreifen lassen, will sie sich durchsetzen, Mittel der überlegenen physischen oder ökonomischen Macht, der überlegenen Organisation, aber auch der überlegenen *Intelligenz*. Zu den Soldaten, Polizisten und Richtern gesellen sich nun auch die Pfaffen als Herrschaftsmittel, und gerade der kirchlichen Organisation fällt jetzt die besondere Aufgabe zu, die überkommene Moral zu konservieren. Diese Verbindung zwischen Religion und Moral vollzieht sich um so leichter, als die neuen Religionen, die sich zur Zeit des Verfalles des urwüchsigen Kommunismus und der Gentilgesellschaft bilden, in starkem Gegensatz stehen zu den alten Naturreligionen, deren Wurzeln in die klassenlose Zeit hinabreichen und die keine besondere Priesterschaft kennen. In den alten Religionen sind Gottheit und Ethik durchaus nicht miteinander verbunden. Die neuen Religionen dagegen erwachsen auf dem Boden jener Philosophie, die die Ethik und den Glauben an die Gottheit und an ein Jenseits aufs engste miteinander verknüpft, den einen Faktor durch den anderen stützend. Seitdem sind Religion und Ethik als Herrschaftsmittel innig miteinander verbunden. Wohl ist das Sittengesetz ein Produkt der sozialen Natur des Menschen; wohl sind die jeweiligen sittlichen Normen Produkte besonderer gesellschaftlicher Bedürfnisse; wohl haben die einen wie die anderen mit der Religion nichts zu tun. Aber jene Art von Moral, die dem Volke im Interesse der herrschenden Klassen erhalten werden muß, sie bedarf allerdings dringend der Religion und des ganzen kirchlichen Organismus zu ihrer Stütze. Ohne diese bräche sie noch schneller zusammen, als es ohnehin geschieht.

### c. Alte und neue Moral

Je länger aber die überlebten moralischen Satzungen in Kraft bleiben, indes die ökonomische Entwicklung fortschreitet und neue gesellschaftliche Bedürfnisse schafft, welche neue sittliche Normen erfordern, um so größer wird der Widerspruch zwischen der herrschenden Moral der Gesellschaft und dem Leben und Streben ihrer Mitglieder.
Aber dieser Widerspruch äußert sich in den verschiedenen Klassen auf verschiedene Weise. Die konservativen Klassen, jene, deren Existenz auf den alten gesellschaftlichen Bedingungen beruht, halten fest an der alten Moral. Jedoch nur in der Theorie. In der Praxis können sie sich keinesfalls den Einwirkungen der neuen gesellschaftlichen Bedingungen entziehen. Der bekannte Widerspruch zwischen sittlicher Theorie und Praxis setzt hier ein. Er gilt manchem als ein Naturgesetz der Moral; deren Forderungen erscheinen als etwas sehr Wünschenswertes, aber Unerfüllbares. Der Widerspruch zwischen Theorie und Praxis in der Moral kann aber hier wieder zweierlei Formen annehmen. Klassen und Individuen voll Kraftgefühl setzen sich offen über die Forderungen der überlieferten Sittlichkeit hinweg, deren Notwendigkeit für die anderen sie wohl anerkennen. Klassen und Individuen, die

sich schwach fühlen, übertreten dagegen heimlich die sittlichen Gebote, die sie öffentlich predigen. So schafft diese Phase je nach der historischen Situation in den untergehenden Klassen entweder *Zynismus* oder *Heuchelei*. Gleichzeitig aber schwindet, wie wir gesehen, gerade in diesen Klassen leicht die Kraft der sozialen Triebe infolge des Erstarkens von Sonderinteressen, sowie der Möglichkeit, sich in den auszufechtenden Kämpfen durch Mietlinge ersetzen zu lassen und den Einsatz der eigenen Persönlichkeit zu vermeiden.

Alles das erzeugt in konservativen, namentlich herrschenden Klassen jene Erscheinungen, die man unter dem Namen der Unsittlichkeit zusammenfaßt.

Materialistische Ethiker, denen die moralischen Satzungen bloß konventionelle Moden sind, leugnen die Möglichkeit einer derartigen Unsittlichkeit als gesellschaftliche Erscheinung. Da alle Sittlichkeit relativ, sei das, was man Unsittlichkeit nennt, eben nur eine von der unseren abweichende Art der Sittlichkeit.

Andererseits ziehen idealistische Ethiker aus der Tatsache, daß es ganze unsittliche Klassen und Gesellschaften gibt, den Schluß, daß es auch eine ewige, von Raum und Zeit unabhängige Sittlichkeit geben müsse, einen von den wechselnden gesellschaftlichen Verhältnissen unabhängigen Maßstab, an dem man die Moral jeder Gesellschaft und Klasse messen könne.

Leider aber ist jenes Element der menschlichen Moral, das, wenn auch nicht von Raum und Zeit unabhängig, so doch älter als die wechselnden gesellschaftlichen Verhältnisse ist, die sozialen Triebe, gerade jenes, das die menschliche Moral mit der tierischen gemein hat. Was aber spezifisch menschlich an der Moral, die sittlichen Normen, ist stetem Wechsel unterworfen. Das beweist jedoch nicht, daß eine Klasse oder gesellschaftliche Gruppe nicht unsittlich sein kann, es beweist bloß, daß es, wenigstens was die sittlichen Normen anbelangt, ebensowenig wie eine absolute Sittlichkeit eine absolute Unsittlichkeit gibt. Auch die Unsittlichkeit ist in dieser Beziehung

ein relativer Begriff. Als absolute Unsittlichkeit kann man nur das Fehlen der sozialen *Triebe* und *Tugenden* ansehen, die der Mensch von den sozialen Tieren übernommen hat.
Betrachtet man dagegen die Unsittlichkeit als Verfehlung gegen Satzungen der Moral, dann bedeutet sie nicht das Abweichen von einem bestimmten, für alle Zeiten und Länder geltenden Maßstab der Sittlichkeit, sondern den Widerspruch der sittlichen Praxis gegen die eigenen sittlichen Grundsätze, bedeutet sie die Übertretung von sittlichen Normen, die man selbst als notwendig anerkennt und fordert. Es ist daher ein Unsinn, bestimmte sittliche Normen irgendeines Volkes oder einer Klasse, die als solche anerkannt werden, deshalb für unsittlich zu erklären, weil sie unseren eigenen sittlichen Normen widersprechen. Die Unsittlichkeit kann stets nur ein Abweichen von der eigenen, nie von fremder Moral sein. Dieselbe Erscheinung, etwa freier geschlechtlicher Verkehr oder Gleichgültigkeit gegen das Eigentum, kann in dem einen Falle das Produkt sittlicher Fäulnis sein in einer Gesellschaft, die die strengste Einehe und die größte Heiligkeit des Eigentums als notwendig anerkennt; sie kann in einem anderen Falle das hochsittliche Produkt eines sehr gesunden gesellschaftlichen Organismus sein, dessen Bedürfnisse weder das feste Privateigentum an einer Frau noch das an bestimmten Konsumtions- und Produktionsmitteln erheischen.

### d. Das sittliche Ideal

Äußert sich aber der wachsende Widerspruch zwischen den wechselnden gesellschaftlichen Bedingungen und der stagnierenden Moral bei den konservativen, namentlich den herrschenden Klassen, in steigender Unsittlichkeit, Zunahme von Heuchelei und Zynismus, die oft noch Hand in Hand geht mit einer Schwächung der sozialen Triebe, so führt er zu ganz anderen Ergebnissen in den aufstrebenden und ausgebeuteten Klassen. Ihre Interessen stehen im vollsten Gegensatz zu der gesellschaftlichen Grundlage, die die herrschende Moral schufen. Sie haben nicht den mindesten Grund, an ihr zu hängen, sie haben allen Grund, ihr entgegenzutreten. Je mehr sie sich ihres Gegensatzes zur herrschenden gesellschaftlichen Ordnung bewußt werden, desto stärker wächst auch ihre sittliche Empörung, desto mehr setzen sie der alten, überkommenen Moral eine neue entgegen, die sie als Moral der ganzen Gesellschaft durchsetzen wollen. So ersteht in den aufsteigenden Klassen ein sittliches Ideal, das immer kühner wird, je mehr diese Klassen an Kraft gewinnen. Und gleichzeitig wird, wie wir gesehen haben, gerade in denselben Klassen auch die Kraft der sozialen Triebe durch den Klassenkampf besonders entwickelt, so daß mit der Kühnheit des neuen sittlichen Ideals auch die Begeisterung dafür wächst. Dieselbe Entwicklung also, die in konservativen oder untergehenden Klassen wachsende Unsittlichkeit produziert, erzeugt in den aufsteigenden in zunehmendem Maße eine Summe von Erscheinungen, die wir unter dem Namen des *ethischen Idealismus* zusammenfassen, der mit dem philosophischen nicht verwechselt werden darf. Gerade diese aufsteigenden Klassen neigen oft zum philosophischen Materialismus, dem die untergehenden von dem Moment an widerstreben, als sie sich dessen bewußt werden, daß die Wirklichkeit das Todesurteil über sie ausspricht, daß sie nur noch von übernatürlichen, göttlichen oder ethischen Mächten Rettung erwarten dürfen.

Der *Inhalt* des neuen sittlichen Ideals ist nicht immer ein sehr klarer. Er geht hervor nicht aus irgendeiner tiefen wissenschaftlichen *Erkenntnis* des gesellschaftlichen Organismus, der den Urhebern des Ideals vielfach ganz unbekannt ist, sondern aus einem tiefen gesellschaftlichen *Bedürfnis,* einem heißen *Sehnen,* einem energischen *Wollen* nach etwas *anderem* als dem Bestehenden, nach etwas, was das *Gegenteil* des Bestehenden ist. Und so ist auch dieses sittliche Ideal im Grunde nur etwas rein Negatives, nichts als der *Gegensatz* zur herrschenden Sittlichkeit.

Seitdem es eine Klassengesellschaft gibt, schützt aber die herrschende Sittlichkeit, sobald sich ein scharfer Klassengegensatz gebildet hat, stets *Unfreiheit, Ungleichheit, Ausbeutung*. Und so ist denn auch das sittliche Ideal aufstrebender Klassen in historischer Zeit stets anscheinend dasselbe gewesen, stets jenes, das die Französische Revolution zusammenfaßte in den Worten: Freiheit, Gleichheit, Brüderlichkeit. Es schien, als sei dies Ideal unabhängig von Raum und Zeit in jede Menschenbrust gepflanzt, als sei es die Aufgabe des Menschengeschlechtes, seit seinem Beginn demselben sittlichen Ideal nachzustreben, als bestehe die Entwicklung der Menschheit in der allmählichen Annäherung an dieses Ideal, das ihr ununterbrochen vorschwebe.

Aber wenn wir näher zusehen, so finden wir, daß die Übereinstimmung des sittlichen Ideals der verschiedenen historischen Perioden nur eine sehr oberflächliche ist, und daß hinter ihr sehr große Verschiedenheiten der gesellschaftlichen Ziele liegen, die den Verschiedenheiten der jeweiligen gesellschaftlichen Situation entsprechen.

Vergleichen wir nur das Christentum, die Französische Revolution, die heutige Sozialdemokratie, so finden wir, daß Freiheit und Gleichheit für jede von ihnen etwas ganz anderes bedeuteten, je nach ihrer Stellung zum *Eigentum* und zur *Produktion*. Das Urchristentum verlangte nach der Gleichheit des Eigentums in der Weise, daß es seine gleiche *Teilung* unter alle zu Zwecken des Konsums forderte. Und unter der Freiheit verstand es die Befreiung von aller Arbeit, wie sie auch den Lilien auf dem Felde zuteil wird, die nicht spinnen und nicht weben und sich doch ihres Lebens freuen.

Die Französische Revolution wieder verstand unter der Gleichheit die Gleichheit des *Eigentumsrechtes*. Das private Eigentum selbst erklärte sie für heilig. Und die wahre Freiheit war für sie die Freiheit, das Eigentum im wirtschaftlichen Leben nach Gutdünken möglichst profitabel anzuwenden.

Die Sozialdemokratie endlich schwört weder auf das private Eigentum noch verlangt sie seine Teilung. Sie verlangt seine Vergesellschaftlichung, und die Gleichheit, die sie anstrebt, ist das gleiche Anrecht aller auf die Produkte der gesellschaftlichen Arbeit. Die gesellschaftliche Freiheit endlich, die sie fordert, ist weder die Befreiung von der Arbeit noch die Freiheit, nach Belieben über die Produktionsmittel zu verfügen und zu produzieren, sondern die Einschränkung der notwendigen Arbeit durch Heranziehung aller Arbeitsfähigen zur Arbeit und durch ausgedehnteste Anwendung arbeitsparender Maschinen und Methoden. Auf diese Weise soll die notwendige Arbeit, die keine freie sein kann, sondern eine gesellschaftlich geregelte sein muß, auf ein Minimum für jeden reduziert und jedem eine ausreichende Zeit der Freiheit gesichert werden, der freien künstlerischen und wissenschaftlichen Betätigung, des freien Lebensgenusses. Gesellschaftliche Freiheit – von der politischen sehen wir hier ab – durch möglichste Verkürzung der notwendigen Arbeitszeit: das ist die Freiheit, die der moderne Sozialismus meint.[16]

16 [Der Zusammenhang von gesellschaftlicher Freiheit und gesellschaftlichem Besitz an Produktionsmitteln ist in allen sozialdemokratischen Grundsatzerklärungen und Parteiprogrammen gegenwärtig, – freilich in durchaus verschiedener Problematisierung: »Wegfall der Ausbeutung der kapitallosen Arbeit durch das Kapital« (65), dies ist die Forderung bereits des Leipziger Programm-Entwurfs des Allgemeinen Deutschen Arbeitervereins (1866). In der Wahl der Mittel bleiben die Programme – so der Sächsischen Volkspartei (1866): »Förderung und Unterstützung des Genossenschaftswesens, namentlich der Produktionsgenossenschaften, damit der Gegensatz zwischen Kapital und Arbeit ausgeglichen werde« (68) und des A.D.A. (1867): »Zur Anbahnung dieses neuen Gesellschaftszustandes verlangt der A.D.A. die Begründung von Produktivassoziationen von Staats wegen nach dem Plane Ferdinand Lassalles« (69/70) – über das Eisenacher Programm der Sozialdemokratischen Arbeiterpartei (1869, S. 72) und über das Gothaer Programm der Sozialistischen Arbeiterpartei Deutschlands (1875, S. 74) hinaus eindeutig lassalleanisch. Erst mit zunehmendem Einfluß der marxistischen Fraktion wird das Rezept des etatistischen Genossenschaftswesens fallen gelassen: Das Erfurter Programm der Sozialdemokratischen Partei Deutschlands ist ein auf die Analyse der Klassenkampfsituation gestütztes politisches Dokument des zunehmend politischen Klassenkampfes: »Nur die Verwandlung des kapitalistischen Privateigentums an Produktionsmitteln – Grund und Boden, Gruben und Bergwerke, Rohstoffe, Werkzeuge, Maschinen, Verkehrsmittel – in gesellschaftliches Eigentum und die Umwandlung der Warenproduktion in sozialistische, für und durch die Gesellschaft betriebene Produktion« (78) verbürgt die Aufhebung entfremdeter Arbeit. – Das Görlitzer (1921, S. 85/86) und Heidelberger Programm der SPD (1925, S. 93/94) haben die Tendenzen zur Sozialisie-

Man sieht, das gleiche sittliche Ideal der Freiheit und Gleichheit kann sehr verschiedene gesellschaftliche Ideale umfassen. Die äußerliche Übereinstimmung des sittlichen Ideals verschiedener Zeiten und Länder ist aber nicht die Folge eines von Raum und Zeit unabhängigen Sittengesetzes, das dem Menschen aus einer übernatürlichen Welt her innewohnt, sondern nur die Folge davon, daß bei allen gesellschaftlichen Unterschieden die Grundlinien der Klassenherrschaft in der menschlichen Gesellschaft stets dieselben geblieben sind.

Jedoch nicht bloß aus dem Klassengegensatz kann ein neues sittliches Ideal erstehen. Auch innerhalb der konservativen Klassen kann es einzelne Individuen geben, die mit ihrer Klasse gesellschaftlich nur lose zusammenhängen und kein Klassenbewußtsein entwickeln. Dabei aber besitzen sie starke soziale Triebe und Tugenden, die sie jede Heuchelei und jeden Zynismus verabscheuen lassen, und verfügen über große Intelligenz, die sie den Widerspruch zwischen den überkommenen moralischen Satzungen und den gesellschaftlichen Bedürfnissen klar erkennen läßt. Solche Individuen müssen ebenfalls dahin kommen, für sich neue sittliche Ideale aufzustellen. Aber ob diese Ideale gesellschaftliche Kraft erhalten, das hängt davon ab, ob sie in Klassenideale münden oder nicht. Nur als Triebkraft des Klassenkampfes kann das sittliche Ideal fruchtbringend wirken. Denn nur der Klassenkampf, nicht das Sonderbestreben von Eigenbrötlern besitzt die Kraft, die Gesellschaft weiter zu entwickeln und den Bedürfnissen der höher entwickelten Produktivkräfte anzupassen. Und soweit das sittliche Ideal überhaupt verwirklicht werden kann, ist dies nur durch eine Änderung der Gesellschaft zu erreichen.

rung der Produktionsmittel zwar noch einmal bestätigt; das Dortmunder Aktionsprogramm von 1952 (141 ff.) ist bereits voll der bürgerlichen Marktwirtschaft angepaßt: Kontrolle und Mitbestimmung prägen den Katalog der Forderungen, nicht aber mehr das Bewußtsein der Dialektik von ökonomischer und politischer Herrschaft bzw. Freiheit. Die Parteitage von München (1956) und Bad Godesberg (1959) haben diese Entwicklung vorläufig abgeschlossen. Zit. nach: Programme der Deutschen Sozialdemokratie. Hannover 1963.]

Ein eigentümliches Pech wollte es freilich bisher, daß das sittliche Ideal nie erreicht ward. Das wird leicht begreiflich, wenn man seinen Ursprung betrachtet. Das sittliche Ideal ist nichts als der Komplex der Wünsche und Bestrebungen, die durch den Gegensatz zum bestehenden Zustand hervorgerufen werden. Es ist als Triebkraft des Klassenkampfes, als Mittel, die Kräfte der aufstrebenden Klassen zum Kampfe gegen das Bestehende zusammenzufassen und anzustacheln, ein mächtiger Hebel zur Überwindung dieses Bestehenden. Aber der neue gesellschaftliche Zustand, der an Stelle des alten tritt, hängt nicht von der Gestaltung des sittlichen Ideals ab, sondern von den gegebenen materiellen Bedingungen, der Technik, dem natürlichen Milieu, der Art der Nachbarn und Vorfahren der bestehenden Gesellschaft usw.

Eine neue Gesellschaft konnte also von dem sittlichen Ideal derjenigen, die sie herbeigeführt, leicht erheblich abweichen, um so eher, je weniger die sittliche Entrüstung mit Kenntnis dieser materiellen Bedingungen gepaart war. Das Ideal endete denn auch bisher stets mit einem Katzenjammer, erwies sich als eine Illusion, nachdem es seine historische Schuldigkeit getan und als Antrieb gewirkt hatte, das Alte zu zerstören.

Wir haben oben gesehen, wie in den konservativen Klassen der Gegensatz zwischen sittlicher Theorie und Praxis auftaucht, so daß ihnen die Sittlichkeit als etwas erscheint, was alle Welt fordert, aber niemand übt, etwas, was über die Kräfte irdischer Wesen geht, was nur überirdischen Wesen zu vollziehen gegeben ist. Hier sehen wir in den revolutionären Klassen eine andere Art des Gegensatzes zwischen sittlicher Theorie und Praxis erstehen, den Gegensatz zwischen dem sittlichen Ideal und der durch die soziale Revolution geschaffenen Wirklichkeit. Hier scheint wieder die Sittlichkeit als etwas, was alle Welt anstrebt, niemand erreicht, als das für irdische Wesen Unerreichbare. Kein Wunder, daß dann die Ethiker vermeinen, die Sittlichkeit sei überirdischen Ursprunges und unser tierisches Wesen, das an der Erde klebt,

schuld daran, daß wir ihr Bild stets nur sehnsuchtsvoll von der Ferne anbeten dürfen, ohne es jemals umfassen zu können.
Von diesen himmlischen Höhen wird die Sittlichkeit durch den historischen Materialismus auf die Erde herabgezogen. Wir lernen ihren tierischen Ursprung erkennen und sehen, wie ihre Wandlungen in der menschlichen Gesellschaft durch die Wandlungen bedingt sind, welche diese durchmacht, angetrieben durch die technische Entwicklung. Und das sittliche Ideal wird uns jetzt enthüllt in seinem rein negativen Charakter als Widerspruch gegen die bestehende sittliche Ordnung, und seine Bedeutung wird erkannt als Triebkraft des Klassenkampfes, als Mittel, die Kräfte der revolutionären Klassen zusammenzufassen und anzufeuern. Gleichzeitig wird aber auch das sittliche Ideal seiner richtunggebenden Kraft entkleidet. Nicht von unserem sittlichen Ideal, sondern von bestimmten gegebenen materiellen Bedingungen hängt die Richtung ab, welche die gesellschaftliche Entwicklung in Wirklichkeit nimmt. Diese materiellen Bedingungen haben schon in früheren Perioden in gewissem Grade das sittliche Wollen, die gesellschaftlichen Ziele der aufstrebenden Klassen bestimmt, aber meist unbewußt. Oder wenn schon eine bewußte richtunggebende soziale Erkenntnis vorhanden war, wie im achtzehnten Jahrhundert, hat sie doch unsystematisch und nicht konsequent auf die Bildung der gesellschaftlichen Ziele eingewirkt.
Erst die materialistische Geschichtsauffassung hat das sittliche Ideal als richtunggebender Faktor der sozialen Entwicklung völlig depossediert und hat uns gelehrt, unsere gesellschaftlichen Ziele ausschließlich aus der Erkenntnis der gegebenen materiellen Grundlagen abzuleiten. Damit hat sie zum erstenmal in der Geschichte den Weg gezeigt, wie ein Zurückbleiben der revolutionären Wirklichkeit hinter dem gesellschaftlichen Ideal, wie Illusionen und Enttäuschungen vermieden werden können. Ob sie auch wirklich vermieden werden, hängt ab von dem Grade der erlangten Einsicht in die Gesetze der

Entwicklung und Bewegung des gesellschaftlichen Organismus, seiner Kräfte und Organe.

Dadurch wird das sittliche Ideal nicht seines Wirkens in der Gesellschaft entkleidet, dieses Wirken wird bloß auf sein richtiges Maß reduziert. Wie der soziale, der sittliche *Trieb* ist auch das sittliche *Ideal* nicht ein *Ziel*, sondern eine *Kraft* oder eine *Waffe* im gesellschaftlichen Kampfe ums Dasein; das sittliche Ideal ist eine besondere Waffe für die besonderen Verhältnisse des Klassenkampfes.

Auch die Sozialdemokratie als Organisation des Proletariats in seinem *Klassenkampf* kann das sittliche Ideal, kann die sittliche Empörung gegen Ausbeutung und Klassenherrschaft nicht entbehren. Aber dies Ideal hat nichts zu suchen im *wissenschaftlichen* Sozialismus, der wissenschaftlichen Erforschung der Entwicklungs- und Bewegungsgesetze des gesellschaftlichen Organismus zum Zwecke des Erkennens der *notwendigen* Tendenzen und Ziele des proletarischen Klassenkampfes.

Freilich, im Sozialismus ist der Forscher stets auch ein Kämpfer, und der Mensch läßt sich nicht künstlich in zwei Teile zerschneiden, von denen der eine mit dem anderen nichts zu tun hat. So bricht auch zum Beispiel in einem Marx mitunter bei seiner wissenschaftlichen Forschung das Wirken eines sittlichen Ideals durch. Aber er ist stets bemüht, und mit Recht, es aus ihr zu verbannen, soweit er vermag. Denn das sittliche Ideal wird in der Wissenschaft zu einer Fehlerquelle, wenn es sich anmaßt, ihr ihre Ziele weisen zu wollen. Die Wissenschaft hat es stets nur mit dem Erkennen des Notwendigen zu tun. Sie kann wohl dazu kommen, ein Sollen vorzuschreiben, aber dies darf stets nur als eine Konsequenz der Einsicht in das Notwendige auftreten. Sie muß es dagegen ablehnen, ein Sollen ausfindig zu machen, das nicht als eine in der »Welt der Erscheinungen« begründete Notwendigkeit erkannt werden kann. Die Ethik darf stets nur ein *Objekt* der Wissenschaft sein; diese hat die sittlichen Triebe wie die sittlichen Ideale zu erforschen und begreiflich zu machen;

sie hat aber von ihnen keine Weisungen zu empfangen über die Resultate, zu denen sie zu gelangen hat. Die Wissenschaft steht über der Ethik, ihre Resultate sind ebensowenig sittlich oder unsittlich, als die Notwendigkeit sittlich oder unsittlich ist.

Indes ist auch bei der Gewinnung und Verbreitung wissenschaftlicher Erkenntnis die Sittlichkeit nicht ausgeschaltet. Neue wissenschaftliche Erkenntnis bedeutet häufig die Verletzung überkommener, eingewurzelter, zu fester Gewohnheit gewordener Anschauungen. In Gesellschaften, die Klassengegensätze umfassen, bedeutet neue wissenschaftliche Erkenntnis, namentlich solche gesellschaftlicher Zustände, meist aber auch die Verletzung der Interessen einzelner Klassen. Wissenschaftliche Erkenntnis finden und verbreiten, die unvereinbar ist mit den Interessen der herrschenden Klassen, heißt diesen den Krieg erklären. Es setzt nicht bloß hohe Intelligenz voraus, sondern auch Kampfesfähigkeit und Kampfeslust, Unabhängigkeit von den herrschenden Klassen, aber auch und vor allem ein starkes sittliches Empfinden: kraftvolle soziale Triebe, einen rücksichtslosen Drang nach Erkenntnis und Verbreitung der Wahrheit, ein heißes Verlangen, den unterdrückten, aufstrebenden Klassen zu dienen.

Aber auch dieses letztere Verlangen wird irreführend, wenn es nicht bloß negativ auftritt, als Ablehnung der Ansprüche der herrschenden Anschauungen auf Gültigkeit und als Antrieb zur Überwindung der Hindernisse, welche die gegnerischen Klasseninteressen der gesellschaftlichen Fortentwicklung entgegentürmen, sondern wenn es darüber hinaus richtunggebend auftreten und der sozialen Erkenntnis bestimmte Ziele weisen will, deren Erreichung sie zu dienen hat.

Dadurch aber, daß das bewußte Ziel des Klassenkampfes im wissenschaftlichen Sozialismus aus einem sittlichen Ideal in ein ökonomisches verwandelt wird, verliert es nichts von seiner Größe. Denn was bisher allen Erneuerern der Gesellschaft als sittliches Ideal vorschwebte und von ihnen nicht erreicht werden konnte, dazu sind jetzt zum erstenmal die ökonomischen Bedingungen gegeben, das können wir zum erstenmal in der Weltgeschichte als notwendiges Resultat der ökonomischen Entwicklung erkennen: *die Aufhebung der Klassen*. Nicht die Aufhebung aller beruflichen Unterschiede, nicht die Aufhebung der Arbeitsteilung, wohl aber die Aufhebung jener gesellschaftlichen Unterschiede und Gegensätze, die aus dem Privateigentum an den Produktionsmitteln und aus der ausschließlichen Fesselung der Masse des Volkes an die materielle Produktionstätigkeit entspringen. Die Produktionsmittel sind so gewaltig geworden, daß sie heute schon den Rahmen des Privateigentums sprengen. Die Produktivität der Arbeit ist so gewaltig gewachsen, daß heute schon eine erhebliche Verminderung der Arbeitszeit für alle Arbeiter möglich ist. So erwachsen die Grundlagen für die Aufhebung nicht der Arbeitsteilung, nicht der Berufe, aber für die der Gegensätze von arm und reich, von Ausgebeuteten und Ausbeutern, von Unwissenden und Wissenden.

Gleichzeitig ist aber die Arbeitsteilung so weit gediehen, daß sie auch jenes Gebiet erfaßt, das ihr so viele Jahrtausende lang verschlossen geblieben, den häuslichen Herd. Die Frau wird von ihm losgelöst und in das Bereich der Arbeitsteilung hineingezogen, das so lange ein ausschließliches Monopol der Männer geblieben. Damit werden selbstverständlich nicht die natürlichen Unterschiede ausgelöscht, die zwischen Mann und Weib bestehen; das kann auch noch manchen gesellschaftlichen Unterschied, sowie manchen Unterschied der ethischen Forderungen, die an sie gestellt werden, fortbestehen lassen oder neu erzeugen, aber es wird sicher alle jene Unterschiede in Staat und Gesellschaft zwischen ihnen verschwinden lassen, die aus der Fesselung der Frau an den privaten Haushalt und ihrer Ausschließung von den Berufen der Arbeitsteilung hervorgingen. In diesem Sinne gehen wir nicht bloß der Aufhebung der Ausbeutung einer Klasse durch eine andere, sondern auch der Aufhebung der *Unterordnung der Frau unter den Mann* entgegen.

Und zugleich nimmt die Weltwirtschaft solche Dimensionen

an, werden die internationalen wirtschaftlichen Beziehungen so enge, daß damit die Grundlage erwächst, auf der nach Überwindung des Privateigentums an den Produktionsmitteln die Überwindung der nationalen Gegensätze, das *Aufhören der Kriege* und der Kriegsrüstungen, *ewiger Friede* unter den Völkern möglich ist.

Wo gäbe es ein sittliches Ideal, das herrlichere Ausblicke eröffnete! Und doch sind sie aus nüchternen ökonomischen Betrachtungen gewonnen und nicht aus der Berauschung durch die sittlichen Ideale der Freiheit, Gleichheit, Brüderlichkeit, Gerechtigkeit, Humanität!

Und diese Ausblicke sind auch nicht Erwartungen von Zuständen, die bloß kommen *sollen*, die wir bloß *wünschen* und *wollen*, sondern Ausblicke auf Zustände, die kommen *müssen*, die *notwendig* sind. Allerdings notwendig nicht in dem fatalistischen Sinne, daß eine höhere Macht sie von selbst uns schenken wird, sondern notwendig, unvermeidlich in dem Sinne, wie es unvermeidlich ist, daß die Erfinder die Technik verbessern, daß die Kapitalisten in ihrer Profitgier das ganze wirtschaftliche Leben umwälzen, wie es unvermeidlich ist, daß die Lohnarbeiter nach kürzeren Arbeitszeiten und höheren Löhnen trachten, daß sie sich organisieren, daß sie die Kapitalistenklasse und deren Staatsgewalt bekriegen, wie es unvermeidlich ist, daß sie nach der politischen Gewalt und dem Umsturz der Kapitalistenherrschaft trachten. Der Sozialismus ist unvermeidlich, weil der Klassenkampf, weil der Sieg des Proletariats unvermeidlich ist.

# Karl Vorländer
# Kant und Marx [1911][1]

## *Einleitung*

Marx und Kant! – Eine Flut entgegengesetzter Vorstellungen rufen die beiden Namen in uns wach. Welcher Kontrast zunächst schon der *Persönlichkeiten!* Dort der von Land zu Land getriebene leidenschaftliche Revolutionär, dessen Lebenszweck darin gipfelt, in die politischen und sozialen Verhältnisse seiner Zeit von Grund aus umgestaltend einzugreifen, ein scharfsinniger Gelehrter und zugleich doch Urheber einer gewaltigen, weltgeschichtlichen Bewegung, die heute Millionen von Menschen in allen Kulturländern zu ihren Anhängern zählt. Hier der ruhig heitere Weise im weltabgelegenen Königsberg, der nie aus seiner Heimatprovinz herausgekommen ist, ein echter deutscher Professor, dessen Leben wie nach der Uhr verlief, ein politischer Theoretiker auch er, doch ein solcher, der weder den Ehrgeiz noch die natürliche Anlage dazu besaß, eine führende Rolle in der praktischen Politik zu spielen; ein Freund der Menschheit, der zwar keine äußeren Einrichtungen schuf, aber auf dem Felde der Wissenschaft wie der Weltanschauung ebenfalls Tausenden neues Licht gegeben hat.

Und nicht minder verschieden wie ihre öffentliche Persönlichkeit ist ihre *schriftstellerische* Art. Die Schriften des einen sind diktiert von glühendstem Temperament und doch wieder kältestem Verstand, seine Worte scharf und schneidend wie Stahl, den Gegner erbarmungslos mit der Lauge des Spotts und der Satire übergießend; trotz seines gelehrten Wissens, der Stil von blendender Helle und je nachdem bald von nüchterner logischer Schärfe durchtränkt, bald sprudelnd von

[1] Dieser Beitrag wurde der zweiten, neubearbeiteten Auflage von »Kant und Marx« (Tübingen 1926) entnommen.

geistreichen Antithesen. Ihr Verfasser bleibt nie der bloße Gelehrte. Seine ganze Lebensarbeit wendet sich immer mehr dem *einen* Lebenszweck, der theoretischen Begründung und praktischen Durchführung der neuen Weltanschauung zu. Anfangs nur von einem engeren Kreise von Anhängern begeistert aufgenommen, erreicht er erst ganz allmählich, ja im Grunde erst nach seinem Tode die allgemeine Anerkennung seiner Größe, auch bei den Vorurteilsloseren unter seinen Gegnern. Kant hingegen zeigt auch schriftstellerisch noch ganz den Typ des altmodischen deutschen Gelehrten. Er, der in seinen früheren, kleineren Schriften auch witzig und anmutig zu schreiben verstand, bringt gerade in seinen großen kritischen Werken die Wucht und Tiefe seiner Gedanken oft genug nur in unförmlich ausgedehnten und schwerfälligen Satzgebilden zum Ausdruck. Aus lauter Gewissenhaftigkeit, um nur ja den Sinn nach allen Seiten hin genau zu bestimmen und zu begrenzen, fügt er immer neue Einschränkungen und Bedingungen hinzu; widmet sich auch im Stile rein der Sache, Gegner wie Mitstrebende kaum beachtend. Spät erst zur Hauptarbeit seines Lebens gelangt, fand er nach wenigen Jahren des Wartens bald einen rasch wachsenden Schriftstellerruhm, eine immer weiter sich ausbreitende Schar von Jüngern und Anhängern. Und nun rief auch er eine Revolution im Reiche der Geister hervor, deren Wirkung zwar einige Jahrzehnte lang vermindert, wie er selbst fast vergessen, war, seit mehr als sechs Jahrzehnten jedoch wieder auf den verschiedensten Wissenschaftsgebieten zutage tritt.

Dazu der Gegensatz der *Zeitalter*. Kant lebt noch in der ganzen bürgerlichen Enge des Deutschlands in der zweiten Hälfte des 18. Jahrhunderts, die zwar das literarische Leben in glänzendster Entfaltung, das politische aber gänzlich verkümmert zeigt. Er selbst bewundert die große staatliche Umwälzung der Nachbarnation nur von ferne, ohne daß sie zu seinen Lebzeiten einen nennenswerten Einfluß auf Deutschland, insbesondere sein engeres Vaterland Preußen, auszuüben begonnen hätte. Hier herrschte vielmehr in politischer wie sozialer Beziehung noch die größte Rückständigkeit, waren Maschinenindustrie und kapitalistisches System nicht einmal in ihren Anfängen vorhanden. Wie anders Marx! Er ward fast hundert Jahre später geboren, wurde früh hinaus auf das stürmische Meer der Politik geworfen, beteiligte sich mit der ganzen Leidenschaft seiner dreißig Jahre an den Stürmen der Revolution von 48, erlebte gewaltige Umwälzungen in der äußeren und inneren Geschichte Europas, besonders die großartigen technisch-industriellen Erfindungen und Entwicklungen, infolgedessen - das Wichtigste für ihn - einen ungeahnten Umschwung aller wirtschaftlichen und sozialen Verhältnisse, vor allem den Beginn einer selbständigen Arbeiterbewegung.

Damit ist schließlich auch die Verschiedenartigkeit ihrer geistigen *Interessen* und wissenschaftlichen *Methoden*, ganz abgesehen von ihren individuellen Anlagen und ihrer persönlichen Entwicklung, gegeben. Gewiß sind sie beide mit der ganzen Bildung ihrer Zeit ausgerüstet, von umfangreichstem Wissen und von staunenswerter Vielseitigkeit des Geistes. Allein Kants Bildung wurzelt doch im wesentlichen noch im Zeitalter der Aufklärung. Obwohl er sie philosophisch überwunden hat, steht er ihr doch namentlich darin noch nahe, daß er wie sie im ganzen *rationalistisch,* also unhistorisch denkt. Sein Maßstab ist das Vernunftmäßige; die Zergliederung bestehender, die Schöpfung neuer Begriffe seine Stärke. Marx dagegen ist zwar auch ein scharfer Analytiker, im übrigen aber bereits von der Richtung des neuen, historischen Jahrhunderts beeinflußt. Hegels Philosophie im Bunde mit der rapiden Entwicklung der modernen Naturwissenschaft und Technik treiben ihn mehr und mehr zur *entwicklungsgeschichtlichen* Methode, die in Wissenschaft und Leben vor allem den Prozeß des Werdens betrachtet. Des einen Aufmerksamkeit ist in erster Linie der erkenntniskritischen Neubegründung der Philosophie zugewandt, das wissenschaftliche Interesse des anderen vorzugsweise auf Volkswirtschaft und Sozialgeschichte gerichtet. Dabei ist der Philosoph, obschon in gewissen prinzipiellen Punkten sehr entschieden, im ganzen doch maßvoll; die Gegensätze, wo nicht solche der wissenschaftlichen Methode in Frage kommen (denn in diesem Punkt kennt auch er keine Gnade), sucht er lieber zu versöhnen als zu verschärfen. Der andere dagegen, eine Kampfnatur durch und durch, radikal in Religion, Politik und Geschichtsauffassung, kehrt mit Vorliebe die Gegensätze bis zum äußersten hervor.

Trotz aller dieser Verschiedenheit in den Persönlichkeiten, den Zeiten, der Schreibart, den Interessen und den Methoden, trotzdem Kant über ein Menschenalter vor Marx' erstem schriftstellerischen Auftreten gestorben ist und dieser sich bei der Formung und Begründung seiner Lebensziele nie auf jenen gestützt oder berufen hat: trotz alledem setzte um die Wende des 20. Jahrhunderts eine Bewegung ein, welche *beide* Namen auf ihre Fahne schrieb. Diese Bewegung, die in erster Linie philosophischen und methodischen Charakter trägt, ist es, die wir in unserm Buche darzustellen beabsichtigen.

Sie ging zunächst von den »Neukantianern« aus. Wir denken dabei nicht an F. A. Lange, obwohl dieser als Gelehrter wie als Mensch gleich verehrungswerte Denker sowohl sozialistische Anschauungen gehegt, wie andererseits auch zu denen gehört hat, welche die kritische Denkweise zuerst wieder in weiten Kreisen verbreitet haben. Sondern wir haben damit eine später noch näher zu charakterisierende Richtung der Gegenwart im Auge, die sich die *Fortbildung* von Kants *erkenntniskritischer* Methode zum Ziele setzte und deren Vertreter, ob sie auch im einzelnen in ihrer Stellung zu Kant und Marx nicht genau übereinstimmen, doch darin einig sind, daß sie eine Verbindung der methodischen Gesichtspunkte beider nicht für ausgeschlossen, vielmehr – unter bestimmten Voraussetzungen – als für eine Philosophie des Sozialismus unerläßlich betrachten.

Auf der anderen Seite tauchte gegen Ende des abgelaufenen Jahrhunderts der vorher beinah vergessene Name Kants in den Zeitschriften des wissenschaftlichen Sozialismus wieder auf.

Und nachdem in der ersten Zeit mehr die Marx »revidierende« Richtung an Kant angeknüpft hatte, strebte später auch ein Teil der strengen Marxisten eine methodische Verbindung mit der kritischen Philosophie an, und fühlten die anderen wenigstens das Bedürfnis, sich ernstlich mit ihr auseinanderzusetzen.

Das kann unmöglich ein bloßer Zufall, es müssen Gründe vorhanden sein, welche diese eigentümliche, trotz aller jener von uns selbst aufgezählten Gegensätze zwischen Kant und Marx feststehende Tatsache erklären. Selbstverständlich kann eine solche Verbindung nicht in einer Verschmelzung der persönlichen Anschauungen oder auch der Gesamtphilosophie beider einander so entgegengesetzten Denker bestehen. Welcher »Neukantianer« teilt heutzutage noch des alten Immanuel Kant persönliche Ansichten über Religion, Kunst und Leben? Und welcher noch so eifrige Marxist wird heute auf jede einzelne nationalökonomische, historische oder philosophische Anschauung von Marx und Engels schwören? »Kant« und »Marx« bedeuten für uns vielmehr nichts anderes als Kantische und Marxische *Methode*. Es kann sich also letzten Endes nur um die Frage handeln, ob, und in welchem Maße eine Verbindung der beiderseitigen wissenschaftlichen Methoden möglich ist. Sie zu beantworten, ist die Aufgabe unserer Arbeit.

Wir mustern zunächst die geschichtsphilosophischen sowie die politisch-sozialen Anschauungen Kants, um festzustellen, ob und gegebenenfalls welche Anknüpfungspunkte sie dem Sozialismus bieten. Wir verfolgen sodann die philosophische Entwicklung von Marx und Engels, um zu sehen, ob die philosophische Denkweise dieser beiden Begründer des wissenschaftlichen Sozialismus irgendwelche Analogien mit der kritischen Methode aufweist. Wir lenken weiter den Blick auf die teils innerhalb des Marxismus, teils neben demselben hergehenden *idealistischen* Nebenströmungen in der Philosophie des modernen Sozialismus (Lassalle, Dietzgen, Lawrow, Jaurès). Dann erst werden wir uns der Sozialphilosophie des *Neukritizismus*, wie wir statt des mißverständlicheren »Neukantianismus« lieber sagen möchten, mithin den Arbeiten der Cohen, Natorp, Stammler, Staudinger und den meinigen zu, die erst in den letzten Jahrzehnten ihre Wirkung auf sozialphilosophischem Gebiete entfalteten. Die beiden nächsten Kapitel behandeln eingehend die philosophischen Bestrebungen, die seit Ende der 90er Jahre innerhalb der wissenschaftlichen Kreise des politischen Sozialismus selbst, anfangs mehr im Lager des *Revisionismus*, später vor allem in dem der sogenannten »*Radikalen*«, an »Kant«, besser gesagt an die moderne, Kants Methode weiterbildende Erkenntniskritik anknüpften, wobei natürlich auch die wichtigsten Gegner zu Worte kommen werden. Von den beiden letzten in dieser Neuauflage hinzugekommenen Kapiteln wird das siebente die in den letzten Jahren erschienenen Schriften behandeln; das achte und letzte endlich wird meine eigene *systematische* Stellung zusammenfassend darlegen.

## *Kant ein Philosoph des Sozialismus*

»Die *Platonische Republik* ist als ein vermeintlich auffallendes Beispiel von erträumter Vollkommenheit, die nur im Gehirn des müßigen Denkers ihren Sitz haben kann, zum Sprichwort geworden. . . . Allein man würde besser tun, diesem Gedanken mehr nachzugehen und ihn (wo der vortreffliche Mann uns ohne Hilfe läßt), durch neue Bemühungen ins Licht zu stellen, als ihn unter dem sehr elenden und schädlichen Vorwande der Untunlichkeit als unnütz beiseitezusetzen. Eine Verfassung von der *größten menschlichen Freiheit* nach Gesetzen, welche machen, daß *jedes Freiheit mit der anderen ihrer zusammen bestehen kann* (nicht von der größten Glückseligkeit, denn diese wird schon von selbst folgen), ist doch wenigstens eine notwendige Idee, die man nicht bloß im ersten Entwurfe einer Staatsverfassung, sondern auch bei allen Gesetzen zum Grunde legen muß«.

Mit solcher Sympathie, ja fast Begeisterung hat sich Immanuel Kant an einer bedeutsamen Stelle seines Hauptwerks[1a] über den großartigsten Gedankenwurf des antiken Sozialismus geäußert. Und er hat sich keineswegs durch die ihm wohlbekannten Erwägungen »realpolitischer« Klugtuerei von der nachdrücklichen Verteidigung dieser »notwendigen Idee« abwendig machen lassen. Er hat die ihr entgegenstehenden »gegenwärtigen Hindernisse« sehr wohl gekannt, aber er meint an der nämlichen Stelle, daß man von ihnen »anfänglich abstrahieren« müsse, da sie »vielleicht nicht sowohl aus der menschlichen Natur unvermeidlich entspringen mögen, als vielmehr aus der Vernachlässigung der echten Ideen bei der Gesetzgebung«.

Dann »nichts kann Schädlicheres und eines Philosophen Unwürdigeres gefunden werden, als die pöbelhafte Berufung auf vorgeblich widerstreitende Erfahrung, die doch gar nicht existieren würde, wenn jene Anstalten zu rechter Zeit nach den Ideen getroffen würden und an deren Statt nicht rohe Begriffe eben darum, weil sie aus Erfahrung geschöpft worden, alle gute Absicht vereitelt hätten«.

Und nicht weniger günstig hat sich noch siebzehn Jahre später der Vierundsiebzigjährige - also in einem Alter, wo man sich nicht gerade mehr in Jugendüberschwenglichkeiten zu ergehen pflegt - nicht bloß über die platonische Atlantis, sondern auch die wichtigsten zu seiner Zeit bekannten neueren Utopien ausgesprochen: »Platos Atlantica, Morus' Utopia, Harringtons Oceana und Allais' Sevarambia sind nach und nach auf die Bühne gebracht, aber nie ... auch nur versucht worden ... Ein Staatsprodukt, wie man es hier denkt, als dereinst, so spät es auch sei, als vollendet zu hoffen, ist ein süßer Traum: aber sich ihm immer zu nähern, nicht allein

---

[1a] Da, wo er zu seiner Ideenlehre übergeht, »Kritik der reinen Vernunft«, 2. Auflage, S. 372 f. (hrsg. von Karl Vorländer, S. 319 f.) [AKA III, 247 f.]. Die Sperrungen im Druck hier und an der folgenden Stelle (Anm. 2) rühren von Kant selbst her.

*denkbar,* sondern, soweit es mit dem moralischen Gesetze zusammen bestehen kann, *Pflicht . . .«*[2]

Wir werden später die Fortsetzung der zuletzt zitierten Stelle kennenlernen. Für jetzt fragen wir nur: Sollte nach so bestimmten Äußerungen Kant, der bereits als Philosoph der Aufklärung, des Protestantismus, des Idealismus und so mancher anderer »-ismen« in Anspruch genommen worden ist, etwa auch das Prädikat eines »Philosophen des *Sozialismus*« verdienen?

Prüfen wir zu dem Ende zunächst seine geschichtsphilosophischen Ansichten, sodann seine allgemeinen politisch-sozialen Anschauungen.

## I. Kants Geschichtsphilosophie

Das gewaltige Werk der Neubegründung der Philosophie, das der Königsberger Philosoph unternahm, schuf in seiner Erkenntniskritik, Ethik und Ästhetik der Wissenschaft, Sittlichkeit und Kunst neue methodische Grundlagen. Nicht ebenso der zu seiner Zeit noch in den Windeln liegenden Sozialphilosophie. Ein sozial- oder geschichtsphilosophisches *System* wenigstens hat der Philosoph des Kritizismus keinesfalls entworfen. Schon deshalb nicht, weil ihm die *Geschichte,* in der er zudem nicht Fachmann zu sein ausdrücklich bekannte[3], nicht demjenigen Charakter strenger Wissenschaft zu genügen erschien, durch den sich ihm die mathematische Naturwissenschaft im Sinne Newtons als Grundlage für seine Kritik der

---

2 »Streit der Fakultäten« (»Phil. Bibliothek«, 46 d, S. 140 [AKA VII, 92, Fußnote]). Vergleiche meine (des Herausgebers) Anmerkung an beiden Stellen.

3 Vgl. seine Rezension von Herders »Ideen«, in der er bescheiden gesteht, daß er »in gelehrter Sprachforschung und Kenntnis oder Beurteilung alter Urkunden gar nicht bewandert ist, mithin die daselbst erzählten und dadurch zugleich bewährten Fakta philosophisch zu nutzen gar nicht versteht« (Kants »Kl. Schriften zur Ethik usw.«, hrsg. von K. Vorländer, »Philos. Bibliothek, Bd. 47¹, S. 43) [AKA VIII, 63].

theoretischen Erfahrung empfahl.[4] Eine andere Frage ist: ob nicht gleichwohl Ansätze zu einem derartigen System in seinen geschichtsphilosophischen Aufsätzen bemerkbar sind. Von solchen hat er eine ganze Reihe geschrieben. Denn der Politik und Welthistorie war sein Interesse von jeher zugewandt. Daher kann es auch nicht wundernehmen, daß er alsbald nach Vollendung seiner ersten Kritik und der zugehörigen Prolegomena, noch während der Entstehungszeit der übrigen kritischen Hauptwerke, die Anwendung seiner ethischen Grundsätze auf das große Gebiet sittlicher Erfahrung in Recht, Religion, vor allem und zunächst aber der Geschichte, in Angriff nahm. Von den dem weiteren Kreise der Gebildeten weniger bekannten kleineren Abhandlungen kommt für uns in erster Linie der Aufsatz von 1784: *Ideen zu einer allgemeinen Geschichte in weltbürgerlicher Absicht* in Betracht, daneben der elf Jahre später erschienene »Traktat« *Zum ewigen Frieden,* während die Rezension von Herders *Ideen*[5] für unseren rein methodologischen Zweck nur wenig Brauchbares enthält. Zu vergleichen sind ferner noch einzelne Partien im zweiten Teile der *Kritik der Urteilskraft,* besonders die §§ 68, 78, 79, 80 ff., vor allem § 83: Von dem letzten Zwecke der Natur als eines teleologischen Systems. [AKA V, 381–429]

»Für unseren rein *methodologischen* Zweck«, denn wir wollen im folgenden nicht eine ausführliche Einzeldarstellung von Kants »Geschichtsphilosophie« geben[6], sondern be-

---

4 Im »Streit der Fakultäten«, 2. Abschnitt (»Philos. Bibl.« 46 d, S. 25) [AKA VII, 79/80] wirft er zwar die Frage auf: »Wie ist aber eine Geschichte a priori möglich?«, jedoch nur, um sie in witzig ironischer Weise abzutun.
5 »Recensionen von I. G. Herders ›Ideen zur Philosophie der Geschichte der Menschheit‹«, Teil I. II., 1785 [AKA VIII, 43–66].
6 Vgl. zur Ergänzung unserer Ausführungen F. Medicus »Kants Philosophie der Geschichte«, in »Kantstudien« VII, S. 1–22, 171–229. Noch wichtiger ist die zweite, bedeutend erweiterte Auflage von Hermann Cohen »Kants Begründung der Ethik«, Berlin 1910, IV. Teil: »Die Anwendung der ethischen Prinzipien«; bes. die Einleitung dazu (S. 374–380) und das letzte Kapitel (»Die Geschichte«), S. 498–557. Auf die Entwicklung von Kants geschichtsphilosophischen Ansichten können wir hier nicht eingehen;

schränken uns absichtlich auf die bestimmte Frage: Inwiefern zeigen sich bei Kant Ansätze zu einer geschichts- oder sozialphilosophischen Gesamtauffassung, und welcher Art sind sie? Der aus Marx' Schule hervorgegangene Conrad Schmidt ist soweit gegangen, von der erstgenannten Abhandlung Kants zu behaupten: daß in ihr »die entscheidenden Züge« der Hegel-Marxschen Geschichtsauffassung »viel einfacher und klarer (sc. als von Hegel) bereits von Kant herausgearbeitet und merkwürdig frei von aller Einmischung schwärmender Ideologie begründet worden sind«[7]. Prüfen wir nach! Ganz so günstig wie C. Schmidt vermögen wir über unseren Philosophen nicht zu urteilen. Den naturwissenschaftlich denkenden Leser wenigstens, den bei Hegel die Spekulation abstößt, stört bei Kant die fortwährende Verquickung des kausalen mit moralisch-teleologischen, ja mitunter selbst theologischen Gesichtspunkten. Allerdings protestiert er gegen ein willkürliches Eingreifen Gottes in den Gang der menschlichen Dinge und will sich des Namens »Vorsehung« in keinem anderen Sinne als dem des »Schicksals« oder der »großen Künstlerin Natur« bedient haben; statt dessen das Wort »Natur« zu gebrauchen, sei für uns, die wir uns in den Schranken der Erfahrung zu halten haben, schicklicher und bescheidener. Aber er redet doch immer wieder von einer »Absicht«, von einem »bestimmten« oder »verborgenen« Plane der Natur, ihrer »Sorge« für die Lebensmöglichkeiten des Menschen, von einem »Schauplatz der obersten Weisheit«, von einer »Rechtfertigung der Natur« - »oder besser der Vorsehung«. F. Medicus faßt denn auch Kants Philosophie der Geschichte, unter Berufung auf Stellen aus Kants späteren Schriften, geradezu als »moralische Teleologie« auf und meint, daß der »Sinn« der Geschichte ihr Thema bilde und mit der Frage nach dem moralischen Fortschritt der Menschheit zusammen-

---

vgl. darüber jetzt besonders P. Menzer, »Kants Lehre von der Entwicklung in Natur und Geschichte«, 1911.
[7] Conrad Schmidt, »Über die geschichtsphilosophischen Ansichten Kants«, in »Socialistische Monatshefte« 1903, Bd. II, S. 683-692, bes. S. 684.

falle, die nach Kants eigenen Worten durch Erfahrung unmittelbar nicht zu lösen sei.[8]

Dieses für uns Heutigen mit den Anschauungen strenger Wissenschaft nicht mehr vereinbare, wenn auch selbst in der Gegenwart noch keineswegs ausgestorbene Hineintragen teleologisch-theologischer Züge in die geschichtlich-kausale Betrachtung war eben im Deutschland des 18. Jahrhunderts sozusagen Gemeingut aller Gebildeten. Unsere poetischen Klassiker, Herder so gut wie Lessing, Goethe nicht minder als Schiller, sind ebensowenig frei davon. Und man erweist unseres Erachtens dem ehrlichen alten Immanuel Kant keinen Dienst, wenn man, um seine logische Konsequenz zu retten, ihm zutraut, er habe um der *Zensur* willen seine wahre Meinung verborgen und, wenn er überhaupt zum Worte kommen wollte, gewisse stilistische Kautelen brauchen müssen.[9] Allerdings hat Kant einmal gesagt: »Zwar denke ich vieles mit der allerklärsten Überzeugung und zu meiner großen Zufriedenheit, was ich niemals den Mut haben werde zu sagen«, aber er fährt doch fort: »Niemals aber werde ich etwas sagen, was ich nicht denke« (Brief an *Moses Mendelssohn* vom 8. April 1766). Und auf einem Zettel seines Nachlasses fand sich zwar die Notiz: »Wenn alles, was man sagt, wahr sein muß, so ist darum nicht auch Pflicht, alle Wahrheit öffentlich zu sagen«; aber doch auch das Wort: »Verleugnung seiner inneren Überzeugung ist niederträchtig.« Jedenfalls war er, was unseren Fall betrifft, ein überzeugter Anhänger des Glaubens an eine göttliche Weltregierung, an die Weisheit einer obersten Vorsehung. Das geht nicht bloß aus seinen Werken, sondern auch aus dem, was wir sonst aus seinem

---

[8] Medicus, a.a.O. S. 8, 10, 14, 15.
[9] So Kurt Eisner in seinen noch später (Kap. V) zu berührenden »Vorwärts«-Artikeln zum Kant-Jubiläum (12.–14. Februar 1904). Ähnlich heißt es in seinem Buche »Das Ende des Reiches« (2. Auflage 1907) von Kant: »Nur mit voller Kenntnis seines unter der Unfreiheit der Zeit gebildeten, zuweilen verbildeten Stils ist der Sinn seiner Sätze zu ergründen« (S. 349).

Nachlaß, seinem Briefwechsel und den Zeugnissen seiner Zeitgenossen wissen, ziemlich unzweideutig hervor.[10]

Freilich bezeichnet Kant – um zu seinem Aufsatz von 1784 zurückzukehren – seinen »Anschlag« selbst als »befremdlich und dem Anscheine nach ungereimt«: nämlich »nach einer Idee, wie der Weltlauf gehen müßte, wenn er gewissen vernünftigen Zwecken angemessen sein sollte, eine *Geschichte* abfassen zu wollen«; dabei könne doch nur ein *Roman* herauskommen [AKA VIII, 29]. Auch will er mit einer solchen Idee durchaus nicht »die Bearbeitung der eigentlichen, bloß *empirisch* abgefaßten Historie verdrängen«; vielmehr solle es nur »ein Gedanke von dem sein, was ein philosophischer Kopf (der übrigens sehr geschichtskundig sein müßte) noch aus einem anderen Standpunkte versuchen könnte« [AKA VIII, 30]. Und an anderer Stelle (als Rezensent der Herderschen *Ideen*) verwahrt er sich ausdrücklich gegen den Vorwurf, ein »Metaphysiker« zu sein, der »alles seinem Leisten scholastischer unfruchtbarer Abstraktionen anpassen« wolle. Er glaube vielmehr, »die Materialien zu einer Anthropologie ziemlich zu kennen, ingleichen auch etwas von der Methode ihres Gebrauchs«. Allerdings suche er seine Philosophie der Geschichte ebensowenig, wie in der Metaphysik, »im Naturalienkabinett« [wie in unserer Zeit die biologische Soziologenschule!], sondern in den Handlungen der Menschen [AKA VIII, 56]. Seine Abhandlung will, wie er wiederholt erklärt, nur ein »Leitfaden« sein, ein Leitfaden »zur Erklärung des so verworrenen Spiels menschlicher Dinge«, der zugleich die tröstende Aussicht in eine ferne Zukunft eröffne, in welcher die Menschheit sich endlich zu einem ihrer würdigen Zustand emporgearbeitet haben werde [AKA VIII, 30]. Trotz alledem ist sein »philosophischer Versuch« unleugbar mit manchen

---

10 Vgl. den Abschnitt »Kants religiöser Entwicklungsgang« in der Einleitung zu meiner Ausgabe der »Religion innerhalb usw.« (»Phil. Bibl., Bd. 45), S. V–XXVII und in meiner großen Kantbiographie (1924), Buch 4, Kap. 2.

außerhalb einer streng wissenschaftlichen Untersuchung liegenden moralteleologischen Betrachtungen verquickt.

Allein unter dieser Hülle kommt doch - das ist das Wichtigste für uns — der Entwurf einer rein *naturwissenschaftlich gedachten Entwicklungsgeschichte* der Menschheit zum Vorschein. Jene Hülle *läßt sich entfernen,* ja wir verfahren, indem wir diesen Schritt vollziehen und den historischen Kant, wenn auch nicht, wie Marx seinen Hegel, »umstülpen«, so doch von den ihm anhaftenden wissenschaftlichen Schlacken reinigen, ganz im Geiste von Kants eigener Methode, welche kritische Scheidung der verschiedenen Bewußtseinsgebiete verlangt und Trennung des Wissens vom Glauben fordert. Wie man seine bekannte großartige Konzeption der Weltentstehung in der *Naturgeschichte und Theorie des Himmels* (1755) mit Fug und Recht von den theologischen Schnörkeln, mit denen sie (was vielen nicht bekannt sein dürfte) in der Tat noch, und zwar mehr als gut, versehen ist, befreit und als wissenschaftliche Großtat gepriesen hat: so können wir das gleiche Prinzip auch auf seine geschichtsphilosophischen Schriften anwenden und so ihn sogar »besser verstehen, als er sich selbst verstand, indem er seinen Begriff nicht genugsam bestimmte und dadurch bisweilen seiner eigenen Absicht entgegen redete oder auch dachte« (Kr. d. r. V.) [AKA IV, 200]. Hat Kant an der zuletzt zitierten Stelle diese Methode als sein Recht gegenüber Plato in Anspruch genommen, so tun *wir* es *ihm* gegenüber. Will er doch selber gegen Herder die Philosophie der Geschichte nicht auf geistreiche Analogien, vielbedeutende Winke oder gar dunkle Gefühle und Empfindungen, sondern auf »logische Pünktlichkeit in Bestimmung der Begriffe« und »sorgfältige Unterscheidung und Bewährung der Grundsätze« gestützt wissen. Und spricht doch der erste Satz der Abhandlung von 1784, ohne zu drehen und zu deuten, einen völlig naturwissenschaftlich-kausalen Grundsatz aus: »Was man sich auch in metaphysischer Absicht für einen Begriff von der Freiheit des Willens machen mag, so sind doch die Erscheinungen desselben, die *menschlichen*

*Handlungen,* ebensowohl als jede andere Begebenheit, *nach allgemeinen Naturgesetzen bestimmt*« [AKA VIII, 17]. Suchen wir also im folgenden die von dem Philosophen entworfene Skizze einer *natürlichen Entwicklungsgeschichte der menschlichen Gesellschaft* in ihren Grundzügen festzustellen. Trotz des, soweit sie den einzelnen betreffen, anscheinend regellosen Spiels der menschlichen Geschehnisse, hofft Kant einen *regelmäßigen Gang* der Geschichte *im großen* entdecken zu können. Zeigt doch schon die Statistik der Ehen, Geburten und Sterbefälle, daß diese scheinbar ganz zufälligen Begebenheiten festen Naturgesetzen ebenso unterworfen sind, wie die ebenso unbeständig erscheinenden klimatischen Verhältnisse der Erde [AKA VIII, 17/18]. So könnte sich auch in diesem »widersinnigen«, »aus Torheit, kindischer Eitelkeit, oft auch aus kindischer Bosheit und Zerstörungssucht zusammengewebten« Gange menschlicher Dinge vielleicht eine bestimmte Regel entdecken lassen. Er selbst zwar will nur einen Leitfaden zu einer solchen Geschichte zu finden versuchen: möge ein künftiger Kepler oder Newton der Geschichtsphilosophie ihn vervollständigen!

Sodann folgt auf eine freilich wiederum teleologische Einleitung, auf Sätze wie den, daß alle Naturanlagen eines Geschöpfes bestimmt seien, sich einmal vollständig und zweckmäßig zu entwickeln [AKA VIII, 18], eine, trotz der immer wiederkehrenden anthropomorphen Wendungen (die Natur »tut nichts Überflüssiges«, sie »bedient sich« gewisser Mittel zu gewissen Zwecken usw.), im Grunde doch durchaus naturwissenschaftlich gedachte Gedankenreihe: »Das Mittel, dessen sich die Natur bedient, die Entwicklung aller ihrer Anlagen zustande zu bringen, ist - der *Antagonismus* derselben in der Gesellschaft«, der schließlich dennoch zu einer gesetzmäßigen Ordnung treibt: die *»ungesellige Geselligkeit»* [AKA VIII, 20]. Nicht die Moral, im Gegenteil gerade die egoistischen Triebe der »Ehrsucht, Herrschsucht und Habsucht«, die den einzelnen antreiben, »sich einen Rang unter seinen Mitgenossen zu verschaffen«, befördern die Entwicklung aus der anfänglichen »Rohigkeit« zur Kultur, die »eigentlich in dem gesellschaftlichen Wert des Menschen besteht«. So geht die schließliche Umwandlung der menschlichen Gesellschaft in ein »moralisches Ganze« aus dem Widerstreit der menschlichen Kräfte, aus dem natürlichen Gegensatz des Hanges zur Vergesellschaftung und zur Vereinzelung hervor. Freilich denkt Kant, mindestens zunächst, dem Geist seines Zeitalters entsprechend, dabei nur *psychologisch,* an die Triebe des *Einzelnen*[11] anstatt, wie Marx, *ökonomisch,* an die Tendenzen ganzer *Klassen.* Die *Not* ist es – »weit mehr als Zuneigung und Liebe«, wie es an anderer Stelle heißt –, die den an sich zur ungebundenen Freiheit neigenden Menschen veranlaßt, sich dem Zwange des Gesetzes unterzuordnen. Und dieser vordarwinschen Theorie des Kampfs ums Dasein fehlt auch ein ganz biologischer Vergleich, wie er bei Darwin stehen könnte, nicht. Es geht den Menschen wie den Bäumen in einem Walde, die »ebendadurch, daß ein jeder dem anderen Luft und Sonne zu benehmen sucht, einander nötigen, beides über sich zu suchen, und dadurch einen schönen, geraden Wuchs bekommen«. Alle Kunst und Kultur, ja die schönste Gesellschaftsordnung sind Früchte der Ungeselligkeit [AKA VIII, 21].

Ähnliche Gedanken werden auch in anderen, von Conrad Schmidt in seinem sonst sehr dankenswerten Aufsatz nicht erwähnten Schriften Kants entwickelt. So z. B. in der bereits soeben benutzten geistreichen Abhandlung von 1786: *Mutmaßlicher Anfang der Menschengeschichte,* die in Anlehnung an die mosaische Legende die dahinterliegenden geschichtsphilosophischen Ideen sehr hübsch entwickelt, übrigens, nebenbei bemerkt[12], nebst der vorigen zu den ersten von Schiller gelesenen Kantischen Schriften gehört und ihn zu seiner in der Thalia von 1790 veröffentlichten Vorlesung: *Etwas über*

---

[11] Parallelstellen aus der »Anthropologie« weist Medicus a.a.O. S. 179 ff. nach.
[12] Näheres s. in meinem Buche: »Kant, Schiller, Goethe« (Leipzig, 1907, 2. Aufl. 1923), S. 4–7.

*die erste Menschengesellschaft* veranlaßte. *Arbeit* und *Zwietracht*, so führt Kant dort aus, bildeten das Vorspiel der Vereinigung zur Gesellschaft, führten vom wilden Jäger- und gemächlichen Hirtenleben zum mühsamen Ackerbau. Die Angriffe der Nomaden gegen die ansässigen Ackerbauer verursachten sodann die Gründung fester Dorfschaften und Städte. Die sich allmählich immer weiter entwickelnde Verschiedenheit der Lebensweise und Beschäftigung ließ nicht nur Tauschhandel, sondern auch die Anfänge geselliger Ordnung und bürgerlicher Sicherheit entstehen. So zeigte sich die »Ungleichheit unter Menschen«, »diese reiche Quelle so vieles Bösen«, doch zugleich auch als die Quelle »alles Guten«. Ähnlich weist noch 1795 der Traktat *Zum ewigen Frieden* darauf hin, wie der mechanische Lauf der Dinge[13] - analog Hegels »List der Natur« - gleichwohl »durch die Zwietracht der Menschen Eintracht selbst wider ihren Willen emporkommen lasse« [AKA VIII, 360]. Ja, eine Stelle der Kritik der Urteilskraft (§ 83) ruft in uns Modernen schon die Erinnerung an Ausbeutungslehre und Klassenkampftheorie wach: »Die Geschicklichkeit kann in der Menschengattung nicht wohl entwickelt werden als vermittelst der Ungleichheit unter Menschen; da die *größte Zahl* die Notwendigkeiten des Lebens gleichsam mechanisch, ohne dazu besonders Kunst zu bedürfen, zur Gemächlichkeit und Muße *anderer* besorgt, welche die minder notwendigen Stücke der Kultur, Wissenschaft und Kunst bearbeiten und von diesen in einem *Stande des Druckes, saurer Arbeit und wenig Genusses* gehalten wird, auf welche Klasse sich denn doch manches von der Kultur der höheren nach und nach auch verbreitet. Die Plagen aber *wachsen* im Fortschritte derselben ... auf beiden Seiten *gleich mächtig*, auf der einen durch fremde Gewalttätigkeit, auf der anderen durch innere Ungenügsamkeit ...« [AKA V, 432]. Während eine solche, den Gesichtspunkt eines *fortschreitenden*

---

13 Ähnlich spricht »Religion innerhalb« S. 35 Anm. [AKA VI, 34] von einem »gewissen maschinenmäßigen Gang der Natur«, jedoch »nach Zwekken, die nicht ihre (der Völker) Zwecke, sondern Zwecke der Natur sind«.

*wirtschaftlichen* Klassengegensatzes bereits vorausnehmende Stelle in Kants Werken immerhin ziemlich vereinzelt dasteht, wendet der Aufsatz von 1784 in seinem siebenten und achten »Satze« den Gedanken des *Antagonismus* auch auf das gegenseitige Verhältnis der Staaten zueinander an. Auch hier ist ein Antagonismus unvermeidlich, aber auch hier treibt das Übermaß der Übel schließlich zum Guten hin. Die beständigen Kriege und noch mehr die niemals nachlassenden Rüstungen, endlich die daraus mit der Zeit notwendig folgende Erschöpfung ihrer Kräfte müssen einmal zu einem großen *Völkerbunde* führen, der gemeinsame Gesetze für sich und über sich anerkennt; wobei es unser Philosoph unausgemacht lassen will, ob ein solcher Zustand die bloße Folge eines Zufalls sein oder in der Absicht der Natur liegen würde. Schon jetzt, so heißt es dann weiter [AKA VIII, 27], könne
1. »kein Staat in der inneren Kultur nachlassen, ohne gegen die anderen an Macht und Einfluß zu verlieren«, und 2. »die bürgerliche Freiheit nicht wohl angetastet werden, ohne den Nachteil davon in allen Gewerben, vornehmlich dem Handel, dadurch aber auch die Abnahme der Kräfte des Staats im äußeren Verhältnisse zu fühlen«. Und weil die Staaten dieser Freiheit und Lebhaftigkeit des Verkehrs immer mehr zu ihrem Fortbestand bedürfen, so sind ihre Beherrscher 3. schon aus Egoismus genötigt, auch immer mehr *Aufklärung* sich entwickeln zu lassen. Obwohl »unsere Weltregierer zu öffentlichen Erziehungsanstalten und überhaupt zu allem, was das Weltbeste betrifft, für jetzt kein Geld übrig haben, weil alles auf den künftigen Krieg schon zum voraus verrechnet ist: so werden sie doch ihren eigenen Vorteil darin finden, die obzwar schwachen und langsamen eigenen Bemühungen ihres Volks in diesem Stücke wenigstens nicht zu hindern«. Endlich 4. wirkt auch das immer stärkere Anwachsen der *Staatsschulden* (»einer neuen Erfindung«!), »deren Tilgung unabsehlich wird«, auf eine solche friedliche Vereinigung hin. Es klingt fast, als ob man einen Demokraten alten Stils oder einen heutigen Sozialisten die Übel der modernen europäi-

schen Rüstungspolitik und ihre unvermeidliche Verkettung mit den allgemeinen wirtschaftlichen, geistigen und politischen Zuständen schildern hörte. Und zwar verläßt sich unser so häufig als ethischer Formalist getadelter und als politischer Wolkenkuckucksheimer verspotteter Philosoph in diesen sehr irdischen Dingen der Politik gar nicht auf die *Moral,* sondern auf – den »wechselseitigen Eigennutz«! »Es ist der *Handelsgeist«,* wie die Schrift *Zum ewigen Frieden* noch deutlicher ausführt, »der mit dem Kriege nicht zusammen bestehen kann, und der früher oder später sich jedes Volks bemächtigt. Weil nämlich unter allen der Staatsmacht untergeordneten [heute noch? d. Verf.] Mächten (Mitteln) die *Geldmacht* wohl die zuverlässigste sein möchte, so sehen sich Staaten (freilich wohl nicht eben durch Triebfedern der Moralität) gedrungen, den edlen Frieden zu befördern und, wo auch immer in der Welt Krieg auszubrechen droht, ihn durch Vermittelungen abzuwehren . . .« [AKA VIII, 368]. Ja, er erklärt geradezu: daß »*nicht* von der *Moral* die gute Staatsverfassung, sondern vielmehr *umgekehrt* von der *letzteren* allererst die *gute moralische Bildung* eines Volkes zu erwarten ist«. Er behauptet, fast wie ein überzeugter historischer Materialist, daß dem »*zur Praxis ohnmächtigen,* in der *Vernunft* gegründeten Willen« die Natur zu Hilfe komme, indem sie durch eben jene »selbstsüchtigen Neigungen« eine gute Organisation des Staates bewirke [AKA VIII, 366].

Vorläufig jedoch, und zwar noch auf lange hinaus, wird nach Kants Ansicht der Krieg unvermeidlich sein, und wir müssen uns damit trösten, daß er bei allen seinen Drangsalen wenigstens indirekt, »eine Triebfeder mehr ist, . . . alle Talente, die zur Kultur dienen, bis zum höchsten Grade zu entwickeln« (Kritik der Urteilskraft [AKA V, 433]), und daß »die Kriegsgefahr auch jetzt noch das einzige ist, was den Despotismus mäßigt; weil Reichtum dazu erfordert wird, daß ein Staat jetzt eine Macht sei, ohne Freiheit aber keine Betriebsamkeit, die Reichtum hervorbringen könnte, stattfindet« [AKA VIII, 120].

Wir betrachteten bisher Kants Vorstellung von dem vergangenen und voraussichtlichen *Weg* der geschichtlichen Entwicklung der Menschheit. Welchem *Ziele* führt dieser Weg zu? Der »fünfte Satz« der Abhandlung von 1784 formuliert es: Zur »Erreichung einer *allgemein* das *Recht* verwaltenden *bürgerlichen Gesellschaft*«, in der »die größte *Freiheit,* mithin ein durchgängiger Antagonismus ihrer Glieder« gleichwohl mit der »genauesten Bestimmung und Sicherung der *Grenzen* dieser Freiheit, damit sie mit der Freiheit *anderer* bestehen könne«, verbunden ist [AKA VIII, 22]. Ähnlich wird dies sein Ideal einer »vollkommen gerechten bürgerlichen Verfassung« [AKA VIII, 22, 24, 26, 117] auch in anderen Schriften des kritischen Philosophen formuliert: so in der Kritik der reinen Vernunft (s. die eingangs von uns zitierte Stelle), der Kritik der Urteilskraft [AKA V, 433], der Rechtslehre [AKA VI, 313]. Nur so, meint er, kann die »höchste Absicht der Natur«, nämlich die *»Entwicklung aller* ihrer *Anlagen* in der Menschheit erreicht werden« [AKA VIII, 22]. Denn das ist die letzte und oberste Aufgabe der Menschheit; und der so oft rigoristisch gescholtene Kant schreibt im *Mutmaßlichen Anfang* (1786) – also zur selben Zeit, wo sein ethisches System entstand! – die Stelle nieder: ». . . die Natur hat gewiß nicht Instinkte und Vermögen in lebende Geschöpfe gelegt, damit sie solche bekämpfen und unterdrücken sollten« [AKA VIII, 117]. Freilich will er, in bewußtem Gegensatz zu Herder, nicht von dem einzelnen Individuum, sondern nur von der Menschheit als großem Ganzen behaupten, daß »seine Bestimmung unaufhörliches Fortschreiten ist« [AKA VIII, 65], daß »die Naturanlagen des Menschen, die sich auf den Gebrauch seiner Vernunft beziehen, nur in der *Gattung,* nicht aber im *Individuum* vollständig entwickelt werden sollten« [AKA VIII, 61], »daß kein Glied aller Zeugungen des Menschengeschlechts, sondern nur die Gattung ihre Bestimmung völlig erreiche« [AKA VIII, 61; Vgl. 23 Anm; 116].

Übrigens zeigt sich Kant keineswegs als phantastischer Optimist. Er gesteht vielmehr im »Sechsten Satze« zu, dieses

Problem sei »zugleich das schwerste und das, welches von der Menschengattung am spätesten aufgelöst wird«; denn »aus so krummem Holze, als woraus der Mensch gemacht ist, kann nichts ganz Gerades gezimmert werden«. Die unumgängliche Voraussetzung zu der uns »von der Natur auferlegten Annäherung« an jenes Ideal seien: 1. »*richtige Begriffe* von der Natur einer möglichen Verfassung«, 2. »*große*, durch viel Weltläufe geübte *Erfahrenheit*«, und 3. »über das alles, ein zur Annehmung derselben vorbereiteter *guter Wille*«: »drei Stücke«, von denen auch wir mit ihm bekennen werden, daß sie sich »sehr schwer und, wenn es geschieht, nur sehr spät, nach viel vergeblichen Versuchen einmal zusammen finden können« [AKA VIII, 23]. Aber er meint doch »schwache Spuren der Annäherung« in seiner Zeit zu entdecken [AKA VIII, 26], er glaubt zu sehen, daß sich »dennoch gleichsam schon ein Gefühl in allen Gliedern, deren jedem an der Erhaltung des Ganzen gelegen ist, zu regen anfange«. Das gebe Hoffnung, daß »nach manchen Revolutionen der Umbildung endlich das, was die Natur zur höchsten Absicht hat, ein allgemeiner weltbürgerlicher Zustand, als der Schoß, worin alle ursprünglichen Anlagen der Menschengattung entwickelt werden, dereinst einmal zustande kommen werde« [AKA VIII, 28].

Diese bis zu ihrem »größtmöglichen Grade« »immer fortgehende und wachsende Tätigkeit und Kultur« kann nach unsrem Philosophen nur das Produkt »einer nach Begriffen des Menschenrechts geordneten *Staats*-Verfassung« sein [AKA VIII, 64]; denn »der Mensch ist ein *Tier*, das, wenn es unter anderen seiner Gattung lebt, einen *Herrn* nötig hat«, und wenn es auch nur der Zwang des Gesetzes wäre [AKA VIII, 23]. Diesen Satz verteidigt er ausdrücklich gegen Herder, der in liberalistisch-anarchistischer Grundstimmung den »Staatsmaschinen großer Gesellschaften« die Glückseligkeit des einzelnen entgegengesetzt hatte. Ihre höchste Vollendung ist freilich nur eine »bloße Idee«, die »aber in aller Absicht sehr nützlich ist«, als das »Ziel, worauf wir der Absicht der Vorsehung gemäß unsere Absicht zu richten haben« [AKA VIII, 65], bis, nach allem Widerstreit zwischen Natur und Kultur, schließlich »vollkommene Kunst wieder Natur wird, als welches das letzte Ziel der sittlichen Bestimmung der Menschengattung ist« (§ 58): Gedanken, die dann namentlich Kants großer Jünger Schiller weiter ausgebildet hat.

Keine Frage ist, daß Kants Ideal sich auf den *reinen Rechtsstaat* bezieht. Das geht aus den oben genannten Formulierungen, das geht auch aus zahlreichen anderen Stellen seiner staats- und rechtsphilosophischen Schriften hervor. Wir verweisen namentlich auf die *Rechtslehre* selbst, aber auch auf andere Abhandlungen, wie die *Über den Gemeinspruch usw.*, z. B. [AKA VIII 289/290]: »*Recht* ist die Einschränkung der Freiheit eines jeden auf die Bedingung ihrer Zusammenstimmung mit der Freiheit von jedermann, insofern diese nach einem allgemeinen Gesetze möglich ist«, und »die bürgerliche Verfassung ein Verhältnis *freier* Menschen, die . . . doch unter *Zwangs*gesetzen stehen« [AKA VIII, 289].[14] An einer anderen Stelle (*Mutmaßlicher Anfang* usw. [AKA VIII, 117]), wird sogar die Ungleichheit des *Menschenrechts* ausdrücklich derjenigen der Naturgaben oder Glücksgüter gegenübergestellt. Diese von Rousseau »mit vieler Wahrheit« beklagte Rechtsungleichheit, »zu welcher die Natur den Menschen gewiß nicht bestimmt hatte«, sei aber von der Kultur nicht abzusondern, solange diese gleichsam planlos fortgehe: zu beseitigen sei sie erst durch die öffentlichen Zwangsgesetze des bürgerlichen Rechts, »durch welche jedem das Seine bestimmt und gegen jedes anderen Eingriff gesichert werden kann« [AKA VIII, 289].

Aufzulösen ist aber diese schwierige Aufgabe der »Staatserrichtung« dennoch – und zwar nicht bloß für ein Volk von »Engeln« (Zum ewigen Frieden, [AKA VIII, 366 f.]), sondern selbst eines von »*Teufeln*«, »wenn sie nur *Verstand* haben«! Denn »es

---

[14] Vgl. »Rechtslehre«, S. 213: Das äußere Recht ist »die Zusammenstimmung der Freiheit eines jeden mit der Freiheit von jedermann nach einem allgemeinen Gesetze«. [Vgl. AKA VI, 230, 237]

ist nicht die moralische Besserung der Menschen, sondern nur der *Mechanismus* der *Natur,* von dem die Aufgabe zu wissen verlangt, wie man ihn an Menschen benutzen könne, um den Widerstreit ihrer unfriedlichen Gesinnung in einem Volke« - jenen oben charakterisierten Antagonismus - »so zu richten, daß sie sich unter Zwangsgesetze zu begeben einander selbst nötigen und so den Friedenszustand, in welchem Gesetze Kraft haben, herbeiführen müssen« [AKA VIII, 366]. In diesem Sinne bezeichnet denn auch die kritische *Rechtslehre* als ihren »ganzen Endzweck« und zugleich als das *höchste politische Gut:* den »ewigen Frieden« [AKA VI, 355]. Was für Schlüsse lassen sich nun aus dem Vorangegangenen auf einen etwaigen inneren Zusammenhang - ein äußerer historischer ist, wie wir noch genauer sehen werden, völlig ausgeschlossen - zwischen Kants geschichtsphilosophischer Denkweise und *marxistischer* Methode ziehen? Conrad Schmidt, der eine Beziehung zwischen kantischer *Ethik* und Begründung des Sozialismus nicht zugeben will, ist, wie wir sahen, um so mehr geneigt, eine solche auf *geschichtsphilosophischem* Felde zu suchen. Ja, er hat gelegentlich[15], sogar schon in einer vorkritischen Schrift Kants, dem *Versuch, die negativen Größen in die Weltweisheit einzuführen* (1763), einen Vorläufer der Marxschen Dialektik erblicken wollen. Um den letzten Punkt gleich vorweg zu erledigen, so können wir auch hier so weit wie Schmidt nicht gehen. Das einzige, was in der geistreichen kleinen Schrift des jüngeren Kant an die dialektische Methode von Hegel-Marx erinnert, ist der Gedanke, daß das *Vergehen* immer zugleich ein neues (Kant sagt: »negatives«) *Entstehen* ist.[16] Dieser Gedanke war aber bereits in der Leibnizschen Philosophie, von welcher Kant sich damals noch nicht völlig losgemacht hatte, enthalten und beweist höchstens, daß entwicklungsgeschichtliche Ideen, wie

---

15 In einem später noch zu erwähnenden Artikel in der »Wissenschaftlichen Beilage« zum »Vorwärts« vom 17. Oktober 1897.
16 Bd. 46 a der »Phil. Bibl.«, S. 97 [AKA II, 190]; vgl. dazu meine Inhaltsskizze der Schrift, S. XVIII ff. desselben Bandes.

sie Hegel weiter ausbildete, auch Kant nicht fremd gewesen sind, wenn sie auch später in seinem kritischen System stark zurücktreten.[17]

Dagegen hat Schmidt recht, wenn er darauf hinweist, daß ein *gewisses Maß von Teleologie* in jeder *entwicklungsgeschichtlichen* Auffassung notwendig enthalten ist. In der Tat setzt schon der biologische Grundbegriff des Organismus den der Zweckmäßigkeit, im Verhältnis der Teile untereinander und zum Ganzen, voraus. Ohne irgendeinen »Leitfaden der Vernunft«, und wenn er auch nur in einem nützlichen Gesichtspunkt für die Problemstellung und die empirische Beobachtung bestände, ohne ein solches »regulatives« Prinzip ist, wie Kant in seiner Kritik der teleologischen Urteilskraft nachgewiesen hat, keine beschreibende Naturwissenschaft denkbar. Und noch weniger eine Geschichtsauffassung, die uns eine Entwicklung von niederen zu höheren Daseinsformen der menschlichen Gesellschaft begreiflich machen will, auch die »materialistische« nicht ausgeschlossen. »Wo Entwicklung, da sind Entwicklungstendenzen, Entwicklungsziele; nur im Hinblick auf solche Tendenzen und Ziele ist es überhaupt möglich, den geschichtlichen Prozeß in eine Reihe aufeinanderfolgender Entwicklungsetappen einzuordnen« (Schmidt a.a.O. S. 690). Ohne sie würde sich der ganze Ablauf der Geschichte in das zwecklose Spiel der Natur und das trostlose Ungefähr umwandeln, als das es dem ernsten Beobachter in der Tat zunächst erscheint (Kant, Idee zu einer usw. [AKA VIII, 17/18]): ein »Possenspiel«, das die »anderen Tiergeschlechter« »mit weniger Kosten und ohne Verstandesaufwand treiben« (Streit d. Fak. [AKA VII, 82]). »Das Zutrauen zu der Natur, daß sie die Menschheit nicht zu einem ewig währenden Narrenspiele verurteilt habe, daß sie in dem bunten Wirrwarr der Erscheinungen ein Vernünftiges sich langsam heraufarbeiten lasse, lebt ganz ebenso auch in der materialistischen Geschichtsauffassung, sofern dieselbe, über

---

17 Vgl. dazu P. Menzers in Anm. 6 zitiertes Werk.

die Erklärung des Gewesenen hinausgehend, den Aufstieg einer sozialistischen Gesellschaftsordnung aus den Kämpfen der Gegenwart prophezeit« (Schmidt, ebd.). Freilich müssen religiös-anthropomorphistische Gesichtspunkte von solcher Teleologie vollständig ferngehalten werden, und in die kausalgenetische Erforschung der geschichtlichen Tatsachen im einzelnen hat sie sich nicht einzumischen.

So widerspricht wenigstens der mechanische Grundgedanke von Kants Geschichtsphilosophie, sobald er von seinen im Geist der Zeit liegenden teleologisch-moralisierenden Anhängseln befreit wird, der marxistischen Methode nicht. Man könnte sogar, auch abgesehen von dem wertvollen Gedanken des »Antagonismus« und der »ungeselligen Geselligkeit«, noch einzelne andere Parallelen herausspüren. Wir wenigstens fühlten uns an das bekannte Marx-Engelssche Bild vom »Geburtshelfer« der neuen Gesellschaft erinnert, als wir in Kants Abhandlung von 1784 die Stelle [AKA VIII, 27] lasen, wo er von dem in ferner Zukunft durch *den Gang der Dinge »mit Sicherheit* zu erwartenden« Umschwung meint: es scheine, »wir könnten durch unsere eigene vernünftige Veranstaltung diesen für unsere Nachkommen so erfreulichen Zeitpunkt *schneller herbeiführen*«. Indem so die Philosophie »durch ihre Idee zu dessen Herbeiführung, obgleich nur von weitem, selbst beförderlich werden kann«, erweise sie sich als »nichts weniger als schwärmerisch«. Auf die heute so viel genannte *Diktatur des Proletariats* paßt folgende Nachlaßnotiz: »Um ein *pactum sociale* zu einer Republik zu stiften, muß schon eine Republik da sein. Folglich kann sie nicht anders wie durch *Gewalt, nicht* durch *Einstimmung* gestiftet werden.« (Lose Blätter, herausgeg. von R. Reicke, Altpreuß. Monatsschrift XXXI, S. 589.)

Indes wir haben keinerlei Interesse daran, Kantische und Marxistische Denkweise einander mehr anzunähern, als es dem wirklichen Stand der Dinge entspricht. Und da müssen wir sagen, Kants politisches Endziel, d h. in der Hauptsache doch der reine Rechtsstaat, ist teils zu unbestimmt gelassen, teils zu sehr – wie der Philosoph am Schluß seiner *Rechtslehre* ausdrücklich erklärt - a priori hergeleitet, als daß es mit demjenigen von Marx verglichen werden könnte. Dagegen geht eine andere Tatsache aus unserer Durchmusterung von Kants geschichtsphilosophischen Schriften, vor allem der sozusagen konzentriertesten von ihnen, der *Idee zu einer allgemeinen Geschichte usw.*, um so unzweifelhafter hervor, als sie zur selben Zeit wie seine erste ethische Grundschrift entstanden ist: die kritische *Ethik*, die von den meisten Marxisten so ängstlich perhorresziert wird, schließt eine streng *kausale Geschichtsauffassung,* welche die Welt nimmt, nicht wie sie sein *soll,* sondern wie sie wirklich *ist*, durchaus nicht aus. Im Gegenteil: gerade *weil* Kant Ideal und Wirklichkeit methodisch auseinanderhält, konnte er mit einer idealistisch gerichteten reinen Ethik eine wesentlich realistische geschichts- und Sozialphilosophie verbinden.


## II. Kants Politisch-soziale Ansichten

Sein Staatsideal hatte der kritische Philosoph schon 1781, wie wir sahen, in die Worte gekleidet: eine Verfassung von der *größten menschlichen Freiheit* nach Gesetzen, welche machen, daß jedes Freiheit mit der anderen ihrer bestehen kann. Dieses Ideal läßt *an sich* sowohl eine *sozialistische* als eine *liberalistische* Deutung zu. Sehen wir nun, welchen Inhalt der historische Kant selbst dieser Form gegeben hat. Wir benutzen dazu natürlich seine Schriften[18], nicht unzuverlässige biographische Notizen über ihn. Auch strebt die folgende Skizze nicht nach absoluter Vollständigkeit in Einzelheiten,

---

[18] Von diesen kommen besonders in Betracht: »Rechtslehre« (Bd. 42 der Phil. Bibl.) [AKA VI, 203–375], »Zum ewigen Frieden« (Bd. 47¹, S. 115 ff.) [AKA VIII, 341–386], »Über den Gemeinspruch: das mag in der Theorie richtig sein, taugt aber nicht für die Praxis« (ebd. S. 67 ff.) [AKA VIII, 273–314] und die Fragmente aus dem Nachlaß (Bd. 50 [= Vermischte Schriften, S. 255–298: Fragmente]).

dagegen hofft sie keinen wesentlichen Zug seiner politischen Anschauungen, insbesondere soweit sie nach der *sozialen* Seite gehen, außer acht gelassen zu haben.

Wie unmittelbar Kants Staatsidee mit seinem *Rechts*ideal zusammenhängt, dafür geben, außer den schon wiedergegebenen Zeugnissen, folgende weniger bekannte Fragmente aus seinem *Nachlaß* den schlagendsten Beweis: »Alle *wahre Politik* ist auf die Bedingung eingeschränkt, mit der Idee des öffentlichen Rechts zusammenzustimmen . . . Wehe dem, der eine andere Politik anerkennt als diejenige, welche die Rechtsgesetze heilig hält« (Bd. 50 S. 294 f. meiner Neuausgabe). Daher verlangt auch das Volk von der Regierung nicht Wohltätigkeit, sondern sein *Recht;* »denn mit Freiheit begabten Wesen genügt nicht der Genuß der Lebensannehmlichkeit . . ., sondern auf das *Prinzip* kommt es an, nach welchem es sich solche verschafft« (Streit des Fakult. [AKA VII, 87]). »Das Recht muß nie der Politik, wohl aber die Politik jederzeit dem Rechte angepaßt werden« [AKA VIII 429].

Das Recht aber besteht, wie wir sahen, in der gesetzlichen Sicherung größtmöglicher *Freiheit*. Wie tief eingewurzelt das Freiheitsgefühl in Kant war, dafür geben ebenfalls einige Bruchstücke aus seinem *Nachlaß* den deutlichsten Beleg: »Es ist kein Unglück, das demjenigen, der der Freiheit gewohnt wäre, erschrecklicher sein könnte, als sich einem Geschöpfe von seiner Art überliefert zu sehen, das ihn zwingen könnte, sich seiner eigenen Willkür zu begeben und das zu tun, was jenes will. – Daher kann kein Abscheu natürlicher sein, als den ein Mensch gegen die Knechtschaft hat. Um desgleichen weint und erbittert sich ein Kind, wenn es das tun soll, was andere wollen, ohne daß man sich bemüht hat, es ihm beliebt zu machen« (Bd. 50, S. 284 f.). »Daß der Mensch aber gleichsam keiner Seele bedürfen und keinen eigenen Willen haben soll, und daß eine andere Seele meine Gliedmaßen beugen soll, das ist ungereimt und verkehrt. Auch in unserer Verfassung ist uns ein jeder Mensch verächtlich, der in einem gewissen Grade unterworfen ist. . . . Der Mensch, der abhängt,

ist nicht mehr ein Mensch; er hat diesen Rang verloren, er ist nichts als ein Zubehör eines anderen Menschen« (S. 286).
Daher Kants Sympathie, ja Begeisterung für Rousseau, der ihn »zurecht gebracht« habe, für den nordamerikanischen Freiheitskampf und für die *Französische Revolution*, die ihm auch noch 1798, als selbst Schiller sich schaudernd von ihr abgewandt, trotz der inzwischen erfolgten »Greueltaten«, als die »Begebenheit unserer Zeit« erschien, welche eine »moralische Tendenz des Menschengeschlechts beweiset«. Denn einmal habe sie sich auf das Recht des Volkes gegründet, sich selbst eine ihm gut dünkende Verfassung zu geben, und zweitens habe diese Verfassung den an sich rechtlichen und moralisch guten Zweck gehabt, den Angriffskrieg grundsätzlich zu meiden; daher habe die Revolution über die durch bloße Geldbelohnungen oder mittelalterliche Ehrbegriffe angespornten Gegner unter der enthusiastischen Teilnahme aller Wohlgesinnten den Sieg davongetragen; denn »*wahrer* Enthusiasmus geht immer nur aufs *Idealische,* und zwar *rein Moralische,* desgleichen der *Rechts*begriff ist« und «kann auf den Eigennutz nicht gepfropft werden«. »Ein solches Phänomen« aber, »in der Menschengeschichte vergißt sich nicht mehr« (Streit der Fakult. [AKA VII 86–89])[19].
Wie eine Zusammenfassung alles dessen, was der Philosoph über die Freiheit gedacht und geschrieben, klingt die schöne Stelle aus dem letzten Kapitel der Religion innerhalb der bloßen Vernunft: »Ich gestehe, daß ich mich in einen« [Kant: im] »Ausdruck, dessen sich auch wohl kluge Männer bedienen, nicht wohl finden kann: Ein gewisses Volk (was in der Bearbeitung einer gesetzlichen Freiheit begriffen ist) ist *zur Freiheit nicht reif;* die Leibeigenen eines Gutseigentümers sind zur Freiheit noch nicht reif, und so auch: die Menschen überhaupt sind zur Glaubensfreiheit noch nicht reif. Nach einer

---

19 Vgl. meinen ausführlichen Aufsatz über »Kants Verhältnis zur Französischen Revolution«, in »Philosophische Abhandlungen zu H. Cohens 70. Geburtstag«, Berlin 1912. Dazu jetzt meine Kantbiographie »I. Kant, der Mann und das Werk«, 2 Bde., (Leipzig 1924), Bd. II, 4. Buch, Kap. 2.

solchen Voraussetzung aber wird die Freiheit *nie* eintreten; denn man kann zu dieser nicht *reifen,* wenn man nicht zuvor in Freiheit gesetzt worden ist (man muß frei *sein,* um sich seiner Kräfte in der Freiheit zweckmäßig bedienen zu können). Die ersten Versuche werden freilich roh, gemeiniglich auch mit einem beschwerlicheren und gefährlicheren Zustande verbunden sein, als da man noch unter den Befehlen, aber auch der Vorsorge anderer stand, allein man reift für die Vernunft nie anders als durch eigene Versuche (welche machen zu dürfen, man frei sein muß). Ich habe nichts dawider, daß die, welche die Gewalt in Händen haben, durch die Zeitumstände genötigt, die Entschlagung von diesen drei Fesseln« - gemeint ist die politische, wirtschaftliche, religiöse Fessel - »noch weit, sehr weit aufschieben. Aber es zum *Grundsatze* zu machen, daß denen, die ihnen einmal unterworfen sind, überhaupt die Freiheit nicht tauge, und daß man berechtigt sei, sie jederzeit davon zu entfernen, ist ein *Eingriff in die Regalien der Gottheit* selbst, die den Menschen zur *Freiheit* schuf. Bequemer ist es freilich, in Staat, Haus und Kirche zu herrschen, wenn man einen solchen Grundsatz durchzusetzen vermag. Aber auch gerechter?« [AKA VI, 188]. Dem entspricht endlich, daß der *Volkswille,* wie in unserer Weimarer Verfassung, der höchste und letzte Maßstab für die Gesetzgebung sein soll. »Was ein Volk über sich selbst nicht beschließen kann, das kann der Gesetzgeber auch nicht über das Volk beschließen« (*Gemeinspruch* [AKA VIII, 304 u. VI, 327]). Der Wille *aller* ist der »Urquell alles Rechts« (*Lose Blätter* Bd. II, S. 94). Darum ist auch für Kant die patriarchalische Regierung, welche die Bürger als Kinder behandelt, die despotischste unter allen (Gem. Rechtslehre [AKA VIII, 291, bzw. VI, 317]), im Gegensatz zur »patriotischen« oder vaterländischen, d. h. derjenigen, »wo der Staat selbst seine Untertanen zwar gleichsam als Glieder einer Familie, doch zugleich als *Staatsbürger,* d. i. nach Gesetzen ihrer eigenen Selbständigkeit behandelt, jeder sich selbst besitzt und nicht vom absoluten Willen eines anderen neben ihm oder über ihm abhängt« (Rechtslehre [AKA VI, 317]). Der bürgerlich-rechtliche Zustand besteht in der *Freiheit* eines jeden Gliedes der Gesellschaft als Menschen, seiner *Gleichheit* als Untertan, seiner *Selbständigkeit* als Bürger (Gem. [AKA VIII, 291]).

Nach diesen seinen allgemeinen politischen Grundsätzen - einzelne praktische Folgerungen aus denselben werden wir noch später kennenlernen – könnte Kant als *radikaler Demokrat* gelten. Das wirklich zu sein, hindern ihn jedoch mehrere Umstände. Zunächst ein in seiner persönlichen Anlage begründeter Zug, der seiner ganzen philosophischen Denkweise, ja schon seinem Stil anhaftet: die aus purer Gewissenhaftigkeit hervorgehende Neigung, bei aller Konsequenz des Gedankens doch ja auch *allen* jedesmal in Betracht kommenden Momenten gerecht zu werden, insbesondere auch dem gegenteiligen Standpunkt sein relatives Recht werden zu lassen. Daher hatte er z. B. bei jenem sonst so entschiedenen Preis der politischen, wirtschaftlichen und religiösen Freiheit doch »nichts dawider«, daß die augenblicklichen Gewalthaber, »durch die Zeitumstände genötigt«, die Befreiungsaktion noch »sehr weit« aufschöben.

Mit Kants sittlichem Idealismus verbindet sich ferner eine scheinbar entgegengesetzte, aber öfters bei ihm hervorbrechende Neigung zu *pessimistischer* Beurteilung des menschlichen Charakters, die an Friedrichs II. gelegentlich auch von ihm zitiertes Wort von der *maudite race des hommes* erinnert. Sie spiegelt sich wider in seiner bekannten Lehre vom radikalen Bösen in der menschlichen Natur, die Schiller und Goethe so zurückstieß; sie kommt, wie der aufmerksame Leser schon bemerkt haben wird, auch in dem Aufsatz von 1784 mehrfach zum Ausdruck. Wir zitieren außer den bereits erwähnten eine besonders deutliche Stelle aus der Einleitung zu dieser Schrift: »Man kann sich eines gewissen Unwillens nicht erwehren, wenn man ihr (sc. der Menschen) Tun und Lassen auf der großen Weltbühne aufgestellt sieht; und, bei hin und wieder anscheinender Weisheit im einzelnen, doch endlich alles im großen aus Torheit, kindischer Eitelkeit, oft auch aus kindischer Bosheit und Zerstörungssucht zusammengewebt findet; wobei man am Ende nicht weiß, was man sich von unserer auf ihre Vorzüge so eingebildeten Gattung für einen Begriff machen soll« [AKA VIII, 18]. So ist denn auch der verächtlich klingende Satz: »Der Mensch ist ein Tier, das einen Herrn nötig hat« [AKA VIII, 23], keine zufällige Entgleisung, sondern er wird ausdrücklich gegen die Einwürfe Herders mit dem Grunde verteidigt, daß »ihn die Erfahrung aller Zeiten und an allen Völkern bestätigt« habe [AKA VIII, 64]. Und so sehr der selbst aus den einfachen Volkskreisen stammende Denker auch in seinen ethischen Schriften stets der Hochachtung vor der Rechtschaffenheit des gemeinen Mannes Ausdruck gibt, so protestiert er doch z. B. sehr energisch dagegen, daß wissenschaftliche Streitigkeiten vor den Richterstuhl des Volkes, »dem in Sachen der Gelehrsamkeit gar kein Urteil zusteht«, gezogen werden. Wenn solche Lehren vor »eigenmächtig sich selbst dazu aufwerfenden Volkstribunen . . . den Neigungen des Volkes angemessen vorgetragen werden«, so sei zu besorgen, daß »der Same des Aufruhrs und der Faktionen ausgestreut, die Regierung aber dadurch in Gefahr gebracht wird«. So schreibt der alte Kant, offenbar im Hinblick auf gewisse Erscheinungen der Revolution, im Streit der Fakultäten [AKA VII, 34]. Aber doch auch schon sein Programm der deutschen Aufklärung (1784) hatte als Grenze der Aufklärungsfreiheit die Rücksicht auf die Beamtenstellung und die »bürgerliche Ordnung« bezeichnet. »Nur derjenige (Fürst), der, selbst aufgeklärt, sich nicht vor Schatten fürchtet, zugleich aber – ein wohldiszipliniertes zahlreiches Heer zum Bürgen der öffentlichen Ruhe zur Hand hat, kann das sagen, was ein Freistaat nicht wagen darf«: »Räsoniert« [d. h. macht von Eurer Vernunft Gebrauch], »soviel Ihr wollt und worüber Ihr wollt, nur gehorcht!« (Was ist Aufklärung? [AKA VIII, 37] und meine *Einleitung* dazu S. XXVI f. [in Bd. 47, I der Vorländer-Ausgabe]).

Jedenfalls ist Kants Freiheitsgefühl mit einem außerordentlich *starken Staatsgedanken* verbunden, so daß manche seiner Äußerungen ganz absolutistisch klingen. Jene so freiheitlich anmutende Stelle über die Utopien, die wir S. 268/269 dieses Kapitels brachten, wird eingeleitet durch den Satz: »Es ist doch *süß*, sich Staatsverfassungen auszudenken, die den Forderungen der Vernunft (vornehmlich in rechtlicher Absicht) entsprechen, aber *vermessen,* sie vorzuschlagen, und *strafbar,* das Volk zur Abschaffung der jetzt bestehenden aufzuwiegeln«; und sie schließt gar mit dem Gedanken: die Annäherung an ein solches Ideal sei Pflicht, aber »nicht der Staatsbürger, sondern des Staats*oberhaupts*« (Streit der Fak. [AKA VII, 92]). Die gesetzgebende Staatsgewalt wird für »unwiderstehlich« erklärt: »alle Widersetzlichkeit gegen die oberste gesetzgebende Gewalt, alle Aufwiegelung, um Unzufriedenheit der Untertanen tätlich werden zu lassen, aller Aufstand, der in Rebellion ausbricht, ist das höchste und strafbarste Verbrechen im gemeinen Wesen, weil es dessen Grundfeste zerstört« (Gemeinspruch [AKA VIII, 299]). Kant mißbilligt sogar die gewaltsame Erhebung der Schweiz, der Niederlande und Großbritanniens gegen ihre tyrannischen Beherrscher und polemisiert gegen den doch »sehr behutsamen, bestimmten und bescheidenen« Achenwall[20], dessen Naturrecht er seinen eigenen rechtsphilosophischen Vorlesungen zugrunde zu legen pflegte, weil dieser, liberaler als unser Philosoph, das Recht zum bewaffneten Aufstande von dem Maß der Ungerechtigkeit des Staatsoberhaupts abhängig gemacht wissen wollte [AKA VIII, 301].

Der »Untertan« soll über den Ursprung der gesetzgebenden Gewalt nicht »vernünfteln«, d. h. sich und anderen Gedanken machen, sondern einfach gehorchen (Rechtslehre [AKA VI, 318]). Gegen Gesetzwidrigkeiten, z. B. in bezug auf Besteuerung und Rekrutierung, darf er keinen Widerstand lei-

---

20 [Gottfried Achenwall, 1719–1772. Mitbegründer der Statistik (als Wiss. von den ›Staats-Merkwürdigkeiten‹). Prof. in Göttingen. A.'s »Ius naturae in usum auditorum« legte Kant seinen Vorl. zugrunde.]

sten, sondern sich nur beschweren. Jeder Versuch zur Empörung oder zur Vergreifung an der Person des Souveräns ist Hochverrat und verdient die Todesstrafe [AKA VI, 320]. Weshalb ergreift die Hinrichtung eines Karl I. oder Ludwig XVI. »die mit Ideen des Menschenrechts erfüllte Seele« mit Schaudern? Weil sie »eine völlige Umkehrung der Prinzipien des Verhältnisses zwischen Souverän und Volk (dieses, was sein Dasein nur der Gesetzgebung des ersteren zu verdanken hat, zum Herrscher über jenen zu machen) gedacht werden muß...« [AKA VI, 321/322]. Gut bezeugte mündliche Äußerungen aus seinen späteren Jahren klingen freilich anders.[21]
Gleichwohl würde man sich irren, wenn man unseren Philosophen um solcher Äußerungen willen für einen begeisterten Monarchisten oder gar überzeugten Absolutisten halten wollte. Das Staatsoberhaupt braucht gar nicht unbedingt eine physische Person zu sein, in Venedig z. B. ist es der Senat als Ganzes (nicht die Nobili oder der Doge); sondern es stellt die Personifizierung des Gesetzes dar und kann sogar demokratisch sein (Rechtslehre [AKA VI, 331 ff.]). Damit stehen wir bei dem Grundmotiv jenes anscheinenden Absolutismus. Die Allgewalt des Souveräns ist bei Kant, ähnlich wie bei Hobbes, im Grunde nur die Allgewalt des *Gesetzes,* des *Rechtes,* die notwendig ist, um das *Fiat iustitia pereat mundus* überall unnachsichtig zur Durchführung zu bringen. Dem *Recht*zwang hat sich jedermann zu fügen, das *Recht*prinzip ist es, das immer wieder dem Glückseligkeitsprinzip oder den »Schlangenwindungen einer unmoralischen Klugheitslehre« (Zum ewigen Frieden [AKA VIII, 375]) entgegengesetzt wird.
Besonders deutlich führt diesen Gedanken der der zweiten Auflage der Rechtslehre beigegebene Anhang erläuternder Bemerkungen aus. Ein Rezensent hatte Kants kategorische Empfehlung des unbedingten[22] Gehorsams gegen die oberste

---

21 Vgl. die ebengenannte Kantbiographie, Bd. II, S. 221 u. ö.
22 Übrigens lautet Kants kategorischer Imperativ in diesem Falle: »Gehorchet der Obrigkeit, die Gewalt über Euch hat, in allem, was nicht dem *inneren* Moralischen widerstreitet« (a.a.O., S. 206) [AKA VI, 371.]

Staatsgewalt getadelt. Demgegenüber zeigt Kant, wie zwar nicht die vielleicht sehr mangelhafte, faktische Verfassung, wohl aber die *Idee* einer Staatsverfassung überhaupt[23] jedem Volke heilig sein müsse. *Deshalb* darf keine subalterne Gewalt ... dem gesetzgebenden Oberhaupte desselben tätlichen Widerstand entgegensetzen, sondern die ihm (dem Staate) anhängenden Gebrechen müssen durch Reformen, die er an sich selbst verrichtet, allmählich gehoben werden (Rechtslehre [AKA VI, 356–372]).

»Die einzige bleibende Staatsverfassung« vielmehr, so führt die Rechtslehre [AKA VI, 341] ausdrücklich aus, ist diejenige, »wo das *Gesetz* selbstherrschend ist und an keiner besonderen Person hängt«. Demgegenüber sind die einzelnen *Staatsformen* - Monarchie, Aristokratie oder Demokratie - verhältnismäßig gleichgültig; »sie mögen also bleiben, solange sie, als zum Maschinenwesen der Staatsverfassung gehörend, durch alte und lange Gewohnheit ... für notwendig gehalten werden« [AKA VI, 340]. Schon über ein Jahrhundert vor dem das gleiche Thema behandelnden Internationalen Sozialistenkongresse in Amsterdam (1904) und den ihm folgenden parteipolitischen Diskussionen über den Wert oder Unwert der äußeren Staatsform hat Kant den Satz niedergeschrieben: »Es ist aber an der *Regierungsart* dem Volke ohne alle Vergleichung mehr gelegen als an der *Staatsform* (wiewohl auch auf dieser ihre mehrere oder mindere Angemessenheit zu jenem Zwecke sehr viel ankommt)« (*Zum ewigen Frieden* [AKA VIII, 353]).

Die »wahre« oder »reine« Republik, als die »einzig rechtmäßige Verfassung«, besteht in dem *Repräsentativsystem*, einerlei, ob das Staatsoberhaupt durch einen Monarchen, eine Aristokratie oder eine Demokratie dargestellt wird. Als oberste Rechtsquelle nimmt Kant, wie wir schon sahen

23 Diese Idee einer »vollkommenen rechtlichen Verfassung«, die in der Erfahrung nie völlig ausführbar ist, wird auch das »Ding an sich selbst« genannt. Woraus man sieht, was das so vielfach mißverstandene ›Ding an sich‹ auf dem praktischen Gebiete in Wahrheit bedeuten soll, nämlich: die *Idee*.

[hier S. 289], mit Rousseau den vereinigten *Volkswillen* an, aus dem alle Einzelrechte erst abzuleiten sind (Rechtslehre; Gemeinspruch [AKA VI, 312 ff., VIII, 295]). Und zwar nach der Idee eines *ursprünglichen Vertrags* (Rousseaus Contrat social): nicht als Faktum, »wie Danton will«, sondern als »Vernunftprinzip der Beurteilung aller öffentlichen rechtlichen Verfassung überhaupt« (Gemeinspruch [AKA VIII, 302]), als »unfehlbares Richtmaß« [AKA VIII, 299], als »Probierstein der Rechtmäßigkeit eines jeden öffentlichen Gesetzes« [AKA VIII, 297]. »Wenn einmal nicht vom Recht, sondern nur von der Gewalt die Rede ist«, so braucht man sich nicht zu wundern, wenn »das Volk auch die seinige versuchen und so alle gesetzliche Verfassung unsicher machen dürfte« [AKA VIII, 306]. Und so ist denn auch der ganze staatsphilosophische Teil der Abhandlung *Über den Gemeinspruch* ausdrücklich *gegen* den bekanntesten Vertreter des Absolutismus, Hobbes, gerichtet.

Dennoch spricht sich Kant an verschiedenen Stellen - besonders deutlich *Zum ewigen Frieden* [AKA VIII, 351 ff.] - gegen eine rein demokratische Verfassung aus. Sein Staatsideal, der »Republikanismus«, bedeutet nichts anderes als eine »neue Regierungsart« (s. oben), nämlich »das Staatsprinzip der Absonderung der *ausführenden* Gewalt (der Regierung) von der *gesetzgebenden*«. Es ist also nicht sowohl Rousseau als Montesquieu, dessen Lehre von der Trennung der drei Gewalten er im letzten Grunde folgt, obwohl er ihn, selbst an der Hauptstelle (Rechtslehre [AKA VI, 311-317]), seiner Gewohnheit nach nicht nennt.[24] Daneben sieht

---

[24] Kant soll denn auch in seinen Vorlesungen das Studium Montesquieus seinen Zuhörern angelegentlich empfohlen und ihn durch Erläuterungen einzelner Stellen aus seinen Werken bekanntgemacht haben. So berichtet Schubert in seinem Aufsatz: »Imm. Kant und seine Stellung zur Politik« (in »Raumers Historischem Taschenbuch« IX – 1838 – S. 525-628, vgl. bes. S. 579 ff.), der im übrigen nichts für uns Neues bringt und dessen Hauptaugenmerk darauf gerichtet ist, Kant als »treuesten und biedersten Vaterlandsfreund« (627 f.) darzustellen und ihn von dem Flecken »revolutionärer« Gesinnung zu reinigen, was ja mit Hilfe geschickt ausgewählter Zitate nicht allzu schwierig ist.

er die Volksrechte in erster Linie verbürgt durch völlige *Freiheit der Feder,* in Schranken gehalten nur durch die »Hochachtung und Liebe für die Verfassung, worin man lebt« (Gemeinspruch [AKA VIII, 304]) und durch den *»Geist der Freiheit«,* der von der Notwendigkeit gesetzlichen Zwanges »durch Vernunft überzeugt zu sein verlangt« [AKA VIII, 305]. So hält er seiner eigenen Erklärung nach eine Art Mittelstellung zwischen Regierungs- und Volksrecht ein, die jedem das Seine gibt, indem er meint: »Wenn man mir nun . . . den Vorwurf gewiß nicht machen wird, daß ich durch diese Unverletzbarkeit den Monarchen zu viel schmeichle, so wird man mir hoffentlich auch denjenigen ersparen, daß ich dem Volk zugunsten zu viel behaupte, wenn ich sage, daß dieses gleichfalls seine unverlierbaren Rechte gegen das Staatsoberhaupt habe, obgleich diese keine Zwangsrechte sind »(Gemeinspruch [AKA VIII, 303], vgl. Bd. 50, S. 291). Uns freilich wird der kaum greifbare »Geist der Freiheit«, ja selbst die freie Presse als *»einziges* Palladium der Volksrechte« nicht mehr genügend erscheinen.

Im Jahre 1801 wandte sich ein Magister Andreas Richter an den greisen Philosophen um die Erlaubnis, »eine systematische Politik nach kritischen Grundsätzen« abfassen zu dürfen, als »das einzige und wichtigste Bedürfnis gegenwärtiger Zeiten«, »wovon wir von Ihnen noch nichts haben«, und sandte ihm zugleich einen von ihm ausgearbeiteten Abriß des Inhalts ein. Kants Entwurf zu der Antwort ist noch erhalten; er erteilt die erbetene Erlaubnis mit der Erklärung, daß »mein 77jähriges Alter mir es nicht wohl möglich macht, es selbst zu verrichten«, und daß jener »das Terrain, auf welchem Sie Ihr Lehrgebäude aufzuführen gedenken«, ganz richtig beurteilt habe.[25] Wenn aber Kant auch nicht zur Abfassung eines *Systems* der Politik gekommen ist, so finden sich doch so zahlreiche Äußerungen in seinen von ihm selbst veröffentlichten Schriften wie in seinem Nachlaß, daß sich

---

[25] Kants S.W. (Akademie-Ausgabe), XII, S. 328-332, dazu Erläuterungsband XIII, S. 224 und 670.

leicht ein Buch danach oder darüber schreiben ließe. Wir begnügen uns im folgenden, die allgemeine politische Stellung des Philosophen durch eine Anzahl solcher Einzeläußerungen zu illustrieren, die vom Gesichtspunkte der Gegenwart sowie unseres Gesamtthemas einiges Interesse beanspruchen dürfen.
Sehr stark ist das bürgerlich-demokratische Gefühl bei dem Königsberger Sattlersohne ausgebildet. Aufs schärfste spricht er sich gegen alle *Standesvorrechte* aus: »Da nun Geburt keine Tat desjenigen ist, der geboren wird . . ., so kann es kein angeborenes Vorrecht eines Gliedes des gemeinen Wesens . . . vor dem andern geben.« Und noch weniger ein ererbtes Herrenrecht: »kein Mensch kann durch eine rechtliche Tat . . . aufhören, Eigner seiner selbst zu sein, und in die Klasse des Hausviehes eintreten, das man zu allen Diensten braucht, wie man will, und es auch darin ohne seine Einwilligung erhält, solange man will« (Gemeinspruch S. 90 [AKA VIII, 293]). »Im Grunde heißt es immer die Menschheit degradieren, gewisse Menschen durch die Geburt als eine besondere Spezies ohne Rücksicht auf Glücksgüter unter andere zu setzen« (Band 50 S. 292). Die Rechtslehre verwirft aufs schroffste alle Leibeigenschaft, Erbuntertänigkeit, Ritterorden, Majorate und Fideikommisse[26], was alles er ja als Ostpreuße aus nächster Nähe kannte. Ja, er wagt sogar die Rechtmäßigkeit des ererbten und »befestigten« *Großgrundbesitzes* anzuzweifeln, indem er die Frage aufwirft: »wie es doch mit Recht zuging, daß jemand mehr Land zu eigen bekommen hat, als er mit seinen Händen selbst benutzen konnte (denn die Erwerbung durch Kriegsbemächtigung ist keine erste Erwerbung); und wie es zuging, daß viele Menschen, die sonst insgesamt einen beständigen Besitzstand hätten erwerben können, dadurch dahin gebracht sind, jenen bloß zu dienen, um leben zu können?« (Gemeinspruch

---

[26] Vgl. das Sachregister meiner Ausgabe dieser Schrift (»Philos. Bibl.« Bd. 42 [AKA VI, 203-375.]) Die Verwerfung des Erbadels hielt er auch gegen Justus Möser und Nicolai ausdrücklich aufrecht (»Über die Buchmacherei«, Bd. 50, S. 207 ff. [AKA VIII, 431-438.]

[AKA VIII, 296]). Selbst dem Landesherrn soll kein Privateigentum an Grund und Boden in Gestalt von Domänen zustehen.

Ebensowenig der *Kirche*. In die inneren Angelegenheiten der letzteren soll sich der Staat nicht mischen, sondern nur etwaigen Übergriffen, insbesondere Störungen des öffentlichen Friedens, entgegentreten. Kirchliche Stiftungen und Besitztümer können nicht auf ewig Bestand haben; »denn die Kirche ist ein bloß auf Glauben errichtetes Institut und wenn die Täuschung aus dieser Meinung durch Volksaufklärung verschwunden ist, so fällt auch die darauf gegründete furchtbare Gewalt des Klerus weg, und der Staat bemächtigt sich mit vollem Rechte des angemaßten Eigentums der Kirche . . .« (Rechtslehre [AKA VI, 369; 327 f., 368]). Kirchenlasten dürfen nicht vom Staate, sondern müssen von der betreffenden Gemeinde getragen werden [AKA VI, 328]. Also Trennung der Kirche vom Staat!

Das *Besteuerungsrecht* kommt der Volksvertretung zu: »weil dieses die einzige Art ist, hierbei nach Rechtsgesetzen zu verfahren« [AKA VI, 325]. Durch öffentliche Beiträge der Vermögenden sind auch die Armenlasten zu decken, desgleichen auch die Ausgaben für Waisen- und Findelhäuser; letztere eventuell durch die Besteuerung der wohlhabenden Hagestolze beiderlei Geschlechts, wie der Junggeselle Kant uneigennützigerweise vorschlägt! Staatsschulden sollen nicht zu militärischen oder diplomatischen Zwecken, sondern nur zu solchen der öffentlichen Wohlfahrt (»Landesökonomie«) gemacht werden (Zum ewigen Frieden [AKA VIII, 345]). Schutzzölle und Einfuhrverbote werden unter Umständen gestattet, sofern sie nämlich der Staat zu seiner Selbsterhaltung für nötig erachtet (Gemeinspruch [AKA VIII, 298/99]). Auch ein Aufsichtsrecht über die Vereine (Einreichung ihrer Statuten) steht der Regierung zu; dagegen nicht das Recht der Haussuchung, ausgenommen in Notfällen nach besonderer gerichtlicher Ermächtigung. Nachdrücklich wendet sich Kant gegen die Absetzbarkeit der Beamten. Auch vom Begnadigungsrecht des Monarchen, außer im Falle der Majestätsbeleidigung, will er nichts wissen (Rechtslehre [AKA VI, 331 ff.]); denn dessen oberste Aufgabe ist es, »das Heiligste, was Gott auf Erden hat, das Recht der Menschen, zu verwalten«. Daher »hohe Benennungen«, wie Stellvertreter Gottes u. ä., ihn nicht hochmütig machen, sondern demütigen müßten, »wenn er Verstand hat (*welches man doch voraussetzen muß!*)« (Zum ewigen Frieden [AKA VIII, 353]).

Um ein letztes Gebiet der Politik zu berühren: wir haben unseren Philosophen zwar als aufrichtigen Verfechter des Repräsentativsystems, d. h. einer *parlamentarischen* Verfassung, kennengelernt. Das macht ihn aber keineswegs blind gegen das Volk, das »mit seiner Verfassung groß tut, als ob sie das Muster für alle Welt wäre« (Gemeinspruch [AKA VIII, 303]): das englische. Er lobt zwar den Grundsatz der Ministerverantwortlichkeit (Rechtslehre, Streit d. Fak. [AKA VI, 316/17; VII, 19]), erklärt aber die »Macht« des großbritannischen Parlaments für eitel Trug, ausgedacht, um den Absolutismus »unter dem Schein einer dem Volk verstatteten Opposition mit schönen Worten zu bemänteln«, während in Wirklichkeit von beiden Häusern »nichts anderes beschlossen wird, als was *Er* will und durch seinen Minister anträgt«, »der dann auch wohl einmal auf Beschlüsse anträgt, bei denen er weiß und es auch *macht*, daß ihm werde widersprochen werden (z. B. wegen des Negerhandels), um von der Freiheit des Parlaments einen scheinbaren Beweis zu geben«. Das fällt ihm natürlich leicht bei Deputierten, die »für sich und ihre Familie und dieser ihre vom Minister abhängige Versorgung in Armeen, Flotte und Zivilämtern lebhaft interessiert sind und ... immer bereit sind, sich selbst der Regierung in die Hände zu spielen«: ein Bestechungssystem, das freilich nicht publik ist, sondern »unter dem sehr durchsichtigen Schein des Geheimnisses bleibt« (Rechtslehre, Streit d. Fak. [AKA VI, 319; VII, 90]).

An der letzterwähnten Stelle bezeichnet unser Philosoph scharf den Punkt, an dem sich jeder Scheinkonstitutionalismus in seiner wahren Gestalt enthüllt: die Entscheidung über Krieg und Frieden. »Was ist ein *eingeschränkter* Monarch? Der, welcher vorher das Volk befragen muß, ob Krieg sein solle oder nicht, und sagt das Volk: Es soll nicht Krieg sein, so ist kein Krieg«. Dem *Volke* gebührt die Entscheidung, weil es die Kosten zu tragen hat; dieses aber »wird es wohl bleiben lassen, aus bloßer Vergrößerungsbegierde oder um vermeinter Beleidigungen willen, Kriege zu führen« (Gemeinspruch [AKA, VIII, 311]). Damit stehen wir bei der *auswärtigen* und *Krieg*spolitik, für die sich Kant, namentlich seit Beginn der Französischen Revolution, gleichfalls aufs lebhafteste interessiert hat. Seine Bekämpfung des Krieges in dem berühmten Traktat *Zum ewigen Frieden* ist auch in weiteren Kreisen so bekannt, daß wir hier nicht näher darauf einzugehen brauchen.[27] Wir möchten nur auf einige damit zusammenhängende Gedanken des Philosophen hinweisen. Zunächst ist Kant durchaus nicht der weltunkundige, sentimentale Friedensschwärmer, als den man ihn vielfach zu nehmen pflegt. Er stellt den »ewigen Frieden« nur als erstrebenswertes Ziel auf[28], weiß aber sehr wohl, daß innerhalb der heutigen Gesellschaftsordnung daran so bald nicht zu denken ist; ja, er hat schon in der Kritik der Urteilskraft neben der Barbarei des Krieges [AKA V, 430] auch dessen Erhabenheit [AKA V, 263], Unvermeidlichkeit und relativen Nutzen [AKA V, 433] hervorgehoben. Er weiß ferner, daß das Geld der nervus rerum bei der Kriegsführung ist, und sagt mit prophetischem Blick die infolgedessen immerfort sich steigernde *Staatsschuldenlast* voraus. Die »immer vermehrten, auf stehendem Fuß und in Diszipllin erhaltenen, mit stets zahl-

---

27 Ich verweise auf F. Staudingers »Jubiläums-Epilog« in »Kantstudien« I, 301-314 und meine Sonderausgabe von »Zum ewigen Frieden« (1914, 2. Aufl. 1921) [AKA VIII, 341-386.]

28 Vgl. dazu vor allem den prächtigen »Beschluß« der »Rechtslehre« (S. 185 f.) [AKA VI, 354/355.], der die Pflicht betont, auf Begründung der tauglichsten Verfassung -»vielleicht den Republikanismus aller Staaten samt und sonders«-, die dem heillosen Kriegführen ein Ende macht, unablässig hinzuwirken, wenn die Vollendung dieser Absicht auch immer ein frommer Wunsch bleiben mag.

reicheren Kriegsinstrumenten versehenen Heere« würden »immer höhere Kosten verursachen, indes die Preise aller Bedürfnisse fortdauernd wachsen« (Gemeinspruch [AKA, VIII, 311]), so daß der Friede endlich noch drückender wird als ein kurzer Krieg und schließlich selbst Anlaß zu neuen Angriffskriegen gibt (Zum ewigen Frieden [AKA, VIII, 344/45]). Er empfiehlt deshalb statt der stehenden Heere, »freiwillige, periodisch vorgenommene Übung der Staatsbürger in Waffen«, um »sich und ihr Vaterland dadurch gegen Angriffe von außen zu sichern«, also – die *Miliz*. Er warnt vor Einmischung in die Händel anderer Länder [AKA, VIII, 345]; wir sollen nicht überall in der Welt, wo etwas los ist, mit dabei sein wollen. Er schlägt allerlei völkerrechtliche Kautelen [AKA VIII, 346; VI, 343–351] vor, darunter auch schon einen permanenten, mit schiedsrichterlichen Befugnissen betrauten Friedenskongreß aller europäischen Staaten, einschließlich der kleinsten Republiken, im Haag (Rechtslehre [AKA VI, 350]).

Das Endziel ist der schon in der Abhandlung von 1784 verkündete *Völkerbund*. Der zweite Definitivartikel des »Ewigen Friedens« lautet: Das Völkerrecht soll auf einem *Föderativbund freier Staaten* gegründet sein. Wenn wir, meint Kant, die Unlust der Wilden, ihrer gesetzlosen Freiheit, d. h. beständigen tollen Balgerei, zu entsagen mit Verachtung als »Rohigkeit« und »viehische Abwürdigung der Menschheit« ansehen, so sollte man denken: *gesittete* Völker würden sich erst recht bestreben, aus einem so verworfenen Zustand je eher desto lieber herauszukommen. Statt dessen setzt jeder Staat noch immer seine Ehre darein, in dem Willen zum Kriegführen gar keinem gesetzlichen Zwang unterworfen zu sein; und »der Glanz seines Oberhauptes besteht darin, daß ihm, ohne daß es sich eben selbst in Gefahr setzen darf, viele Tausende zu Gebot stehen, sich für eine Sache, die sie nichts angeht, aufopfern zu lassen.« Weil aber durch einen militärischen Sieg das *Recht* niemals entschieden werden kann, sondern Recht, Vernunft und Moral »den Krieg als Rechtsgang schlechterdings verdammen«, so muß ein *Friedensbund* geschaffen werden, der *alle* Kriege auf immer zu endigen sucht. Ein solcher *Völkerbund* bezweckt keinerlei Machterwerb, sondern lediglich »Erhaltung und Sicherung der Freiheit eines Staates für sich selbst und zugleich anderer verbündeter Staaten« Die Ausführung denkt sich der Philosoph in der Weise, daß eine mächtige und aufgeklärte Republik, die von Natur dem ewigen Frieden geneigt ist, den Mittelpunkt für einen derartigen Bund abgibt, der keineswegs in eine Weltrepublik oder gar Universalmonarchie auszulaufen braucht. Den Gedanken eines solchen »bürgerlichen Gesellschaftsbundes« oder »freien Föderalismus« *muß* nach Kant die Vernunft mit dem Begriffe des Völker*rechts* verbinden, wenn überhaupt – »etwas dabei zu denken übrig bleiben soll.« Wilson hat in seinen Schriften und »14 Punkten« 1918–1919 ganz ähnliche Gedanken wie Kant entwickelt, sie aber dann nicht durchzusetzen vermochte.[29] Auch jetzt sind wir leider noch weit von ihrer Verwirklichung entfernt.

Daß der »Kosmopolit«[30] Kant die gewaltsame Unterdrückung eines Volkes, z. B. die zu seiner Zeit erfolgte Teilung Polens, mißbilligt (Rechtslehre [AKA VI, 349, 346]), ist selbstverständlich. Ebensowenig würde er sich wohl mit der heute herrschenden *Kolonialpolitik* der meisten europäischen Staaten befreunden können. Er wirft in der Rechtslehre (§ 62) die Frage auf, ob wir nicht, »um wilde Stämme in einen rechtlichen Zustand zu versetzen, wie etwa die amerikanischen Wilden, die Hottentotten, die Neuholländer, befugt sein sollten, allenfalls mit Gewalt oder *(welches nicht viel besser ist)* durch betrügerischen Kauf Kolonien zu errichten

---

[29] Näheres s. in meiner Schrift »Kant und der Gedanke des Völkerbundes«, mit einem Anhange: »Kant und Wilson«, Leipzig, Felix Meiner, 1919, 85 Seiten.

[30] Er würde diese heute etwas geringschätzig gewordene Bezeichnung für einen Ehrentitel halten. Medicus tadelt ihn (»Kantstudien«, VII, 174 f.) deshalb, obwohl er selbst zeigt, daß Kant keineswegs einen allgemeinen Völkerbrei gewünscht und die Wichtigkeit der Erhaltung der nationalen Sprache auch für kleine Völker, wie die Litauer, betont hat. Vgl. meine Schrift »Kant als Deutscher« (Darmstadt, 1919).

und ohne Rücksicht auf ihren ersten Besitz Gebrauch von unserer Überlegenheit zu machen; zumal . . . große Landstriche in anderen Weltteilen an gesitteten Einwohnern sonst menschenleer geblieben wären, die jetzt herrlich bevölkert sind . . .« Allein er hat darauf nur die kurze Antwort: »Man sieht durch diesen Schleier der Ungerechtigkeit (Jesuitismus), alle Mittel zu guten Zwecken zu billigen, leicht durch; diese Art der Erwerbung des Bodens ist also verwerflich« [AKA VI, 266]; oder, wie es an anderer Stelle heißt: »alle diese vermeintlich guten Absichten können doch den Flecken der Ungerechtigkeit in den dazu gebrauchten Mitteln nicht abwaschen« [AKA VI, 353]. Die Befugnis der fremden Ankömmlinge erstreckt sich vielmehr nach Kant nicht weiter als »auf die Bedingungen der Möglichkeit, einen *Verkehr* mit den alten Einwohnern zu *versuchen*«. Anstatt dessen haben die europäischen Handelsmächte das Besuchen für einerlei mit dem Erobern gehalten, so daß China und Japan sie »weislich« von sich ferngehalten haben. »Die Einwohner rechneten sie für nichts«, sondern haben ihnen, unter dem Vorwande bloß beabsichtigter Handelsniederlassungen, Krieg, Unterdrückung, Hungersnot, Aufruhr, Treulosigkeit, »und wie die Litanei aller Übel, die das menschliche Geschlecht bedrücken, weiter lauten mag«, ins Land gebracht (Zum ewigen Frieden [AKA VIII, 358–359]). Mit einer gewissen sittlichen Befriedigung stellt der Philosoph fest, daß sie »dieser Gewalttätigkeit nicht einmal froh werden, daß alle diese Handlungsgesellschaften auf dem Punkte des nahen Untergangs stehen«; und mit bitterem Sarkasmus, daß die Nationen (gedacht ist wohl hauptsächlich an Engländer und Holländer), »die sich dieser Barbarei schuldig machen, noch dazu von der Frömmigkeit viel Werks machen, und indem sie Unrecht wie Wasser trinken, sich in der Rechtgläubigkeit für Auserwählte gehalten wissen wollen« [AKA VIII, 359]. (Multatulis *Max Havelaar*). Die Rechtsheuchelei der Gewaltpolitiker macht sich eben auf dem Felde der auswärtigen Politik noch ungescheuter bemerkbar, als auf dem der inneren.

Nach dieser Schilderung von Kants politischen Anschauungen wenden wir uns nunmehr zu unserem Ausgangspunkt zurück, indem wir fragen: Lassen sich zwischen ihnen und dem modernen politischen Sozialismus entscheidende *Vergleichspunkte* finden?

Unleugbar sind solche in bezug auf den *demokratischen* Teil von dessen Programm und auf die *Methode* vielfach vorhanden. Wir erinnern an die soeben geschilderte scharfe Gegnerschaft des Philosophen gegenüber dem Militarismus, der Kolonial- und Eroberungspolitik, an den zuletzt erwähnten Gedanken der »Rechtsheuchelei der Gewaltpolitiker«, an die Bekämpfung der Standesvorrechte, des Großgrundbesitzes u. a. m. Eine weitere Analogie bildet die beiderseitige Neigung zu einer *prinzipiellen*, von sittlichen Grundsätzen diktierten anstatt einer opportunistischen »Real«-Politik. Wir erinnern an die »pöbelhafte Berufung auf die Erfahrung«, an die verlangte Übereinstimmung der Politik mit der Idee des Rechts und der Moral[31], an das Fiat iustitia, pereat mundus, »das heißt zu deutsch: es herrsche Gerechtigkeit, die Schelme in der Welt mögen auch insgesamt darüber zugrunde gehen«, an einen Satz wie: »Man muß von dem reinen Begriff der Rechtspflicht (vom Sollen . . .) ausgehen, die physischen Folgen daraus mögen auch sein, welche sie wollen« (Zum ewigen Frieden [AKA VIII, 378, 379]), endlich an die Betonung des *Rechts*prinzips gegenüber demjenigen der bloßen Wohltätigkeit. Kant ist auch kein Freund von dem »am Staate flicken«, wie es »alle sich so nennenden Praktiker gewohnt sind«[32]. Und gegen das sozialistische Staatsideal werden noch heute die nämlichen Einwände erhoben, wie er sie von seinen Zeitgenossen gegenüber dem seinigen voraussieht: »Es müsse ein Staat von *Engeln* sein, weil Menschen mit ihren selbstsüchtigen Neigungen einer Verfassung von so sublimer Form nicht

---

31 Man vergleiche namentlich das ganze erste Stück des »Anhangs« der Schrift »Zum ewigen Frieden« [AKA VIII, 370–380], das von der »Mißhelligkeit« zwischen der Moral und der (gewöhnlichen) Politik handelt.
32 »Lose Blätter aus Kants Nachlaß« (hrsg. von R. Reicke [3 Hefte, 1889, 1895, 1899]), S. 673.

fähig wären« (Zum ewigen Frieden [AKA VIII, 366]). Statt dessen die »Politiker« stets davon sprechen: »Man muß die Menschen nehmen, wie sie sind, nicht wie der Welt unkundige Pedanten oder gutmütige Phantasten träumen, daß sie sein sollten«, obwohl sie sich doch selbst zu dem, was sie sind, »durch ungerechten Zwang, durch verräterische, der Regierung an die Hand gegebene Anschläge gemacht haben« (Streit d. Fak. [AKA VII, 80]).

Über die von den sozialistischen Theoretikern oft behandelte Frage: *Reform* oder *Revolution?* drückt sich unser Philosoph folgendermaßen aus: »Die Staatsweisheit wird sich also in dem Zustande, worin die Dinge jetzt sind, Reformen, dem Ideal des öffentlichen Rechtes angemessen, zur Pflicht machen; Revolutionen aber, wo sie die Natur von selbst herbeiführt, nicht zur Beschönigung einer noch größeren Unterdrückung, sondern als Ruf der Natur [!] benutzen, eine auf Freiheitsprinzipien gegründete gesetzliche Verfassung als die einzige dauerhafte durch gründliche Reform zustande zu bringen« (Zum ewigen Frieden [AKA VIII, 373]). Ja, man könnte fast auf die ›Diktatur des Proletariats‹ anwenden, was Kant offenbar im Hinblick auf den französischen Konvent niedergeschrieben hat: daß »in der *Ausführung* jener Idee (sc. des vorher aufgestellten Staatsideals) in der Praxis auf keinen anderen Anfang des rechtlichen Zustandes zu rechnen« sei, »als den durch *Gewalt*, auf deren Zwang nachher das öffentliche Recht gegründet wird«, wobei »große Abweichungen von jener Idee (der Theorie) in der wirklichen Erfahrung« sich »schon zum voraus erwarten« lassen. Andererseits ist er von dem Werte einer »guten Organisation des Staates« überzeugt, »(die allerdings im Vermögen der Menschen ist), jener ihre Kräfte so gegeneinander zu richten, daß eine die andere in ihrer zerstörenden Wirkung aufhält oder aufhebt« (Zum ewigen Frieden [AKA VIII, 366]). Wie er denn überhaupt schon bald nach dem Ausbruch der Revolution die Bezeichnung des Organismus auf das politische Gebiet angewandt hatte: »So hat man sich bei einer neuerlich unternommenen gänzlichen

Umbildung eines großen Volkes zu einem Staat [!] des Worts *Organisation* häufig für Einrichtung der Magistraturen usw. und selbst des ganzen Staatskörpers sehr schicklich bedient, denn jedes Glied soll freilich in einem solchen Ganzen nicht bloß Mittel, sondern zugleich auch Zweck und, indem es zu der Möglichkeit des Ganzen mitwirkt, durch die Idee des Ganzen wiederum seiner Stelle und Funktion nach bestimmt sein« (Kritik der Urteilskraft [AKA V, 375. Vgl. 432 ff.]).
Übrigens vertraut Kant, darin Marx verwandt, auch »auf die Natur der Dinge, welche dahin zwingt, wohin man nicht gerne will (fata volentem ducunt, nolentem trahunt)«, und daß der Erfolg »nicht sowohl davon abhängen werde, was *wir* tun . . ., sondern von dem, was die menschliche *Natur* in und mit uns tun wird, um uns in ein Gleis zu *nötigen,* in welches wir uns von selbst nicht leicht fügen würden« (Gemeinspruch [AKA VIII, 313, 310]).
Der *wirtschaftliche* Sozialismus der Gegenwart könnte vielleicht an das von Kant öfters behandelte Problem der ursprünglichen Bodengemeinschaft anknüpfen, freilich nicht als *Faktum,* sondern als *Idee* verstanden. Kant sagt darüber an der Hauptstelle: »Der Besitz aller Menschen auf Erden, der vor allem rechtlichen Akt derselben vorhergeht (von der Natur selbst konstituiert ist)« ist »ein *ursprünglicher Gesamtbesitz* (communio possessionis originaria), dessen Begriff nicht empirisch und von Zeitbedingungen abhängig ist, wie etwa der gedichtete, aber nie erweisliche eines *uranfänglichen* Gesamtbesitzes (communio primaeva), sondern ein *praktischer Vernunftbegriff,* der *a priori* das Prinzip enthält, nach welchem allein die Menschen den Platz auf Erden nach Rechtsgesetzen gebrauchen können.[33]

---

[33] »Rechtslehre« (»Phil. Bibl.« Bd. 42, Ausg. Vorländer), S. 76 [AKA VI, 262]; vgl. S. 58 ff., 73 ff., 80, 180 [AKA VI, 251 ff., 258 ff., 267, 350]. Vgl. dazu H. Cohen, »Kants Begründung der Ethik«, 2. Auflage (1910), S. 410-416. Daß dies Problem unseren Philosophen viel beschäftigt hat, sieht man auch aus den wiederholten Ansätzen in den »Losen Blättern aus Kants Nachlaß«, bes. S. 251 ff., 293 ff. Jetzt finden sie weitere interessante, auch geschichtliche Ausführungen über diesen Punkt bei Erh.

Aber das alles sind doch nur mehr oder weniger geeignete Stellen, an welche sozialistische Gedankengänge anknüpfen könnten. Trotz alledem kann von *Sozialismus* bei Kant ernstlich keine Rede sein. Nicht einmal vom *utopischen* – wir erinnern an die Klimax: »süß – vermessen – strafbar«. Geschweige denn von *wissenschaftlichem*. Für den letzteren fehlten seinerzeit noch alle wirtschaftlichen Vorbedingungen: die Maschinenindustrie, die großartige Ausbildung des kapitalistischen Systems, das Vorhandensein einer riesenhaften Klasse freier Lohnarbeiter usw. So steht denn auch jenen an den Sozialismus anklingenden Stellen ein *individualistischer* Grundton gegenüber, der sich nicht verwischen läßt. Die Idee der Bodengemeinschaft z. B. ist schließlich doch nur dazu da, die »Bestimmung des *besonderen*[34] Eigentums... nach Rechtsbegriffen vorstellig zu machen«. Denn der Boden gehört zwar dem Volk, aber – mit Ausnahme von Nomadenstämmen – »nicht *kollektiv*, sondern *distributiv* genommen« (Rechtslehre [AKA VI, 324]).

Die bezeichnendste Stelle aber findet sich in der Abhandlung *Über den Gemeinspruch* usw. [AKA VIII, 291/292]. Hier wird ausdrücklich der *rechtlichen Gleichheit*, die der Philosoph für alle Untertanen – das Staatsoberhaupt allein ausgenommen – fordert, die *wirtschaftliche* Ungleichheit gegenübergestellt, die daneben ruhig bestehen bleiben kann und wird. »Diese durchgängige Gleichheit der Menschen in einem Staat als Untertanen desselben besteht aber ganz wohl mit der größten Ungleichheit, der Menge und den Graden ihres Besitztums nach, es sei an körperlicher oder Geistesüberlegenheit über andere, oder an Glücksgütern außer ihnen«, ja sogar »an Rechten überhaupt (deren es viele geben kann) respektiv auf andere; so daß des einen Wohlfahrt sehr vom Willen des

---

Schlund, »Die philosophischen Probleme des Kommunismus«, vornehmlich bei »Kant«, München 1922, bes. § 6 ff.

34 Doch darf das Privateigentum nach Kant stets nur ein Eigentum über *Sachen*, niemals über *Personen* sein. Fichte hat dann den Eigentumsbegriff noch sozialistischer gestaltet, vgl. K. Vorländer, »Kant, Fichte, Hegel und der Sozialismus«, Berlin, 1920.

anderen abhängt (des Armen vom Reichen), daß der eine gehorsamen muß (wie das Kind den Eltern oder das Weib dem Mann) und der andere ihm befiehlt, daß der eine dient (als Tagelöhner), der andere lohnt usw.«

Daher auch der Unterschied zwischen »Staats*bürgern*« und »Staats*genossen*« oder *aktiven* und *passiven* Staatsbürgern, den § 46 der Rechtslehre macht. Zur »Fähigkeit der Stimmgebung«, wir würden heute sagen: zum aktiven Wahlrecht in Reich, Staat und Gemeinde, wird als Vorbedingung die »bürgerliche Selbständigkeit« verlangt oder, wie es an anderer Stelle[35] heißt: »daß er *sein eigener Herr* (sui iuris) sei, mithin irgendein *Eigentum* habe (wozu auch jede Kunst, Handwerk oder schöne Kunst oder Wissenschaft gezählt werden kann), welches ihn ernährt, ... folglich, daß er niemanden als dem gemeinen Wesen im eigentlichen Sinne des Wortes *diene*«. Also sind *nicht* stimmfähig z. B. »der Geselle bei einem Kaufmann oder bei einem Handwerker«, der Dienstbote, soweit er nicht im Dienste des Staates steht, der Hauslehrer, der Zinsbauer und Tagelöhner und »alles Frauenzimmer«; kurz jedermann, der »Nahrung und Schutz« von anderen erhält. Sie alle »sind bloß Handlanger des gemeinen Wesens, weil sie von anderen Individuen befehligt oder beschützt werden müssen, mithin keine bürgerliche Selbständigkeit besitzen«[36]. Gewiß sollen sie »als *Menschen*« die nämliche Freiheit, d. h. Rechtsgleichheit wie jene genießen, denn ohne diese kann kein Volk ein Staat heißen. Auch darf ihnen nichts im Wege stehen, aus dem »passiven« Stand der bloßen Staats*genossen* zu dem »aktiven« der »Staats*bürger* sich emporzuarbeiten.« Und innerhalb der letzteren soll der Großgrundbesitzer, so gut wie der kleinste selbständige Handwerker, nur *eine* Stimme haben; es muß nach den Köpfen der Besitzer, nicht nach der Größe der Besitzungen abgestimmt

---

35 »Gemeinspruch«, S. 93 [AKA VIII, 295].
36 »Rechtslehre«, S. 137 [AKA VI, 314]. Über die Stellung der Frau und des Gesindes vgl. auch S. 55, 91, 98 f., 193 [AKA VI, 277, 280 ff., 358].

werden (Gemeinspruch [AKA VIII, 296]). Für eine Bevorzugung des Großgrundbesitzes bei den Wahlen oder für ein Pluralstimmrecht kann also Kant nicht ins Feld geführt werden. Gleichwohl, und wenn er auch die oben zitierte Stelle mit dem etwas ironisch klingenden Stoßseufzer schließt: es sei, das gestehe er, »etwas schwer, die Erfordernis zu bestimmen, um auf den Stand eines Menschen, der sein eigener Herr ist, Anspruch machen zu können« (ebd. [AKA VIII, 295]), auch den »citoyen d. i. Staatsbürger« vom bourgeois oder Stadtbürger unterscheidet [AKA VIII, 295], so hält er doch grundsätzlich an jener Unterscheidung des Aktiv- und Passivbürgers, mithin, modern gesprochen, an einem, wenngleich abgeschwächten, Klassenwahlrecht fest. Er zieht noch nicht die Konsequenz, die der heutige Sozialismus aus der geschilderten Sachlage zieht: daß eben *zum Zweck* der sittlich notwendigen politischen Selbständigkeit aller auch die *wirtschaftliche* Selbständigkeit (die Freiheit von jenem »Dienen«) *allen*, nicht bloß in der Idee, sondern tatsächlich ermöglicht werden muß. Was hilft dem elenden, verarmten, oder erkrankten Tagelöhner in einer Welt, die nur nach der Regel von Angebot und Nachfrage sich bewegt, die vollkommenste Rechtsgleichheit vor dem Gesetz, das schönste Recht zur »freien« Konkurrenz oder zum »freien« Arbeitsvertrag?

Doch Kant teilt diese Beschränktheit des Gesichtspunktes mit den freiesten Geistern seiner Zeit. War doch auch die große Revolution nicht weiter gegangen! Stimmte doch seine Unterscheidung von Staatsbürgern und Staatsgenossen genau überein mit den Aktiv- und Passivbürgern der Verfassung von 1791[37]. Ja, selbst die radikalste aller bis dahin geschichtlich bekannten Verfassungen, die der französischen Republik von 1793, schloß, wenn sie auch den Unterschied von Aktiv- und Passivbürgern fallenließ, doch die im Etat de la domesticité Befindlichen und natürlich auch die Frauen vom akti-

---

37 Über das Zustandekommen dieser Bestimmungen unterrichtet in interessanter Weise Aulard, »Histoire politique de la Révolution française«, Paris 1900, S. 61 ff.

ven Wahlrecht aus[38], während die von 1795 schon das Zensussystem wieder einführte.

Kurz, auch ein Kant war in seinen politisch-sozialen Ansichten ein Kind seiner Zeit. Seine politische Theorie war, bewußt oder unbewußt[39], mindestens in vielen Punkten, um mit Marx zu reden, die »deutsche Theorie der Französischen Revolution«[40], die bekanntlich eine Revolution des dritten, nicht des vierten Standes gewesen ist. Es war bei der Rückständigkeit der deutschen politischen Verhältnisse zu Ausgang des 18. Jahrhunderts doppelt natürlich, daß seine Staats- und Rechtsphilosophie vor allem gegen den absolutistischen Polizeistaat und die ständische Gesellschaftsordnung seiner eigenen Zeit und seines eigenen Landes gerichtet war, daß sie demgemäß ihr Zentrum in dem Begriff des gleichen Rechtes und der *Freiheit* fand. Das war für den im Jahre 1724 geborenen, im Jahre 1803 gestorbenen Philosophen wahrlich der politischen Einsicht und politisch-fortschrittlichen Gesinnung genug. Daß er trotzdem die sozialistischen Utopien von Plato bis Morus und Vairasse – Morellys *Code de la nature* (1755) und Mablys *De la législation* (1766) scheint er nicht gekannt zu haben[41] – mit Sympathie und Achtung erwähnt, anstatt sie, wie so viele andere, einfach zu verurteilen oder zu verspotten, haben wir schon zu Anfang unserer Betrachtung gesehen. Weshalb Kant noch kein Sozialist sein *konnte*, haben wir ebenfalls bereits ausgeführt. Für ihn gilt mutatis mutandis dasselbe, was Engels in seinem Anti-Dühring von den Utopisten sagt: »Sie waren Utopisten, weil sie nichts anderes sein

38 Aulard, a.a.O., S. 221 (Dekret vom 27. Aug. 1792).
39 Von den drei in Betracht kommenden Schriften fällt die Abhandlung »Über den Gemeinspruch« in den Herbst 1793, also mitten in die Französische Revolution, während die »Rechtslehre« zu Anfang 1797 erschien, »Zum ewigen Frieden« 1795 erschienen war.
40 [MEW 1, 80.]
41 [Morelly, franz. Schriftsteller des utopischen Sozialismus, der Babeuf beeinflußte.
Gabriel Bonnot de Mably, 1709-1785. Bruder von (Etienne Bonnot de) Condillac; utopischer Sozialist, Vertreter politischer, ökonomischer und sozialer Egalität. Seine Theorie des ursprünglichen Kommunismus ohne Privateigentum knüpft an Rousseau an und antizipiert Babeufsche Lehren.]

konnten, zu einer Zeit, wo die kapitalistische Produktion noch so wenig entwickelt war.«[42] Auch Kant war für sein Staatsideal »beschränkt auf den Appell an die Vernunft, weil er eben noch nicht an die gleichzeitige Geschichte appellieren konnte«[43]. Daß er gleichwohl manche tiefe geschichtsphilosophische Einsicht besessen, haben wir im ersten Abschnitt dieses Kapitels gezeigt. Wie er sich zu dem späteren wissenschaftlichen Sozialismus eines Marx und Engels gestellt haben würde, können wir nicht wissen; eine solche Frageweise würde völlig unhistorisch sein. Kant selbst ist jedenfalls – damit ist die Frage unserer Überschrift beantwortet – *kein Sozialist gewesen.*

Auf einem anderen Blatte steht es, ob nicht *heute* die Philosophie des Sozialismus an Kants philosophische *Methode* anknüpfen kann und soll. Ehe wir uns jedoch dieser Frage zuwenden, wollen wir zunächst betrachten, welchen philosophischen Entwicklungsgang die Begründer des wissenschaftlichen Sozialismus durchgemacht haben, indem wir dabei die Frage besonders im Auge behalten werden, ob irgendwelche äußere oder innere Beziehungen zur kritischen Philosophie vorhanden sind [...]

## Systematisches Ergebnis

Welches *systematische* Ergebnis folgt nun aus den vorangegangenen sieben Kapiteln für die Begründung des Sozialismus? Muß es, wie die Parteien auf beiden Seiten wollen, heißen: Marx *oder* Kant? Oder soll es lauten: Marx *und* Kant? Oder soll man überhaupt, wie Antonio Labriola mir einst riet, neuen Wein nicht in alte Schläuche pressen? Das hat in der Tat seine Mißstände. Denn wer eine Stellung einnimmt wie wir, stellt sich naturgemäß zwischen zwei Feuer: die Kantianer sind mit seiner Hinneigung zu Marx nicht zufrieden,

---

[42] [MEW 20, 247.]
[43] [MEW 20, 247.]

die Marxisten nicht mit seinem Kantianismus. Haben wir überhaupt ein Recht, uns auf Kant und gleichzeitig auf Marx zu berufen? Darum gilt es zu allernächst einmal – und das kann nach allem Vorausgegangenen nunmehr in kürzester Zusammenfassung geschehen – die Frage zu beantworten, wie wir zu dem *geschichtlichen* Kant und zu dem *geschichtlichen* Marx und Engels stehen. Oder vielleicht noch präziser: Wie steht Kant zum Staate und besonders zum Sozialismus? Und wie stellen Marx-Engels sich zur Kantischen Philosophie, Erkenntniskritik und Ethik?

## 1. Die politische Lehre Kants

Kant war natürlich noch kein Sozialist, konnte es den Zeitverhältnissen nach gar nicht sein, wenn er nicht Utopist sein wollte, woran ihn schon seine bei allem Idealismus doch besonnene, der Wirklichkeit zugewandte Art hindern mußte. Sein Ideal ist der *liberale Rechts-* und *Wirtschaftsstaat* oder mit seinen eigenen Worten »die Erreichung einer allgemein das Recht verwaltenden bürgerlichen Gesellschaft«, welche »die größte Freiheit, mithin einen durchgängigen Antagonismus ihrer Glieder und doch die genaueste Bestimmung und Sicherung der Grenzen dieser Freiheit« enthält, »damit sie mit der Freiheit anderer bestehen könne« [AKA, VIII, 22]. Also im wesentlichen demokratisch, aber doch von einem starken Staatsgedanken durchzogen; eine Art Verbindung von Adam Smith und (stärker) J. J. Rousseau. Deshalb ist und bleibt er auch ein begeisterter Anhänger der Prinzipien der Französischen Revolution, als deren deutschen Theoretiker der junge Marx ihn schon 1843 scharfblickend bezeichnet hat: also kein Vertreter des satten, sondern des um seine politischen Rechte ringenden Bürgertums, Für seine Zeit, gegenüber dem Polizeistaat des persönlich aufgeklärten Friedrich II., war das schon Fortschritt genug.

Zu einem künftigen *Sozial*staat dagegen sind erst Keime vorhanden. An einzelnen Stellen, mit denen wir den Leser bekannt gemacht haben, findet man eine Einsicht in den Druck des Klassenstaates, eine relative Anerkennung des platonischen Staatsideals und anderer Utopien, den Gedanken der ursprünglichen Bodengemeinschaft, ja sogar eine prinzipielle Abweichung von dem bloßen Rechtsstaat, in dem bereits die Romantik und die Soziallehre Saint-Simons und Fouriers vorausnehmenden Gedanken der *Organisation* (Kritik der Urteilskraft § 65). In seiner *Geschichtsphilosophie* wird, wenn man das teleologische Zeitgewand abstreift, ein naturwissenschaftlich-kausaler, auf den Egoismus sich stützender Unterbau sichtbar, der freilich uns nicht so einseitig zur Herrschaft zu kommen scheint, wie Conrad Schmidt und Max Adler es meinen. Jedenfalls ist Kant gegen den Gedanken der *Entwicklung* in Natur und Geschichte durchaus nicht so blind, wie man es früher vielfach angenommen hat. Paul Menzer hat sogar ein ganzes Buch darüber geschrieben.[44] Aber der Entwicklungsgedanke tritt bei ihm allerdings zurück gegen seine philosophische Hauptaufgabe der erkenntniskritischen Neubegründung von Wissenschaft, Ethik und Ästhetik, und der innerste Zusammenhang des Sozialismus mit ihm liegt deshalb, wie uns scheint, auf anderem Felde.

## 2. Die Stellung von Marx-Engels zum Kritizismus

Marx und Engels (den wir von jetzt an immer *mit* meinen, wenn wir ihn auch nicht jedesmal mitnennen) kommen, dem Geist ihrer Jugendzeit entsprechend, philosophisch durchaus von Hegel her. Sie haben zwar seine Philosophie und dialektische Methode für ihre Zwecke »umgestülpt«, aber sie sind ihn doch nie völlig losgeworden, wenn auch im letzten Grunde nur in dem einen Gedanken, daß auch die ganze geistige Welt einen beständigen Entwicklungsprozeß, und zwar in Gegensätzen, durchmacht. Und, ganz von der Fruchtbarkeit

---

44 [Paul Menzer, Kants Lehre von der Entwicklung in Natur und Geschichte (1911).]

dieses Entwicklungsgedankens eingenommen, zumal da ihr Blick der Geschichte und sozialen Wirtschaft zugewandt ist, haben sie kein Auge für die nach ihrer Meinung »starre« Begriffswelt Kants. Sie kennen wohl seine Werke im allgemeinen, bewundern z. B. seine Weltentstehungshypothese, haben aber das Beste, Modernste und Fruchtbarste an Kant, seine Erkenntniskritik und seine Ethik, niemals in seinem letzten Grunde erfaßt.[45] Sie scheinen auch seine kleineren geschichtsphilosophischen Schriften nicht oder doch nur unzureichend gekannt zu haben; wenigstens findet sich nirgends eine deutliche Anspielung auf sie. Sie beurteilen den Königsberger Philosophen da, wo sie es überhaupt tun, fast nur vom geschichtlichen Standpunkt, d. h. natürlich von dem ihres historischen Materialismus aus. Und so muß er ihnen denn, wie wir bereits vorhin sahen, als der deutsche Philosoph der Französischen Revolution, mithin klassengeschichtlich des Bürgertums erscheinen; allerdings des kämpfenden, und nicht des satten oder der Bourgeoisie schlechtweg, wozu er bei den buchstabengläubigsten Marxisten, Lafargue und Plechanow oder neuerdings Lenin und Bucharin, herabgesunken erscheint. Man könnte vielleicht einen *unbewußten Parallelismus* der

---

[45] Wie wenig genau Marx das System Kants kennt, dafür noch ein Beispiel: In »Die Klassenkämpfe in Frankreich 1848-1850« schreibt er im Jahre 1850 auf Seite 82 [MEW 7, 76] »Wie Kant die Republik als einzig rationale Staatsform zu einem Postulat der praktischen Vernunft macht, dessen (Original: deren) Verwirklichung nie erreicht wird, dessen Original: deren) Erreichung aber stets als Ziel angestrebt und in der Gesinnung festgehalten werden muß ... « Was Marx hier vom »Postulat« sagt, paßt allenfalls auf Kants »Idee«. Aber es gibt keine Stelle in Kants Schriften, an der die Republik als ein Postulat oder eine Idee bezeichnet würde. Vgl. meine Darstellung im Text oben, S. 24 [hier S. 294 ff.].
Für Engels' Abneigung gegen die Kantische Philosophie auch noch in seinem Alter ist bezeichnend eine Stelle aus seinem Briefe an Sorge vom 7. März 1884: Belfort Bax (über den wir oben S. 99 gehandelt haben) »ist ein sehr braver Kerl, der nur sehr zur Unzeit jetzt Kant ochst«, verglichen mit einer weiteren vom 18. Juni 1887: »Er (Bax) ist sehr talentvoll, studiert sehr viel, sitzt aber noch dick in deutscher Philosophie, die er wohl auf die Dauer überwinden wird, aber noch lange nicht verdaut hat« (Briefe an F. A. Sorge, Dietz, Stuttgart 1906, S. 193 bzw. 270. [MEW 36, 123; 674]).

*Methode* zwischen Marx und Kant zugeben, wie Woltmann und Max Adler ihn konstruieren. Etwa wie Kant die synthetischen Bedingungen der Erfahrung, d. i. der fertigen Wissenschaft, so zergliedere Marx »die fertigen Resultate des kapitalistischen Entwicklungsprozesses.« Aber wir müssen uns dabei doch bewußt bleiben, daß *wir* diese Analogie hergestellt haben, daß Marx und Engels sich ihrer nicht bewußt waren. Sie haben beide zwar vor Kant stets große Hochachtung gezeigt, aber die berühmte Abstammung von Kant, Fichte und Hegel, die Engels »uns Sozialisten« neben derjenigen von Saint-Simon, Owen und Fourier einmal nachgesagt hat[46], ist doch eigentlich nur eine schöne Wendung, die ihren vollen Sinn erst noch bekommen muß. Im allgemeinen beziehen sich beide, soweit sie überhaupt noch Philosophie treiben, nachdem sie schon um 1846 der »deutschen Ideologie« abgesagt haben, im ganzen mehr auf die französischen Materialisten des 18. Jahrhunderts, auf Feuerbach und auf den von ihnen »umgestülpten« Hegel.

Resultat von 1 und 2: Kant und Marx haben nicht bloß, wie selbstverständlich, persönlich nichts, sondern auch philosophisch an sich und ursprünglich kaum etwas miteinander gemein. Es kann sich nur um eine von *uns* herzustellende *systematische* Verbindung zwischen beiden Denkern, oder, sagen wir genauer, zwischen beiden *Methoden* handeln, von denen wir die eine die erkenntniskritisch-ethische, die andere die entwicklungsgeschichtlich-wirtschaftliche nennen wollen: gesehen von dem Gesichtspunkt einer versuchten philosophischen Begründung des Sozialismus. Damit ist zugleich auch Labriolas Frage nach den alten und neuen Schläuchen zum Teil schon beantwortet. »Kant« bedeutet im folgenden für uns im wesentlichen nichts anderes als *erkenntniskritisch-ethische* »Marx« nichts anderes als *entwicklungsgeschichtlich-ökonomische* Methode, wobei wir das Hauptgewicht auf *ethische* und *ökonomische* legen.

46 [MEW 19, 188]

## 3. Was behalten wir vom historischen Materialismus bei?

Wir müssen mit der *Wirtschaft*, also mit »Marx« beginnen, denn die Wirtschaft muß der Ausgangspunkt für den Sozialisten sein, weil er sein Denken und sein Wollen in erster Linie auf deren etwa mögliche Umgestaltung richtet. Und zwar selbstverständlich mit der geschichtlich bedingten Wirtschaft. Sonst geraten wir von vornherein in einen unwirklichen, weltfremden Utopismus, der zwar von den besten Absichten beseelt sein mag, aber ohne jede Beziehung zu den Dingen dieser Welt steht. Der bestimmte soziale Inhalt einer Zeit ist stets abhängig von den vorliegenden historisch-ökonomischen Bedingungen. Die schönsten Grundsätze Mark Aurels oder des Christentums oder der Kant-Fichteschen Ethik können die Welt nicht vor dem drohenden Zusammenbruche retten, wenn sie nicht zugleich als lebendige Triebkräfte einer Massenbewegung erscheinen; ohne solche engste Beziehungen zur Wirklichkeit schwebt unser soziales Denken und Wollen in der Wolkenhöhe der Abstraktion. Marx und Engels haben gerade aus diesem Grunde ihre Geschichtsauffassung als »materialistisch« bezeichnet, sie hätten sie, Engels' Erklärung in seinem Feuerbach entsprechend, ebensogut »realistisch« oder, weil sie von dem Wirklichsten des Wirklichen, der Wirtschaft ausgingen, »*ökonomisch*« nennen können.[47]

Der historische Materialismus von Marx-Engels hat – das ist sein großes sozialphilosophisches Verdienst – zum erstenmal einen einheitlichen Zusammenhang des gesamten sozialen Geschehens von seinen ersten ökonomischen Grundlagen an bis zu seinen höchsten ideologischen Höhen im Prinzip herzustellen versucht; wobei es nicht so sehr auf die zeitliche Entwicklung als (und das könnte ihn der Methode Kants nähern) auf den *systematischen* Zusammenhang ankommt.

Auszugehen wäre also von dem Begriff der *Wirtschaft*, den man ja so weit fassen kann wie Tugan[48], als umfassend »alle

---

47 [MEW 21, 292, 298 f.]
48 [M. I. Tugan-Baranowski, 1865–1919, russischer Nationalökonom. Ver-

Arbeit, soweit sie auf die Überwindung des Widerstandes der äußeren Natur gerichtet ist«, oder wie Natorp in seinem letzten Buche, oder auch wie schon Marx, bei dem man sich allerdings die einzelnen Stücke aus verschiedenen Stellen seines Kapital zusammenholen muß. Wir erinnern an die geschickte Zusammenstellung bei Woltmann, wie dem bloßen Natur*stoff* im Menschen eine Natur*macht* gegenübertritt, die nach bewußtem, zweckmäßigem Willen schafft, in deren Kopf beim Beginn des Arbeitsprozesses dessen Resultat ideel schon vorhanden ist. So erhebt sich über der ersten Stufe der bloßen Naturkräfte als zweite Stufe die »Technologie« (Technik), die »das aktive Verhältnis der Menschen zur Natur enthüllt«. Auf ihr baut sich – immer nach Marx – die »ökonomische Struktur«, auf dieser wiederum die soziale Gruppierung der Gesellschaft auf. Die ökonomischen werden zu »Klassenverhältnissen«, deren Geschöpf der einzelne Kapitalist oder Grundeigentümer sozial bleibt, wie sehr er sich auch »subjektiv über sie erheben mag«. Gegen die Grundannahme von Marx und Engels in einer Formulierung Kautskys (während des Bernstein-Streits), »daß die Entwicklung der menschlichen Gesellschaft notwendig bedingt sei durch die ökonomische Entwicklung und, in den Gesellschaften mit verschiedenen gegensätzlichen Klassen, durch den aus den ökonomischen Verhältnissen entspringenden Klassenkampf«, wird sich kaum etwas einwenden lassen. Namentlich, wenn man den Ton darauf legt, daß die materiellen, d. h. die ökonomischen Verhältnisse – die gar nichts zu tun haben mit der ›Materie‹ der Naturwissenschaft – die geistigen Lebensformen nur bedingen und »bestimmen«, nicht bewirken und erzeugen. Den Unterschied ihres *historischen* von dem *naturwissenschaftlichen* Materialismus der Vogt und Büchner, ja auch von dem plumpen Empirismus der Engländer (so die Äußerungen in dem Briefwechsel zwischen Marx, Engels und Lassalle), haben Marx und Engels stets be-

suchte die Grenznutzenlehre mit der ökonomischen Theorie des Marxismus zu versöhnen. Zusammen mit Pjotr Struve war Tugan einer der führenden Köpfe des sogen. »legalen Marxismus«.]

tont. Marx hat sogar die »Vorwürfe über Materialismus« seiner Auffassung und deren »Verhältnis zum naturalistischen Materialismus« anfangs in seiner Einleitung von 1859 besonders behandeln wollen.⁴⁹

Von der Wirtschaftsweise einer Zeit und der sich daraus ergebenden Technik hängt nicht bloß ihr freundlicher und feindlicher Verkehr in Handel und Krieg ab – für den letzteren Beispiele der Achilles bei Marx, Sickingen bei Lassalle, im Unterschied von den modernen Maschinengewehren, Luftkämpfen, Giftgasen –, sondern mittelbar auch die gesamten *rechtlichen* und *politischen* Zustände, die wir mit den zusammenfassenden Namen Barbarei, Sklavenwesen, Feudalsystem, Kapitalismus zu bezeichnen pflegen. Und so steigt der ideologische Überbau von Recht und Staat zu immer geistigeren, »höheren« *Ideologien* auf, wie Religion, Wissenschaft, Kunst und Philosophie; von denen wir nur *eine,* die Religion, als Beispiel herausgreifen wollen, weil sie besonders weit von den ökonomisch-technischen Grundlagen des Gesellschaftslebens entfernt zu sein scheint. Und doch brauchen wir nur an die ewigen Jagdgründe der Indianer, den Olymp der Griechen, die Walhalla der Germanen, den Himmelsthron Jehovas oder Gott-Vaters zu denken, um uns an jenen Zusammenhang zu erinnern. Oder die zeitlichen Zusammenhänge der verschiedenen Formen und Richtungen des Christentums: Urchristentum, mittelalterliche Kirche, Reformation (und hier wieder die von Max Weber und Troeltsch untersuchten Unterschiede von Luthertum und Calvinismus) bis zu den neuesten Richtungen der Gegenwart, vor unseren Augen vorüberziehen zu lassen, um an die soziologischen Untergründe zu denken, die natürlich nicht bloß wirtschaftlicher Natur bleiben, sondern sich mit rechtlichen, politischen, wissenschaftlichen und künstlerischen verschwistern.

So geht eine ununterbrochene Leiter von der untersten bis zur obersten Stufe des sozialen Lebens und seiner geschichtlichen Entwicklung. Die Natur macht keinen Sprung, wie schon

49 [MEW 13, 468 ff.]

die Scholastik und dann Leibniz und Kant sagten, oder, wie P. von Struve noch richtiger statt dessen einsetzt, der menschliche »Intellekt duldet keinen Sprung«. Dabei braucht der historische Materialismus keineswegs als toter Mechanismus gedacht zu werden, der sich gewissermaßen von selbst, ohne das lebendige Zutun des Menschen vollzöge. Darauf hat schon Kautsky, gewiß einer der schärfsten Marxisten, erwidert: »Als wenn die Ökonomie nicht selbst das Werk der lebendigen menschlichen Persönlichkeit wäre ... Als wenn in den ökonomischen Werken von Marx nicht ununterbrochen von der menschlichen Persönlichkeit und ihrem Willen die Rede wäre, als ob die Klassen nicht aus Menschen beständen, die Klasseninteressen nicht dem bewußten Willen des Menschen entsprängen und Klassenkämpfe ohne solchen Willen geführt werden könnten!« Ich erinnere an die Feuerbach-Thesen des jungen Marx. *Menschen* machen die Geschichte, Menschenkraft macht auch die Wirtschaft.

Noch annehmbarer wird die ökonomische Geschichtsauffassung durch ihre Interpretation seitens des alten Engels, wonach die Wirtschaftslage nur das in letzter Instanz bestimmende Moment nicht etwa aller beliebigen Tatsachen, sondern der sozialgeschichtlichen Entwicklung bildet, und daß der ideologische Überbau selbstverständlich auf seine wirtschaftliche Basis zurückwirkt, daß auch der geographische und der Rassenfaktor hinzukommt, und daß alle diese Momente in lebendigster Wechselwirkung miteinander stehen: nicht anders habe auch Marx von jeher gedacht.[50]

Vor allem aber ist der historische Materialismus von Marx und allen bedeutenden Marxisten, wie wir gesehen haben, niemals als Dogma, sondern stets bloß als *Methode*, Leitfaden für die Studien, wissenschaftlicher Gesichtspunkt, und zwar wiederum nicht zur Erklärung alles Möglichen in der Welt, etwa einer naturwissenschaftlichen Entdeckung oder eines mathematischen Lehrsatzes, sondern der sozialgeschichtlichen Entwicklung betrachtet worden. Wir erinnern vor allem an

50 [MEW 37, 465; 39, 96 f.; 39, 206 f.]

die wertvollen Ausführungen von Professor Antonio Labriola, aber auch an die von K. Kautsky. Die materialistische Geschichtsauffassung will gar nichts anderes sein als eine *Geschichts*theorie, welche die treibenden Ursachen der gesellschaftlichen Entwicklung erforschen und bezüglich der Ideen auch nach Kautsky z. B. nur untersuchen will, weshalb die Ideen des neunzehnten Jahrhunderts andere waren als die des dreizehnten und diese wieder andere als die der Antike. Sie macht keineswegs den »absurden« Anspruch, etwa den Gedankengehalt der platonischen Dialoge aus den wirtschaftlichen Verhältnissen Athens zu Platos Zeit ableiten zu wollen, während sich aus solchen Vorbedingungen wohl seine ästhetischen und geistigen Fähigkeiten, sein politischer Pessimismus, sein weltflüchtiger Utopismus und nicht zum wenigsten auch seine Aufnahme bei den Zeitgenossen erklären lassen (Labriola.)

Die ökonomische Geschichtsbetrachtung hat zweifellos bedeutenden Einfluß auf die heutige Geschichtsforschung und Geschichtsschreibung (Lamprecht!)[51] bekommen. Und dabei ist sie im Grunde noch in ihren *Anfängen*. Marx' *Achtzehnter Brumaire*, Mehrings *Lessing-Legende* und Kautskys *Morus*[52] sind solche Anfänge, die manche wertvollen Gesichtspunkte bringen und, wenn sie manchmal (wie Kautskys Urchristentum) daneben auch weniger Haltbares zutage fördern mögen, doch immer zu beachten sind. Ganz andere Resultate würden sich noch erzielen und andererseits auch ihre Grenzen sicherer bestimmen lassen, wenn mehr reine Historiker an wissenschaftlichen Instituten, die Muße, Kraft und Hilfsmittel genug dazu haben, an bestimmt begrenzten Epochen die praktische Probe darauf machen könnten. Hier haben Kants kleine geschichtsphilosophischen Aufsätze von 1784 und 1786

---

51 [K. Lamprecht, 1856–1915, deutscher Historiker. »Deutsche Geschichte« (1899–1909). »Das deutsche Wirtschaftsleben im Mittelalter« (1886).]

52 [Karl Marx, »Der 18. Brumaire des Louis Bonaparte«, (1852), MEW, 8, 111–207; Franz Mehring, »Die Lessing-Legende« (1893, »Gesammelte Schriften«, Band 9, Berlin, 1963); Karl Kautsky, »Thomas More und seine Utopie« (1887).]

nebst seiner Rezension von Herders »Ideen« doch nur wenige Fingerzeige geben können. Jedenfalls aber ist die »materialistische« Geschichtsauffassung als bloße *Geschichts*theorie mit jeder anderen auf wissenschaftlichem Grunde stehenden Philosophie vereinbar.

### 4. Kausalität und Teleologie
*(Das: Warum? und das: Wozu?)*

In ihrer Beschränkung auf ihre Aufgabe als historische Methode besteht die Stärke, aber auch die Schwäche der »materialistischen« Geschichtsauffassung. So fruchtbar sie als Forschungshypothese wirken kann, *philosophisch* ist sie nicht zu Ende gedacht. Das sagen nicht bloß sozialisierende Neukritizisten wie Staudinger, Stammler und Natorp, sondern auch so gute Marxisten wie J. Dietzgen, Max Adler und Otto Bauer. Die Philosophie kann nicht in bloß genetisch-kausaler Ableitung, zu deutsch: ursächlicher Erklärung des Werdens der Dinge aufgehen, geschweige denn daß der Sozialismus dadurch begründet werden könnte. Gewiß, es ist etwas Gewaltiges, dieses *Warum?* – Fragen der Wissenschaft, das sich in unendlichem Fortschritt immer weiter erstreckt, bis es schließlich in einem letzten, ehrlichen »Ich weiß nicht« des reinen Wissenschafters seine Grenze erreicht, während das Gemüt des Religiösen oder die Phantasie des Dichters, das Gefühl des Romantikers sich mit einer Teilansicht von der Welt nicht zufrieden gibt, sondern die »volle« Wahrheit besitzen möchte. Das Kausalgesetz, daß jede Wirkung ihre Ursache hat, besitzt ausnahmslose, unzerbrechliche Geltung auf dem gesamten ungeheuren Felde der Erfahrungswissenschaft, mag sie sich als sogenannte Naturwissenschaft auf dem Gebiete der äußeren Natur, oder als Geschichts- und Gesellschaftswissenschaft auf dem Gebiete des Psychischen bewegen. Ob unsere Forschung dabei alle Zwischenglieder der kausalen Kette, in unserem Falle etwa zwischen einer Stufe des materiellen Unter- und des ideologischen Überbaus, bereits gefunden hat, macht grundsätzlich nichts aus; sie zu finden, ist eben die nie rastende Aufgabe der Wissenschaft.

Allein *neben* diesem nie endenwollenden *Warum?* der Wissenschaft, des *Denkens* gibt es noch eine grundsätzlich und vollkommen davon verschiedene Frageweise in dem Reiche des *Wollens* und des *Handelns*. Hier geht es nicht um ein Warum?, sondern um ein *Wozu?*, nicht um die Erforschung von Ursache (causa) und Wirkung, sondern um das Finden von Mittel und Zweck (telos). Wir befinden uns wohl bezüglich der Tatsachen noch unter dem Gebot, aber bezüglich ihrer Beurteilung nicht mehr unter dem Gesichtspunkt der *Kausalität*, sondern dem der *Teleologie*. Daß beide, Kausalität und Teleologie, grundsätzlich verschiedene Gesichtspunkte, Methoden, Frageweisen sind, selbst wenn sie sich auf einen und denselben Gegenstand richten, das ist es, was uns Kant gelehrt hat. Gewiß, auch der junge Marx weiß (s. seine Feuerbach-Thesen), daß es etwas anderes ist, die Welt zu interpretieren als sie zu – verändern, aber er hat dem in seiner späteren Theorie keine oder doch keine genügende Folge gegeben. Er stand eben, mit seinem Freunde Engels, philosophisch noch zu stark unter der Denkweise Hegels, der zugunsten seines an sich gewiß fruchtbaren Entwicklungsgedankens den ewigen Gegensatz von *Sein* und *Sollen,* der schon bei Plato vorhanden, aber erst von Kant prinzipiell begründet worden ist, wegleugnete. So haben beide in ihrer Theorie den »Sprung aus dem Reich der Notwendigkeit in das der Freiheit«[53], das planmäßige Handeln erst in die Zukunft verlegt, was dann auch bei den Orthodoxesten ihrer Nachfolger, den Leninisten, noch nachklingt.

Schon in der Biologie spielt der Zweck eine Rolle: ist doch ihr Grundbegriff der Organismus, d. i. ein zweckmäßiges Ganzes. Aber seine volle Bedeutung erhält er erst auf dem Gebiete des handelnden Lebens. Wenn Marx und Engels für die Zukunft ein »planmäßig organisiertes« Zusammenwirken verlangen, so kann »Pläne« machen, bewußt »organisieren«

53 [Vgl. MEW 19, 226.]

doch nur ein Wesen, das sich Zwecke setzt. Damit tritt zu dem bloß durch seine Instinkte oder die Macht der ihn umgebenden Verhältnisse getriebenen Menschen der bewußt wollende, zu dem bloß erkennenden der nach selbstgesetzten Zwecken handelnde Mensch. Wer sich aber Zwecke setzt, die über ein bloßes persönliches Belieben hinausgehen, der muß, wenn nicht alle möglichen Einzelzwecke bei ihm kunterbunt durch- und gegeneinander laufen sollen, zunächst schon bei sich selbst Einheit der Zwecksetzung, vielleicht zu rein egoistischem Ziele, erstreben. Dann aber wird er, er mag es wünschen oder nicht, zur Rücksichtnahme auf die *anderen,* ebenso wie er ihre eigenen Zwecke verfolgenden Menschen sich genötigt sehen. Ohne eine solche Rücksichtnahme würde es zu einem Hobbesschen bellum omnium contra omnes kommen, ist ein vernünftiges Zusammenleben oder gar Zusammenwirken von Menschen überhaupt undenkbar. So ergibt sich die Notwendigkeit einer *Ordnung* der Zwecke, einer Unterordnung von niederen unter höhere, einer »Hierarchie der Zwecke« (Lawrow, Dietzgen). Wie das Ziel aller Wissenschaft, insbesondere der ihnen allen zugrunde liegenden Logik, auf Beseitigung der uns quälenden Gedankenwidersprüche, also auf Einheitlichkeit des Denkens geht, so zielt praktische Philosophie auf möglichste Beseitigung der Widersprüche des Wollens, zuletzt des Gesamtwollens in den gesellschaftlichen Einrichtungen. Wie ein wissenschaftlicher Satz *wahr* ist, wenn er widerspruchslos in den einheitlichen Zusammenhang menschlichen Erkennens eingefügt werden kann, so ist *gut* eine Handlung oder ein Wollen, das sich ohne Widerspruch in eine einheitliche Ordnung der Zwecke einreihen läßt (Staudinger).

Mit dem Problem einer Zweckordnung des menschlichen Wollens und Handelns aber stehen wir bereits mitten in der kritischen – *Ethik,* die nichts Mystisches an sich hat, sondern auf rein menschlichem Boden sich bewegt. Eine soziale Bewegung muß ein Ziel, einen, wenn auch nur idealen, Endzweck haben, sonst bleibt sie »blind« (Rappoport) oder »richtungslos« (M. Adler). Das haben gerade in dem sogenannten »Bernstein-

Streit« um Ziel und Praxis in der Politik, der sich um die Wende des Jahrhunderts entspann und der eigentlich nie aussterben kann und wird, die »Radikalen« den auf die bloße »Bewegung« sich versteifenden »Revisionisten« entgegengehalten. Das Ziel aber muß von menschlicher Willenskraft erstritten werden.

### 5. Marxismus und Ethik

Hat der Marxismus Ursache, vor einer solchen Ethik zurückzuscheuen? Wir meinen: *nein!*
Sind doch zunächst Marx und Engels, ganz zu schweigen von dem glühenden Lassalle, von der *Ethik* her zum Sozialismus gekommen, hat sich doch Marx am Anfang seiner Gelehrtenlaufbahn zu einem »sonnenhellen Idealismus« und ebenso Engels zum begeisterten Kampfe für die »Idee« bekannt. Und doch spottet schon wenige Jahre später der *Anti-Proudhon*[54] über die Idee einer »ewigen Gerechtigkeit«, erklärt das *Manifest* Religion und Moral für »bürgerliche Vorurteile, hinter denen sich bürgerliche Interessen verstecken«![55] Nun, vielleicht gibt uns eben die Verbindung von »Moral und Religion« einen Fingerzeig zur Erklärung dieses anscheinenden Rätsels. Die beständige Verflechtung der Moral mit dem Dogma der Kirche schon im Unterricht der Kinder – denn das war damals noch viel mehr als heute der Fall und ist selbst heute noch die Regel, namentlich in den katholischen Schulen –, sie ist es, wie auch Max Adler in der Einleitung seines neu herausgegebenen Buches über »Das Soziologische in Kants Erkenntniskritik« ausführt, die den Proletarier gegen beide einnimmt, zumal wenn sie, wie so vielfach, eine Ethik der Satten darstellt, die von den Leiden und Versuchungen der Hungrigen nichts weiß, und weil weiter auch eine an sich ge-

---

54 [Vorländer bezieht sich auf das Buch von Karl Marx »Das Elend der Philosophie. Antwort auf Proudhons ›Philosophie des Elends‹«, 1847 (französisch) (MEW 4, 63–182).]
55 [MEW 4, 472.]

wiß gut gemeinte Ethik der Klassenversöhnung an das Verständnis der Klassengegensätze unserer Zeit gar nicht herankommt. Gerade Marx und Engels, die sich bewußt waren, mit ihrer neuen Lehre die Arbeiter tatsächlich auf eine höhere Kulturstufe und theoretisch »vom Utopismus zur Wissenschaft« zu erheben, mußten mit Verachtung auf die bloßen »Moralpauken« jener Leute herabsehen, die mit frommen Wünschen und schönen Worten die soziale Frage lösen wollten. Zudem standen sie philosophisch noch unter dem Einfluß des Hegelianismus, der den Standpunkt Kants und Fichtes in der Ethik bewußt bekämpfte, von keinem Sollen etwas wissen wollte. Es war ja so leicht nachzuweisen, daß der *Inhalt* der Moral von jeher, je nach Zeit und Volk gewechselt habe, daß auch heute noch die Aristokratie, das Bürgertum, das Proletariat ein jedes seine besondere, seine Klassenmoral besitze. So wurde im Anti-Dühring der Gedanke einer über den Klassengegensätzen stehenden wahrhaft menschlichen Moral auf jene Zeit vertagt, wo dieser Klassengegensatz einmal überwunden und vergessen sein werde.[56]

Aber nicht bloß schon das Zugeben der Möglichkeit einer »wahrhaft menschlichen Moral« für eine spätere ideale Zeit widerlegt den bekannten Satz, daß die Arbeiterklasse »keine Ideale zu verwirklichen habe«: ein Satz, der (nach M. Adler) freilich nur als Abwehr gegen die utopistische Denkweise gemeint sein mag. Sondern der Sozialismus überhaupt kommt, wie ich schon in meinem Wiener Vortrag über ›Marx und Kant‹ vor mehr als zwanzig Jahren erklärt habe, weder historisch noch logisch, weder tatsächlich noch theoretisch von der Ethik los. Erinnern wir uns der am stärksten alle Moral ablehnenden Marxschen Schriften, des *Manifestes* und des *Kapital*. Das erstere kann nicht umhin, mit einer Reihe ethischer Ausdrücke, wie ›Unterdrücker und Unterdrückte‹, ›unverschämte Ausbeutung‹ u. ä. zu hantieren, wirft der Bourgeoisie vor, sie habe »die persönliche Würde in Tauschwert aufgelöst«, sie »im eiskalten Wasser egoistischer Berechnung

[56] [MEW 20, 87 f.]

ertränkt« und eine »gewissenlose« Handelsfreiheit eingeführt, um schließlich ein Ideal aufzustellen, das an Kants Staatsideal erinnert: eine »Assoziation, worin die freie Entwicklung eines jeden die Bedingung der freien Entwicklung aller« ist. Und *Das Kapital* braucht zwar, als gewollt nationalökonomisches Werk, ethische Wendungen seltener, redet indes doch bereits in der Vorrede von »schlechten« Zuständen, von »Exploitation«, von den »Furien des Privatinteresses«, von »brutaleren« und »humaneren« Formen des Klassenkampfs; und Kapitel, wie das berühmte von dem im Gefolge der Industrialisierung Englands einherschreitenden Elend und Jammer der Arbeiterklasse, rufen, erschütternder als jegliche Moralpredigt, den fühlenden Menschen in uns zu Zorn und Empörung auf. Und wie mit Marx und Engels, so steht es im letzten Grunde mit jedem anderen sozialistischen Praktiker und Theoretiker, jeder Agitationsrede, jedem Wahlaufruf, jedem Parteiprogramm, jeder sozialistischen Zeitung. Ohne Appell an die Moral, an die Würde des Menschen, und sei es auch nur mit der Mahnung Schillers: »Zu essen gebt ihm, zu wohnen!«, kommt kein Sozialist der Welt aus. Der Sozialismus ist niemals eine bloße Magenfrage gewesen, er wird und darf es auch in Zukunft nicht sein.

Doch das bestreitet schließlich auch kein marxistischer Theoretiker. Wir haben in den vorangehenden sieben Kapiteln dieses Buches eine ganze Reihe von solchen kennengelernt. Den besten Beweis vielleicht gibt Kautskys Sonderschrift ›Ethik und materialistische Geschichtsauffassung‹ (1906), die mit der *Absicht,* die Kantische Ethik »angesichts des großen Einflusses, den sie in unseren Reihen gewonnen«, zu widerlegen geschrieben ist und doch gleichfalls damit endet, sich, und zwar im Namen der ausgebeuteten und emporstrebenden Klassen, zu einem hohen sittlichen Ideal zu bekennen, das eben nur nichts mit Marxismus und Wissenschaft zu tun haben soll. Wir kommen auf die letzte Frage (in Abschnitt 6) noch besonders zurück und fragen zuvor nur noch die scheinbar bloß ökonomischen Marxisten, wie etwa Lafargue oder Bucharin: *Nach welchen Gesichtspunkten* soll denn der ›freie‹ und selbstherrlich gewordene Mensch »die Naturkräfte beherrschen« und sein und seiner Mitbrüder und Mitschwestern »soziales Geschick« nunmehr »bewußt« und selbständig (Lafargue) zu »einer einheitlichen, harmonisch aufgebauten menschlichen Gesellschaft« (Bucharin) gestalten? Darauf versagt eine rein wirtschaftliche Betrachtung die Antwort.

In Wahrheit ist die Ethik, genauer gesagt die ethische *Methode* längst vorhanden, deren es zur Beantwortung dieser Frage bedarf, geschaffen vor nahezu anderthalb Jahrhunderten von dem großen und doch eine so einfache Weisheit verkündenden Philosophen von Königsberg. Geschaffen, wenn wir ihn von den Eierschalen seines Zeitalters und seiner Umgebung lösen, ohne die geringste metaphysische Beimischung, ohne jede Mystik, die seine Gegner in ihn hineingedeutet haben, z. B. auch ohne die drei bekannten »Postulate« Gott, Freiheit und Unsterblichkeit, mit denen er sie erst nachträglich verbunden hat. Schon Woltmann hat mit Recht darauf hingewiesen, wie töricht es ist, den »irdischen« Ursprung aller Moral einem Denker *entgegen*halten zu wollen, der selber die mechanische Entstehung unseres Himmelsgebäudes und unserer Erde lehrte, der die tierische Abstammung des Menschen für selbstverständlich hielt, der die Entwicklung der Tier- und Menschenrassen aus ihren klimatischen und sonstigen geographischen Bedingungen ableitete, der die Vernunft und den Fortschritt in der Geschichte, an den er trotzdem glaubte, aus egoistischen Instinkten in langsamem gesellschaftlichen Prozeß hervorgehen ließ. Und so einfach ist diese Moral, daß sie auch der ungelehrte Mensch verstehen, ja, wie Kant selbst sagt, nur die »kopfverwirrenden Spekulationen der Schulen« ihn gegen die Stimme der Vernunft »taub machen« können. Erinnern wir uns an jene widerspruchslose Einordnung einer Handlung in eine einheitliche Ordnung aller Zwecke, so haben wir Kants »Reich der Zwecke« vor uns, dessen oberstes Gesetz in der Form eines kategorischen Imperativs, d. h. eines unbedingten und doch unserer eigenen Brust »autonom« entstammenden Gebots, an alle Vernunftswesen ergeht und, ohne irgendwelche inhaltliche Bestimmung vorauszunehmen, bekanntlich lautet: »Handle so, daß die Maxime deines Willens jederzeit zugleich als Prinzip einer allgemeinen Gesetzgebung gelten könne.« Oder in einer anderen, an unseren Gedanken von der Ordnung der Zwecke genauer anschließenden und auf den Sozialismus noch unmittelbarer anwendbaren Formulierung: »Handle so, daß Du die Menschheit sowohl in Deiner Person als in der Person eines jeden anderen jederzeit zugleich als Zweck, niemals bloß als Mittel brauchst.« Jedes »vernünftige Wesen«, mithin auch der elendeste Tagelöhner, die armseligste Proletarierin, existiert nach Kant als Zweck an sich selbst, ist keine Maschine, kein »Mittel zum beliebigen Gebrauch für diesen oder jenen Willen«, mit einem Wort keine »Sache«, sondern eine »Person«, in der uns die Menschheit heilig sein soll. Kann die Grundtendenz des Sozialismus, der Gedanke der *Gemeinschaft* aller und doch der Achtung der freien *Persönlichkeit* jedes Einzelnen deutlicher ausgesprochen werden?

Der so oft gescholtene »Formalismus« der kritischen Ethik aber birgt, eben in der vorläufigen Unabhängigkeit von bestimmten (nach Kant) ›materialen‹ Einzelmotiven gerade ihren größten Vorzug, ihre beste Kraft in sich. Der lebendige *Inhalt* kann einer Ethik stets nur von den Erfordernissen ihrer Zeit gegeben werden. Kants oberstes Prinzip einer »allgemeinen Gesetzgebung«, eines idealen »Reichs der Zwecke«, kann vielmehr nur einen *Leitstern* bedeuten, das »Endziel«, auf das die sittliche »Bewegung« der Menschheit ihren Lauf nehmen soll, eine ewige »*Aufgabe*«. Ihre Konsequenzen für die heutige Zeit müssen *wir* selbst ziehen und damit, wie Kant es einmal von Plato sagt, ihn besser zu verstehen oder anzuwenden suchen, »als er sich selbst verstand«.

Daß bereits gute Marxisten aus der Arbeiterklasse das in Kants Ethik gefunden haben, sahen wir an dem Beispiele des Arbeiterphilosophen Josef Dietzgen, dessen sozialistische Ethik, wenn auch in anderer Formulierung, Ausführung und

Begründung, wesentliche Stücke der kritischen Ethik: die Gedanken des Allgemeinen, der Gattung, der Freiheit als der Gesetzlichkeit, der Selbstbestimmung des Individuums, und vor allem des Zwecks aller Zwecke, enthielt.

Doch wir kommen nunmehr zu der vorhin aufgeschobenen Frage zurück, ob nicht, wie viele behaupten, durch solche Verbindung mit der Ethik der *wissenschaftliche* Charakter des Sozialismus verlorengeht, behandeln, also, in möglichster Kürze, die in den früheren Kapiteln schon vielfach gestreifte Frage:

## 6. Ethik und Wissenschaft

Daß die Gegner Kants unter den Marxisten die Heranziehung seiner Ethik zur Mitbegründung des Sozialismus als ein unwissenschaftliches, eher einem Bourgeois als einem Sozialisten anstehendes Verfahren ablehnen, ist natürlich; und wenn wir Leute wie v. Schulze-Gävernitz, Dr. Drill von der »Frankfurter Zeitung« oder den heutigen Sombart gegen diese verwerfliche Annäherung des großen Idealisten Kant an den großen »Materialisten« Marx protestieren sehen, so erscheint es ja beinahe verständlich. Allein wir haben daneben die zunächst etwas auffallende Tatsache zu konstatieren, daß auch von den Freunden der kritischen Ethik unter den Sozialisten die Mehrzahl Kants praktische Philosophie mit der Marxschen Soziologie für unvereinbar, jedenfalls aber für nicht in demselben Maße wie diese, für Wissenschaft halten. Wir erinnern an Bernstein und an die philosophischeren Köpfe Rappoport, v. Struve, Berdiajew, von denen die beiden letzteren sogar die Sache des Sozialismus ganz verlassen haben. Vor allem jedoch ist es derjenige unter den Marxisten, der Kant am allernächsten steht, so daß man ihn ebensogut Kantianer wie Marxisten nennen darf, Max Adler, der, trotzdem er gleich uns Marxschen und Kantischen Geist in engste Beziehung miteinander setzen will, nur die marxistische Soziologie, nicht aber die Kantische Ethik als *Wissenschaft* anerkennen will. Wir setzen uns gerade mit ihm um so lieber auseinander, da er selbst [. . .] im 6. Kapitel seiner *Marxistischen Probleme* (1913, S. 141–149 der 1. Auflage) zu der ersten Auflage meines vorliegendes Buches Stellung genommen hat.

Adler hebt mit Recht hervor, daß schon aus meinem damaligen Buche (von 1911) mein systematischer Standpunkt klar hervortrete, und bezeichnet seinerseits (S. 142) ebenso klar den einzigen Differenzpunkt zwischen ihm und mir, den die folgenden Zeilen vielleicht noch weiter zu verringern geeignet sind. Wenn er auch in diesem mein Buch behandelnden Artikel von neuem ausführt, daß der Marxismus als Sozialtheorie den Sozialismus nur als geschichtlich-soziale Bewegung, somit nur als *Naturtatsache,* allerdings nicht als eine physische, sondern als soziale, betrachte, dagegen nicht sittlich *werte,* so kann ich dem nur beistimmen. Und wenn *Wissenschaft* wirklich nur als Erklärung des Seienden, somit im Sinne der Naturwissenschaft zu nehmen ist, so ist Ethik selbstverständlich *keine* Wissenschaft in diesem Sinne. Wie die Psychologie, so betrachtet auch die Sozial- oder Gesellschaftswissenschaft, wie ich statt der unglücklichen sprachlichen Mischbildung ›Soziologie‹ lieber sagen möchte, eben den geistig-seelischen Teil dieser Natur, aber prinzipiell gleichfalls bloß vom kausal erklärenden Standpunkt aus. Jedenfalls der Blick des Marxisten ist grundsätzlich, wie Adler ganz richtig ausführt, rein auf die Erklärung, nicht auf die Beurteilung oder vielleicht noch genauer sittliche Wertung des Geschehenen eingestellt. Und so muß er gewiß von diesem Standpunkt eine Einmengung ethischer Gesichtspunkte in sein rein theoretisches Gebiet ebenso abweisen, wie es seinerzeit die Nationalökonomie überhaupt getan hat; er handelt damit gerade im Geiste von Kants reinlicher Scheidung der Gesichtspunkte, des Seins und des Sollens. Er wird natürlich, wenn er nicht ganz beschränkt ist, das Dasein von ethischen Wertungen nicht leugnen, aber sie kommen für ihn nur als »dynamische Kausalfaktoren« (Adler S. 146), einfacher gesagt als geschichtliche oder gesellschaftliche Kräfte in Betracht, die er seinerseits wieder nach der ihm eigentümlichen Methode ableitet. Hierin stimme ich Adler durchaus zu.

Aber auf die Verwirklichung des Wahren, Guten, Schönen usw. gerichteten »Richtungsbestimmtheiten« als solche »lassen eine gesonderte Betrachtung zu« und bilden dann, »die normativen Disziplinen der Logik, Ethik, Ästhetik usw.«, für die Adler sich auch gelegentlich den Ausdruck »Kulturwissenschaften« entschlüpfen läßt (S. 241). Dieses Zugeständnis genügt mir vollständig. Denn wenn es neben der *kausalen* noch eine »*normative Gesetzmäßigkeit*« gibt (vgl. S. 148 f. Anm.), dann ist es in unseren Augen wirklich nur ein Wortstreit, ob man dieser anderen Art von Gesetzmäßigkeit auch den Namen ›Wissenschaft‹ verleiht oder letzteren auf die Naturwissenschaft, gegebenenfalls mit Einschluß der Mathematik, und jedenfalls mit Einschluß der Psychologie und Sozialwissenschaft, beschränkt. Die *Logik* ist doch von jeher als Wissenschaft bezeichnet worden; warum also nicht auch eine kritische Ethik?

In der Sache sind wir im Grunde mit Adler durchaus einverstanden, zumal da dieser weit entfernt davon ist, die Bedeutung der Ethik, und zwar gerade auch der des kategorischen Imperativs (S. 145), für den Sozialismus zu bestreiten, vielmehr im Sinne von Kant und – Marx der praktischen Vernunft den Primat vor der theoretischen zuspricht (S. 241). Auch ich gebrauche das Wort ›Wissenschaft‹ gelegentlich im engeren Sinne, wie denn z. B. meine Geschichte der Philosophie schon seit 23 Jahren Kants System in die Neubegründung 1. der Wissenschaft, 2. der Ethik, und 3. der Ästhetik einteilt. Also über das *Wort* würden wir uns schon verständigen, wenn wir nur – und das meine ich – in der *Sache* einig sind. Und auch Adler wird mir da vielleicht entgegenkommen, wenn ich ihn daran erinnere, daß nicht bloß Josef Dietzgen gemeint hat, daß sich über das, was »sittlich recht ist«, durch eine wissenschaftliche Methode wissenschaftliche Einhelligkeit werde herstellen lassen, sondern daß auch Professor

Antonio Labriola zugegeben hat, daß es neben der historischen Durchforschung der tatsächlichen Moral auch noch »formale Zergliederungen der ethischen Beziehungen« gebe, wie sie z. B. Herbart, den er näher kennt, geübt habe; und diese sei, wenn sie auch im Gegensatz zum »Leben« stehe, Wissenschaft, und zwar *formale Wissenschaft*, gleich Logik, Geometrie und Grammatik.

Wir sind sogar so sehr darin mit Adler einverstanden, daß der Marxismus als solcher, als sozialgeschichtliche Theorie, solche ethischen Gesichtspunkte, wenn er konsequent sein will, zunächst von sich abweisen muß; daß wir eben deshalb den bloßen historischen Materialismus für *ungenügend* zur Begründung des Sozialismus halten und deswegen allerdings eine *Ergänzung* dieses Mangels durch Heranziehung der in der sozialistischen Praxis von jeher heimischen Ethik auch in der *Theorie* fordern. Eine Ergänzung will ja – da müssen wir M. Adler auf seinen und unseren Freund Otto Bauer verweisen – keine »Ersetzung«, sondern Hinzufügung eines Neuen sein, und der historische Materialismus würde auch nach unserem Dafürhalten »die Geschäfte der Feinde der Arbeiterklasse besorgen, wie der Darwinismus sie heute schon vielfach besorgt, wollte sie sich des Rechtes begeben, die Aufgabe, alle Maximen wissenschaftlich zu *begreifen,* streng von der Frage zu scheiden, welche der widerstreitenden Maximen uns *führen* soll«, usw. (Bauer, [Marxismus und Ethik. In: Die Neue Zeit 24 (1905/06), 485–499.])

So hoffe auch ich mit Max Adler, daß die (von ihm mitgesponnenen) »neuen Fäden die Ethik Kants mit der Sozialwissenschaft unserer Zeit *begrifflich* verbinden und langsam das alte Vorurteil gegen die philosophische Ethik in ein neues und umfassendes Verständnis des Zusammenhanges abändern werden« (Das Soziologische in Kants Erkenntniskritik 1924, S. 11).

## 7. Die Frage der erkenntniskritischen Grundlegung

Die *Gesellschaftslehre* ist eine unserer jüngsten Wissenschaften, die um ihre Anerkennung seitens der älteren Schwestern noch ringen muß. Sie hat sich und ihrer Methode eine so unangefochtene Grundlage, wie sie beispielsweise die Naturwissenschaft, mindestens die mathematische, schon lange besitzt, erst noch zu sichern. Eine erkenntniskritische Begründung muß ihr also willkommen sein. Marx und Engels hatten jedoch so viele andere praktische und theoretische Aufgaben, die ihnen wichtiger schienen, daß sie sich damit nicht des näheren befaßt haben; kamen sie doch zudem auch von Hegel her, der für die nüchternen Fragen der Erkenntniskritik nicht interessiert war. Wohl bleibt für Engels am Schluß des Feuerbach von der Philosophie noch *ein* Rest übrig: die »Lehre von den Gesetzen des Denkprozesses selbst, die *Logik* und *Dialektik*«[57]. Aber die Ausfüllung dieser philosophischen Lücke ihres Systems haben beide über ihrer politischen Arbeit immer wieder auf die Zukunft verschoben. Wir wollen uns hier nicht in Betrachtungen darüber ergehen, was der übrigens von Hegel auch nicht geschaffene, sondern von Plato und Kant übernommene, aber von ihm (Hegel) umgebildete und zu einem Hauptbegriffe seines Systems erhobene Begriff der »*Dialektik*« im tiefsten Grunde bedeutet. Für Marx und Engels besagt er [...], nichts anderes als »die Wissenschaft von den allgemeinen Bewegungs- und Entwicklungsgesetzen der Natur, der Menschengesellschaft und des Denkens«. Für diese Entwicklungslehre aber hätten sie in der Naturwissenschaft ihrer Zeit (Darwin usw.) und philosophisch in Kant eine viel haltbarere, wissenschaftlichere und modernere Anknüpfung gefunden, als in der »dichtenden Metaphysik« Hegels, der ihnen durch die Zeitumstände nun einmal in die Hände geriet, und von dem sie sich doch bald losmachen mußten: so daß der *heutige* Marxismus jedenfalls diesen historischen Umweg über Hegel, so wenig wir dessen Geist bestreiten wollen, nicht nötig hat.

57 [MEW 21, 306.]

So steht die Theorie des historischen Materialismus leider ohne eigentliche *philosophische* Unterlage da. Einer meiner Kritiker (A. Kranold) irrt durchaus, wenn er meint, ich habe Marx und Engels »als Fachphilosophen im Sinne eines Erkenntnistheoretikers erweisen wollen«. Im Gegenteil, ich vermisse und bedauere es gerade an ihnen, daß sie ihre fachlich sozialwissenschaftlich-historische Leistung philosophisch unausgebaut gelassen haben, und weise die Ausfüllung dieser Lücke, die doch schon zu ihren Zeiten ein einfacher Arbeiter (Josef Dietzgen) mit gesundem und klarem Blicke erkannt hatte, einer heutigen Philosophie des Sozialismus zu. Namentlich für Engels sind die Fragen der Erkenntniskritik durchaus nebensächliche Probleme, und seine Vorstellung von den Begriffen als Abbildern der Dinge ist ganz im Geiste von Locke und anderen Empiristen und französischen Materialisten des achtzehnten Jahrhunderts gedacht, obwohl er sich sonst gelegentlich gegen die Plattheit und Borniertheit der *vor*kantischen Zeit verwahrt; und seine Erklärung der Unterscheidung von Denken und Sein für die Grundfrage aller Philosophie, wie sein Mißverständnis des Dinges an sich, dessen Verständnis doch schon Dietzgen heraus hatte, zeigt ihn, bei aller seiner sonstigen Vertrautheit mit der modernen Wissenschaft, streng genommen auf einer noch ganz scholastischen Stufe des Denkens.

Besser steht es in dieser Beziehung mit Marx. Freilich fehlt – leider! – auch bei ihm eine zusammenhängende, wenn auch nur kurze Erörterung dieser Fragen, wie er sie offenbar anfangs seiner ›Kritik der politischen Ökonomie‹ hat voranschikken wollen. Allein es finden sich doch Andeutungen. Und danach könnte man in der Tat, mit Woltmann und Adler, wie bereits zu Anfang dieses Kapitels gesagt, einen gewissen Parallelismus der Methode zugeben. Obwohl höchstwahrscheinlich ohne Hinblick auf Kants Kritiken, *nennt* doch Marx nicht bloß die erste theoretische Grundschrift seines Systems ›Zur *Kritik* der politischen Ökonomie‹, sondern beobachtet auch ein ähnliches Verfahren wie der Begründer des Kritizismus.

Er zieht (nach Engels) die ›logische‹, ›abstrakte‹ der historischen Behandlungsweise vor. Wie Kant von den vorgefundenen Sätzen der Mathematik und mathematischen Naturwissenschaft, so geht Marx im Kapital von den gegebenen gesellschaftswissenschaftlichen Begriffen und Tatsachen aus, die er dann analysiert. Es erinnert in der Tat stark an Kant, wenn er dabei die Wendung gebraucht: »so daß es aussieht, als habe man mit einer Konstruktion a priori zu tun.« Und sein ›Bewußtsein überhaupt‹ könnte man allenfalls mit Adler einen sozialen Begriff nennen, obwohl dann freilich unseres Erachtens das gesamte wissenschaftliche Denken unter diesen Begriff fällt, weil dasselbe allen es besitzenden Menschen gemeinsam ist. Jedenfalls sind hier Analogien vorhanden, die in der Art M. Adlers weiter zu bilden, Aufgabe von Marx' heutigen Nachfolgern sein könnte.

An sich kann sich die marxistische Geschichtstheorie, wie schon gesagt, mit jeder anderen allgemeinen philosophischen Grundanschauung wissenschaftlichen Charakters verbinden; es kommt nur darauf an, welche am besten zu ihr paßt, und das wird sich ja wohl am sichersten durch die Tat beweisen. Die starke Betonung des »dialektischen« Denkens seitens der Marxisten braucht sie von den Kritizisten nicht zu trennen. Gewiß untersucht Kants Kritik der reinen und praktischen Vernunft nicht die Entstehung und Entwicklung, sondern den fertigen Bestand der Begriffe. Deshalb brauchen jedoch diese Vorstellungen, diese Begriffe nicht »starr« zu sein. Wenn Kautsky gelegentlich einer Würdigung von Marx erklärt hat, daß »es keinen Abschluß für unsere Erkenntnis gibt«, daß »der Prozeß des Erkennens ein unendlicher, unbegrenzter ist«, so entspricht das auch der Meinung Kants und der Neukritizisten, wie Natorp in seinem programmatischen Vortrag über Kant und die Marburger Schule (1912) ausgeführt hat, wo er Erkenntnis nicht als Sein (esse), sondern als Werden (fieri), als unendlichen Prozeß, als logische Aufgabe versteht, wobei denn auch der sogenannte ›Gegenstand‹ für die wissenschaftliche Erkenntnis stets unendliche Aufgabe bleibt.

Auch die *idealistische* Grundeinstellung der Neukritizisten brauchte, ebensowenig wie auf dem praktischen Felde, auf dem theoretischen Gebiete ein Hindernis der Verständigung zu bleiben. Der ihr anscheinend schroff entgegengesetzte bekannte Satz aus der Kritik der politischen Ökonomie, daß nicht das Bewußtsein der Menschen ihr Sein, sondern umgekehrt ihr gesellschaftliches Sein ihr Bewußtsein bestimme[58], zeigt schon durch das Beiwort »gesellschaftlich«, daß er in diesem Zusammenhang rein geschichtsphilosophisch oder meinetwegen psychologisch, nicht erkenntnistheoretisch zu verstehen ist. Umgekehrt klingen andere Sätze, wie die: »Alles, was die Menschen in Bewegung setzt, muß durch ihren Kopf hindurch«, »das Ideelle ist das im Menschenkopf umgesetzte und übersetzte Materielle«, die Natur ist »die Probe auf die Dialektik«[59], an den theoretischen Idealismus an. Marxens Begriffe wollen, um mit einem modernen Marxisten zu reden, keineswegs gleich denjenigen Hegels »reale Wesenheiten sein«, sondern nur »Werkzeuge, das konkrete Empirische geistig zu bewältigen und in der Wissenschaft zu reproduzieren«, wie man dies übrigens, beiläufig bemerkt, auch von den naturwissenschaftlichen Hilfsbegriffen unserer sogenannten Materialisten: Kraft, Stoff, Materie, Raum, Zeit usw. sagen könnte. Damit übernehme, sagt dieser Marxist – es ist Otto Bauer – weiter, der Marxismus, »den aller idealistischen Philosophie gemeinsamen Gedanken der Bestimmtheit unseres Wissens durch die Gesetzlichkeit unseres Bewußtseins«, die »den Gegenstand als Gegenstand unseres Wissens erst hervorbringt«. Das ist in der Tat kritischer, logischer, wissenschaftlicher Idealismus bester Art.

---

58 [MEW 13, 9.]
59 [MEW 21, 281 (Das Zitat lautet korrekt: ». . . daß alles, was einen Menschen bewegt, den Durchgang durch seinen Kopf machen muß . . .«).]

## 8. Anwendung auf Wirtschaft, Recht, Erziehung

Von der Ergänzung (nicht »Ersetzung«) »Marxens« durch »Kant«, d. h. der theoretischen, vor allem der ökonomischen und historischen Lehren des sogenannten »wissenschaftlichen«, aber noch nicht wissenschaftlich zu Ende gedachten Sozialismus durch Erkenntniskritik und erkenntniskritisch begründete Ethik ist für den modernen Sozialismus nur Vertiefung, nicht etwa Abschwächung, seines sittlichen Charakters wie seiner wirtschaftlichen Forderungen zu erwarten. Gerade der Formalismus der Kantischen Ethik, der durch keine andere Bedingung beschwert ist als den der Geeignetheit zur allgemeinen Gesetzgebung und den endzweckhaften Charakter jeder menschlichen Persönlichkeit, bedingt zugleich ihre reichste Fruchtbarkeit. Ich habe schon in meinem Wiener Vertrag von 1904 den damals noch lebenden größten Praktiker der österreichischen Sozialdemokratie, Viktor Adler, als Zeugen hierfür angeführt, der einmal schrieb: »Ist der Sozialismus wirklich vornehmlich eine Forderung des sittlichen Ideals . . ., dann ist es doppelt notwendig, daß dieses Ideal mit Feuerzungen gepredigt, daß unablässig und mit rücksichtsloser Schärfe das Bewußtsein des Gegensatzes zwischen diesem unserem Ideal und dem kapitalistischen Klassenstaat geweckt werde, daß die Schlafenden aufgerüttelt, die Erschlaffenden in ihrem Glauben an sich und an ihre Kraft, das Endziel zu erreichen, gestärkt werden.« Das ist in der Tat, wie ich schon damals sagte, die unabweisbare Konsequenz, die ein unter ethischen Grundsätzen stehender Sozialismus, auch abgesehen von dem von Adler gemeinten Parteisinne, für die Praxis ziehen muß. Aber gerade deshalb muß er auch die Gesetze der wirtschaftlichen Entwicklung kennen, die der Sozialist, wenn sie auch ohne ihn vorwärts geht, doch in sozialistischem Sinne zu leiten, mindestens zu benutzen suchen muß. So kommt der Kantianer, wie Staudinger den Gedanken einmal gefaßt hat, sobald er erkennt, daß die tatsächlichen Naturgesetze des Wirtschaftslebens die unvermeidliche Grundlage seines Handelns darbieten, in folgerechter Entwicklung seiner eigenen Grundgedanken zu »Marx«, wie der Marxist, sobald er sich planmäßige Umgestaltung des Gegebenen zum Ziel setzt, in konsequenter Befolgung des eigenen Prinzips zu »Kant«.

Die drei Hauptanwendungsgebiete – wir sind ihnen schon in Natorps System begegnet, sind *Wirtschaft, Recht* und *Erziehung*. Natürlich kann unser Buch, das ein philosophisches ist und bleibt, den hunderten von praktischen Problemen, die sich auf diesen drei Gebieten erheben, sobald man der Praxis zuschreitet, nicht nachgehen, sondern nur einige allgemeinste Andeutungen geben.

Das Zauberwort auf allen diesen Gebieten, das sich schon bei Kant findet, von den Romantikern und Hegel weiter ausgebildet wird und dann in allen Spielarten des Sozialismus praktisch, bei Denkern wie Natorp, Staudinger und namentlich Plenge[60] auch theoretisch eigentlich die Kernrolle spielt, heißt *Organisation*. Es gilt Organisation sowohl der Arbeit selbst als ihrer subjektiven Träger, aller geistig wie körperlich Arbeitenden in dreifacher Hinsicht: *wirtschaftlich* zur Konsum- und womöglich Produktiv-*Genossenschaft, beruflich* – was heute schon, wenn auch zum Teil unter verändertem Namen, weithin zur Wirklichkeit geworden ist – zur *Gewerkschaft*, und damit der notwendige rechtmäßige Einfluß auf die Staatsverwaltung und Gesetzgebung geübt wird, *politisch* zur *Partei*. Es genügt nicht, die »Sozialisierung« der lebenswichtigsten und staatsnotwendigsten Betriebe wie der Post, der Eisenbahnen, der Gas-, Elektrizitäts- und Bergwerke, sowie des Grund und Bodens, d. i. ihre Überführung in den Besitz und unter die Verwaltung der Gemeinschaft zu fordern – obwohl das die nächste und selbst heute noch nicht leicht zu lösende Aufgabe sein wird –, sondern das Ziel muß Produktion für den Selbstbedarf unter Kontrolle der organisierten Verbraucher sein, wie sie in den Konsumgenossenschaften seit lange

60 [Johann Plenge, 1874–1963. Begründer des sogen. ›organisatorischen Sozialismus‹, Nationalökonom, Prof. in Münster/Westf.]

im Keime vorhanden, aber gegenüber den Kartellen, Trusts usw., der organisierten Unternehmerschaft bei weitem noch nicht die genügende wirtschaftliche Macht besitzt.
Staudingers Hoffnungen auf den allein durch die wirtschaftliche Organisation der Verbraucher zu erringenden Sieg teilen wir freilich nicht, so hoch wir auch die Konsumgenossenschaft, schon als praktischen Erzieher zum Sozialismus, schätzen. Sehr notwendig ist insbesondere, solange eine einheitliche Gesamtordnung noch nicht geschaffen, der durch den wirtschaftlichen Notzwang der Gegenwart für die meisten Berufe bereits eingetretene gewerkschaftliche Zusammenschluß, der allerdings lange noch nicht vollständig genug ist, auch noch – wenigstens bei den Arbeitnehmern, fast nirgends bei den Arbeitgebern – durch törichte konfessionelle oder politische Spaltungen hintangehalten und in seinen Wirkungen gehemmt wird. Auch die fachgemäße Leitung durch Sachverständige (bei Plato der Philosophen, bei Hegel der Wissenden) von unten herauf bis zu einem »Zentralrat der geistigen Arbeit« (Natorp) ist noch ein Desiderat der Zukunft.
Weitere Schwierigkeiten ergeben sich aus dem Problem, wie mit der geplanten Gemeinschafts-Organisation die für das Gedeihen des Wirtschaftslebens notwendige freie Initiative und persönliche Verantwortungsbereitschaft der Leitenden, die Arbeitsfreudigkeit der Arbeiter erhalten, wie auch bei der Bemessung der Bezüge die individuelle Leistung berücksichtigt werden soll, und anderes mehr. Fraglos wird der Mensch einer sozialistischen Gesellschaftsordnung gerade seelisch ein wesentlich anderer sein müssen, als der heutige. Den gemeinsamen Vorteil dem eigenen unterordnen, das heißt sozialistisch denken, aber es widerspricht dem von der materialistischen Geschichtsauffassung als natürlich angenommenen Prinzip des eigenen Vorteils. Ebensoviel Schwierigkeiten birgt das »Führer«-Problem im wirtschaftlichen und politischen Leben und seine Vereinbarkeit mit einer konsequent ausgebildeten Demokratie. Und am meisten werden alle diese Schwierigkeiten während des eventuellen Übergangs von der

einen zur anderen Gesellschaftsordnung sich zeigen und eben diesen Übergang erschweren. Es bietet für den Soziopsychologen ein hohes Interesse, etwa an der Hand von Graf Degenfelds Buch: Die Motive des volkswirtschaftlichen Handelns und der Marxismus (Tübingen 1920) den Schwierigkeiten, denen die 1919 eingesetzte Sozialisierungskommission, die ihrer Mehrzahl nach aus Sozialisten zusammengesetzt war, bei dem Versuche, die Vergesellschaftung eines an sich so reif hierzu erscheinenden Betriebs wie des Kohlenbergbaus in die Wirklichkeit überzuführen, selbst im ersten Revolutionsjahr, wo die Sozialisierung doch weit nähergerückt schien als heute, begegnete, nachzugehen oder aus den dort zitierten Schriften von Kautsky, Ballod, Neurath, Wilbrandt, Goldscheid und Otto Bauer selbst sich über diese Dinge zu belehren.61 Die Sozialisierung ist eben wie F. Laufkötter richtig betont hat, sowohl ein Entwicklungs- wie ein Erziehungsproblem. Degenfeld, der freilich die Schwierigkeiten mehr als die unterstützenden Momente hervorhob, weist, als auf

---

61 Ich gebe in dieser vorletzten Anmerkung die ausführlichen Titel der noch nicht früher erwähnten Werke, auf die ich mich in diesem Schlußkapitel beziehe:

Max Adler, »Das Soziologische in Kants Erkenntniskritik. Ein Beitrag zur Auseinandersetzung zwischen Naturalismus und Kritizismus«, Wien 1924, 478 Seiten.
—, »Neue Menschen. Gedanken über sozialistische Erziehung«, Berlin 1924, 201 Seiten.
Ballod, K., »Der Zukunftsstaat«, 2. Auflage, Stuttgart 1919.
Bauer, O., »Der Weg zum Sozialismus«, Berlin 1919.
v. Degenfeld, »Die Motive des volkswirtschaftlichen Handelns und der deutsche Marxismus«, Tübingen 1924, 232 Seiten.
Goldscheid, R., »Staatssozialismus oder Staatskapitalismus«, Wien-Leipzig 1917.
— »Sozialisierung der Wirtschaft oder Staatsbankrott«, Wien-Leipzig 1919.
Honigsheim, P., »Romantische und religiös-mystisch verankerte Wirtschaftsgesinnungen. Festgabe für Lujo Brentano«, München und Leipzig 1925. Seite 259-318.
Kautsky, K., »Was ist Sozialisierung?«, 2. Auflage, 1920.
Laufkötter, »Die Sozialisierung als Entwicklungs- und Erziehungsproblem«. »Neue Zeit«, XXXVII 2, Seite 376 ff.
Neurath, O., »Vollsozialisierung« (Deutsche Gemeinwirtschaft, Heft 15). Jena 1920.
Wilbrandt, Rob., »Sozialismus«, Jena 1920.

noch weitere Hindernisse, die sich der Verwirklichung des Sozialismus entgegenstellen würden, auf die Gefahren einer starken Bürokratisierung, der Minderung der Produktion, der vermehrten Schwierigkeit der Berufswahl hin. Er bezweifelt die seelische Reife seiner Träger, den Sozialismus einzuführen und, seine Durchführung vorausgesetzt, ihn festzuhalten; lauter Schwierigkeiten, die gewiß überwunden werden müssen und nicht mit einer bloßen Handbewegung aus der Welt zu schaffen sind, denen jedoch auf der anderen Seite die von den Gegnern der neuen Ordnung nicht genügend bewertete große Wahrscheinlichkeit einer weit höheren seelischen Bereitwilligkeit gegenübersteht, zumal wenn man anfangs, »der Not gehorchend, nicht dem eigenen Trieb«, dem Egoismus der Mitwirkenden, die noch unter der Herrschaft der alten Ordnung herangewachsen sind, kleine Konzessionen macht, wie ja auch der Erzieher der Einwirkung auf den natürlichen Egoismus der zu erziehenden Zöglinge namentlich im Anfang nicht ganz entbehren kann. Übrigens empfiehlt sich aus rein sachlichen Gründen, wie Wilbrandt und Goldscheid gezeigt haben, nicht eine sofortige *Verstaatlichung* der zur Gemeinwirtschaft reifen Betriebe, der Staat braucht vielmehr, jedenfalls zunächst, nur Großaktionär und Grundherr des Bodens zu werden, kann aber die bisherige Maschinerie, soweit sie wirtschaftlich und technisch vorteilhafter ist, beibehalten.

Der Wirtschaft »folgt« nach der Auffassung des historischen Materialismus das *Recht*. Hier ist es vor allem der schon von den Kirchenvätern umstrittene und auch in den verschiedenen Volksrechten, z. B. dem römischen und dem germanischen, ganz verschieden behandelte Begriff des *Eigentums,* der der Weiterbildung im Sinne Fichtes, der in diesem Falle die Konsequenzen des kategorischen Imperativs folgerechter als dessen Urheber selbst gezogen, bedarf.[62] Insbesondere das

[62] Siehe Karl Vorländer, »Kant, Fichte, Hegel und der Sozialismus«, S. 66 f. Nicht bloß in dem »Geschlossenen Handelsstaat« (1800), sondern auch in den »Reden an die deutsche Nation« tritt – dort mehr äußerlich, hier mehr innerlich – die sozialistische Gesinnung Fichtes deutlich

Recht des vollen Arbeitsertrages muß zu einer Durchführung kommen, die nicht etwa wieder bloß eine neue Klasse von Eigentümern an Stelle der alten schafft. Und das Arbeitervertragsrecht muß, gestützt durch starke Arbeiterorganisationen, mindestens verhindern, daß die Person des Arbeitnehmers tatsächlich wieder zum Eigentum des Kapitalisten und so die Sklaverei des Altertums, die Leibeigenschaft und Hörigkeit des Mittelalters und zum Teil noch der neueren Zeit in der modernen Form der »freien« Lohnarbeit beibehalten wird bzw. wiederersteht. Die Rechte der Genossenschaften müssen gestärkt, alles, was an Bevorzugung des Einzelnen oder bestimmter Klassen erinnert, ausgeschaltet werden. Und vor allem auch in der Recht*sprechung* müssen alle Spuren von Klassenjustiz, die vielfach immer noch – wir wollen zugunsten der betreffenden annehmen: in vielen Fällen unbewußt – geübt wird, verschwinden. Im übrigen verweise ich bezüglich der Rechtslehre auf die in den früheren Kapiteln erwähnten Werke von Rudolf Stammler, Paul Natorp, L. Nelson und K. Renner.

Neben Wirtschaft und Recht steht als drittes, ihnen an Wichtigkeit keineswegs untergeordnetes Element die *Erziehung* im weitesten Sinne des Wortes, d. h. nicht bloß die der Kinder, sondern auch die Selbsterziehung der Erwachsenen mit umfassend. Denn ohne die seelische Reife seiner Träger, der Menschen, wird der Sozialismus nie zur Durchführung gelangen. Daher das, man möchte sagen, instinktive Interesse, das der Sozialismus, auch in seiner utopistischen Gestalt, von Plato und Thomas More an bis herab zu Bellamy und Morris, stets gerade für die Fragen des Unterrichts und der Erzie-

---

hervor. Weniger bekannt dürfte sein, daß Kant zum erstenmal in der deutschen Philosophie schon um 1762 die »gemeinen«, d. h. *gewöhnlichen Arbeiter* genannt und die Wiederherstellung ihrer Menschenrechte ins Auge gefaßt hat. Wir meinen die berühmte Stelle aus seinem Nachlaß: »Rousseau hat mich zurecht gebracht ... Ich lerne die Menschen ehren und würde mich viel unnützer finden als die gemeinen Arbeiter, wenn ich nicht glaubte, daß diese Betrachtung allen übrigen einen Wert geben könne, die Rechte der Menschheit herzustellen« »Philos. Bibl., Bd. 50, S. 273 f.)

hung gehabt hat. Warum es bei Marx und Engels fast völlig verschwunden scheint, werden wir gleich noch sehen. Umgekehrt ist die Erziehungstendenz, wo sie einen Zug ins Große und zum ursprünglichen Kern des menschlichen Wesens genommen hat, wie wiederum bei Plato und in der neueren Zeit bei Rousseau, Pestalozzi und Fichte, allezeit ins Soziale gegangen, indem sie eben die Erziehung des *ganzen* Volkes, insbesondere und gerade, wenigstens bei den beiden letzteren, die Erziehung der untersten Volksklassen ins Auge gefaßt hat. Seit Natorp, der sich immer wieder mit diesem Problem beschäftigt hat, hat man sich daher auch angewöhnt, von der neuen *Sozial*pädagogik im Gegensatz zu der alten Individualpädagogik zu reden.

Selbstverständlich muß sich die vom sozialistischen Gedanken geforderte neue Erziehung auf alle Klassen der Bevölkerung und auf alle Lebensalter beziehen: von dem Kindergarten, der Volksschule, der Fachschule über die höhere Schule zur Universität und Technischen Hochschule und schließlich zur sogenannten Volkshochschule für die Erwachsenen. Es ergeben sich da eine Menge Einzelprobleme, die hier nicht erörtert werden können, und nach denen auch unser kurzer Abschnitt über Natorps Sozialpädagogik nur eine schwache Vorstellung, aber immerhin eine ganz knappe Zusammenfassung gibt. Sie lassen sich alle zusammenfassen im Gedanken der *Einheitsschule*, die keineswegs, wie viele sie mißverstehen, eine mechanische Einheit, im Gegenteil nach oben hin eine immer reichere Spaltung und Mannigfaltigkeit, nur eine gemeinsame Grundlage für alle erstrebt: und auch hier nicht schablonenhafte Gleichheit, sondern eine Differenzierung, die z. B. für sehr Begabte und für geistig Zurückgebliebene besondere Begabten- und Hilfsklassen schafft. Vor allem der Kern des Ganzen, die Volksschule, muß auf völlig neue Grundlagen gestellt, ihre Zöglinge, um mit Kant zu reden, »nicht dem gegenwärtigen, sondern dem zukünftig möglich besseren Zustande des menschlichen Geschlechts, d. i. der Idee der Menschheit und deren ganzer Bestimmung angemessen, erzogen werden«.

Indes, wenn auch eine bessere Schulbildung allen unseren Volksschülern und Volksschülerinnen bis zum sechzehnten oder – zugleich mit den Anfängen der Berufsbildung – bis zum achtzehnten Lebensjahre gegeben werden könnte, so würde zwar manches besser werden, aber die vollen Früchte davon doch nicht reifen, solange die heutigen wirtschaftlichen Verhältnisse mit der sich daraus ergebenden Klassenteilung fortdauern. Die Kinder müssen eben jetzt möglichst bald »mit verdienen helfen«! Aus demselben Grunde ist auch aus der Volkshochschule und der Selbstbildung der Erwachsenen nicht das geworden, was man sich davon versprochen hatte. Nur eine Elite besonders fähiger und besonders willensstarker Menschen kann, neben der anstrengenden Wirtschaftsarbeit von (heute) meist wieder mehr als acht Stunden, noch anstrengende Kopfarbeit leisten.

Und nun verstehen wir auch, weshalb Marx und Engels, wenigstens in der Öffentlichkeit, sich auffallend wenig mit den Bildungs- und Erziehungsproblemen beschäftigt haben. Daß es ihnen an der notwendigen Einsicht gefehlt habe, ist nicht anzunehmen. Schon die Thesen über Feuerbach sprechen es aus, daß »der Erzieher selbst erzogen werden muß«[63]. Aber beide waren sich der schon von Robert Owen gesehenen Wahrheit bewußt, daß tiefer als alle von außen in den Menschen hineingebrachten, ihm gepredigten Erziehungslehren eine menschenwürdige Umwelt wirkt, daß also, um neue Menschen, wie sie auch der Briefwechsel der Deutsch-Französischen Jahrbücher 1844 schon verlangt[64], zu schaffen, erst die elenden wirtschaftlich-sozialen Zustände beseitigt werden müssen, daß eine neue Menschheit nur aus einer neuen Gesellschaft heranwachsen kann. Deshalb standen Erziehungsfragen nicht im Mittelpunkte ihres theoretischen oder praktischen Interesses, sondern wurde deren Lösung einer glücklicheren Zukunft überlassen. Marx hat solche, soviel wir wissen, nur zweimal in der Öffentlichkeit berührt, beide Male in demsel-

63 [MEW 3, 5–6.]
64 [MEW 1, 337–346.]

ben Sinne: er hat auf dem ersten Kongreß der ersten Internationale (1866) und ein Jahr darauf im ersten Bande des Kapital (2. Auflage S. 509) für alle Kinder von einem gewissen Alter ab, übrigens auch hier im Einklang mit Fichte und anderen Utopisten und mit großen Pädagogen, eine Verbindung »praktischer Arbeit mit Unterricht und Gymnastik« empfohlen, als »die einzige Methode zur Produktion vollseitig entwickelter Menschen«[65].

Um so nötiger ist gerade hier die Ergänzung von »Marx« durch »Kant«. Schon der historische Kant ist weit mehr, als man gemeinhin weiß, auch ein pädagogischer ›Revolutionär‹ gewesen. »Es ist vergeblich«, schreibt er einmal, »das Heil des menschlichen Geschlechtes von einer allmählichen Schulverbesserung zu erwarten. Sie müssen *umgeschaffen* werden, wenn etwas Gutes aus ihnen entstehen soll: weil sie in ihrer ursprünglichen Einrichtung fehlerhaft sind und selbst die Lehrer derselben eine neue Bildung annehmen müssen. Nicht eine langsame Reform, sondern eine schnelle Revolution kann dieses bewirken«. Auch von der Mehrzahl unserer heutigen Schulen kann man wohl noch immer sagen, daß in ihnen »die Kultur nach wahren Prinzipien der Erziehung zum *Menschen* und *Bürger* zugleich vielleicht noch nicht recht angefangen, viel weniger vollendet ist«. Immerhin ist die pädagogische Kultur seit den Zeiten Kants doch bedeutend fortgeschritten, und es regt sich in dieser Beziehung auch unter den Sozialisten aller Schattierungen. Sie haben eigene Vereine der »Kinderfreunde« (zunächst in Österreich), Jugendorganisationen aller Art, Bildungsvereine der Erwachsenen aus sich selbst heraus gegründet. Denn auf Staatshilfe ist vorderhand in den meisten Staaten leider nicht zu zählen. Indes, es bleibt noch viel zu tun. In Deutschland z. B. bieten heute die freien Bestimmungen der Weimarer Verfassung auch den Freunden einer freien Schule, wenigstens formell, freie Hand. Aber diese selber, insbesondere die Massen, sind bisher noch nicht eifrig genug in deren Ausnützung gewesen, wenn auch Vereinigun-

65 [MEW 16, 190 ff. 23, 507.]

gen wie die entschiedenen Schulreformer und einzelne Fachzeitschriften dafür arbeiten. Allein die Bewegung darf, wenn sie Erfolg haben soll, nicht bloß von den Pädagogen ausgehen, sondern muß aus den Elternkreisen kommen oder in ihnen wenigstens einen kräftigen Widerhall finden.

Auf weitere Einzelheiten können wir auch hier nicht eingehen – das würde ein Buch für sich fordern –, sondern müssen auf die von uns angeführten Schriften der P. Natorp, Max Adler, A. Poggi, G. Radbruch, V. Engelhardt, sowie auf die des Staatssekretärs H. Schulz und anderer verweisen. Die Hauptsache ist, daß eine neue Gemeinschaft entsteht oder vorläufig von dem überwiegenden Teile des Volkes gefordert wird; dann wird sie sich, wie ihre Philosophie und ihr Recht, so auch ihre neue Erziehung schon selber schaffen.

Ob aus solcher Erneuerung auch eine Erneuerung oder Vertiefung der *Kunst* und der *Religion* hervorgehen wird? Um von der Kunst (es wäre das ein zu weites Feld) zu schweigen, etwa eine Versittlichung und Vermenschlichung der Religion, wie sie alle wahren Freunde derselben schon lange fordern? Es ist höchst bemerkenswert, daß gerade ein *Marxist* wie Max Adler in seinem neuen Buche ›Das Soziologische in Kants Erkenntniskritik‹, hinter dessen Titel man das nicht sucht, beinahe zwei Drittel des Ganzen darauf verwandt hat, zu zeigen, wieviel gerade aus Kants Religionsphilosophie in dieser Richtung herauszuholen ist. Wenn Adler schon in der Besprechung der ersten Auflage meines Buches in seinen Marxistischen Problemen eine Berücksichtigung auch der Religionsphilosophie Kants von mir gewünscht hat, so konnte ich diesem Wunsche nicht nachkommen, wie sehr ich auch innerlich religiös interessiert und mit Kants Religionsschrift länger als Adler, seit meiner Studentenzeit, vertraut bin. Aber auch hier bevorzuge ich Kants Prinzip reinlicher Scheidung der Gebiete. Ich finde nicht bloß in seiner Religionsphilosophie seine Ethik weniger rein ausgeprägt, sondern betrachte vor allem Religion in erster Linie als Sache des *Gefühls* und würde es deshalb für eine Gefahr halten, sie zur *Begründung* des

Sozialismus heranzuziehen. Sieht man doch z. B. aus einer soeben erschienenen höchst lehrreichen Abhandlung von Paul Honigsheim: Romantische und religiös-mystisch verankerte Wirtschaftsgesinnungen wieder einmal, in welche Abwegigkeiten und Zerflossenheiten das bloße religiöse Gefühl, aufs Wirtschaftliche und Soziale angewandt, führen kann. Umgekehrt wird vielmehr auch hier eine Religion, wie Fichte sie in den Reden malt, als Frucht der neuen Gemeinschaft sich ergeben.

## Schluß

Noch hat sich, obschon der Neukritizismus innerhalb der sozialistischen Bewegung sich eher verstärkt als abgeschwächt zu haben scheint, eine einhellige *Philosophie des Sozialismus* ebensowenig gebildet, wie eine solche auf anderen Kulturgebieten, wie denen der Religion, der Kunst, der Geschichte, des Rechts, des Staates überhaupt. Auch erscheint uns eine so einheitliche Philosophie, wie sie der Bolschewismus anscheinend seinen Bekennern sektenhaft vorzuschreiben gewillt ist, für den Sozialismus als Gesamtbewegung gar nicht wünschenswert, jedenfalls bei weitem nicht so notwendig, wie der praktische Zusammenschluß in Genossenschaft, Gewerkschaft und politischer Partei zu einer sozialisierenden Wirtschafts- und *Kultur*politik. Ohne die letztere würde ihm das Beste, seine *Seele*, mangeln. Wenn aber der Sozialismus in klarer wissenschaftlicher Erkenntnis der Dinge und in sittlicher Begeisterung für seine Sache, die nicht in gefühlsmäßig leidenschaftlichem Rausch, wie heute bei so vielen Politikern aller Parteien, sondern in zäher, besonnener Arbeit ihren Ausdruck findet, mit Klugheit und Beharrlichkeit *schafft*, dann wird ihr auch eine Philosophie nicht fehlen, die ja, wie Labriola, einmal ausgeführt hat, gerade auf diesem Gebiet erst nach langer Entwicklung zur Vollendung kommen kann.
Soll es aber zu einer dauerhaften Philosophie des Sozialismus kommen, so muß sie zweierlei enthalten. Sie darf sich erstens

nicht mit bloß im Kopf ersonnenen utopistischen *Traum*gebilden begnügen, wie sie es in früheren Jahrhunderten tat, sondern muß an der Hand einer sicheren Methode den wirtschaftlichen und historischen Lauf der sozialen Dinge zu *erkennen* suchen, wie er *ist*. Dazu hat der Marxismus jedenfalls wesentliche Stücke geliefert, die nicht wieder ausgeschaltet werden dürfen. Aber diesem Sozialismus der Erkenntnis muß, wie Robert Wilbrandt richtig gesagt hat, ein Sozialismus der *Tat* folgen, den Marx ebenfalls schon in sich getragen und vor allem draußen in der Welt angebahnt, aber nicht wissenschaftlich begründet hat. Ein solcher Sozialismus der Tat aber kann – und das ist das Zweite – nicht bei einer bloßen Geschichts- und Wirtschaftstheorie, und sei es auch die scharfsinnigste und fruchtbarste, stehenbleiben, sondern muß die Frage aufwerfen: Welches ist das *Endziel*, dem der Sozialismus zustreben soll und muß, wenn er nicht »blind«, weil ziel- und richtungslos, bleiben will? Die Antwort darauf kann nur eine Philosophie des *Sollens*, mit anderen Worten eine Ethik geben. Engels' »Sprung in die Freiheit«, Marx' »planmäßig organisiertes« Handeln darf nicht auf eine unbestimmte Zukunft verschoben werden, sondern muß, in Wirtschaft, Recht und Erziehung, schon in der Gegenwart beginnen.
Innerhalb dieses Endziels darf auch die Möglichkeit freier Entfaltung der sittlichen Persönlichkeit bei aller Strenge der Gemeinschaftsordnung nicht fehlen. Gerade das ist eine Konsequenz von Kants Grundsatz des selbstzweckhaften Charakters eines jeden Vernunftwesens. Richtig verstandener *Sozialismus* und echter *Individualismus* sind keine Gegensätze, sie bedingen, ja fordern vielmehr im Gegenteil einander gegenseitig. Zusammenschluß mit den anderen zu engster Genossenschaft bedeutet nicht Beschränkung des eigenen Selbst, vielmehr weiteste Entfaltung seiner Wirkungsmöglichkeit und will andererseits jedem anderen dasselbe Maß von Freiheit schaffen, will nach dem Kommunistischen Manifest zu einer »Assoziation« führen, in der »die freie Entwicklung eines jeden die Bedingung für die freie Entwicklung aller ist«; was fast dem

Wortlaut, jedenfalls aber dem Gedanken nach dem mehrfach zitierten Kantischen Staatsideal und der neukritizistischen Formulierung einer »Gemeinschaft frei wollender Menschen« entspricht. Die Lösung der berühmten Streitfrage, ob der ›Staat‹ bei Erreichung dieses Zieles überflüssig wird, wollen wir ruhig unseren Nachkommen überlassen.

Der letzte Antrieb und das oberste Ziel des Sozialismus als Weltanschauung kann unseres Erachtens nur idealistisch sein. Wir haben die Schwierigkeiten, die seiner Verwirklichung in der Gegenwart oder nahen Zukunft entgegenstehen, und die hauptsächlich in der Seele seiner Träger liegen, nicht verschwiegen. Es gibt auch eine Liebedienerei gegen die Massen; man soll ihnen nicht zum Munde reden, sondern ihnen die Wahrheit sagen und dabei auch ihre Fehler nicht verhehlen. Aber andererseits soll man auch mit Kant daran denken, daß gerade die alte Regierungsmethode »durch ungerechten Zwang, durch verräterische, der Regierung an die Hand gegebene Anschläge« sie selbst zu dem, was sie sind, »gemacht« hat, nämlich »halsstarrig und zur Empörung geneigt«. Und man muß ferner, was derselbe Kant von Theorie und Praxis in der Erziehung sagt, auch in der Politik beachten, nämlich »nicht gleich die Idee für chimärisch halten und sie als einen schönen Traum verwerfen, wenn auch Hindernisse bei ihrer Ausführung eintreten.« Hindernisse sind vielmehr nach Kant für den Wackeren nur dazu da, die Kräfte seiner Seele »aufzubieten, zu steigern und zu stählen«.

Die *Idee*, d. i. der Zielpunkt, wie auch die Zeiten wechseln, und wie weit und oft auch ihre augenblicklichen politischen Träger hinter ihr zurückbleiben mögen. Echte Politik verdirbt nicht, sondern *verlangt*, wie ähnlich, wenn ich nicht irre, Max Adler einmal gesagt hat, einen Charakter. Gibt doch auch der Arzt, der Lehrer, der Richter, der Seelsorger seine heilsame Arbeit an der Menschheit nicht auf, wenn auch die Krankheiten, die Unwissenheit, das Unrecht und die Unsittlichkeit noch nicht aus der Welt verschwunden sind und wohl niemals verschwinden werden. So kann und wird auch die Idee des Sozialismus nicht mehr verschwinden, solange Menschenvernunft und der unausrottbare Zug zur Gemeinschaft im Menschen lebt. Und solange Menschenelend und fühlende Menschenherzen bleiben, so lange wird es auch nicht mehr an jenem Bündnis der Denkenden und Leidenden fehlen, das schon der jugendliche Marx zur nie von ihm verlassenen Aufgabe seines Lebens gemacht hat. Und wie mit diesem aus tiefem, ursprünglichstem Gefühl geborenen Gedanken des angeblich so kalten Marx, so wollen wir mit einem erst aus dem Nachlaß bekannt gewordenen hoffnungsfrohen, vielleicht allzu hoffnungsfrohen Worte des angeblich so nüchternen alten Kant schließen, das sich der Sozialist als das Wort eines Genius der Menschheit tröstend vorhalten mag, wenn ihn zuweilen Mutlosigkeit beim Anblick dieser Welt erfaßt. Es ist dasselbe, das auch der Franziskaner Erhard Schlund an das Ende seines schönen Buches über Kant und den Sozialismus gesetzt hat. Es lautet: »Ich glaube festiglich, daß alle Keime des Guten noch entwickelt werden sollen. Sie liegen in uns, der Mensch war für das gesellschaftliche Ganze geschaffen. Dieses muß einmal die größte Vollkommenheit erlangen und darin jeder einzelne. Alsdann dauert sie immer.«[66]

---

66 [Erhard Schlund, Die philosophischen Probleme des Kommunismus, vornehmlich bei Kant. München 1922.]

# Franz Mehring
# Kant und der Sozialismus [1900]

Unter diesem Titel hat Karl Vorländer eben bei Reuther und Reichard in Berlin eine Schrift erscheinen lassen, die im Nebentitel eine »besondere Berücksichtigung der neuesten theoretischen Bewegung innerhalb des Marxismus« verheißt. Sie will in knappen Zügen schildern, wie sich Kant am Ende des neunzehnten Jahrhunderts im Zeichen des Sozialismus darstellt, und untersucht demgemäß, 1. ob und inwiefern der Sozialismus ein Recht hat, sich auf Kant zu berufen, 2. wie sich die Neukantianer zum Sozialismus stellen, und 3. wie sich die »Rückkehr auf Kant« bei den jüngeren Marxisten oder Sozialisten vollzieht.

Was uns veranlaßt, an dieser Stelle mit einiger Ausführlichkeit auf Vorländers Schrift einzugehen, ist in erster Reihe die persönlich loyale und sachlich anregende Weise, womit er sein Thema behandelt. Es lohnt sich in jeder Beziehung, mit ihm zu diskutieren; so wie er die Frage zu stellen weiß, läßt sie sich wohl beantworten; eine gänzliche Übereinstimmung wird sich nicht ergeben, aber vielleicht eine gewisse Annäherung und gewiß eine klare Feststellung dessen, worüber keine Einigung möglich ist. Jedoch sehen wir dabei gänzlich von dem dritten Abschnitt seiner Schrift ab, von der kritischen Würdigung der jüngeren Marxisten oder Sozialisten, die »Zurück auf Kant« wollen. Nicht nur weil die drei deutschen Parteischriftsteller, die Vorländer in diesem Zusammenhang behandelt, unter sich vielfach auseinander gehen und sich alle wieder von den bürgerlichen Neukantianern unterscheiden, so daß Vorländer viel an ihnen auszusetzen hat, sondern auch weil ihre Ansichten in diesen Spalten schon sehr ausgiebig erörtert worden sind. Das gilt nun freilich nicht von einer lateinisch geschriebenen Abhandlung, die Jaurès als Professor in Toulouse verfaßt und Vorländer wieder ausgegraben hat.[1] Indessen können wir auch auf sie nicht näher eingehen, da sie im Buchhandel nicht zu haben ist und nach den Proben, die Vorländer gibt, aus einer Zeit stammt, wo Jaurès dem historischen Materialismus noch fernstand. Darauf deuten u. a. die von Vorländer angezogenen Sätze, daß sich die »ersten Grundlinien des Sozialismus« in Luthers Schrift über den Wucher befinden, und daß »die Dinge aus den Ideen hervorgingen, die Geschichte von der Philosophie abhinge«. Wie es immer sonst um die Schrift von Jaurès bestellt sein mag, so steht sie jedenfalls in keinem Zusammenhang mit den Fragen, die zwischen den Marxisten und den Neukantianern streitig sind. Gehen wir nun zunächst auf das ein, was Vorländer über Kant und den Sozialismus zu sagen hat, so will er einerseits unter dem vieldeutigen Worte Sozialismus keine bestimmte politische Partei, mit der die philosophische Untersuchung nichts zu tun habe, sondern eine sittliche Weltanschauung und den Gesamtzusammenhang verstehen, der seines Erachtens auf dem Gebiet der Ethik zu suchen sei, und so hebt er andererseits hervor, daß Kants Wirken natürlich durch seine Zeit bestimmt gewesen sei, daß sich seine politische Philosophie vor allem gegen den absolutistischen Polizeistaat und die ständische Gesellschaftsordnung des achtzehnten Jahrhunderts gekehrt habe, daß zu einer Sozialphilosophie im modernen Sinne damals noch alle Vorbedingungen gefehlt hätten: kapitalistische Produktionsweise, Lohnarbeit, Maschinenindustrie etc. Innerhalb dieser Beschränkung aber, so meint Vorländer, finde der Sozialismus seine unmittelbarsten Anknüpfungspunkte in den Grundgedanken der Kantischen Ethik. Dafür werden »zahlreiche, zum größten Teile noch nicht beachtete Stellen« beigebracht, in der Hauptsache jedoch eine »in der Regel nicht genug beachtete Formulierung des kategorischen Imperativs«, die so lautet: »Handle so, daß du die Menschheit sowohl in deiner Person als in der Person eines jeden anderen, jeder-

[1] [J. Jaurès, De primis socialismi germanici lineamentis apud Lutherum, Kant, Fichte et Hegel, Toulouse 1891.]

zeit zugleich als Zweck, niemals bloß als Mittel brauchst.«
Auf seine anderen Zitate legt Vorländer geringeren Wert,
als auf diese einfach-erhabene Formel, die den wahren und
wirklichen Zusammenhang des Sozialismus mit Kant im »rein
Moralischen« begründe; auf diesem Fundament müsse der Sozialismus bauen, wenn anders er überhaupt nach einer ethischen Begründung verlange. »Kann die Grundidee des Sozialismus, der Gemeinschaftsgedanke, einfacher ausgesprochen,
deutlicher verkündet werden?« Noch weiter geht ein anderer
Neukantianer, Professor Cohen in Marburg, der Kant um
dieses Satzes willen als »den wahren und wirklichen Urheber
des deutschen Sozialismus« feiert.[2]

Nun ist der Satz zunächst einmal gar nicht solch vergessenes
und erst von den Neukantianern wieder entdecktes Kleinod,
wie Vorländer zu glauben scheint. Er gehört zu den allerbekanntesten Aussprüchen Kants und hat eine große Rolle in
der politischen Literatur des neunzehnten Jahrhunderts gespielt, nur freilich in ganz anderem Sinne, als Vorländer und
Cohen meinen. Zur Begründung des deutschen Sozialismus
hat er nicht das Gewicht eines Sandkorns beigetragen, wohl
aber manchen Stein herangewälzt zur Begründung des Liberalismus und ganz speziell des antisozialistischen Liberalismus. Greifen wir aus dem Heere der Zeugen nur einige Liberale heraus, die zugleich heftige Sozialistenfeinde waren!
In den »Hallischen Jahrbüchern« leitet Ruge ein Kapitel über
»die ethische Seite der Kantischen Philosophie«[3], ganz wie
Vorländer, mit jenem Satze ein, dem er dann teilweise auch
dieselben Zitate folgen läßt, jedoch mit einem zornigen Blicke
auf die Nachfolger Kants, die »aus seiner Kritik nicht die
Arbeit und die Qual der Widersprüche, sondern das Resultat
der beschränkten und verworrenen Vernunft zogen, die in
seiner Ethik die dornenvolle Politik dahingestellt sein ließen
und die bequemere Moral predigten«; Ruge sieht in Kants

2 [Hier S. 71.]
3 [Arnold Ruges, Sämtliche Werke. 2. Aufl. Mannheim 1847: 1. Bd., Geschichte d. dt. Poesie seit Lessing; 2. Buch, 1. Kap., c. S. 143–152.]

Satze die Forderung einer Verfassung des Volkes und die Erhebung jedes Menschen zu ihrem Zweck. Ebenso stellt Treitschke den Satz in die Lehre von der politischen Freiheit; auf den Staat angewandt heiße er: Die Wirksamkeit der Regierung ist vernünftig, wenn sie die Selbsttätigkeit der Bürger hervorruft, fördert, läutert; unvernünftig, wenn sie diese Selbsttätigkeit unterdrückt. Eher scheint sich Schmoller den Neukantianern zu nähern, wenn er »den Eckstein der modernen Ethik« erläutert: Kein Mensch soll nur Mittel zum Zwecke für andere sein, aber auch Schmoller fügt wohlweislich hinzu: wenn er daneben auch als dienendes Glied für andere Zwecke fungiert; er lehnt die sozialistische Auslegung des Kantschen Satzes noch offensichtlicher ab, als Ruge und Treitschke.

Haben diese Liberalen nun ihren Kant richtig verstanden oder die Neukantianer? Vorländer ist so ehrlich, selbst die schlagende Antwort auf die Frage zu geben, indem er schreibt: »Kant tritt zwar für vollste gesetzliche Freiheit, Gleichheit und Selbständigkeit aller Staats*bürger* ein, aber er betrachtet die ›Gesellen bei einem Kaufmann oder bei einem Handwerker‹, die privaten Dienstboten, Taglöhner, Zinsbauern und ›alles Frauenzimmer‹, kurz jedermann, der ›Nahrung und Schutz‹ von anderen erhält, nicht als Staats*bürger,* sondern als Staats*genossen.*« Danach haben Ruge, Treitschke und Schmoller ihren Kant nicht zu eng, sondern vielmehr noch zu weit ausgelegt, denn mindestens den Gesellen, Taglöhnern, Bauern wollten und wollen sie die staatsbürgerlichen Rechte nicht verweigern. Nun meint Vorländer zwar, ein billiger Beurteiler werde bei Kants Unterscheidung von Staats*bürgern* und Staats*genossen* die Kulturzustände der damaligen Zeit erwägen; seien doch die Gesetzgeber der großen Französischen Revolution nicht weiter gegangen, als unser Philosoph, denn sie seien ihm, wie Jaurès gezeigt habe, mit jener Unterscheidung von aktiven und passiven Staatsbürgern vorangegangen. Aber so richtig das alles sein mag, so wenig trifft es den Kern der Sache.

Käme es nur auf die »billige« Beurteilung Kants an, so sollten sich die Neukantianer über die Marxisten gewiß nicht zu beklagen haben. Wie Marx selbst, so haben die Marxisten von Kant stets mit der gebührenden Hochachtung gesprochen. Um ein für den Schreiber dieser Zeilen nächstliegendes Beispiel anzuziehen, so zitiert er den hier erörterten Satz Kants in seiner Parteigeschichte[4] mit dem Bemerken, Kant habe darin die kühnste und reinste Konsequenz der bürgerlichen Ideale gezogen, aber das sei nur in einem Lande möglich gewesen, wo die bürgerliche Klasse erst wenig und die proletarische Klasse noch gar nicht entwickelt gewesen sei. Das ist an »billigen Urteilen« hoffentlich so viel, wie Vorländer mit Recht verlangen mag. Allein die wirkliche Streitfrage zwischen Marxisten und Neukantianern besteht ja darin, ob und wie der Sozialismus mit Kant zusammenhängt, und sie wird eben durch die Entschuldigungen, die Vorländer zugunsten Kants anführt, in verneinendem Sinne entschieden. Es sei denn, daß die Neukantianer in der »Erklärung der Menschenrechte« die Mutter des Sozialismus erblicken, wie in Kant seinen Vater.
Es ist eine weltbekannte und auch eine weltgeschichtliche Tatsache, daß sich die Vorkämpfer des revolutionären Bürgertums im achtzehnten Jahrhundert in der Illusion bewegten, mit der Emanzipation ihrer Klasse die bürgerliche Gesellschaft in ihrem ganzen Umfang zu emanzipieren. Der »dritte Stand« hielt sich für gleichbedeutend mit dem ganzen Volke, im Gegensatz zu den privilegierten Ständen; indem er die politischen Staatsformen schuf, die seinen sozialen Bedürfnissen entsprachen, glaubte er gleichmäßig für die Interessen aller Staatsbürger zu sorgen und sie alle gleichmäßig zu befriedigen. Diese Illusion war durchaus ehrlich und frei von aller Heuchelei; sie verdaute ohne alle Beschwerde die schreiendsten Widersprüche, so wenn die französische Konstitution von 1791 damit begann, jeden Menschen für frei und gleich an Rechten

---

[4] [Franz Mehring, Geschichte der deutschen Sozialdemokratie, 1. Teil, in: Gesammelte Schriften. Hg. v. Th. Höhle/H. Koch/J. Schleifstein. Bd. 1. Berlin 1960, 67/68.]

geboren zu erklären, und damit endete, die serviteurs à gages vom Wahlrecht auszuschließen.

Wie in der Französischen Revolution, so in der deutschen Philosophie. Wenn beiläufig die Neukantianer in den Schriften von Marx und Engels so ängstlich nach Äußerungen über Kant spähen, so übersehen sie ganz die vielleicht bezeichnendste Stelle, wo sie darüber, wenigstens was Kants Ethik und Politik betrifft, die erschöpfendste Auskunft erhalten können. Es heißt im Kommunistischen Manifest: »So hatten für die deutschen Philosophen des achtzehnten Jahrhunderts die Forderungen der ersten Französischen Revolution nur den Sinn, Forderungen der ›praktischen Vernunft‹ im Allgemeinen zu sein, und die Willensäußerungen der revolutionären französischen Bourgeoisie bedeuteten in ihren Augen die Gesetze des reinen Willens, des Willens, wie er sein muß, des menschlichen Willens.«[5] Demgemäß nahm jene Illusion der Französischen Revolution in der deutschen Philosophie eine ihren inneren Widerspruch nach schroffer gestaltende Form an. Insoweit die deutschen Philosophen von der historischen Bedingtheit des französischen Vorbildes ganz absahen, wurden sie theoretisch noch revolutionärer[6], aber insoweit sie nun in der historischen Bedingtheit der deutschen Zustände festen Fuß zu fassen suchten, wurden sie praktisch noch reaktionärer als die französische Bourgeoisie.

Kants Satz: Handle so ... übertrifft an einfacher und klarer Konsequenz gewiß die »Erklärung der Menschenrechte«, aber seine ständische Zerklüftung des Staates in Staats*bürger* und

---

[5] [MEW 4, 486.]
[6] [Vgl. dazu vor allem Schellings »Neue Deduktion des Naturrechts« (1796). Der scheinbare Revolutionismus dieser Naturrechtsschrift ist symptomatisch für die romantisch-idealistische Abkehr vom politischen Resultat der Französischen Revolution: Sie versucht, die nachrevolutionäre Antinomie von subjektiver Freiheit und Vergesellschaftung der Subjektivität zu lösen durch die elitäre Emanzipation des Individuums aus der Gesellschaft. Die »Neue Deduktion« widerspiegelt die Dialektik von Revolution und der dieser immanenten Restauration in der Übersteigerung des Bürgerrechts (als Menschenrecht) zur ›natürlichen‹ Willkür eines rigoros individualistischen Anarchismus.]

Staats*genossen* geht auch weiter ins Mittelalter zurück, als die Ausschließung der französischen Lohnarbeiter vom Wahlrecht. Ganz ähnlich bei Fichte. Man mag ihn auch »den wahren und wirklichen Begründer des deutschen Sozialismus« nennen, wenn man seinen Satz liest: »Der Mensch soll arbeiten, aber nicht wie ein Lasttier, das unter seiner Bürde in den Schlaf sinkt und nach der notdürftigsten Erholung zum Tragen derselben Bürde wieder aufgestört wird. Er soll angstlos, mit Lust und Freudigkeit arbeiten und Zeit übrig behalten, seinen Geist und sein Auge zum Himmel zu erheben, zu dessen Anblick er gebildet ist.« Jedoch Fichtes »Geschlossener Handelsstaat«[7] ist eine Utopie, vor deren praktischer Durchführung sich heute der ärgste Reaktionär bekreuzigen würde.

Sobald nun aber die Illusion der Französischen Revolution und der deutschen Philosophie von der historischen Entwicklung zerstört wurde, sobald die unmenschliche Wirklichkeit der bürgerlichen Praxis den menschlichen Idealen der bürgerlichen Theorie immer schärfer entgegentrat, entstand aus diesem Widerspruch der Sozialismus des neunzehnten Jahrhunderts, von St. Simon, Fourier und Owen bis auf Marx, Engels und Lassalle. Es ist überflüssig, bei dem einfachen, klaren, längst bekannten und hundertmal nachgewiesenen Sachverhalt lange zu verweilen. Man mag mit der »erhaben-einfachen Formel« Kants allerlei müßige Gedankenspiele treiben; man mag darin nach Ruges nicht unwitziger Nuancierung die Arbeit und die Qual der Widersprüche, oder das Resultat der beschränkten und verworrenen Vernunft, oder die dornenvolle Politik oder die bequemere Moral suchen, aber aus ihr historisch oder logisch den Sozialismus abzuleiten, ist ein handgreifliches Unding. In dem Sinne der Cohen und Vorländer ist die »Rückkehr auf Kant« eine – natürlich nur illusorische – Erdrosselung des gesamten Sozialismus, ein – glücklicherweise nur imaginärer – Totensprung rückwärts

---

7 [J. G. Fichte, Der geschloßne Handelsstaat. Ein philosophischer Entwurf als Anhang zur Rechtslehre und Probe einer künftig zu liefernden Politik. Tübingen 1800.]

in alle verhängnisvollen Selbsttäuschungen des achtzehnten Jahrhunderts, mit denen gründlich aufzuräumen die glorreichste Arbeit des neunzehnten Jahrhunderts gewesen ist.

Jedoch ist zu sagen, daß die Neukantianer die Sache nicht so schlimm meinen. Wenn nicht alle, so stehen doch einzelne, wie namentlich Vorländer selbst, dem Sozialismus sehr nahe; sie wollen ihm nicht an den Leib, sondern ihn nur aus seiner massiv-nüchternen Wirklichkeit in eine edlere Gedankenwelt erheben. Ihr guter Wille tritt unverkennbar hervor, wenn wir an der Hand Vorländers noch einen Blick auf die Neukantianer werfen.

# Franz Mehring
## Die Neukantianer [1900]

Von den Neukantianern behandelt Vorländer in dieser Reihenfolge F. A. Lange, Cohen, Stammler, Natorp und Staudinger.

Es ist hier nicht der Ort, weitläufig zu untersuchen, weshalb Albert Lange den historischen Materialismus nicht gekannt hat, obgleich er erst im Jahre 1875 gestorben ist und sich sehr eingehend mit Marx beschäftigt hat. Er bekämpft ausschließlich den naturwissenschaftlichen Materialismus der fünfziger Jahre, den Materialismus der Büchner, Moleschott, Vogt[1], den er ganz richtig als Begleiterscheinung des mächtig sich ausreckenden Kapitalismus auffaßt. So gut er nun aber an der Hand von Marx versteht, wie der Kapitalismus einschlagen muß in den Sozialismus, so wenig versteht er an der Hand von Marx zu erkennen, daß der naturwissenschaftliche Materialismus für Deutschland längst überholt war durch den historischen Materialismus. Er übersieht den historischen Prozeß, der sich in der »Begriffsromantik« der Fichte und He-

[1] [Friedrich Karl Ch. L. Büchner, 1824-1899. Dt. bürgerl. Philosoph und Reformer, einer d. wichtigsten Vertreter des Vulgärmaterialsmus. B.'s Hauptwerk »Kraft und Stoff« (1855) ist eine Systematik dieser Form des Materialismus, der zwar auf den Naturwiss. beruht, diese aber mechanistisch unter Ablehnung des Prinzips der Dialektik auf Natur und Gesellschaft anwendet. »Die Stellung des Menschen in der Natur« (1869), »Darwinismus und Sozialismus« (1894).
Jacob Moleschott, 1822-1893. Niederländischer Physiologe, Vulgärmaterialist. »Der Kreislauf des Lebens« (1852).
Karl Vogt, 1817-1895. Dt.Naturforscher; vulgärmaterialistische Arbeiten zu Problemen der Zoologie, Geologie, Physiologie mit der These, »daß die Gedanken in demselben Verhältnis etwa zu dem Gehirne stehen, wie die Galle zu der Leber oder der Urin zu den Nieren« (»Physiologische Briefe für Gebildete aller Stände«, Stuttgart/Tübingen 1857, 323). Teilnehmer an der Revolution von 1848, Mitglied der Frankfurter Nationalversammlung, zu deren kleinbürgerlich-demokratischem linken Flügel V. gehörte. Emigration in die Schweiz und Beteiligung an der Verfolgung proletarischer Revolutionäre; scharfe Kritik am wiss. Sozialismus. Vgl. Karl Marx' »Herr Vogt« (1860, MEW 14, 381-686).]

gel vollzogen hatte und indem er die Büchner, Moleschott und Vogt als ungleich seichtere Nachbeter der Lamettrie, Holbach und Helvetius auffaßt, geht er etwa so auf Kant zurück, daß er meint, was dieser gegen die französischen Originale eingewandt habe, das gelte auch noch gegen die deutschen Kopien.

Dabei war Lange aber viel zu sehr Historiker und Ökonom, um die historischen Schranken zu übersehen, in denen Kant gelebt und gewirkt hatte. Wie Vorländer selbst hervorhebt, erklärte Lange die »ganze praktische Philosophie« Kants, so mächtig sie auf die Zeitgenossen gewirkt habe, »für den wandelbaren und vergänglichen Teil der Kantischen Philosophie«, und noch stärker als in seiner Geschichte des Materialismus läßt er sich darüber in seinem Schillerkommentar[2] aus, wo er sagt, daß Kant scheinbar nur Kritiker sei und doch eine Spekulation begründe, die uns nicht nur unwandelbare und schlechthin notwendige Ideen dichte, sondern auch noch den Anspruch erhebe, das gesamte Wissen nach diesen Ideen zu ordnen. Es ist zu wenig gesagt, wenn Vorländer meint, eine »systematische« Verbindung zwischen Langes »Kantianismus« und »Sozialismus« habe nicht bestanden; eine solche Verbindung bestand vielmehr überhaupt nicht. Lange ging auf Kants Erkenntnistheorie zurück, um den schnöden Übermut des naturwissenschaftlichen Materialismus zu dämpfen, der im Hause der Philosophie tobte, wie der Stier im Porzellanladen; zu dem historischen Materialismus, der sich folgerecht aus der deutschen Philosophie entwickelt hatte, hat er überhaupt keine Stellung genommen.

Mit diesem Materialismus bindet nun aber der eigentliche Neukantianismus an. Als seinen Führer betrachtet Vorländer den Professor Hermann Cohen in Marburg, »den ersten Kantianer, der offen auf die grundlegende Bedeutung der Kantischen Ethik für die Fundamentierung des Sozialismus hin-

---

2 [F. A. Lange, Einleitung und Kommentar zu Schillers philosophischen Gedichten. Aus dem Nachlaß des Verf. hg. v. O. A. Elissen. Bielefeld/Leipzig 1897.]

gewiesen habe«. Nun nimmt Cohen allerdings dem »dermaligen politischen Sozialismus« sein ganzes Fundament, indem er fordert, die sozialdemokratische Partei solle den (historischen) Materialismus nicht nur »zeitweise abschütteln«, sondern »radikal aufgeben«. Aber als neues Fundament bietet er ihr dafür drei, wie Vorländer meint, »sehr gewichtige« Grundsteine. Erstens soll der Sozialismus die *Gottesidee* nicht abweisen, die freilich nach Cohen nichts anderes als den Glauben an die Macht des Guten, die Hoffnung auf die Verwirklichung der gerechten Sache zu bedeuten braucht. Zweitens haben *Recht* und *Staat* als Ideen auch vom Sozialismus Ehrfurcht zu fordern, denn wie keine Freiheit ohne Gesetz, so kann ohne die im Gesetz bestehende Gemeinschaft keine freie Persönlichkeit, keine wirkliche Gemeinschaft moralischer Wesen bestehen. Drittens ist mit der Idee der *Menschheit* (menschlichen Gesellschaft) die Idee des *Volkes* (der Nationalität) zu verbinden, indem wir jene, die wir ehren und achten, in diesem, das wir lieben, zu verwirklichen streben.[3]

Soweit diese Forderungen einen greifbaren historischen Sinn haben, werden sie vom »dermaligen politischen Sozialismus« in vollstem Maße erfüllt. Glaubt Herr Cohen wirklich, daß die sozialdemokratische Partei die zahllosen Kämpfe, die sie seit bald vierzig Jahren überstanden hat, und namentlich die zwölf Jahre des Sozialistengesetzes überstanden haben würde, wenn sie nicht den Glauben an die Macht des Guten und die feste Zuversicht gehabt hätte, daß die gerechte Sache siegen müsse? Oder weiß er nicht, daß der »dermalige politische Sozialismus« schon in seinen ersten Anfängen, schon durch den Mund Lassalles seinen inneren Sinn dahin erläutert hat, daß Freiheit ohne Gesetz nur Willkür sei, daß er die Solidarität in der Freiheit, die Freiheit in der Solidarität sucht, daß ohne diese Solidarität keine freie Persönlichkeit, keine wirkliche Gemeinschaft moralischer Wesen bestehen könne? Oder endlich kennt Herr Cohen so wenig die Geschichte der deutschen Sozialdemokratie, um nicht darüber unterrichtet zu sein, daß

3 [Vgl. hier S. 57 ff.]

sie die Idee des Volkes immer mit der Idee der Menschheit zu »verbinden« gewußt hat, daß in allen ihren Kundgebungen vom Kommunistischen Manifest bis zum Erfurter Programm diese »Verbindung« gefordert worden ist, und daß, was noch viel mehr sagen will, die Interessen der deutschen *Nation* von 1848 an bis auf den heutigen Tag keinen klareren und kräftigeren Vorkämpfer gehabt hat, als das klassenbewußte *Proletariat*? Die »sehr gewichtigen« Forderungen Cohens sind also an sich die selbstverständlichsten Dinge von der Welt, aber indem er verlangt, daß um ihretwillen die wissenschaftliche Grundlage des proletarischen Emanzipationskampfes preisgegeben werden soll, stellt er die anfechtbare Behauptung auf, daß die Wirkungen um so herrlicher hervortreten werden, je gründlicher die Ursachen ausgerottet seien.

Gegenüber der, wie Vorländer sagt, »expektorativen Darlegung« Cohens geht Stammler einen Schritt weiter, indem er das »grundsätzlich unabweisbar« zugibt, daß den geistigen Bewegungen ökonomische Entwicklungen zugrunde lägen. Jedoch er behauptet, daß es neben den kausalen noch eine ihr nicht widersprechende, sondern sie ergänzende teleologische Betrachtungsweise der sozialen Erscheinungen gebe. »Die ethische *Beurteilung* eines sozialen Vorkommnisses ist etwas ganz Anderes als die genetische *Erklärung* seines Werdens. Die konkreten Bestrebungen erwachsen freilich immer aus den sozialen Zuständen, sind aber nach menschlichen Wünschen und Zielen zu leiten, deren oberster Maßstab nur ein solcher des Endzwecks (Endziels) sein kann.« Diese geschichtswissenschaftliche Methode erinnert gewissermaßen an jene naturwissenschaftliche Methode des »psychophysischen Parallelismus«, die Häkkel an dem umgefallenen Wundt[4] so bitter geißelt, aber sie

---

4 [Wilhelm Wundt, 1832–1920. Dt. Philosoph und Psychologe, der die Ansätze der empirischen Psychologie zum System zusammenfaßte und, Spencer verpflichtet, eine von Kant und Leibniz, aber auch positivistisch beinflußte Philosophie der Geisteswiss. auf psychologischer Grundlage entwickelte. W. vertrat neben der experimentellen Methode die dualistische Theorie des ›psychophysischen Parallelismus‹ und hielt die objektive historische Entwicklung für nicht erkennbar. »Grundzüge der physiologischen Psychologie«

ist freilich noch viel hinfälliger oder vielmehr: ihre Hinfälligkeit ist noch viel leichter mit Händen zu greifen. Die Neukantianer brauchten ja nur darauf zu sehen, wie herrlich sich die »werdende« Bourgeoisie durch die ihr von einem so großen Denker, wie Kant war, nach menschlichen Wünschen gesteckten Ziele hat leiten lassen, um über ihren historischen und logischen Fehlschluß klar zu werden. Gewiß ist die ethische *Beurteilung* eines sozialen Vorkommnisses ganz etwas anderes, als die genetische *Erklärung* seines Werdens; Marx bewundert keineswegs den Kapitalismus, indem er seine historische Notwendigkeit beweist. Aber wie kann man aus der ganz selbstverständlichen Tatsache, daß ethisches Urteil und historische Untersuchung zwei ganz verschiedene Dinge sind, die Folgerung ziehen, daß die Ethik über der historischen Entwicklung stehe? Das ethische Urteil wird nur da zu einer historischen und politischen Kraft, wo es sich auf seinen sozialen Ursprung stützt, sei es im Guten oder sei es im Schlimmen; wo es den »kausalen« Verlauf der Dinge »teleologisch ergänzen« will, hat es so viel Gewicht, wie ein Federwölkchen, das im Äther schwimmt.

Das zeigt sich sofort, wenn die Neukantianer praktisch zu werden versuchen, wie Natorp, der den »methodischen Grundgedanken« Stammlers auf pädagogischem Gebiet durchzuführen versucht. Er verlangt eine wirkliche Volksschule im weitesten Sinne des Wortes, denn *alle* haben Anspruch – zwar nicht auf genau die gleiche Bildung, wohl aber auf gleiche Sorgfalt für ihre Bildung, auf Anteil an der großen Bildungsgemeinschaft, *allein* nach dem Maßstab der Fähigkeit, nicht sonstiger Vorrechte. Fast gleichzeitig mit der Veröffentlichung dieses Schulprogramms veröffentlichte die preußische Regierung im preußischen Abgeordnetenhause auch ein Schulprogramm. Unter brausendem Beifall der Mehrheit erklärte der Landwirtschaftsminister am 10. Februar 1899: »Die Kinder verlernen ganz den Begriff dafür, wozu sie der liebe Gott auf das

(1873/74), »System der Philosophie« (1889), »Völkerpsychologie« (1911–1920).]

Land gesetzt hat. Statt Wartung des Viehs, Melken zu lernen, lernen sie stricken und was weiß ich sonst noch, wofür sie keine Verwendung haben. Die Lehrer selbst verderben die Geistesrichtung der bäuerlichen Bevölkerung. Der Niedersachse lebt mit seiner Kuh unter einem Dache und hat darin nie etwas Entehrendes gefunden, aber der Lehrer tut es nicht; er will seinen eigenen Stall haben und gibt dabei ein schlechtes Beispiel.« Sicherlich, die »teleologische« Pädagogik Natorps gefällt uns tausendmal besser, als die »kausale« Pädagogik des Herrn v. Hammerstein, aber wie sich beide »nicht widersprechen, sondern ergänzen« sollen, das will uns nicht in den Kopf. Wenn dagegen »der dermalige politische Sozialismus« jene schauerliche Junkerwirtschaft, deren sittliche Verwahrlosung der preußische Landwirtschaftsminister so beredt bekundet hat, mit den Mitteln des politischen und sozialen Kampfes vernichten und damit überhaupt erst den Boden schaffen will, worauf das Schulprogramm Natorps ausgeführt werden kann, so treibt er eben auch »kausale« Pädagogik, die mit der ganzen Wucht der historischen Entwicklung ihr Endziel in sich selber trägt und nicht erst durch »menschliche Wünsche« aufgepfropft zu bekommen braucht.

Von solcher »Gewaltethik« will nun wieder Staudinger nichts wissen. Immerhin steht er von allen Neukantianern dem Marxismus am nächsten, und seine Schrift »Ethik und Politik« ist ein sehr lesenswertes, ein ehrliches und auch ein gescheites Buch. Er meint nur, die analytische Begründung der Ethik durch Kant, wie sie durch Cohen, Natorp, Stammler weiterentwickelt worden sei, bilde die notwendige Ergänzung zu der vorwiegend historisch-kausalen Begründung der Marx-Engelsschen Schule. Freilich sei alle Ethik machtlos, sobald die historischen Bedingungen zu einer sittlichen Erneuerung der Gesellschaft fehlten. »Die schönsten Grundsätze Mark Aurels können kein Rom vor dem Zusammenbruch retten, weil sie nicht als lebendige Triebkräfte einer Massenbewegung erscheinen.« Am Prinzip und an der Methode der Forschung von Marx hat Staudinger nichts auszusetzen; nur einen Mangel, aber keinen prinzipiellen Fehler weiß er an ihr zu entdecken. Marx gehe auf das Verhältnis der Ökonomie zur Politik nicht ein, und sobald der Marxismus dessen inne werde, müsse er in konsequenter Verfolgung seines eigenen Prinzips zu Kant kommen.

Schlagen wir einmal das Kommunistische Manifest auf, so lesen wir, daß Marx als den Idealzustand der menschlichen Gesellschaft eine Assoziation fordert, worin die freie Entwicklung eines jeden die Bedingung für die freie Entwicklung aller ist.[5] Das ist dem Sinne nach ganz gleichbedeutend mit dem Hauptsatze der Kantischen Ethik, auf den die Neukantianer so sehr pochen: »Handle so, daß du die Menschheit sowohl in deiner Person als in der Person eines jeden anderen jederzeit zugleich als Zweck, niemals bloß als Mittel gebrauchst.«[6] Dem Sinne nach ist die Ethik bei Kant und Marx also dieselbe; nur besteht die »analytische Begründung« bei Kant darin, daß er mit seinem Satze die mittelalterlich-ständische Scheidung des Staates in Staats*bürger* und Staats*genossen* zu vereinen weiß, während die »historisch-kausale« Begründung bei Marx darin besteht, daß er aus der ökonomischen Entwicklung nachzuweisen versteht, wie sich sein Ideal verwirklichen muß. Weshalb darin ein »Mangel« liegen soll, der durch das »Zurückgehen« auf Kant eine »notwendige Ergänzung« finden muß, ist in der Tat nicht einzusehen, und man wird vollends irre, wenn man die praktischen Beispiele Staudingers prüft. Als den »schwierigsten Punkt« für die Sozialdemokratie und als denjenigen, der vor allen anderen einer durchgreifenden prinzipiellen Klärung im ethischen Sinne bedürfe, bezeichnet er ihre Stellung zur Monarchie. Der Monarch sei der verfassungsmäßige Repräsentant der Nation und habe die diesem Amte gebührenden Ehren zu beanspruchen. Wer das nicht tue, stelle sich außerhalb der Verfassung und

---

5 [MEW 4, 482: »An die Stelle der alten bürgerlichen Gesellschaft mit ihren Klassen und Klassengegensätzen tritt eine Assoziation, worin die freie Entwicklung eines jeden die Bedingung für die freie Entwicklung aller ist.«]
6 [AKA IV, 421.]

könne sich nicht beschweren, wenn er demgemäß behandelt werde. Es sei ganz prinzipwidrig, wenn die Sozialdemokraten bei Gelegenheiten, wo dem Monarchen die als Repräsentanten der Nation zustehende Ehrung durch ein Hoch gegeben werde, sich absichtlich fernhielten oder gar sitzen blieben; durch solch blindes, haltloses und prinzipwidriges Gebahren, um etlicher achtundvierziger Mätzchen willen, verlasse die Partei den schwer errungenen prinzipiellen Boden, auf dem sie fest verschanzt stehen müßte, um mit Ehren siegen zu können.

Appellieren wir zunächst von dem jungen Kantianer an den alten Kant! Er war seiner philosophischen Gesinnung nach Republikaner und kam seiner Zeit in einen Konflikt mit dem König, wenn auch just nicht seiner republikanischen Gesinnung wegen.[7] Dabei stellte er die Maxime auf: »Verleugnung seiner inneren Überzeugung ist niederträchtig, aber Schweigen in einem Falle, wie der gegenwärtige, ist Untertanenpflicht.« Abgesehen von der verschnörkelten Sprache handelt die sozialdemokratische Minderheit im Reichstag genau nach diesem Grundsatz; sie ist nicht so niederträchtig, ihre innere Überzeugung zu verleugnen, indem sie in das Hoch auf den Monarchen, oder vielmehr, wie Staudinger richtig sagt, das monarchische Prinzip einstimmt, aber sie bezeugt der monarchischen Reichstagsmehrheit durch »Schweigen« ihre Achtung, indem sie sich deren monarchischen Kundgebungen fern hält. Staudinger sagt: Wer den Boden der Verfassung verläßt, muß sich auch gefallen lassen, demgemäß behandelt zu werden. Ja, aber wo um Himmelswillen steht in der Verfassung etwas von der Pflicht des Staatsbürgers geschrieben, in Hochs auf den Monarchen einzustimmen? Gibt es irgendwo analoge Bestimmungen, wie in der Verfassung des Königreichs Sachsen, die den Volksvertretern einen dem König und der Verfassung zu leistenden Eid vorschreibt, nun wohl, so fügt sich die Sozialdemokratie auch dem, weil sie durch die Verfassung gedeckt ist. Aber wenn sie da, wo es sich um freiwillige Huldigungen an das monarchische Prinzip handelt, mittun wollte, so würde

7 [Vgl. AKA VII, 6-11.]

## Alphabetisches Verzeichnis der
## suhrkamp taschenbücher wissenschaft

Adorno, Ästhetische Theorie 2
- Philosophische Terminologie 1 23
- Philosophische Terminologie 2 50
Arnaszus, Spieltheorie und Nutzenbegriff 51
Barth, Wahrheit und Ideologie 68
Benjamin, Charles Baudelaire 47
- Der Begriff der Kunstkritik 4
Bernfeld, Sisyphos 37
Bilz, Studien über Angst und Schmerz 44
- Wie frei ist der Mensch? 17
Bloch, Das Prinzip Hoffnung 3
- Geist der Utopie 35
Blumenberg, Der Prozeß der theoretischen Neugierde 24
Bucharin/Deborin, Kontroversen 64
Chomsky, Aspekte der Syntax-Theorie 42
- Sprache und Geist 19
Einführung in den Strukturalismus 10
Erikson, Identität und Lebenszyklus 16
Erlich, Russischer Formalismus 21
Foucault, Wahnsinn und Gesellschaft 39
Griewank, Der neuzeitliche Revolutionsbegriff 52
Habermas, Erkenntnis und Interesse 1
Hegel, Phänomenologie des Geistes 8
Materialien zu Hegels ›Phänomenologie des Geistes‹ 9
Kant, Kritik der praktischen Vernunft 56
- Kritik der reinen Vernunft 55
- Kritik der Urteilskraft 57
Kant zu ehren 61
Materialien zur Kritik der Urteilskraft 60

Kenny, Wittgenstein 69
Koselleck, Kritik und Krise 36
Kracauer, Geschichte – Vor den letzten Dingen 11
Kuhn, Die Struktur wissenschaftlicher Revolutionen 25
Laplanche – Pontalis, Das Vokabular der Psychoanalyse 7
Lévi-Strauss, Das wilde Denken 14
Lorenzen, Methodisches Denken 73
Lorenzer, Sprachzerstörung und Rekonstruktion 31
Luhmann, Zweckbegriff und Systemrationalität 12
Lukács, Der junge Hegel 33
Macpherson, Politische Theorie des Besitzindividualismus 41
Mead, Geist, Identität und Gesellschaft 28
Minder, Glaube, Skepsis und Rationalismus 43
Moore, Soziale Ursprünge 54
Piaget, Das moralische Urteil beim Kinde 27
- Einführung in die genetische Erkenntnistheorie 6
Ricœur, Die Interpretation 76
Scholem, Zur Kabbala und ihrer Symbolik 13
Seminar: Die Entstehung von Klassengesellschaften 30
Seminar: Politische Ökonomie 22
Seminar: Religion und gesellschaftliche Entwicklung 38
Szondi, Die Theorie des bürgerlichen Trauerspiels 15
- Poetik u. Geschichtsphilosophie I 40
Uexküll, Theoretische Biologie 20
Weizsäcker, Der Gestaltkreis 18
Wittgenstein, Philosophische Grammatik 5
Zimmer, Philosophie und Religion Indiens 26

Paläoanthropologie: das ist für Bilz die Lehre vom Menschen, der als eigene Art gesehen wird, aber als eine Art, die sozusagen noch nicht fertig ist. Das besondere Interesse von Bilz gilt den Verhaltensähnlichkeiten zwischen Mensch und Tier in typischen Situationen, ohne daß doch vorschnell vom Tier auf den Menschen geschlossen würde.

stw 52 Karl Griewank
*Der neuzeitliche Revolutionsbegriff*
Entstehung und Entwicklung
Aus dem Nachlaß herausgegeben von
Ingeborg Horn-Staiger
Mit einem Nachwort von Hermann Heimpel
271 Seiten
Karl Griewank war der erste Historiker, der den spezifischen Revolutionsbegriff der Neuzeit herausgearbeitet hat. Es geht ihm dabei nicht um eine Begriffsbestimmung, sondern um die Geschichte des Revolutionsverständnisses seit dem Beginn der sogenannten Neuzeit im Bewußtsein der Beteiligten und historischen Beobachter.

stw 54 Barrington Moore
*Soziale Ursprünge von Diktatur und Demokratie*
Die Rolle der Grundbesitzer und Bauern
bei der Entstehung der modernen Welt
Aus dem Amerikanischen von Gert H. Müller
635 Seiten
Moores Buch knüpft an die Tradition soziologischer Analysen von geschichtlichen Zusammenhängen an, in der die Soziologie von Marx bis Max Weber stand. Er versucht, die politische Rolle zu erklären, die landbesitzende Oberschicht und Bauernschaft bei der Umwandlung der Agrargesellschaften zu modernen Industriegesellschaften gespielt haben.

stw 41 C. B. Macpherson
*Die politische Theorie des Besitzindividualismus*
Von Hobbes bis Locke
Aus dem Englischen von Arno Wittekind
348 Seiten
Macphersons Untersuchung gilt dem Problem einer gesicherten theoretischen Grundlage für den liberal-demokratischen Staat. Als gemeinsame Voraussetzung der englischen politischen Theorie von Hobbes bis Locke erkennt er einen auf Besitz gegründeten und am Besitz orientierten Individualismus.

stw 42 Noam Chomsky
*Aspekte der Syntax-Theorie*
Aus dem Amerikanischen übersetzt und herausgegeben von einem Kollektiv unter der Leitung von Ewald Lang, Arbeitsstelle Strukturelle Grammatik, Deutsche Akademie der Wissenschaften, Berlin
314 Seiten
In dem Buch wird der Versuch unternommen, jenen Teil einer linguistischen Theorie zu entwerfen, der sich auf die syntaktische, die den Bau des Satzes betreffende Komponente bezieht. Unter der von Chomsky beschriebenen »generativen Grammatik« ist ein System von Regeln zu verstehen, mit denen eine beliebige Zahl von Sätzen erzeugt werden kann. Jeder Sprecher hat sich eine solche generative Grammatik offenbar vollständig angeeignet.

stw 43 Robert Minder
*Glaube, Skepsis und Rationalismus*
Dargestellt aufgrund der autobiographischen Schriften von Karl Philipp Moritz
294 Seiten
Minders Arbeit gilt als Wendepunkt in der Moritz-Forschung. Er entdeckte damit gewissermaßen einen Zeitgenossen Goethes neu, der ganz zu Unrecht immer gegenüber der Popularität der idealistischen Klassik im Hintergrund blieb. An den Werken von Moritz zeigt Minder nicht nur dessen literarische Qualität und aufklärerischen Impetus, es entsteht auch ein Bild des sektiererischen Kleinbürgertums im ausgehenden 18. Jahrhundert.

stw 44 Rudolf Bilz
*Studien über Angst und Schmerz*
Paläoanthropologie Band I/2
330 Seiten

Determinismus der Vererbungslehre, der Konstitutionsforschung, der Psychoanalyse, des Darwinismus und den der Klassenlage überwinden. *Klaus Horn*

stw 38 *Seminar: Ideen und Interessen*
Studien zu Max Webers »Protestantischer Ethik«
Herausgegeben von Constans Seyfarth und
Walter M. Sprondel
ca. 360 Seiten
Die Zusammenstellung neuerer Beiträge zu Max Webers »Protestantischer Ethik« zielt auf die Klärung verschiedener Aspekte der Beziehung Webers zum Marxismus, der Komplexität der Genese des kapitalistischen Systems, der Argumente, die in die Richtung einer allgemeinen Theorie soziokultureller Wandlungsprozesse weisen und schließlich der heute höchst aktuellen Frage von Schwellen der soziokulturellen Evolution.

stw 39 Michel Foucault
*Wahnsinn und Gesellschaft*
Eine Geschichte des Wahns im Zeitalter der Vernunft
Aus dem Französischen von Ulrich Köppen
562 Seiten
Michel Foucault erzählt die Geschichte des Wahnsinns vom 16. bis zum 18. Jahrhundert. Er erzählt zugleich die Geschichte seines Gegenspielers, der Vernunft, denn er sieht die beiden als Paar, das sich nicht trennen läßt. Der Wahn ist für ihn weniger eine Krankheit als eine andere Art von Erkenntnis, eine Gegenvernunft, die ihre eigene Sprache hat oder besser: ihr eigenes Schweigen.

stw 40 Peter Szondi
*Poetik und Geschichtsphilosophie 1*
Antike und Moderne in der Ästhetik der Goethezeit
Hegels Lehre von der Dichtung
Herausgegeben von Hans-Hagen Hildebrandt
und Senta Metz
537 Seiten
In den Vorlesungen dieses Bandes betrachtet Szondi anhand des Verhältnisses von Antike und Moderne die ästhetische Theorie der Epoche, die etwa als Zeitalter Goethes umschrieben werden kann. Die Darstellung hält die entscheidenden Impulse fest, die den Weg bestimmen, der von der normativen Aufklärungspoetik zur Philosophie der Kunst in den Systemen des deutschen Idealismus führt.

## suhrkamp taschenbücher wissenschaft

stw 35 Ernst Bloch
*Geist der Utopie*
Unveränderter Nachdruck der bearbeiteten Neuauflage der 2. Fassung von 1923
351 Seiten
Geist der Utopie ist ein Manifest gegen die Leere, Ungläubigkeit und Hohlheit dieser Zeit; es ist die beschwörende Proklamation eines neuen, reichen, frommen Lebens. Von einer Verzweiflung über die Barbarei des Krieges getrieben, eifert Bloch für eine umfassende Revolution, deren politischer Aspekt zwar conditio sine qua non ist, die aber weit darüber hinaus in ein neues Zeitalter führen soll.

stw 36 Reinhart Koselleck
*Kritik und Krise*
Ein Beitrag zur Pathogenese der bürgerlichen Welt
248 Seiten
Die Frage nach dem Zusammenhang von Kritik und Krise ist geschichtlich und aktuell zugleich. Die Untersuchung umspannt den Zeitraum von den religiösen Bürgerkriegen bis zur Französischen Revolution. Die hypokritischen Züge der Aufklärung werden begriffsgeschichtlich und ideologiekritisch herausgearbeitet. Dabei stoßen wir auf die politischen Grenzen der Aufklärung, die ihr Ziel verfehlt, sobald sie zur reinen Utopie gerinnt.

stw 37 Siegfried Bernfeld
*Sisyphos oder die Grenzen der Erziehung*
156 Seiten
Bernfeld macht Marx und Freud zu »Schutzpatronen der neuen Erziehungswissenschaft«. Er will, wenn möglich, den

R. Miller, Grundprobleme der sozialistischen Moraltheorie im Lichte der Leninschen Ideen, in: DZP, Sonderheft 1970, 55–78.

V. M. Momov, Moral als regulatives System (russ.), in: FN 14 (1971), 153–158.

M. Ossowska, Soziologie der Moral (poln.). Warschau 1969.

Social Determinants of Moral Ideas. Philadelphia 1970.

Moralnormen. Versuch einer Systematisierung (poln.). Warschau 1970.

J. Römer, Moralische Verantwortung und wissenschaftlich-technische Revolution in der entwickelten sozialistischen Gesellschaft. Diss. Halle 1970.

(Sammelbände), Aktuelle Probleme der marxistischen Ethik (russ.). Tbilisi 1967.

Probleme der marxistischen Ethik (bulg.). Sofia 1967.

Persönlichkeitsentwicklung und moralische Prozesse im Sozialismus. Berlin 1968.

A. F. Schischkin, Grundlagen der marxistischen Ethik. Berlin ²1965.

Das Problem der sozialen Determination der Moral im Werk V. I. Lenins (russ.), in: VF 21 (1967), 21–31.

Lenin über das Verhältnis von Wissen und Moral, in: SWGB 23 (1970), 11–18.

Probleme der Moral im Werk V. I. Lenins (russ.), in: VF 24 (1970), 134–144.

A. F. Schischkin / K. A. Schwarzmann, Ethik und Philosophie (poln.), in: SF H. 3/4/1972, 137–146.

J. Schmollack, Probleme der philosophisch-ethischen Forschung zum Verhältnis von Persönlichkeit und Gesellschaft, in: DZP 16 (1968), 250–254.

J. Sommerville, Marxist Ethics, Determinism, and Freedom, in: PPR 28 (1967), 17–23.

D. Stankov, Typologie der kommunistischen sittlichen Forderungen (bulg.), in: FM 24 (1972), 79–86.

H. Steussloff, Marxismus und sozialistischer Humanismus. Ein Beitrag zu theoretischen Grundfragen der ethischen Konzeption von Karl Marx. Leipzig 1968.

Probleme der Struktur und Funktion des moralischen Bewußtseins im System des sozialistischen Bewußtseins, in: WZTHM 12 (1968), 23–27.

Über die Struktur und die Funktion von moralischen und ethischen Werturteilen, in: DZP 17 (1969), 338–348.

A. I. Titarenko / G. F. Karvackaja / V. A. Titov, Ethik: Probleme und Perspektiven (russ.), in: FN 15 (1972), 145–155.

E. Fromm, Politik und Moral. Zur Kritik der politischen Ethik in Westdeutschland. Berlin 1970.
Imperialistische Wolfsmoral – Ursachen und Erscheinungsformen, in: Einheit 27 (1972), 778–785.
N. A. Golovko / V. S. Markov, Meinungsaustausch über aktuelle Probleme der marxistischen Ethik, in: SWGB 22 (1969), 198–208.
C. I. Gulian, L'homme et l'être, in: RRSS 12 (1968), 3–30.
H. Harmel, Die Schaffung der theoretischen Grundlagen der proletarisch-revolutionären Moral durch Marx und Engels in der Periode der Entstehung des wissenschaftlichen Kommunismus. Diss. Berlin 1968.
A. Heise / H. Weinhold, Zum Verhältnis von Ökonomie und Moral im Sozialismus, in: GUST 12 (1970), 816–821.
B. Hlanová, Zum Problem des Ursprungs moralischer Werte (tschech.), in: FILOZOFIA 25 (1970), 9–19.
G. Hoppe (Leit.), Lebensweise und Moral im Sozialismus. Berlin 1972.
W. G. Ivanov / W. P. Koblakov, Über Probleme und Tendenzen in der Entwicklung der modernen sowjetischen Ethik (poln.), in: Etyka (Warszawa) H. 7/1970, 7–38.
H. Jankovski, Freiheit und Moral (poln.), Warschau 1970.
I. Judi, Moral und Arbeit (ung.). Pécs 1970.
G. Kaderschafka, Die marxistische Ethik zur Determiniertheit der Moral. Diss. Berlin 1969.
E. Kellner / R. Mocek, Naturwissenschaft und Ethik. Weltanschauliche Probleme der wissenschaftlich-technischen Revolution in der Auseinandersetzung zwischen Sozialismus und Kapitalismus, in: DZP 17 (1969), 1157–1179.
A. A. Kiselev, V. I. Lenin und ethische Fragen (russ.). Lemberg 1969.
M. Klein / R. Miller, Ethik, in: Philosophisches Wörterbuch. Hg. v. G. Klaus / M. Buhr. Berlin 6. Aufl. 1969, 327–347.
H. Krumpel, Ethische Aspekte der Hegelschen Philosophie. (Unter Berücksichtigung seiner Kritik am kategorischen Imperativ Kants). Habil.-Schrift Berlin 1970.
F. Löser, Deontik. Planung und Leitung der moralischen Entwicklung. Berlin 1966.
E. Luther / A. Prehn, Zum Verhältnis von Interesse, Ethik und Wissenschaft, in: DZP 18 (1970), 324–340.
M. Makai, Über die Dialektik des moralischen Bewußtseins (ung.). Budapest 1966.
The Dialectics of Moral Consciousness. A Contribution to the Theory of Marxist General Ethics. Budapest 1972.
I. Mayer, Marxistische Philosophie und sozialistisches Menschenbild, in: DZP 17 (1969), 645–664.

G. Bandzeladze, Ethik (russ.). Tbilisi 1970.
N. Bellu, One Concept in the Knowledge of Ethic and the Various Senses of the Idea of Moral Progress, in: RRSS 13 (1969), 419–430.
G. Berescu, Le Contenu et la Valeur du Devoir Moral, in: RRSS 9 (1965), 283–295.
Le Déterminisme social et l'Éthique de la Personnalité, in: RRSS 12 (1968), 373–377.
B. Bittighöfer / J. Schmollack (Hg.), Moral und Gesellschaft. Entwicklungsprobleme der sozialistischen Moral in der DDR. Berlin 1968.
W. A. Bljumkin, Noch einmal zum Gegenstand der Ethik, in: SWGB 25 (1972), 530–537.
H. Böck, Die wachsende Rolle des sozialistischen Bewußtseins bei der Gestaltung der entwickelten sozialistischen Gesellschaft und die Aufgaben der Ethik, in: WZHUB 20 (1971), 775–778.
W. Böttner, Zum Wesen und zur Entwicklung der moralischen Verantwortung und des moralischen Verantwortungsbewußtseins der Persönlichkeit in der sozialistischen Gesellschaft. Diss. Merseburg 1970.
A. G. Charčev / V. G. Ivanov, Über den Historismus in der Ethik, in: SWGB 22 (1969), 947–952.
P. Danev, Wesen und Spezifik der Moral als gesellschaftliche Erscheinung (bulg.), in: FM 25 (1969), 73–81.
L. Dramaliev, The Place and Role of Morality in the System of Spiritual Values, in: Akten des XV. Weltkongresses für Philosophie, 17.–22. September 1973, Varna (Bulgarien). Sofia 1973. Bd. 1, 153–158.
W. Eichhorn I, Wie ist Ethik als Wissenschaft möglich. Berlin 1965.
Hegel und die historische Methode in der Ethik, in: Hegel-Jahrbuch 1971 (Meisenheim/Glan 1972), 273–279.
H. Erdmann / A. Golub / R. Miller, Anwendung und Weiterentwicklung der Leninschen Ideen vom Verhältnis zwischen Ökonomie und Moral in der Politik der SED, in: DZP 19 (1971), 316–343.
H. Erdmann / A. Golub / W. Scheler, Probleme der dialektisch-materialistischen Untersuchung der sozialistischen Moralentwicklung, in: DZP 20 (1972), 975–994.
M. Fritzhand, Intuitionismus, normative Ethik und Marxismus (poln.), in: Etyka (Warszawa) H. 5/1969, 113–128.
Hauptprobleme und Richtungen der Metaethik (poln.). Warschau 1970.
Über das Wesen der marxistischen Ethik (poln.), in: SF H. 4/1971, 7–30.

# Auswahlbibliographie

*neuerer Arbeiten über ›Marxismus und Ethik‹ in der marxistisch-leninistischen Philosophie seit 1965*

*Verzeichnis verwendeter Sigeln:*

| | |
|---|---|
| DZP | Deutsche Zeitschrift für Philosophie (Berlin). |
| FILOZOFIA | Filozofia (Bratislava). |
| FM | Filosofska misul (Sofija). |
| FN | Filosofskie nauki (Moskva). |
| GUST | Geschichtsunterricht und Staatsbürgerkunde (Berlin). |
| PPR | Philosophy and Phenomenological Research (Buffalo, N. Y.) |
| RRSS | Revue Roumaine des Sciences Sociales. Série: Philosophie et Logique (Bucuresti). |
| SF | Studia Filozoficzne (Warszawa). |
| SWGB | Sowjetwissenschaft. Gesellschaftswissenschaftliche Beiträge (Berlin). |
| VF | Voprosy filosofii (Moskva). |
| WZHUB | Wissenschaftliche Zeitschrift der Humboldt-Universität Berlin. Gesellschafts- und sprachwissenschaftliche Reihe (Berlin). |
| WZTHM | Wissenschaftliche Zeitschrift der Technischen Hochschule »Otto von Guericke« Magdeburg (Magdeburg). |

S. Angelov, Die marxistische Ethik als Wissenschaft (bulg.). Sofia 1970.

P. Apostol, Ethische Norm und genormte Tätigkeit (rum.). Bukarest 1968.

L. M. Archangelski, Kategorien der marxistischen Ethik. Berlin 1965.
Die kommunistischen Moralnormen und ihr Werden, in: SWGB 21 (1968), 13–19.
Über den philosophischen Charakter der marxistischen Ethik und ihre Struktur, in: SWGB 23 (1970), 985–994.

L. M. Archangelski / G. G. Kwasow / V. Momov, Ethik als Wissenschaft. Bulgarisch-sowjetisches Symposium (russ.), in: VF 24 (1970), 155–160.

L. Woltmann, System des moralischen Bewußtseins. Düsseldorf 1898.
Der historische Materialismus. Darstellung und Kritik der marxistischen Weltanschauung. Düsseldorf 1900.
Die Begründung der Moral, in: Socialistische Monatshefte 4 (1900).
Die wirtschaftlichen und politischen Grundlagen des Klassenkampfes, in: Socialistische Monatshefte 5 (1901).

Über die geschichtsphilosophischen Ansichten Kants, in: Socialistische Monatshefte 7 (1903).
Bemerkungen über Ethik und materialistische Geschichtsauffassung, in: Socialistische Monatshefte 10 (1906).
Rechtsauffassung, in: Socialistische Monatshefte 14 (1910).
G.v.Schulze-Gävernitz, Marx oder Kant. Rede. Freiburg/Leipzig 1909.
R. Seidel, Sozialdemokratie und ethische Bewegung. Zürich 1897.
G. Sorel, Die Ethik des Sozialismus, in: Socialistische Monatshefte 8 (1904).
F. Staudinger, Ethik und Politik. Berlin 1899.
Der Streit um das Ding an sich und seine Erneuerung im sozialistischen Lager, in: Kantstudien 4 (1899).
Kant und der Sozialismus, in: Socialistische Monatshefte 8 (1904).
Kulturgrundlagen der Politik. 2 Bde., Jena 1914.
Karl Marx als ökonomischer Transzendentalphilosoph, in: Die Neue Zeit 39 (1921).
L. Stein, Die soziale Frage im Lichte der Philosophie. Stuttgart 1897.
Th. Steinbüchel, Der Sozialismus als sittliche Idee. Jena 1923.
F. Tönnies, Ethik und Sozialismus, in: Archiv f. Sozialwissenschaft 25 (1907), 26 (1908).
M. Tugan-Baranowsky, Der moderne Sozialismus in seiner geschichtlichen Entwicklung. Dresden 1908.
Kant und Marx, in: Archiv f. Sozialwissenschaft 33 (1911).
K. Vorländer, Eine Sozialphilosophie auf Kantischer Grundlage, in: Kantstudien 1 (1897).
Kant und der Sozialismus, unter besonderer Berücksichtigung der neuesten theoretischen Bewegung innerhalb des Marxismus. Berlin 1900. [Auch in: Kantstudien 4 (1900).]
Die neukantische Bewegung im Sozialismus, in: Kantstudien 7 (1902).
Kant und Marx. Vortrag. Wien 1904.
Die Stellung des modernen Sozialismus zur Ethik, in: Archiv f. soziale Gesetzgebung und Statistik 22 (1906).
Marx oder Kant? Ein Beitrag zur neuesten Diskussion über dieses Thema, in: Archiv f. Sozialwiss. und Sozialpolitik 28 (1909).
Kant und Marx. Ein Beitrag zur Philosophie des Sozialismus. Tübingen 1911.
Kant, Fichte, Hegel und der Sozialismus. Berlin 1920.
Marx, Engels und Kant, in: Die Neue Zeit 39 (1921).
Marx, Engels und Lassalle als Philosophen. Berlin 1921.
Immanuel Kant und sein Einfluß auf das deutsche Denken. Bielefeld/Leipzig 1925.
Von Machiavelli bis Lenin. Neuzeitliche Staats- und Gesellschaftstheorien. Leipzig 1926.

G. Lukács, A bolsevizmus mint erkölcsi problema, in: Szabadgondolat [Budapest], Dezember 1918. [Bolschewismus als moralisches Problem].

T. G. Masaryk, Die philosophischen und soziologischen Grundlagen des Marxismus. Wien 1899.

M. Mauerbrecher, Kant oder Marx? in: Hilfe, Jg. 1908, Nr. 38.
Neumarxismus oder Neukantianismus, in: Hilfe, Jg. 1908, Nr. 44.

F. Mehring, Geschichte der deutschen Sozialdemokratie. Stuttgart 1897/98. Zweite Auflage 1903/04.
Kant und der Sozialismus, in: Die Neue Zeit 18 (1899/1900).
Die Neukantianer, in: Die Neue Zeit 18 (1899/1900).
Immanuel Kant, in: Die Neue Zeit 22 (1903/04).
Kant und Marx, in: Die Neue Zeit 22 (1903/04).

P. Natorp, Sozialpädagogik. Theorie der Willenserziehung auf der Grundlage der Gemeinschaft. Stuttgart 1899.
Zum Gedächtnis Kants in: Die Deutsche Schule 8 (1904).
Philosophie und Pädagogik. Marburg 1909.
Sozial-Idealismus. Neue Richtlinien sozialer Erziehung. Berlin 1920.

C. Notter, Zum Problem der Moral (Kant und Marx), in: Die Neue Zeit 32 (1913/14).

K. Nötzel, Zur ethischen Begründung des Sozialismus, in: Socialistische Monatshefte 14 (1910).

A. Pannekoek, Marxismus und Teleologie, in: Die Neue Zeit 23 (1904/05).
Ethik und Sozialismus. Umwälzungen im Zukunftsstaat. Zwei Vorträge. Leipzig 1906.

G. W. Plechanow, Materialismus und Kantianismus, in: Die Neue Zeit 17 (1898/99).
Conrad Schmidt gegen Karl Marx und Friedrich Engels, in: Die Neue Zeit 17 (1898/99).

A. Poggi, Kant e il socialismo o La questione morale nel socialismo. Palermo 1904.

Ch. Rappoport, Le matérialisme de Marx et l'idéalisme de Kant. Suresnes 1900.
Kant était-il un sophiste Bourgeois? Réponse à Paul Lafargue, In: La Revue Socialiste, Jg. 1900.

K. Renner, Der historische Materialismus und die Ethik, in: Phil. Wochenschr. und Lit. Zeitung, Jg. 1906.

E. Schlund, Die philosophischen Probleme des Kommunismus, vornehmlich bei Kant. München 1922.

C. Schmidt, Sozialismus und Ethik, in: Socialistische Monatshefte 4 (1900).
Nochmals die Moral, in: Socialistische Monatshefte 4 (1900).

J. Dietzgen, Das Wesen der menschlichen Kopfarbeit, eine abermalige Kritik der reinen und praktischen Vernunft [1869]. Neuausgabe mit einer Einleitung v. A. Pannekoek. Stuttgart 1903.
Die Moral der Sozialdemokratie [1875], in: Josef Dietzgens kleinere philosophische Schriften. Eine Auswahl. Stuttgart 1903.
Sozialdemokratische Philosophie, in: a.a.O.
O. Gerlach, Kants Einfluß auf die Sozialwissenschaft in ihrer neuesten Entwicklung, in: Zeitschrift f. d. gesamte Staatswissenschaft 55 (1899).
Kant und der Sozialismus, in: Zeitschrift f. Sozialwissenschaft 6 (1913).
S. Gunter [= Franz Staudinger], Antonio Labriola und die Ethik, in: Die Neue Zeit 18 (1899/1900).
Sozialismus und Ethik, in: Socialistische Monatshefte 5 (1901).
W. Heine, Ideale der Sozialpolitik, in: Die Neue Zeit 15 (1896/97).
J. Jaurès, De primis socialismi Germanici lineamentis apud Lutherum, Kant, Fichte et Hegel. Toulouse 1891.
K. Joffe, Zu Mandevilles Ethik und Kants Sozialismus, in: Die Neue Zeit 24 (1905/06).
P. Kampffmeyer, Der ethische Ausgangspunkt des Marxismus, in: Socialistische Monatshefte 15 (1911).
K. Kautsky, Leben, Wissenschaft und Ethik, in: Die Neue Zeit 24 (1905/06).
Ethik und materialistische Geschichtsauffassung. Ein Versuch. Stuttgart 1906.
Ethik und materialistische Geschichtsauffassung, in: Schmollers Jahrbuch Jg. 1907.
C. v. Kelles-Kranz, Was ist der ökonomische Materialismus, in: Die Neue Zeit 19 (1901/02).
W. Kinkel, Paul Natorp und der kritische Idealismus, in: Kantstudien 28 (1923).
A. Kranold, Marx und Engels als Philosophen, in: Die Neue Zeit 39 (1921).
Die Persönlichkeit im Sozialismus. Jena 1923.
Sozialismus als sittliche Idee, in: Der lebendige Marxismus. Festgabe z. 70. Geb. v. K. Kautsky. Hg. v. O. Jensen. Jena 1924.
F. A. Lange, Die Arbeiterfrage in ihrer Bedeutung für Gegenwart und Zukunft. Duisburg 1865.
Geschichte des Materialismus und Kritik seiner Bedeutung in der Gegenwart. Iserlohn 1866.
W. I. Lenin, Marxismus und Revisionismus [1908], in: Werke, dt. Ausgabe Berlin (DDR) 1961 ff., Bd. 15.
Materialismus und Empiriokritizismus [1909], in: Werke, Bd. 14.

## Auswahlbibliographie

wichtiger einschlägiger Schriften des Neukantianismus und seiner marxistischen Kritiker

M. Adler, Marxismus und Ethik, in: Archiv f. Sozialwiss. 34 (1912).
Wegweiser. Studien zur Geistesgeschichte des Sozialismus. Stuttgart 1914.
Das Soziologische in Kants Erkenntniskritik. Ein Beitrag zur Auseinandersetzung zwischen Naturalismus und Kritizismus. Wien 1924.
Marxismus und Kantischer Kritizismus, in: Archiv f. d. Gesch. d. Sozialismus und d. Arbeiterbewegung 11 (1925).
Kant und der Marxismus. Gesammelte Aufsätze zur Erkenntniskritik und Theorie des Sozialen. Berlin 1925.
V. Adler, Unmaßgebliche Betrachtungen, in: Die Neue Zeit 19 (1900/1901).
Th. Asholt, Marxismus und Ethik. Diss. Gießen 1928.
O. Bauer, Marxismus und Ethik, in: Die Neue Zeit 24 (1905/06).
M. Beer, Ethische und naturrechtliche Begründung des Sozialismus, in: Die Neue Zeit 29 (1911).
B. N. Berdiajeff, F. A. Lange und die kritische Philosophie in ihren Beziehungen zum Sozialismus, in: Die Neue Zeit 18 (1899/1900).
Subjektivismus und Individualismus in der sozialen Philosophie. Eine kritische Studie über Michailowski; nebst Vorwort v. Peter v. Struve. Petersburg 1901 [russ.].
E. Bernstein, Das realistische und das ideologische Moment im Sozialismus, in: Die Neue Zeit 16 (1897/98).
Die Voraussetzungen des Sozialismus und die Aufgaben der Sozialdemokratie. Stuttgart 1899.
Wie ist wissenschaftlicher Sozialismus möglich? Berlin 1901.
Idealismus, Kampftheorie und Wissenschaft, in: Socialistische Monatshefte 5 (1901).
Der Kernpunkt des Streites, in: Socialistische Monatshefte 5 (1901).
Der Marx-Cultus und das Recht der Revision, in: Socialistische Monatshefte 7 (1903).
O. Blum, Max Adlers Neugestaltung des Marxismus, in: Archiv f. d. Gesch. d. Sozialismus und d. Arbeiterbewegung 8 (1919).
H. Cohen, Kants Begründung der Ethik. Berlin 1877.
Biographisches Vorwort und Einleitung mit kritischem Nachtrag zu: F. A. Lange, Geschichte des Materialismus und Kritik seiner Bedeutung in der Gegenwart. Leipzig $^5$1896.
Ethik des reinen Willens. Berlin 1904.

# Quellennachweise

Cohen, H., [Kant], in: F. A. Lange, Geschichte des Materialismus und Kritik seiner Bedeutung in der Gegenwart. 5. Aufl. Leipzig 1896. Biographisches Vorwort und Einleitung mit kritischem Nachtrag, Bd. II, S. XV–LXXVI. Hier: S. XVII–LXXVI. [Gekürzt.]
Schmidt, C., Sozialismus und Ethik, in: Socialistische Monatshefte 4 (1900), S. 522–531.
Woltmann, L., Die Begründung der Moral, in: Socialistische Monatshefte 4 (1900), S. 718–724.
Schmidt, C., Nochmals die Moral, in: Socialistische Monatshefte 4 (1900), S. 795–798.
Gunter, S. [= Staudinger, F.], Sozialismus und Ethik, in: Socialistische Monatshefte 5 (1901), S. 433–438.
Staudinger, F., Kant und der Sozialismus. Ein Gedenkwort zu Kants Todestage, in: Socialistische Monatshefte 8 (1904), S. 103–114.
Adler, M., Kant und der Sozialismus [1904], in: Kant und der Marxismus. Gesammelte Aufsätze zur Erkenntniskritik und Theorie des Sozialen. Berlin 1925, S. 83–132. Mit freundlicher Genehmigung der Hermann Luchterhand VerlagsGmbH, Neuwied und Berlin.
Kautsky, K., Ethik und materialistische Geschichtsauffassung. Ein Versuch. Stuttgart 1906. [Daraus S. V-VIII: Vorrede. S. 22–43: Die Ethik Kants. S. 69–144: Die Ethik des Marxismus. (Gekürzt.)]
Vorländer, K., Kant und Marx. Ein Beitrag zur Philosophie des Sozialismus. Tübingen 2. Aufl. 1926. [Daraus S. 1–4: Einleitung. S. 5–32: Kant ein Philosoph des Sozialismus? S. 276–301: Systematisches Ergebnis. (Gekürzt um die durch Nachweise in der Akademieausgabe ersetzten Kant-Zitationen Vorländers und um die innerhalb des Buches querverweisenden Seitenangaben).] Abdruck mit freundlicher Genehmigung des Verlages J. C. B. Mohr (Paul Siebeck) Tübingen.
Mehring, F., Kant und der Sozialismus, in: Die Neue Zeit 18 (1899/1900), S. 1–4.
Mehring, F., Die Neukantianer, in: Die Neue Zeit 18 (1899/1900) S. 33–37.

sie ihre innere Überzeugung verleugnen, und nach Kants ganz richtige Ansicht »niederträchtig« handeln. In dieser Forderung streift die »analytische Begründung« der Kantischen Ethik durch die Neukantianer wirklich schon an die mittelalterliche Inquisition.

In jedem Falle gerät man sofort ins Bodenlose, wo man ihre praktischen Resultate zu prüfen versucht. Deshalb darf man aber nicht verkennen, daß von den nachgerade zahlreichen Gruppen der bürgerlichen Ideologie, die eine ernsthafte Verständigung mit dem Sozialismus suchen, die Neukantianer gleichwohl die ernsthaftesten sind, namentlich Männer wie Staudinger und Vorländer. Sie stehen in allem wesentlichen den sozialdemokratischen Forderungen sehr nahe und können sich nur die ideologische Nebelkappe nicht vom Kopfe reißen. Bis dahin ist eine Verständigung zwischen Marxisten und Neukantianern sehr wohl möglich; so wenig wie Wallenstein fragt die Sozialdemokratie nach dem ideologischen Katechismus, wenn sonsten der Mann nur brav und tüchtig ist.

Allein wie Wallenstein nur deshalb Meßbuch und Bibel in seinem Heere dulden konnte, weil er sich in seine weltliche Kriegführung schlechterdings nicht von dem geistlichen Hader hineinreden ließ, so kann sich auch die Sozialdemokratie nicht den klaren Himmel ihrer wissenschaftlichen Weltanschauung durch ideologische Wolkenbildung trüben lassen. Insoweit die Neukantianer diesen Anspruch erheben, ist jede Möglichkeit einer Einigung ausgeschlossen, selbst mit Männern wie Staudinger und Vorländer.